CONTEXTOS DA JUSTIÇA

Rainer Forst

CONTEXTOS DA JUSTIÇA
Filosofia política para além de liberalismo e comunitarismo

TRADUÇÃO
Denilson Luís Werle

Copyright © Rainer Forst, 2004
Copyright © Boitempo Editorial, 2010

Título original: *Kontexte der Gerechtigkeit, Politishe Philosophie jenseits von Liberalismus und Kommunitarismus* (Frankfurt am Main, Suhrkamp, 1994).

Coordenação editorial
Ivana Jinkings

Editor-assistente
Jorge Pereira Filho

Assistência editorial
Elisa Andrade Buzzo, Frederico Ventura, Gustavo Assano e Carolina Yassui

Coordenação de produção
Juliana Brandt

Assistência de produção
Livia Viganó

Tradução
Denilson Luís Werle

Preparação
Rubens Enderle

Revisão
Renata Assumpção

Diagramação
Silvana Panzoldo

Capa
Delfin [Studio Del Rey]
Sobre ilustração de Gustave Doré, "Canto XXIX", em O inferno de Dante.

CIP-BRASIL. CATALOGAÇÃO NA FONTE
SINDICATO NACIONAL DOS EDITORES DE LIVROS, RJ

F834c

Forst, Rainer, 1964-
    Contextos da justiça : filosofia política para além de liberalismo e comunitarismo / Rainer Forst ; tradução Denilson Luís Werle. - São Paulo : Boitempo, 2010.

    Tradução de: Kontexte der Gerechtigkeit : politische Philosophie jenseits von Liberalismus und Kommunitarismus
    Apêndice
    Inclui bibliografia
    ISBN 978-85-7559-148-2

    1. Justiça (Filosofia). I. Título.

09-4132.   CDD: 172.2
                                                                                                                    CDU: 177.9

É vedada a reprodução de qualquer parte deste livro sem a expressa autorização da editora.

1ª edição: março de 2010
1ª edição revisada: agosto de 2018; 1ª reimpressão: fevereiro de 2025

BOITEMPO EDITORIAL
Jinkings Editores Associados Ltda.
Rua Pereira Leite, 373
05442-000 São Paulo SP
Tel.: (11) 3875-7250 / 3875-7285
editor@boitempoeditorial.com.br | www.boitempoeditorial.com.br
www.blogdaboitempo.com.br | www.youtube.com/tvboitempo

SUMÁRIO

Prefácio 7

Introdução
Liberalismo, comunitarismo e a questão da Justiça 9

1. A constituição do eu 15
   1.1 A crítica do "eu desvinculado" 17
   1.2 Pessoa ética e pessoa do direito 27

2. A neutralidade ética do direito 45
   2.1 Liberalismo e neutralidade 46
   2.2 Direitos individuais e o bem da autonomia 67
   2.3 Direito universal e identidades particulares 90
   2.4 Direitos subjetivos de liberdade 104

3. O *éthos* da democracia 115
   3.1 "*Modus vivendi*" e "*overlapping consensus*" ... 118
   3.2 Comunitarismo substancialista e republicano ... 129
   3.3 Sociedade civil e democracia deliberativa 142
   3.4 Cidadania e justiça social 172

4. Universalismo e contextualismo 191
   4.1 Um universalismo contextualista 194
   4.2 Construtivismo e razão prática 212

    4.3 Qual pessoa? Qual razão? 243
    4.4 Universalismo ético e identidade moderna 259
5. Contextos da justiça 275
    5.1 A justiça e o bem 276
    5.2 Contextos da justificação 287
    5.3 Contextos do reconhecimento 326
Bibliografia 347
Índice onomástico 379

PREFÁCIO

O conceito de "justiça" é, em geral, simbolizado de modo bem determinado: como a *Justitia*, de olhos vendados, com uma balança numa das mãos e uma espada na outra[1]. Os olhos vendados simbolizam a imparcialidade, sua característica central; a balança representa a ideia de ponderação, de medida igual, que atribui "a cada um o seu"; a espada sublinha o caráter definitivo e a autoridade de seu juízo. A justiça é a virtude político-moral mais elevada, pela qual podem ser medidas como um todo as relações jurídicas, políticas e sociais – a estrutura básica da sociedade.

Contudo, num olhar mais preciso, manifestam-se dúvidas sobre essa apresentação da ideia de justiça. Em que está fundamentada sua autoridade normativa, uma vez que a lei divina ou natural perdeu sua validade? A "justiça" não significa sempre alguma coisa diferente, dependendo do que em cada época e cultura se considera como justo? Imaginemos a *Justitia* numa sociedade religiosa e política caracterizada de modo completamente diferente: a justiça ainda apela a conceitos morais universalistas, comuns?

A venda nos olhos dá também motivo a questionamentos: que tipo de representação de imparcialidade é esta que, "sem fazer distinções entre as pessoas", pretende ser "justa" para pessoas individuais? Uma razão que se afasta das experiências humanas concretas não corre o risco de se tornar ela mesma cega frente às necessidades diferentes dos seres humanos? Se nos voltarmos para o símbolo da balança, a pergunta será: como a razão pode encontrar uma medida uniforme para

---

[1] Para uma história dessa representação no interior da tradição europeia, cf. a investigação informativa de Curtius e Resnik (1987).

a complexidade de pretensões conflitantes? E o emprego da espada não pressupõe um juízo definitivo e infalível, fundado em normas válidas de modo absoluto, inacessível aos seres humanos?

Essas são algumas das questões discutidas neste livro. Elas se referem à possibilidade de um conceito de justiça política e social fundamentado moralmente, que evita tanto a objeção de cegueira frente ao contexto como também a objeção de um contextualismo que desconhece o núcleo universalista da reivindicação por justiça. A diferenciação dos "contextos da justiça" deve ajudar a esclarecer as condições normativas segundo as quais a estrutura básica de uma sociedade pode ser considerada justa.

Gostaria de agradecer às pessoas e instituições que me ajudaram de várias maneiras na realização da presente investigação. Esta é uma versão revista de minha tese de doutorado defendida na passagem de 1992 para 1993 no Departamento de Filosofia da Universidade Johann Wolfgang Goethe, em Frankfurt am Main. De modo muito especial, agradeço a Jürgen Habermas por seu apoio sempre animador e solícito ao meu trabalho e, principalmente, por tudo que tenho aprendido com ele. No grupo de trabalho interdisciplinar em teoria do direito, coordenado por Jürgen Habermas e apoiado pela Deutsche Forschungsgemeinschaft no âmbito do Programa Leibniz, tive a possibilidade de conhecer dimensões diferentes do vínculo entre direito, democracia e moral. Agradeço aos muitos estímulos gerados pelas discussões com os membros e convidados do grupo, especialmente Kenneth Baynes, James Bohman, Klaus Günther, Ingeborg Maus, Bernhard Peters e Lutz Wingert.

Agradeço ao Evangelischen Studienwerk Villigst pelo apoio contínuo até o meu doutoramento, especialmente pela possibilidade de um período de pesquisa no Departamento de Filosofia da Universidade de Harvard (1991-1992). No que diz respeito a essa estadia muito instrutiva nos EUA, gostaria de agradecer em especial a John Rawls pela sua amabilidade e pelas discussões valiosas e instrutivas.

Agradeço pelos vários estímulos e esclarecimentos proveitosos vindos das discussões nas conferências sobre diferentes partes do meu trabalho proferidas entre 1991 e 1993. No decorrer do texto, procurei assinalar alguns lugares nos quais me aproveitei, em especial, de objeções específicas. Gostaria, no entanto, de destacar Axel Honneth, com quem discuti muitas das questões que analiso no livro. Finalmente, agradeço de modo muito especial a Mechthild, por todo seu estímulo e apoio. O livro é dedicado a ela, minha primeira leitora.

INTRODUÇÃO

LIBERALISMO, COMUNITARISMO E A QUESTÃO DA JUSTIÇA

A questão da justiça está no centro da filosofia política desde a *República* de Platão. É uma questão antiga, porém atual, que tem de ser sempre respondida novamente – e de certo não apenas no que se refere ao conteúdo normativo, mas também com relação à fundamentação metódica de uma teoria filosófica da justiça política e social. Como podem ser justificadas as normas – e quais são elas? – que legitimam as relações jurídicas, políticas e sociais no interior de uma comunidade política?

Minha investigação está orientada pela convicção de que uma análise crítica da controvérsia entre liberalismo e comunitarismo possibilita dar uma contribuição sistemática para o esclarecimento dos conceitos fundamentais de uma teoria da justiça. O título *Contextos da justiça* remete: (a) ao *problema* central tratado por uma teoria da justiça; (b) ao tipo de *abordagem* escolhido para esse problema; e (c) a uma *proposta de solução* conceitual.

(a) O problema clássico de uma teoria da justiça política e social, fundamentada moralmente, está no centro da discussão entre liberalismo e comunitarismo. As normas que se devem distinguir como justas precisam ser tanto imanentes ao contexto quanto transcendentes a ele. Precisam reivindicar validade [*Geltung*] para uma comunidade particular e suas autocompreensões e instituições específicas, mas ao mesmo tempo se apresentar como um espelho crítico moral para essas autocompreensões e instituições. Quão abstrata uma tal teoria pode se mostrar de modo a ainda poder ser suficientemente concreta? Como ela pode, ao mesmo tempo, estar vinculada a uma sociedade e, contudo, não ser relativista? Essa não é apenas uma questão metodológica, pois respostas diferentes a ela têm consequências normativas, substantivas para uma teoria de uma sociedade justa.

"Comunitarismo" e "liberalismo" são conceitos genéricos vagos para designar as posições no interior de uma controvérsia que, durante os anos 1980, centrou-se em torno desse problema e se desenvolveu – também para além do contexto anglo-americano de seu surgimento – como centro irradiador da discussão sobre questões normativas fundamentais das comunidades políticas. A polêmica inflamou-se primeiramente com *Uma teoria da justiça* (1971), de John Rawls, obra que pôs fim aos louvores à grande e antiga tradição da filosofia política normativa e que, com uma reformulação atualizadora de argumentos kantianos no quadro de uma teoria liberal do contrato social, mostrou ser não apenas um vigoroso contraprojeto às teorias utilitaristas, como também um impulso para o desenvolvimento de propostas liberais alternativas que permitam reconciliar liberdade individual e igualdade social (levando em consideração, por exemplo, a obra de Ronald Dworkin e Bruce Ackerman)[1]. Em especial, a índole da fundamentação da teoria de Rawls, que se abstrai dos contextos sociais concretos, e o acento na prioridade das liberdades individuais diante das concepções substantivas do bem provocaram críticas que, inspiradas de diversos modos em Aristóteles, no republicanismo clássico, em Rousseau, Hegel ou Tocqueville, destacam o enraizamento da justiça nas autocompreensões e tradições constitutivas da comunidade. Nesse contexto, porém, as objeções de teóricos como Charles Taylor, Michael Sandel, Alasdair MacIntyre ou Michael Walzer (para citar os mais importantes) apresentam diferenças metodológicas e normativas essenciais. Por isso evitar-se-á, no que se segue, falar *da* tradição comunitarista ou *da* tradição liberal. Trata-se, antes, de fazer justiça à complexidade do debate por meio de uma consideração diferenciada das posições individuais – e de seus desenvolvimentos[2]. Desse modo, não apenas é injustificado supor que há homogeneidade em ambos os lados, como também é equivocada a ideia de que os argumentos liberais e comunitaristas são, em princípio, irreconciliáveis entre si. Pois o termo *community*, nos Estados Unidos, diferentemente de *Gemeinschaft*, na Alemanha, tem primordialmente um significado

---

[1] Esse significado da teoria de Rawls é destacado por Gutmann (1989).

[2] Desse modo, Michael Walzer, que tem o comunitarismo como uma característica necessária, embora inconstante do liberalismo (1990a, p. 157), criticou o fato de terem rotulado em bloco sua posição como "comunitarista" (1992b, p. 286). Também Taylor (1989b) alerta para uma interpretação unidimensional da controvérsia.

democrático, participativo³. E o liberalismo que aqui está prioritariamente em discussão é um "liberalismo social", que vale distinguir das posições "libertarianas" (de Robert Nozick, por exemplo).

Contudo, tomada de um modo bem geral, pode-se vislumbrar uma tese comunitarista central a justificar o uso desse conceito. Ela diz que o "contexto da justiça" deve ser o de uma comunidade que, em seus valores, práticas e instituições amadurecidos historicamente – enfim, em sua identidade –, forma um horizonte normativo que é constitutivo para a identidade de seus membros e, com isso, constitutivo para as normas do justo. Somente no interior desse horizonte de valores é possível colocar as questões da justiça e, com isso, responder sobre o que é bom e o que deve valer para a comunidade, considerando o pano de fundo de suas avaliações e de sua autocompreensão. Princípios de justiça resultam de um dado contexto comunitário, valem somente nele e somente ali podem ser realizados. Todas as tentativas de fundamentação liberal-deontológica de normas fundadas na prioridade dos direitos individuais ou dos procedimentos formais permanecem externas e estranhas a esse contexto. Elas contam com "não pessoas" [*Unpersonen*] descontextualizadas, que devem decidir sobre a justiça de modo "impessoal" e "imparcial", independentemente de sua identidade constituída comunitariamente. Essas teorias sobre a prioridade do "justo" ou do "correto" [*right*] diante do "bom" [*good*] são *indiferentes ao contexto* [*kontextvergessen*]. No avesso dessa tese, encontra-se a resposta liberal que censura a teoria comunitarista caracterizando-a como *obcecada pelo contexto* [*kontextversessen*].

---

³ Isso é ressaltado por Joas (1993) com a referência ao pragmatismo. Uma vez que não tratarei de modo específico deste ponto, registro aqui que a crítica comunitarista está vinculada a tentativas desenvolvidas na sociologia e na ciência histórica americanas de vincular-se aos "recursos morais" (Vorländer, 1998; cf. Kallscheuer, 1992) da tradição política dos Estados Unidos, impregnada religiosa ou republicanamente. Sobre isso, cf. em especial o "revisionismo republicano" na historiografia: Bailyn (1967), Wood (1969), Pocock (1975), Kramnick (1982) e Rodgers (1992). Esse é também um motivo forte em Sandel (1984a). Na sociologia, esse ponto é desenvolvido especialmente por Bellah et al. (1985, 1991); também Lasch (1988). Para uma crítica disso, cf. H. P. Müller (1992) e Phillips (1993). O conceito de comunitarismo adquiriu um significado político concreto com a "Responsive Communitarian Plataform", uma autocompreensão decisiva, formulada por A. Etzioni (1993, p. 253 ss.), W. Galston e M. A. Glendon, de uma iniciativa suprapartidária para a renovação das instituições sociais e políticas orientada para o bem comum (cf. também o periódico *The Responsive Community*). Contudo, essa transposição dos argumentos comunitaristas para um programa político, que une os momentos cultural conservador e democrático participativo, é apenas uma possibilidade e não pode valer como *a* posição comunitarista. Cf. também Barber (1986a) e Sandel (1998).

(b) Os quatro primeiros capítulos de minha investigação visam reconstruir e desenredar essas proposições globais, descritivas e normativas contidas na crítica e na contracrítica. No debate, devem ser distinguidos quatro planos conceituais, quatro "contextos de problemas" teóricos. *Primeiro*, a crítica da concepção atomista de pessoa das teorias liberais; *segundo*, a crítica da pretensão de neutralidade dos princípios liberais da justiça e do direito e da prioridade dos direitos individuais frente ao bem comunitário; *terceiro*, a crítica da força insuficientemente "ética" e integradora das concepções liberais da comunidade política; e, finalmente, *quarto*, a crítica das teorias universalistas da moral[4].
Esses diferentes âmbitos de problemas estão certamente vinculados uns com os outros de um modo complexo, mas exigem, contudo, respostas conceituais próprias. Questões sobre a teoria da pessoa, a teoria do direito, a teoria política e a teoria moral não devem ser enclausuradas de modo estreito e unidimensional, como ocorreu, por vezes, no desenrolar da controvérsia. A fim de extrair consequências para um conceito de direito, de democracia ou de moral a partir de uma concepção intersubjetivista de pessoa, são necessários argumentos que se movam sempre nesses planos teóricos. O conceito do "bem", por exemplo, tem um significado diferente e uma outra relação com o problema da justiça quando ele qualifica a vida boa de uma pessoa, a representação comum do bem no interior de uma comunidade política ou um bem superior vinculado à cultura ou a um sentido objetivo. No último caso, por exemplo, um valor como o da autonomia individual (e a distância frente a uma concepção comunitária do bem) pode também valer como um "bem".
Os planos distinguidos por esse modo de abordar o debate possibilitam não apenas uma análise clara dos problemas nele envolvidos, como, tomados em conjunto, constituem – e aqui reside o que há de específico na controvérsia – o âmbito no qual uma teoria da justiça tem de se confirmar.

(c) A diferenciação quádrupla dos problemas teóricos e dos planos de análise serve como chave para uma proposta sistemática de esclarecimento dos conceitos fundamentais. Se lançamos a tese comunitarista, segundo a qual as pessoas estão sempre vinculadas à comunidade e os princípios de justiça estão sempre vinculados ao contexto, a questão de *quais* conceitos de *pessoa* e de *comunidade* estão no centro da discussão nos respectivos planos mostra-se, então, que se podem distinguir quatro conceitos diferentes de pessoa e de comunidade aos quais correspondem quatro *contextos normativos* diferentes (e entrelaçados

---

[4] Um panorama desses quatro planos do debate encontra-se em Forst (1993).

de modo complexo). Assim, a discussão em torno da constituição do "eu" [*self*] desenrola-se em torno do conceito de *pessoa ética* (como membro de uma comunidade ética constitutiva da identidade), que deve ser distinguido do conceito de *pessoa de direito* [*Rechtsperson*] (como membro de uma comunidade de direito admitido com direitos subjetivos), o qual é central na questão da neutralidade do direito. Os problemas de legitimação política e de integração referem-se, por sua vez, à compreensão correta da *cidadania* (como pertencimento a uma comunidade política de cidadãos/cidadãs responsáveis politicamente), enquanto na discussão em torno do universalismo moral e do contextualismo o conceito de *pessoa moral* (e o de comunidade moral de agentes moralmente autônomos) desempenha um papel fundamental.

Com a diferenciação desses planos conceituais-normativos, ganha-se a possibilidade de discutir apropriadamente os argumentos liberais e comunitaristas – também com o auxílio de outras abordagens, especialmente feministas ou teórico-discursivas – de modo a poder contribuir (horizontalmente, num mesmo plano) para o esclarecimento dos respectivos problemas. Assim, pode-se distinguir qual contexto normativo é referido numa determinada questão e como as posições contrárias compreendem, cada uma a seu modo, o conceito de pessoa e de comunidade. Por exemplo, que diferentes conceitos de cidadania estão em oposição um ao outro, ou de que forma a autonomia moral é explicada em cada caso. Com isso, é possível determinar com mais precisão, primeiro, os pontos de diferença (com o que se evitam equívocos que surgem da mistura de questões diferentes); segundo, quais critérios devem ser aplicados nos contextos particulares e, terceiro, como esses contextos, cuja diferenciação conceitual não deve ser entendida no sentido de uma disjunção, vinculam-se uns com os outros. Assim, o projeto de uma teoria da justiça desdobra-se em quatro estágios (perpassando verticalmente os problemas particulares), que – essa é a tese central do livro – levam adequadamente em conta esses quatro *contextos da justiça*, sem reduzi-los uns aos outros. A estrutura básica da sociedade pode ser considerada justa (ou justificada) à medida que é "justa" para as pessoas em todas essas dimensões.

A proposta de diferenciar os diversos contextos normativos da comunidade de tipo ético, jurídico, político e moral, e a análise do modo como eles estão novamente vinculados permitem comprovar a compatibilidade dos direitos individuais com o bem da comunidade, da universalidade política com a diferença ética, do universalismo moral com o contextualismo, e permitem evitar oposições falsas. A posição crítico-construtiva que resulta disso, a saber, "para além do liberalismo e do comunitarismo", desenvolve-se na discussão dos primeiros quatro capítulos, que serão resumidos, em seus resultados centrais, no quinto (na seção sobre "A justiça e o bem"), e, num passo mais amplo, serão tratados numa perspectiva teórica moral. Esta se apoia num princípio da razão prática, segundo o qual a validade [*Geltung*] de valores ou normas precisa de uma fundamentação não além, mas *dentro* dos respectivos "contextos de justificação" *particulares*, dentro dos quais sua validade é reivindicada. Ainda que situada na tradição kantiana, essa concepção não metafísica da razão prática não se manifesta como uma fonte de autoridade para normas distantes do contexto. Em vez disso, na ausência de razões substantivas, "últimas", ela está, antes, fundada na necessidade de "boas" razões e reflete os significados diversos e os critérios de boas razões normativas nesses contextos. Consequentemente, o conceito de "autonomia" deve ser igualmente diferenciado de acordo com esses contextos (em quatro planos). Num último passo, a reconstrução da lógica da justificação normativa é complementada por uma teoria dos "contextos de reconhecimento", na qual se mostra que a concepção proposta apresenta uma diferenciação significativa de relações normativas interpessoais, que não está exposta à objeção de ser demasiado abstrata[5].

A análise do debate entre as mencionadas teorias liberal-deontológicas "indiferentes ao contexto" e as teorias comunitaristas "obcecadas pelo contexto" leva, portanto, a uma diferenciação de quatro contextos normativos nos quais as pessoas são "situadas" como membros de comunidades diversas, isto é, são reconhecidas intersubjetivamente de modos diversos e como autores e destinatários de pretensões de validade: 1) nas comunidades de vínculos e obrigações éticas constitutivas; 2) na comunidade de direito [*Rechtsgemeinschaft*] que protege a "identidade ética" de uma pessoa como pessoa de direito [*Rechtsperson*] livre e igual; 3) na comunidade política, na qual as pessoas são autoras do direito e cidadãos responsáveis uns pelos outros; e, finalmente, 4) na comunidade moral de todos os seres humanos como pessoas morais com pretensão ao respeito moral [*moralische Achtung*]. Uma *teoria* da justiça é simultaneamente dependente do contexto e transcendente ao contexto na medida em que considera estas dimensões normativas, sem tornar absoluta uma delas. De acordo com essa teoria, pode-se considerar justa a *sociedade* que, de maneira apropriada, unifica esses contextos.

---

[5] Essa explicação do conceito de contexto mostra a diferença fundamental em relação à teoria de Walzer (1983a) sobre "as esferas distributivas da justiça", que, produzida de modo inteiramente diferente, procura "as convicções compartilhadas" no interior de uma sociedade sobre quais bens devem ser distribuídos e segundo quais critérios.

1
A CONSTITUIÇÃO DO EU

A crítica da "imagem de homem" que está na base da teoria política liberal é tão velha quanto a própria teoria política liberal. Desde que Hobbes compreendeu os homens "como se tivessem acabado de brotar da terra e subitamente, como cogumelos, amadurecido sem nenhum tipo de relação uns com os outros" (Hobbes, 1642, p. 109), desde que ele arrancou o homem do universo ético aristotélico-escolástico e, com isso, preparou o caminho para o liberalismo, este se vê confrontado com a objeção do atomismo. Essa crítica orienta-se especificamente contra a teoria liberal do contrato legitimador do Estado. Imaginar as instituições sociais e políticas como o resultado de um contrato entre pessoas independentes, livres e iguais significa compreender erroneamente o caráter histórico dessas instituições e das pessoas, como se estas fossem "tão só uma multidão atomística de indivíduos juntos" (Hegel, 1821, § 273) com a finalidade de dar-se uma constituição. Naturalmente, do que é composto esse caráter histórico desconsiderado pelo liberalismo é algo que foi determinado de diferentes maneiras pelos críticos aristotélicos, republicanos, hegelianos ou marxistas. Se o homem deve ser imaginado como *zoon politikon* no interior de uma "pólis" eticamente abrangente ou como *citoyen* político virtuoso, se como parte do "espírito objetivo", da eticidade de um povo, ou como membro de uma classe social numa situação histórica determinada, tudo isso varia segundo as diferentes direções da crítica ao liberalismo. Porém, é comum a todos esses críticos interpretar o "eu liberal" [*liberal self*] como um produto abstrato artificial de uma teoria que se empenha na defesa dos direitos individuais e, para esse fim, coloca o indivíduo autônomo como seu cerne normativo. "O atomismo representa uma visão sobre a natureza e a condição humana que (entre outras coisas) torna plausível uma doutrina da primazia dos direitos [...]" (Taylor, 1979b, p. 189).

Não é nenhuma surpresa que a tentativa de Rawls de aplicar a teoria do contrato social, numa forma modificada, a uma teoria da justiça tenha sido confrontada, logo de início, a um espectro de objeções associadas à crítica ao individualismo atomístico[1]. Mais especificamente, as objeções giravam em torno da ideia central de Rawls, isto é, de sua concepção da "posição original" na qual as pessoas chegam a um acordo por detrás de um "véu de ignorância", sem o conhecimento de suas capacidades e fraquezas particulares e sem saber qual a posição social que vão assumir na futura sociedade, de modo a poderem decidir qual forma de distribuição dos "bens sociais básicos" é, a seus olhos, a forma justa[2]. Porém, não estariam as pessoas orientadas de modo muito individualista em seus esforços por bens básicos (direitos e liberdades fundamentais, oportunidades sociais, renda e riqueza, as bases sociais do autorrespeito) e, portanto, não estariam demasiado abstraídas dos contextos sem os quais não faz sentido falar sobre a justiça? Com isso, não seriam os princípios de justiça resultantes da posição original tanto individualistas quanto abstratos excessivamente? O que para alguns vale como a maior realização da teoria rawlsiana – a de ter reformulado, com a ajuda das ideias contratualistas, o ponto de vista da moral kantiana da imparcialidade e universalização de modo que princípios equânimes de justiça material e formal resultem de um ponto de partida equânime – parece ser, para outros, a maior falha da teoria. A abordagem de Rawls não seria a prova mais clara da tese de Hegel sobre o vínculo interno entre individualismo abstrato e universalismo? Para os críticos das teorias deontológicas, como Bernard Williams (1981a), isso evidencia que o "ponto de vista moral" universalista e imparcial somente pode ser alcançado por meio de uma concepção descontextualizada de indivíduos "desprendidos". Segundo esse tipo de crítica, o individualismo liberal e o universalismo kantiano formam os dois lados da mesma concepção descontextualizada da moral (cf. MacIntyre, 1984).

---

[1] Cf. Teitelman (1972), Schwartz (1973), Nagel (1975) e a resposta de Rawls (1975c). Sobre isso, cf. Lukes (1973, cap. 11), Macpherson (1973), Fisk (1975) e o resumo de DiQuattro (1983).

[2] Discutirei, em seguida, as características essenciais da teoria de Rawls em conjunto com a crítica de Sandels, e não em separado. Aqui mencionarei, todavia, os dois princípios da justiça que resultam da "posição original": "1. Cada pessoa tem um direito igual ao mais amplo sistema de liberdades básicas iguais compatível com um sistema similar de liberdades para todos. 2. Desigualdades sociais e econômicas são admissíveis quando (a) promovem o maior benefício esperado aos menos favorecidos e (b) vinculadas a posições e cargos públicos abertos a todos sob condições de igualdade equitativa de oportunidades" (Rawls, 1978, p. 60; sobre as modificações nessa formulação, cf. Rawls, 1982a, p. 160 e a seção 3.4 a seguir).

Principalmente o livro de Michael Sandel, *Liberalismo e os limites da justiça* (1982), fez com que o problema da concepção do "eu" [*Selbst*] se tornasse um dos pontos principais da controvérsia. Sua crítica, porém, deve ser entendida a partir do pano de fundo dos trabalhos de Charles Taylor. Em seu livro sobre Hegel, Taylor interpretou a crítica daquele filósofo ao conceito moderno de liberdade como uma crítica ao conceito de sujeito vazio, "não situado" (Taylor, 1979a, p. 157). A essa visão naturalística, estreita, da subjetividade, Taylor contrapôs uma versão alternativa da identidade linguística, histórica, cultural e comunitariamente "situada" – uma identidade que é parte da "vida abrangente" de uma comunidade que acolhe em si os indivíduos (1979a, p. 87, 153 ss.). Portanto, a tese de Taylor de que na base das teorias liberais deontológicas encontra-se uma teoria da pessoa "não situada", "pontual" e "atomista" é assumida por Sandel e exposta (numa forma específica) como uma crítica à teoria da justiça de Rawls[3]. Uma análise dessa crítica e contracrítica traz consigo o primeiro passo em direção a uma diferenciação de conceitos de comunidade e de pessoa e explicará por que a questão da constituição do eu é, como assinala Walzer (1990a, p. 179), "um campo de batalha" no qual, para a teoria política, não há nada a ser conquistado. O próprio Taylor (1989b, p. 123) adverte da construção de um vínculo unidimensional entre atomismo e liberalismo: questões "ontológicas" sobre a constituição do eu devem ser diferenciadas de "questões advocatícias" a favor de determinadas posições político-teóricas.

1.1 A crítica do "eu desvinculado"

A crítica de Sandel a Rawls pode ser dividida em cinco passos principais.
1. Ele procura mostrar que na base da teoria de Rawls reside uma "antropologia filosófica" (Sandel, 1982, p. 50) que pode ser percebida na descrição das partes da "posição original". Sandel rejeita a proposição de Rawls de que a descrição das pessoas na "posição original" como indivíduos racionais, apenas orientados por suas vantagens próprias e não interessados uns nos outros, não coincide de nenhuma maneira com a descrição dos homens "na vida cotidiana" (Rawls, 1971, p. 172) e para isso lança o argumento de que Rawls, para justificar a "posição original" no "equilíbrio reflexivo", tem de fazer determinadas suposições antropológicas individualistas que legitimam a descrição das partes racionais. Desse modo, Rawls assume que a descrição da "posição original" é

---

[3] No entanto, o próprio Taylor é mais cauteloso em sua crítica a Rawls, que, para ele, "de modo algum é prisioneiro do ponto de vista atomístico" (1981b, p. 123, nota 9).

justificada na medida em que os princípios nela escolhidos coincidem com nossos "juízos bem ponderados" (Rawls, 1971, p. 37); as suposições mais fracas e universais possíveis, sobre as quais Rawls pretende se apoiar, devem corresponder às "nossas" concepções da essência dos sujeitos morais. Assim, conclui:

> Devemos estar preparados para viver com a visão contida na posição original, mutuamente desinteressados e tudo o mais, preparados para viver com ela no sentido de aceitar sua descrição como uma reflexão apurada da circunstância moral humana, consistente com a autocompreensão de nós mesmos (Sandel, 1982, p. 48).

2. Além disso, Sandel busca mostrar que o sujeito moral de Rawls é um "eu desengajado" [*unencumbered self*], um eu "desvinculado" que não faz jus à experiência ética de ser um eu. Nesse contexto, "eu" caracteriza a condição básica da possibilidade de uma identidade pessoal, isto é, a possibilidade de uma autocompreensão e autoconsciência. O "eu" é a instância que permite falar na primeira pessoa, identificar-se e ser reconhecido pelos outros como tendo uma identidade. De fato, Sandel não especifica explicitamente seu conceito de eu, mas usa também os conceitos de "identidade", "pessoa" e "sujeito moral" (ibidem, p. 50). Contudo, em sua crítica a Rawls no que se refere à questão do eu, trata-se essencialmente de saber o que significa ter uma identidade qualitativa que fornece a possibilidade de uma autoidentificação e, principalmente, de saber qual é a forma da relação entre o eu e seus fins e concepções do bem[4].

O conceito rawlsiano de eu, segundo Sandel, é profundamente voluntarista: todas as determinações qualitativas de sua identidade são escolhidas livremente e, com isso, são, de certo modo, externas ao eu, como coisas e objetos que se escolhe. O "eu" de Rawls é um "sujeito que possui" [*subject of possession*], que simplesmente "tem" concepções do bem, valores e fins, mas não "é" (ibidem, p. 55). É um eu previamente individualizado, cuja identidade não está vinculada de modo constitutivo com seu meio ambiente, principalmente com outros sujeitos. O bem é uma simples preferência de um sujeito definido de modo independente.

Para fundamentar essa crítica, Sandel cita expressões de Rawls, tais como:

> Não são nossos fins que primeiramente revelam nossa natureza, mas antes os princípios que reconhecemos para governar as condições de fundo sob as quais esses fins são formados e a maneira pela qual buscamos sua realização. Pois o eu é anterior aos fins por ele afirmados; mesmo um fim dominante tem de ser escolhido a partir de numerosas possibilidades (Rawls, 1971, p. 560).

---

[4] Sobre o conceito de "identidade qualitativa", cf. Tugendhat (1979, p. 282 ss.).

Essa citação encontra-se num ponto em que Rawls dirige ao hedonismo – isto é, à teoria de que o prazer representa o padrão único e mais elevado para medir os fins humanos – a objeção de que, primeiro, a heterogeneidade dos fins humanos não permite encontrar, mesmo no interior do quadro do prazer, um padrão nítido para ordenar os fins e, além disso, em segundo lugar, que todos os fins não podem ser subordinados ao padrão do prazer. Portanto, Rawls insiste na heterogeneidade de fins quanto aos fins de uma pessoa e, com maior razão, quanto aos fins de pessoas diferentes, e argumenta que somente um conceito deontológico do justo, que não esteja fundamentado num "denominador comum" de vários fins, pode fornecer um padrão para dizer quais planos de vida e fins são moralmente permitidos. Essas condições de estruturas morais expressam a "natureza" dos seres prático-racionais que pretendem agir segundo princípios de justiça. Portanto, que o eu é "anterior" a seus fins é algo que deve ser entendido *normativa* e *não ontologicamente* (como acredita Sandel): não existe valor ético que teria uma primazia objetiva e universalmente vinculante frente às normas deontológicas. Por isso, essas normas formam uma estrutura para as concepções possíveis do bem. A prioridade dessas normas, por exemplo, expressas nos direitos subjetivos da liberdade, corresponde a um "desejo de ordem moral superior" [*moral higher order desire*] (ibidem, p. 561) de conceber seu próprio plano de vida dentro dos princípios do justo, de revisá-lo se for o caso e de persegui-lo racionalmente. Segundo Rawls, interesses fundamentais e fins mais altos não são considerados tão fundamentais a ponto de estarem, em princípio, para além da possibilidade de modificá-los. Por isso, é do interesse das pessoas ter a liberdade de poder fazer essas modificações quando necessário. Se não fosse assim, diz Rawls (1975d, p. 96), não haveria sentido em dizer que as pessoas são responsáveis pelos seus objetivos de vida.

O conceito de eu de Sandel ressalta a constituição da identidade pessoal – e a possibilidade da autodefinição do eu – por meio da pertença a comunidades num sentido mais enfático que o da teoria de Rawls. Na verdade, Rawls argumenta que numa sociedade ordenada segundo os princípios da equidade não existem quaisquer barreiras para a busca de planos de vida "comunitaristas" (1975c, p. 540 ss.). Segundo Sandel, contudo, esses valores seriam simples preferências que o sujeito escolhe. Seu conceito do "eu constituído" [*konstituierten Selbst*], que deve sua identidade a uma "comunidade constitutiva", nega a possibilidade de uma identidade percebida como separada do vocabulário compartilhado de uma comunidade e do pano de fundo de convicções e práticas comuns. "E à medida que nossa autocompreensão constitutiva incluiu um sujeito mais amplo do que o indivíduo solitário, seja uma família, tribo, cidade, classe, nação ou povo, define-se uma comunidade no sentido constitutivo" (1982, p. 172). As convicções e elementos normativos necessários para uma identidade não são escolhidos, como no modelo voluntarista, mas são *descobertos* pelo eu na vida comum no interior de uma "vida abrangente", se quisermos usar o conceito de "vida mais ampla" [*larger life*], de Taylor (1979a, p. 125). Sandel segue, aqui, a crítica de Taylor a uma "pessoa de ponderações fracas" [*simple weigher*], que pondera suas preferências segundo interesses, mas que não penetra nas "profundezas" de sua identidade, como o faz uma "pessoa de avaliações fortes" [*strong evaluator*] (Taylor, 1977a, p. 21 ss.). Aqui, a questão não é saber o que se quer ter, mas sim quem somos. Questões sobre a identidade pessoal levam-nos a refletir com base em "avaliações fortes", que somente podem ser reconhecidas no interior de uma vida comunitária – e, por isso, talvez possam ser melhor reconhecidas por outros, por exemplo, por um amigo[5].

Visto que tanto Rawls quanto Sandel se distanciam de uma compreensão extrema do eu, tem-se um espectro de quatro concepções de eu e suas relações comunitárias. No parágrafo 79 de *Uma teoria da justiça*, Rawls distingue seu ideal da "sociedade bem-ordenada", como "união social de uniões sociais", de uma simples "sociedade privada". Nesta – Rawls refere-se, aqui, ao conceito de sociedade civil de Hegel – os cidadãos não têm fins comuns e julgam as regulamentações sociais somente sob o ponto de vista de suas vantagens pessoais. Em uma "sociedade bem-ordenada", pelo contrário, mostra-se a "natureza social dos homens" na existência de fins comuns. Com isso, segundo Rawls, não se quer expressar o "truísmo de que a vida social é uma condição para o desenvolvimento da capacidade de falar e pensar e para tomar parte nas atividades comuns da cultura e da sociedade" (1971, p. 522), mas sim a ideia – emprestada de Humboldt – de uma multiplicidade de comunidades no interior de uma sociedade que tem como fim comum a cooperação social no quadro de uma concepção da justiça publicamente compartilhada. "A realização pública da justiça é um valor da comunidade" (ibidem, p. 529). Com isso, a cooperação social não deve ser entendida de modo instrumental, mas sim como sistema de complementaridade e realização mútuas, semelhante a uma orquestra na qual as capacidades individuais produzem uma obra comum. Visto que

---

[5] Na seção 4.4 tratarei pormenorizadamente das próprias conclusões que Taylor tira da sua abordagem.

isso ocorre no âmbito da justiça, esta é um elemento constitutivo dessa realização comunitária.

Certamente Sandel reconhece essa distinção na teoria de Rawls. Porém, segundo a interpretação daquele autor, ambos os conceitos de comunidade permanecem presos à imagem do eu individual anterior à comunidade. Sandel descreve a "sociedade privada" como uma concepção "instrumental" de sociedade, e a ideia de "união social de uniões sociais" é para ele uma concepção "sentimental". Na verdade, a comunidade não é, aqui, exterior ao indivíduo, e também não lhe é constitutiva, mas sim vinculada ao indivíduo unicamente por meio de inclinações e sentimentos comunitários (Sandel, 1982, p. 149). Mesmo quando o sujeito pode, aqui, ter motivos "comunitaristas", estes são escolhidos por um eu e não são de antemão componentes incondicionais de sua identidade. Todavia, o senso de comunidade [*Gemeinschaftlichkeit*], para Sandel, não é um sentimento ou uma preferência, mas sim algo "constitutivo" para um eu. Isso certamente exige que Sandel defina mais precisamente o tipo de "constituição", o que o leva a distiguir entre um "eu situado" [*situierten*] e um "eu situado radicalmente" [*radikal situierten Selbst*] (ibidem, p. 21), o qual, em contraste com um eu "radicalmente desincorporado" [*radikal entkörperten*], não tem mais nenhuma possibilidade de realizar a distinção entre ele mesmo e sua "situação", isto é, sua identidade comunitária, e de poder eventualmente se distanciar reflexivamente. Desse modo, Sandel enfatiza que o sujeito "participa" na constituição de sua identidade (ibidem, p. 153). "Como um ser que se autointerpreta, sou capaz de refletir sobre minha história e, neste sentido, distanciar-me dela [...]" (ibidem, p. 179). Porém, Sandel não dá nenhuma indicação de como o eu, que é apenas "parcialmente" definido por seus "vínculos e obrigações" para com a comunidade, estabelece essa distância e de como é possível a "revisão" (ibidem, p. 180) da identidade, considerando que a autocompreensão comunitária é "constitutiva" para a autocompreensão subjetiva. Uma vez que o eu tornou-se parte indissolúvel de um "sujeito mais amplo", como pode "ele próprio" se diferenciar desse sujeito mais amplo? Esse é um ponto mencionado por muitos críticos (e ao qual retornarei).

3. O terceiro passo de Sandel, depois de procurar mostrar que o conceito rawlsiano de eu é implausível, consiste na tese de que toda teoria moral deontológica pressupõe este conceito de eu. A primazia deontológica dos direitos individuais em relação ao bem comunitário tem primeiramente como objetivo assegurar a liberdade do eu "desvinculado" para escolher suas concepções do bem segundo seus próprios critérios (ibidem, p. 157). "Assim como o justo [*right*] é anterior

ao bom, do mesmo modo o sujeito é anterior aos seus fins" (ibidem, p. 7). O mero poder de escolher é, segundo Sandel, o fundamento e o objetivo da moral deontológica.

Para poder atribuir essa tese não somente a Rawls, Sandel discute o conceito kantiano de sujeito moral. De acordo com essa interpretação, o "eu inteligível" [*intelligibles Ich*] (Sandel fala equivocadamente de "sujeito transcendental") como fundamento da moral deontológica (isto é, da prioridade dos direitos) apresenta a mesma estrutura do "eu desvinculado" de Rawls: independentemente de determinações empíricas e constitutivas, ele escolhe princípios da justiça que lhe possibilitem do mesmo modo a escolha livre e indeterminada de objetivos e bens. "Na visão deontológica, o que importa acima de tudo não são os fins que escolhemos, mas nossa capacidade de escolhê-los" (Sandel 1982, p. 6). A reformulação empírica e procedimental que Rawls faz da teoria de Kant evita meramente as "obscuridades germânicas" do idealismo transcendental, mas no cerne ambos os autores apresentam a mesma coisa: um eu desvinculado, radicalmente liberto (Sandel, 1984a, p. 24). Logo, para Kant autonomia significa o seguinte: "[...] sou livre para perseguir meus próprios fins consistentemente com uma liberdade similar para todos" (ibidem, p. 6). Um sujeito "livre do mundo" e uma moral que afirma a prioridade dos direitos individuais frente ao bem condicionam-se mutuamente: os direitos asseguram a liberdade do sujeito para escolher seus fins independentemente de todas as determinações empíricas "constitutivas". Com isso, supõe-se o seguinte (o que atinge a teoria moral de Kant): a autonomia moral é, no fundo, liberdade de arbítrio [*Willkürfreiheit*] (ou liberdade de ação e escolha); a lei moral é tal qual o princípio kantiano do direito que regula o livre-arbítrio; e, além disso, o "eu inteligível" não é apenas uma construção que explica a liberdade moral, mas também uma construção que descreve a conduta de cada sujeito livre em relação aos seus fins e valores do bem.

Essas três suposições teriam de ser justificadas por Sandel, uma vez que contradizem os conceitos kantianos fundamentais. Todavia, faltam aqui os argumentos para tanto. Kant diferencia explicitamente a autonomia moral – a ação segundo leis gerais, autolegisladas e universalizáveis – da liberdade de arbítrio dos sujeitos do direito, cujas relações exteriores são reguladas pelo direito (cf. a introdução à *Metafísica dos costumes*). Contudo, Sandel confunde a liberdade das determinações empíricas na caracterização da autonomia moral, que deve assegurar que as ponderações particulares e autointeressadas não suprimam as ponderações morais, com a descrição da liberdade de cada ser humano de escolher seu bem pessoal. A questão é, portanto, completamente diferente: Kant pergunta sobre a correção moral e Sandel, sobre o bem pessoal. Assim, quando discute Kant, Sandel não menciona em nenhum momento o "imperativo categórico", mas pressupõe implicitamente que, para aquele autor, a prioridade da liberdade de poder escolher na forma dos direitos pessoais da liberdade segue-se automaticamente à descrição do sujeito (ético) da liberdade de escolha. Porém, tal argumento não se encontra na filosofia moral kantiana. Sandel vincula uma tese ética sobre a escolha do bem pessoal, atribuída a Kant, à suposição de uma respectiva consequência normativa para a regulação da liberdade de escolha (isto é, a liberdade de escolher o bem), suposição que, em verdade, refere-se às relações de direito. Tudo isso com a finalidade de criticar a teoria moral de Kant. A autonomia moral é, assim, confundida ora com a escolha ética, ora com a liberdade dos sujeitos de direito.

A tese decisiva de Sandel, que ele procura fundamentar tanto em sua interpretação de Kant quanto de Rawls, pressupõe haver uma correspondência entre a "prioridade epistêmica" do eu empírico não condicionado e a "prioridade moral" (1982, p. 156) dos direitos individuais com validade deontológica – e o elo entre ambos está no conceito de liberdade ética de escolha do bem da parte de um eu atomístico e desvinculado, que leva ao conceito moral de direitos subjetivos de liberdade de escolha. Assim como o eu é determinado sem um bem constitutivo, o mesmo acontece com a moral.

4. Dos três argumentos anteriores – de que a teoria de Rawls está fundada num conceito de eu "desengajado"; de que esse conceito é implausível e, por fim, de que em toda concepção deontológica da moral existe, como fundamento, um conceito estruturalmente parecido de eu – Sandel tira a conclusão de que toda concepção deontológica da moral deve fracassar: "A justiça não pode ser entendida primordialmente no sentido deontológico, pois não podemos nos autoconsiderar, de modo coerente, como o tipo de ser humano que a ética deontológica – seja kantiana ou rawlsiana – exige que sejamos" (ibidem, p. 14). Uma vez que não se pode representar coerentemente as pessoas sem concepções constitutivas e comunitárias do bem, os princípios da vida comum também não podem ser concebidos sem concepções do bem. A justiça deontológica encontra seus limites nas autocompreensões, vínculos e valores das comunidades, que se integram não apenas pelas normas deontológicas, mas também pelas convicções compartilhadas. Cada comunidade constitutiva – seja a família, tribo, cidade, classe, nação ou povo (ibidem, p. 172) – abrange, em sua identidade coletiva, a identidade individual de seus membros. O ponto de vista deontológico não faz

justiça teoricamente a esses vínculos comunitários, e se o ponto de vista deontológico se torna uma práxis social chega até mesmo a destruir esses "vínculos pessoais e políticos". Nessas comunidades – e Sandel aqui não distingue entre comunidades familiares, associativas e políticas – predominam vinculações, lealdades e obrigações que exigem algo mais do que exige a justiça entendida de modo deontológico. Essas obrigações, segundo Sandel, não dizem respeito ao eu do ponto de vista da justiça, mas a identidade é impensável sem elas. Os sujeitos não podem se conceber desprendidos delas (ibidem, p. 179). A justiça, para Sandel, separa as pessoas umas das outras; o bem as une. A "república deontológica" é uma comunidade de estranhos, sem caráter, sem vínculos, sem identidade; a forma da comunidade política que Sandel lhe contrapõe é aquela na qual o bem pessoal e universal se constituem reciprocamente (ibidem, p. 183). Essa conclusão – de desenvolver uma crítica fundamental às concepções deontológicas da moral a partir do argumento contra a visão atomística do eu – não é apenas central para a crítica de Sandel a Rawls, mas também, *mutatis mutandis*, para o comunitarismo de MacIntyre e Taylor.

5. Por fim, Sandel procura mostrar que as premissas atomísticas das teorias deontológicas de Rawls (e Dworkin) têm de levar a contradições quando questões de justiça social estiverem em jogo, como no caso do "princípio da diferença" de Rawls (ou de "ação afirmativa", isto é, medidas específicas para compensação de desvantagens sociais)[6].

Para justificar o "princípio da diferença" – de que as desigualdades sociais e econômicas devem ser tratadas de tal modo que tragam as maiores vantagens possíveis aos menos favorecidos e estabeleçam uma igualdade de oportunidades em relação ao acesso de posições e cargos públicos (cf. Rawls, 1971) – Rawls procurou, com a ajuda do "véu de ignorância" no quadro de uma teoria kantiana da igualdade, fazer com que a escolha dos princípios da justiça fosse independente das contingências naturais e sociais. Dentre elas, incluiu especialmente os talentos naturais desiguais das pessoas e o seu lugar no interior de uma determinada sociedade adquirido por meio do nascimento. Essas informações não estão disponíveis às partes da "posição original". Isso faz com que as partes sejam obrigadas a se colocar no papel daqueles que são prejudicados pelas circunstâncias naturais ou históricas e não possuem possibilidades sociais iguais de início. O princípio da diferença compensa, de certa maneira, desigualdades desse tipo no interior de uma estrutura compatível com a

---

[6] Sobre a argumentação de Sandel contra Dworkin, cf. adiante a seção 2.3.

eficiência econômica. Isso leva Rawls a dizer que "as desigualdades de nascimento e de dotes naturais são imerecidas" (ibidem, p. 100) e, mais ainda, "de que devemos considerar a distribuição de talentos naturais como um trunfo comum [*common asset*] e partilhar os maiores benefícios sociais e econômicos possibilitados pela complementaridade dessa distribuição" (ibidem, p. 101). As vantagens que as pessoas têm em virtude dos talentos especiais devem ser justificadas socialmente e estar sujeitas à justiça distributiva.

A crítica de Sandel a essa argumentação vale-se de uma objeção levantada por Nozick. Enquanto Rawls considera a melhoria nas oportunidades de vida que o princípio da diferença propicia a cada um dos socialmente menos favorecidos como a expressão do respeito kantiano às pessoas e como o princípio de tratar as pessoas não como meios, mas como fins, Nozick critica o argumento para considerar os talentos naturais como "trunfos comuns" como sendo um argumento não kantiano e fundamentalmente utilitarista. Pois, segundo o princípio da diferença, pessoas com determinados talentos especiais são tratadas como meios para os fins da igualdade social. Segundo a teoria de Nozick sobre as pretensões legítimas dos indivíduos à propriedade legalmente adquirida, esse princípio viola os direitos dessas pessoas (Nozick, 1974, p. 228).

Além disso, para ele, introduz-se com isso uma fissura entre a pessoa em si e suas qualidades e talentos, fissura esta que contradiz a historicidade e particularidade dos indivíduos, assim como o princípio abstrato de redistribuição de Rawls vai de encontro à historicidade dos "direitos legais" [*entitlements*], como os títulos de propriedade que o indivíduo alcançou no percurso de sua história de vida (e os dos seus antepassados). "Também não fica claro por que nós, com densas características particulares, deveríamos nos alegrar com que (tão somente) os homens assim purificados dentro de nós não sejam considerados como meios." É desse modo, segundo Sandel, que Nozick identifica o pressuposto do "eu desvinculado", ao qual se refere a separação de Rawls entre a pessoa e seus talentos e qualidades. De acordo com isso, se a escolha fosse entre a concepção de pessoa atomística de Rawls, essencialmente sem qualidades, e o conceito de pessoa de Nozick, como ser constitutivo caracterizado por qualidades que não podem ser separadas da pessoa, assim como a propriedade adquirida em virtude dessas qualidades, então teria de se dar razão a Nozick.

Contudo, Sandel argumenta que Rawls tem à sua disposição um outro caminho para defender-se contra Nozick, mas que contradiz a própria suposição de Rawls acerca do eu previamente individualizado. De acordo com essa concepção, o uso dos talentos naturais como um "bem comum" não seria um tratamento ilegítimo das pessoas como meios se a distinção entre as qualidades e pretensões de uma pessoa e as de uma comunidade fossem abandonadas. Uma vez que o eu está vinculado de modo constitutivo a uma comunidade, as pretensões desta sobre os frutos das qualidades das pessoas são legítimas. O sujeito que pode levantar pretensões de posse não é a pessoa individual, mas sim a comunidade. "Se o princípio da diferença deve evitar que alguns sejam usados como meios para os fins de outros, isso só pode ser possível sob condições nas quais o sujeito da posse é um 'nós' ao invés de um 'eu', cujas circunstâncias implicam, por sua vez, a existência de uma comunidade no sentido constitutivo" (Sandel, 1982, p. 80). O discurso de Rawls sobre "bem comum" [*common assets*] e, com isso, sobre o princípio da diferença, é justificável somente quando a comunidade tem de fato um direito prévio sobre as qualidades do eu. Desse modo, Sandel conclui que, para defender sua justiça distributiva, Rawls não pode prescindir de um forte conceito "orgânico" (ibidem, p. 101) de comunidade que contradiz suas outras premissas individualistas.

No entanto, a crítica de Nozick e Sandel parte de uma interpretação demasiadamente dura da argumentação de Rawls sobre "a distribuição de talentos naturais como um bem comum". Com essa argumentação, Rawls não quer dizer que as qualidades naturais sejam "contingentes" (1975d, p. 96) no sentido de que elas não pertencem à identidade da pessoa, mas sim de que são contingentes de um ponto de vista *normativo*, no sentido de que do fato (legítimo) das desigualdades *naturais* não se pode deduzir a legitimidade de uma desigualdade *social* a fim de beneficiar aqueles favorecidos pela natureza. Assim, não são as qualidades naturais das pessoas que são o objeto da (re)distribuição social, mas sim os frutos e vantagens alcançados pelo trabalho na sociedade resultantes dessas qualidades naturais. Portanto, a questão, que também se coloca para Nozick, é saber quais regulações são válidas numa sociedade para julgar a legitimidade das reivindicações por bens sociais (sobre isso, cf. Pogge, 1989, p. 63 ss.). E aqui se pode fazer a Nozick a objeção de ter uma concepção atomística, pois pressupõe que as pessoas têm, por natureza, direitos sobre tudo de que podem se apropriar no interior de uma estrutura jurídica mínima, como se as circunstâncias sociais não fossem fundamentalmente diferentes das circunstâncias naturais, isto é, da aquisição robinsoniana da propriedade, como se o que fosse adquirido por um indivíduo no interior de uma sociedade decorresse da natureza do indivíduo. Segundo Rawls (1978, p. 53 ss.), esse argumento desconsidera tanto o caráter social da formação e desenvolvimento das capacidades e talentos individuais, como também o caráter social da produção e aquisição da propriedade – este último aspecto refere-se à cooperação social e às condições sociais estruturais necessárias para a produção e ao problema das desigualdades existentes nessas relações sociais, o qual torna impossível falar de transações "livres" e "justas". Para Rawls, a apropriação e a transferência de propriedades individuais podem ser consideradas equitativas somente quando "as condições de fundo" de uma sociedade são tornadas justas por meio de uma distribuição de bens sociais básicos. "Temos direito às nossas habilidades naturais e a qualquer coisa a que nos tornamos autorizados por meio de nossa participação em um processo social equitativo" (Rawls, 1975d, p. 98).

Uma vez que Sandel assume a interpretação de Nozick acerca do discurso do "bem comum" [*common assets*], escapa-lhe a diferenciação rawlsiana entre o que condiciona, parte pela natureza, parte pela sociedade, a constituição de uma pessoa como indivíduo com talentos e capacidades específicas, e o que significa, em uma sociedade, adquirir direitos sobre bens que são produzidos e distribuídos no interior de uma sociedade. Uma vez que para Sandel só existe a alternativa entre atomismo e monismo social, ele propõe, como um contraconceito a um eu atomístico sem qualidades, um eu comunitário como um macrossujeito no qual todas as qualidades individuais são essencialmente qualidades comunitárias. Com isso, o termo "*common asset*", como em Nozick, deve ser tomado literalmente, só que desta vez num sentido afirmativo: os indivíduos são simplesmente os "guardiões" da propriedade comunitária de bens e das capacidades que levam à produção desses bens (cf. Sandel, 1982, p. 97, 102). Contudo, com essa concepção da relação entre eu e comunidade, Sandel não consegue tornar plausível como uma tal comunidade integrada organicamente ainda poderia consistir de indivíduos que fazem reivindicações independentes sobre os bens sociais básicos, uma vez que a relação de constituição entre eu e comunidade (e aqui se deve pensar na comunidade política) não é determinada recíproca, mas unilateralmente. A discussão poderia ser resumida assim: enquanto Rawls procura avaliar as pretensões dos indivíduos diante da sociedade segundo princípios de justiça aos quais todos poderiam dar seu assentimento a partir de um ponto de vista equitativo, Nozick absolutiza as pretensões ("naturais") dos indivíduos contra o ponto de vista da justiça social, e Sandel absolutiza, em contraposição a isso, a pretensão prioritária de uma comunidade em relação a seus membros.

1.2 Pessoa ética e pessoa do direito

Nesta reconstrução da tese de Sandel já foi introduzida uma série de contra-argumentos, particularmente os relativos ao último ponto, sobre o problema da contradição imanente à teoria de Rawls. Esse quinto ponto está fundado nas teses dos quatro primeiros, todavia não é constitutivo para eles (como mostra a semelhança da crítica de Nozick a Rawls). Os argumentos que se orientam contra a conclusão de Sandel – portanto, o ponto 4 – têm de começar consequentemente em um dos três anteriores. Todos eles procuram mostrar que tal conclusão é uma *falácia comunitarista*, isto é, que é equivocada a tentativa de desenvolver um argumento contra a possibilidade de uma teoria moral deontológica a partir do argumento da concepção intersubjetiva de pessoa.

A crítica ao ponto 3 – a tese de que toda teoria deontológica, inclusive a kantiana, pressupõe o conceito de um eu "desvinculado" – já foi explorada acima na medida em que a tentativa de Sandel de atribuir o atomismo a Kant foi criticada como uma interpretação equivocada do conceito de autonomia moral como liberdade ética de escolha (do bem), por um lado, e a liberdade jurídica de ação (a liberdade de escolha do bem), por outro lado. Além disso, sua pretensão de ter rejeitado, com sua crítica a Kant e a Rawls – mesmo que estas fossem bem-sucedidas –, todas as formas e fundamentações das concepções deontológicas da moral não são uma afirmação que tenha fundamento[7].

No entanto, a resposta aos pontos 2 e 1 são mais fundamentais: eles criticam a própria proposta de Sandel de um "eu constituído" (ponto 2) e – essa é a própria resposta de Rawls – já contestam a legitimidade do primeiro passo: a tese de que a *Teoria da justiça* repousa, de fato, num conceito atomista de eu.

Sobre o segundo ponto de Sandel: aqui os conceitos de comunidade e eu e a relação entre ambos estão no centro da crítica. Com isso podem ser distinguidos analiticamente quatro pontos nodais (a–d), embora em estreita relação entre si.

a. O que inicialmente dá motivos a questionamentos é a teoria de Sandel sobre a possibilidade de um eu "codeterminar" sua identidade própria e se referir reflexivamente a ela. Como se deve entender precisamente a "constituição" em Sandel? Frequentemente, ele fala de uma "comunidade constitutiva" como um "sujeito ampliado", isto é, um macrossujeito cuja identidade não pode ser separada da dos membros dessa comunidade e que, de certo modo, a determina. Os indivíduos não "escolhem" sua identidade, eles a "encontram", e do mesmo modo suas obrigações normativas diante da comunidade não são escolhidas por eles e estão para além do que as normas abstratas da justiça exigem (cf. Sandel, 1982, p. 179). Portanto, parece que a "constituição" deve ser entendida não recíproca, mas unilateralmente. A comunidade constitui a identidade de seus membros, lhes atribui sua autocompreensão. Os indivíduos aparecem como

---

[7] Cf. a crítica de Barry (1984) e Larmore (1984). Com relação à ética do discurso, cf. Benhabib (1989a).

acidentes de uma substância comunitária. Não obstante, Sandel procura evitar essa interpretação da constituição unilateral quando se volta explicitamente contra o conceito de um "sujeito radicalmente situado" (ibidem, p. 21). Desse modo, ele explica que existe uma diferença entre o eu e sua "situação", isto é, o seu "estar incorporado" em uma comunidade (ibidem, p. 20); que a identidade do sujeito é determinada somente "em certa medida" (ibidem, p. 150) pela comunidade; que o eu "participa" na constituição dessa identidade e que, com isso, existe espaço para a reflexão distanciadora (ibidem, p. 179) e a revisão (ibidem, p. 180) de uma identidade dada.

Contudo, Sandel não fornece nenhum critério mais preciso segundo o qual esta reflexão distanciadora seria possível. Mais do que isso, sua apresentação parece contraditória na medida em que, por um lado, afirma que esta reflexão sempre é possível somente no interior de uma identidade constituída intersubjetivamente na qual nos encontramos, isto é, que este distanciamento é "precário" (ibidem, p. 179); todavia, por outro lado, mantém que é possível uma introspecção subjetiva ("a capacidade para a reflexão habilita o eu a voltar suas luzes para dentro de si mesmo, a investigar por dentro sua natureza constitutiva, a pesquisar suas várias vinculações e reconhecer suas respectivas reivindicações"; ibidem, p. 153) que torna o eu um observador de si mesmo, portanto, permite que sua identidade se torne um objeto distanciado de um modo que não pode ser permitido por uma teoria intersubjetivista (cf. Sher, 1989, p. 151 ss.). Para apreender conceitualmente a possibilidade de uma reflexão distanciadora, Sandel teria de projetar uma distinção semelhante à feita por Mead entre um "*Me*" para o "outro generalizado" e um "*I*" reflexivo que mantém o eu constituído comunitariamente num diálogo crítico consigo mesmo e com o ambiente social[8]. Em Mead, essa autorreflexão não é explicitada nem como auto-objetivação nem como reprodução das expectativas de papéis sociais, mas como uma autodeterminação comunicativa no interior de contextos comunitários. Em Sandel, pelo contrário, permanece em aberto saber se e como é possível uma revisão de determinadas concepções pessoais do bem ou objetivos pessoais – por exemplo, à luz de "desejos de segunda ordem" (Frankfurt, 1971). Que um eu seja constituído intersubjetivamente não implica que uma pessoa não possa se relacionar criticamente consigo mesma e possa questionar seus valores e vínculos. Questões de orientação ética não

---

[8] Mead (1973, p. 207 ss.). Sobre isso, cf. a seção 5.3. Selznick (1987) e Post (1989) mencionam a teoria de Mead no contexto de uma crítica a Sandel, contudo somente à margem.

são respondidas somente com aquilo que somos, mas também com aquilo que queremos ser à luz do pano de fundo de "avaliações fortes", que embora vinculadas à identidade pessoal a partir de "comunidades constitutivas" têm de ser assumidas e defendidas conscientemente pela pessoa. Uma teoria da *autonomia ética* deve ser capaz de mostrar como podem fazer sentido o discurso sobre "minha" identidade e a responsabilidade pelas próprias decisões vitais das "pessoas situadas" (cf. a seção 5.3). Com relação a isso, a teoria de Sandel é insuficiente.

b. Essa falta de clareza com relação à natureza do processo de autorreflexão reflete-se no problema colocado a Sandel de mostrar a possibilidade da crítica de uma comunidade por parte de um eu cuja identidade é constituída por meio da comunidade. Se as obrigações que um eu tem em relação a uma comunidade pertencem de tal forma à sua identidade que não podem ser feridas sem que ocorra a perda do eu e exigem mais do que o cumprimento de normas recíprocas da justiça (cf. Sandel, 1982, p. 179), como é possível o caso de que esta não encontre seus limites nas formas da comunidade que são determinantes para a identidade (cf. ibidem, p. 182), mas, pelo contrário, que uma comunidade possa ser criticada segundo padrões de justiça? Esse caso não é previsto pela teoria, defendida por Sandel, da prioridade do bem. Por exemplo, tradições familiares, relações de gênero, autocompreensões religiosas, para não falar das tradições nacionais, estão para além da crítica normativa[9]? Do fato da constituição da identidade em uma comunidade, Sandel infere ilegitimamente a obrigação normativa de manter essa identidade como parte da comunidade. Porém, pontos de vista genéticos não podem prejulgar desse modo questões de validade normativa – isso seria incompatível não apenas com a autonomia ética (a reflexão sobre a vida própria), como mencionado acima, mas também é incompatível com a *autonomia moral* (a responsabilidade prática perante os outros). Aqui, também, a distinção de Mead entre "*I*" e "*Me*" poderia ser importante, pois o "*I*" possui a capacidade moral de referir-se a uma comunidade "abrangente" e, com isso, criticar uma comunidade particular (cf. Mead, 1973, p. 243-319).

c. Além disso, Sandel não mostra – mesmo de um ponto de vista descritivo – como o seu conceito de eu se relaciona com o fato de que nas sociedades modernas

---

[9] Cf. a crítica de Gutmann (1985), Larmore (1987, p. 12 ss.), Thigpen e Downing (1987), Waldron (1989a), Dworkin (1989), Kymlicka (1990, p. 213 ss.), Phillips (1983, cap. 8); para uma posição mais extrema, cf. Holmes (1989).

as pessoas têm de assumir e cumprir diferentes papéis em diferentes domínios da vida que podem entrar em conflito uns com os outros (cf. Feinberg, 1988, p. 105 ss.). Sandel deixa em aberto a questão de como a identidade das pessoas se forma "entre" diferentes comunidades, de como uma pessoa que se sente pertencendo a uma comunidade familiar, religiosa e política pode permanecer sendo a mesma e única pessoa quando essa pertença coloca exigências contrárias. Nesse caso, sua identidade desmorona em fragmentos contraditórios[10]?

d. Até agora, falei da "comunidade" ou de "comunidades" quando a questão referia-se à "comunidade constitutiva" de Sandel. Com esse termo, ele abrange comunidades muito diferentes como "família, cidade, classe, nação ou povo" (1982, p. 172). E é nessa não diferenciação que se encontram as raízes para o problema da reflexão, crítica e integração. Pois com a subsunção unidimensional de todas essas "comunidades" ao conceito de "sujeito abrangente", determinador da identidade, Sandel perde de vista as diferentes estruturas normativas dessas formas diversas de comunidade, como a família ou a nação. Isso leva a uma consideração orgânica de todas essas comunidades como um macrossujeito homogêneo, determinado por valores, no qual predomina a unidade de identidades coletivas e individuais – Susan Moller Okin (1989, p. 29) observou que, com isso, não apenas a família é idealizada no sentido tradicional, mas também todas as outras formas de vida social aparecem como comunidades nas quais, de fato, uma ideia de bem que tudo prefigura e a ausência de conflitos normativos tornam desnecessário um conceito de justiça. Essa explicação não apenas perde de vista a particularidade e os conflitos inerentes a tais formas sociais, como também as diferenças entre elas. É evidente que uma nação apresenta uma infraestrutura normativa completamente diferente da de uma família ou uma classe: aqui predominam outras concepções dos fins comuns e dos papéis que os indivíduos devem desempenhar para satisfazê-los, outros tipos de pertença e outros graus de intensidade desses sentimentos, outros tipos de obrigações (por exemplo, como membro da família ou como cidadão). Em sua crítica ao liberalismo, Sandel torna as coisas muito fáceis para si mesmo quando interpreta a comunidade política como sendo uma "comunidade constitutiva". O que teria de ser especificado é *como* essa comunidade se constitui e

---

[10] Bell (1993) também não analisa esse problema; distingue formas diferentes de "comunidades constitutivas", mas pressupõe sua concordância unitária. Sobre o conceito de comunidade podem ser encontradas discussões elucidativas sobre o conceito de comunidade em Plant (1978) e Peters (1993, p. 96 ss.).

se legitima, o que ela pode ou não exigir de seus membros. Nesse ponto surge a questão da justiça.

Portanto, o que falta é um olhar diferenciado sobre as diversas formas de comunidades às quais as pessoas pertencem, sobre as normas e valores diversos por meio dos quais essas comunidades são integradas e sobre a questão acerca do quanto a identidade dos sujeitos é afetada por isso. Tal quadro diferenciado tem de fornecer uma compreensão mais dialética das relações recíprocas da individualização e da socialização do que se pode encontrar em Sandel; um modelo das relações do eu e da comunidade que esteja para além da alternativa atomismo e monismo social.

É elucidativa uma comparação entre a tematização de Sandel das relações do eu e da comunidade com os poucos pontos em que Rawls tematiza essa relação na *Teoria da justiça* (particularmente na parte III; cf. Flanagan, 1991, cap. 5). Rawls procura manter um equilíbrio entre a possibilidade dos indivíduos de formar (e revisar) seus planos de vida e a constituição social dos indivíduos, de modo a tornar plausível a primazia da justiça em ambas as perspectivas. Segundo sua concepção, é indiscutível que a fala, o pensamento e a ação dos indivíduos são constituídos socialmente e que os seres humanos se realizam em relações intersubjetivas. Entretanto, disso não se segue que não existe a possibilidade de revisar e modificar determinados objetivos, interesses e concepções do bem. Rawls conclui que o direito à liberdade pessoal corresponde, portanto, ao "desejo de ordem superior" (1971, p. 561) dos indivíduos de assegurar essa possibilidade.

Os princípios da justiça, segundo Rawls, são compatíveis com a "natureza social dos seres humanos" (ibidem, p. 522) num sentido mais amplo. Tornam possível a existência de uma "união social de uniões sociais" na medida em que formam o quadro da cooperação social na qual os indivíduos se autorrealizam em diversas formas de vida e comunidades. Contudo, todas essas comunidades colaboram, segundo regras reconhecidas universalmente, para a vantagem geral da sociedade como um todo. Nessa visão da sociedade bem-ordenada, argumenta Rawls, ficam em aberto do ponto de vista ético quais as concepções do bem são possíveis – desde que se movimentem no espaço da justiça –, concepções individualistas como também comunitaristas ou religiosas (1975c).

Contudo, a justiça ainda está estreitamente vinculada aos indivíduos, a saber, por meio do senso de justiça e do interesse de viver em uma sociedade justa como homem justo. Rawls fala, inclusive, de uma "congruência" (1971, p. 577) do bom e do justo, isto é, da vida boa e da vida justa. Agir de forma justa manifesta o desejo "de expressar nossa natureza como pessoas morais livres" (ibidem, p. 572). A vida em uma sociedade justa possibilita a autorrealização individual, a vida em comunidade, a ação segundo princípios de justiça e, por fim, tudo junto, uma vida que torna possível o autorrespeito no reconhecimento pelos outros (ibidem, p. 440-1).

Por duas razões, todavia, seria inadequado apresentar, nesse plano, uma resposta de Rawls a Sandel. Primeiramente, ainda que os conceitos de pessoa e de comunidade apresentados por Rawls na terceira parte da *Teoria da justiça* possam explicar a autonomia ética e moral num sentido não atomista, tais conceitos poderiam revelar-se contraditórios com o programa de fundamentação da "posição original" (um argumento que Sandel apresenta tendo em vista o princípio da diferença). E, segunda razão, pelo fato de que o Rawls tardio afastou-se da tese forte da "congruência" do justo e do bem. Segundo sua opinião, diferentemente do que acredita Sandel, os princípios da justiça devem ser distinguidos mais claramente das concepções éticas da vida boa. Nessa diferenciação reside a chave para sua resposta a Sandel, que deve começar com a primeira tese deste: a reconstrução da teoria de Rawls.

Sobre o primeiro ponto de Sandel: a resposta de Rawls (em grande parte implícita) à primeira tese de Sandel consiste em duas partes. Em primeiro lugar, Sandel não coloca em questão que um conceito específico de "pessoa moral" está no centro da teoria, contudo contesta que esse conceito possa ser compreendido a partir da descrição das partes na "posição original". Antes, encontra-se na descrição dessa situação inicial como um todo. E, em segundo lugar, esse conceito de pessoa moral não é sinônimo de uma teoria da identidade pessoal, mas trata-se de um conceito "político" uma vez que se refere apenas ao plano abstrato da justiça política e não à constituição do eu. Assim, não é ele mesmo um conceito ético-intersubjetivista de eu, mas também não é de modo algum incompatível com tal conceito. Rawls acentua isso particularmente nos seus escritos tardios. Todavia, o cerne dessa diferenciação fundamental nos conceitos de pessoa já se encontra na *Teoria da justiça*.

Nessa obra, Rawls não deixa nenhuma dúvida "de que nos princípios da justiça está incorporado um ideal de pessoa que fornece o ponto de vista arquimediano para julgar a estrutura básica da sociedade" (Rawls, 1971, p. 584). Certamente, esse ideal *não* pode ser encontrado na descrição das partes racionais e autointeressadas da "posição original", como Sandel assume, mas sim na construção como um todo que, por meio do "véu de ignorância", coloca as partes racionais sob condições morais. O ideal de pessoa de Rawls está no centro da sua tentativa de fornecer uma interpretação procedimental do conceito kantiano de autonomia. Para ele, a especificação da posição original tem a tarefa de conceitualizar o ponto de vista moral imparcial de pessoas autônomas, isto é, pessoas razoáveis livres e iguais. "Kant supõe que essa legislação moral [aceitável para todos] deve ser acordada sob determinadas condições que caracterizam os homens como seres racionais, livres e iguais. "Kant supõe que essa legislação moral [aceitável para todos] deve ser acordada sob determinadas condições que caracterizam os homens como seres racionais, livres e iguais. A descrição da posição original é uma tentativa de interpretar essa noção" (ibidem, p. 252). A "posição original" obriga as partes a colocarem-se na perspectiva de todo membro possível da sociedade e de reconhecer como morais os princípios que todos poderiam aceitar como pessoas livres e iguais. Portanto, a "posição original" formula, no sentido kantiano, o ponto de vista da pessoa inteligível: na formação de seus juízos, as pessoas, especialmente devido ao "véu de ignorância", são livres de ponderações empíricas autointeressadas na medida em que os interesses empíricos em assegurar para si mesmo a melhor distribuição possível de "bens básicos" não são influenciados pelo conhecimento das vantagens ou desvantagens naturais e sociais que atingem sua pessoa. Os princípios, que com isso aparecem como racionais, são, por meio da situação inicial de equidade, do interesse de todos. Desse modo, a "posição original" como *um todo* expressa a "natureza" (ibidem, p. 580) dos homens como seres razoáveis, livres e iguais, que agem autonomamente. Essa autonomia moral das pessoas representada na posição original não significa que estas tenham uma relação contingente e externa com concepções éticas do bem – contudo, exige das pessoas que tais diferentes concepções não sirvam de fundamento para princípios da justiça que devem ser universalmente válidos.

Desse modo, na base da concepção kantiana da igualdade defendida por Rawls reside um conceito moral substantivo de pessoa, que, todavia, está separado do "ornamento metafísico" da teoria de Kant (ibidem, p. 264). A "posição original" corresponde aos interesses racionais das pessoas em conseguirem a maior parcela possível de bens sociais básicos, como também corresponde ao ponto de vista moral de que essa distribuição decorre segundo princípios que poderiam ser aceitos por todos os seres razoáveis, livres e iguais. Assim, a pessoa que está na base da "posição original" é caracterizada por duas capacidades fundamentais: de ter uma concepção do bem e de ter um senso de justiça (ibidem, p. 505, 561). Segundo Rawls, a primeira capacidade realiza-se num plano racional de vida – sua concepção, eventual revisão e seu melhor prosseguimento possível – e, a segunda, no desejo de agir segundo princípios justos. Consequentemente, o bom se encontra sob os constrangimentos do justo. Entretanto, o conteúdo do bom não é determinado pelo justo.

Em seus escritos posteriores à *Teoria*, principalmente nas *Dewey-Lectures* (1980), Rawls coloca de forma mais clara essa concepção de "pessoa moral" no centro de seu pensamento, mas evita – mais ainda em artigos posteriores (cf. Rawls, 1985) – a tese de uma concordância do bem e da justiça na determinação do "bem-estar" e da "natureza" dos seres humanos. A "pessoa moral" é, agora, considerada mais fortemente como um conceito de "segunda ordem" e não mais interfere substancialmente na determinação do que é o bem para os seres humanos. O "interesse de ordem superior" (1980, p. 94) de poder perseguir a própria concepção do bem é distinguido do "interesse de ordem mais elevada" de poder fazer uso de ambas as capacidades morais. A "pessoa moral" é compreendida, por um lado, de modo mais formal e menos ético; por outro lado, é compreendida "politicamente" no sentido de uma lógica da fundamentação, pois Rawls caracteriza esse conceito de pessoa como uma concepção fundamental no interior de uma cultura política democrática (ibidem, p. 84 ss.) – mesmo que sua teoria continue tendo a pretensão de ter em sua base um conceito "kantiano" de pessoa e de razão. Segundo Rawls, as tentativas de fornecer uma fundamentação "metafísica" para esse conceito de pessoa, tendo em vista interpretá-lo como uma determinação substancial da vida boa, correm o risco de transformar a teoria da justiça numa "doutrina moral abrangente" e desviar-se da tarefa própria de uma teoria "política" da justiça, a saber, de formular uma teoria voltada somente para a estrutura básica da sociedade e fundamentada em conceitos morais universais não metafísicos. Nesse sentido, Rawls distingue-se da teoria moral de Kant, a qual é "abrangente" uma vez que é fundamentada de modo metafísico e refere-se às virtudes morais das pessoas (cf. adiante a seção 4.2).

Rawls vincula as duas capacidades da pessoa moral, de ter um plano racional de vida e de ter um senso de justiça, aos conceitos do "racional" e do "razoável" para explicar em que medida se diferenciam entre si e como são introduzidos na descrição da "posição original". O conceito de "racional" corresponde ao primeiro "poder moral" ("*moral power*") da pessoa, a saber, a capacidade de formular, rever e perseguir uma concepção do bem, enquanto o conceito do "razoável" corresponde ao segundo poder moral, a capacidade para um senso efetivo da justiça (1980, p. 93 ss.). Segundo Rawls, o interesse em ter à disposição suficientes "bens básicos" para realizar sua própria concepção do bem é racional; em contraste, o interesse da pessoa de que as condições da cooperação social sejam equitativas e aceitas universalmente é razoável no sentido moral[11].

Os dois lados do "racional" e do "razoável" são representados na "posição original". Por um lado, no caso do racional, por meio da caracterização das partes como seres racionais calculistas desinteressados mutuamente; por outro lado, no caso do razoável, por meio das limitações impostas às partes pelo "véu de ignorância" (ibidem, p. 87 ss.;

---

[11] Rawls esclarece a diferença com Kant: "Por fim, o modo como o razoável forma o racional na posição original representa um aspecto da unidade da razão prática. Em termos kantianos, a razão prática empírica é representada pela deliberação racional das partes; a razão prática pura é representada pelos constrangimentos dentro dos quais essa deliberação acontece" (1980, p. 103).

cf. 1982a, p. 247). As duas qualidades morais fundamentais da pessoa não estão refletidas somente, como assume Sandel, na descrição das partes, mas na construção da situação inicial como um todo. A autonomia "racional" das partes da "posição original" não pode ser confundida com a "autonomia plena" (Rawls, 1980, p. 88, 105) dos cidadãos livres e iguais. O ponto de vista moral do razoável não apenas não pode ser subestimado em relação à racionalidade das partes, mas inclusive tem uma primazia diante da racionalidade: "O razoável subordina o racional porque seus princípios limitam, e numa concepção kantiana limitam absolutamente, os fins últimos que podem ser perseguidos" (ibidem, p. 100). A "prioridade da correção deontológica" (ou do justo) não pode ser, portanto – contrariamente a Sandel –, entendida como a prioridade do sujeito racional da livre escolha, mas sim como a do ponto de vista da cooperação social equitativa diante da liberdade subjetiva de escolha. A "posição original" expressa um conceito de pessoa que consiste nos dois "poderes morais" do bem e do justo. Portanto, Rawls recusa sua afirmação de que a teoria da justiça seria "uma parte da teoria da escolha racional [*rational choice*]" (1971, p. 16).

> O que ele deveria ter dito é que a concepção da justiça como equidade usa uma explicação da escolha racional sujeita a condições razoáveis para caracterizar a deliberação das partes como representantes de pessoas livres e iguais; e tudo isso dentro de uma concepção política da justiça, que é, naturalmente, uma concepção moral (1985, p. 237, nota 20).

A "*original position*" é simplesmente um "artifício de representação" (idem) da pessoa moral e de seus dois poderes morais – que, como foi mostrado, são representados na descrição das partes e nos limites aos quais estas estão submetidas.

> Quando, nesse sentido, simulamos estar nessa posição [a *original position*], nosso raciocínio não nos compromete com uma doutrina metafísica sobre a natureza do eu, assim como ao jogar "*Monopoly*" não somos obrigados a pensar que somos proprietários envolvidos numa competição desesperada, em que o vencedor ganha tudo (ibidem, p. 275).[12]

Assim, ao diferenciar as concepções de pessoa segundo os contextos dos questionamentos normativos, Rawls responde à objeção de Williams (1981a) de que a visão kantiana das pessoas "abstraídas de seu caráter" seria uma falsa apresentação do que significa ser uma pessoa e estar confrontado com problemas práticos. "Podemos assumir diversos pontos de vista em relação às pessoas em diferentes contextos sem

---

[12] Para ter uma maior clareza sobre isso, cf. também Rawls (1993a; p. 27) em que caracteriza a interpretação de Sandel como "ilusão causada por não ver a posição original como um artifício de representação".

cairmos em contradição, desde que esses pontos de vista sejam coerentes entre si quando as circunstâncias exigirem" (Rawls, 1980, p. 545).

Com isso, evidenciam-se os dois componentes da resposta de Rawls à primeira tese de Sandel. *Primeiro*, o conceito de pessoa, que está na base da teoria de Rawls, não é caracterizado pela racionalidade das partes orientada para fins da "*original position*", mas pela construção da situação inicial como um todo, isto é, pelas partes racionais *e* pela equidade razoável (no sentido moral) dos constrangimentos impostos às partes. A "pessoa moral", com seus dois interesses de ordem superior, não corresponde, nesse sentido, a nenhum conceito de liberdade subjetiva de escolha, mas sim ao de autonomia moral. E *segundo*, esse conceito de pessoa moral não é um conceito de eu ético, mas situa-se num plano político-moral mais abstrato (cf. Rawls, 1985, p. 267, nota 15). Isso significa (a) que o conceito fundamental de pessoa com os dois poderes morais deixa em aberto a questão de como se constitui a identidade ética de uma pessoa. A autonomia moral não significa que a pessoa não pode determinar sua identidade por meio de valores e vínculos "constitutivos". Contudo, significa que a pessoa, primeiro, tem a capacidade para examinar criticamente (se for o caso) sua identidade, e, segundo, tem um senso de justiça de acordo com o qual está disposta a agir com relação aos outros segundo princípios que podem ser endossados publicamente (1993a, p. 19, 49). Nesse sentido, a pessoa é moralmente "razoável"[13]. Além disso, Rawls argumenta (b) que essa é uma "concepção política de pessoa" (1985, p. 277), e isso no sentido de que ela explicita poderes morais que podem (e devem) ser esperados dos cidadãos como membros responsáveis de um sistema equitativo de cooperação social[14]. E, finalmente, (c) esse conceito de pessoa, mediado pela "posição original", serve para a fundamentação de princípios da justiça que se referem à identidade "política", "pública" ou "institucional" das pessoas – à identidade "como uma questão de direito fundamental" (1985, p. 279; 1993a, p. 30). Essa dimensão da pessoa deve ser distinguida, mas não separada, do que Rawls chama de identidade "não pública", ou melhor (já que essa identidade também

---

[13] Cf. a seguir a seção 2.1.

[14] Deve-se entender nesse sentido sua observação de que essa concepção de cidadania está implícita na cultura política de uma sociedade democrática – e assim tem *de estar* para essa sociedade poder ser caracterizada legitimamente como "democrática". É inevitável que a filosofia política explicite normativamente conceitos de uma determinada cultura política, e isso não é nenhum problema, contanto que sejam conceitos corretos, isto é, conceitos para os quais há argumentos *morais*. Isso se faz necessário porque nenhuma cultura política oferece "convicções compartilhadas" inequívocas que não exijam uma interpretação normativa (cf. Rawls 1993a, p. 9, 44). Cf. a seção 4.2.

é pública), "não institucional", com suas "lealdades e vínculos emocionais", suas concepções do bem vividas em comunidades "constitutivas". A identidade da *pessoa de direito* [*Rechtsperson*] coloca, por assim dizer, uma *capa abstrata externa* para a *pessoa ética*; protege a identidade particular de uma pessoa e, ao mesmo tempo, limita-a segundo princípios da justiça morais e universais. Para a identidade político-jurídica constituída por meio desses princípios – e sua tradução no direito positivo – não faz diferença alguma se Saulo se tornou Paulo no caminho de Damasco. Assumir um ponto de vista normativo que promova a igualdade de direitos individuais básicos para todas as pessoas significa, portanto, que todas as pessoas são indivíduos em sua existência ética cuja vida boa *consiste* em ter direitos que permitem uma livre escolha de valores. Entre a perspectiva normativa fundamentada em direitos e a perspectiva ontológica existe uma diferença conceitual central.

Portanto, o conceito rawlsiano de pessoa é "político e não metafísico" (Rawls, 1985) no seguinte sentido: a lógica da fundamentação não obriga Rawls a se decidir a favor ou contra uma determinada teoria da identidade pessoal[15], e é suficiente assumir apenas aqueles pressupostos sobre a "pessoa moral" que são indispensáveis para a fundamentação de princípios que se referem aos fundamentos da identidade político-jurídica das pessoas. Essa identidade caracteriza a pessoa e sua liberdade num ponto de vista tripartite, isto é, como uma pessoa com determinadas concepções do bem e com direitos iguais para perseguir objetivos próprios e para sua possível revisão; como uma pessoa que faz determinadas reivindicações (legais) em favor de seus próprios interesses; e como pessoa que assume a responsabilidade por seus fins (cf. ibidem, p. 278 ss.). Desse modo, pode também ser caracterizada como "identidade jurídica", pois aqui a pessoa é considerada como sujeito de direito, como pessoa com um *status* legal.

Tal como o conceito abstrato de pessoa como pessoa do direito [*Person des Rechts*][16] – como portadora de direitos subjetivos e como sujeito do direito – é diferente do de pessoa ética, do mesmo modo deve-se fazer a distinção entre o

---

[15] Porém, certos pressupostos elementares sobre a continuidade temporal das pessoas idênticas consigo mesmas são assumidos. Cf. Rawls (1993a, p. 29, nota 31; p. 31, nota 34) sobre Parfit (1984); e já Rawls (1975b, p. 15 ss.).

[16] O conceito de "pessoa do direito" é especificado aqui provisoriamente como "um portador de direitos subjetivos e um sujeito do direito". Será desenvolvido plenamente no decorrer da discussão subsequente na sua diferença (e em conexão com) quanto aos conceitos de "pessoa ética", "cidadão" e "pessoa moral", em parte já usados aqui – diferenças que, como vai se mostrar, vão além da terminologia de Rawls.

conceito de comunidade política e o de comunidade ética. Isso já se encontra na *Teoria*, em que Rawls destaca

> [...] que a preocupação primária é que existem vários tipos de união social e que não devemos procurar hierarquizá-la a partir da perspectiva da justiça política. Além disso, essas uniões não têm um tamanho definido: abrangem desde famílias e relações de amizade até associações bem maiores (1971, p. 527).

Com isso, Rawls estabelece a distinção entre a comunidade política e as várias comunidades sociais (ou éticas): na primeira, a pessoa é sujeito do direito; nas segundas, membro de determinadas comunidades com as quais a identidade do eu está vinculada de maneiras diversas[17]. Enquanto a comunidade política é integrada normativamente por meio de uma concepção política e pública da justiça, as comunidades éticas se integram por meio de diferentes tipos de concepções do bem, particularmente na medida em que são determinadas por "doutrinas morais abrangentes", "doutrinas éticas abrangentes". Com isso, conclui Rawls, o Estado não é uma comunidade ética do bem:

> A justiça como equidade assume, como outras concepções políticas liberais, que os valores da comunidade não apenas são essenciais, como também realizáveis: primeiro, nas várias associações que levam suas vidas no quadro da estrutura básica, e, segundo, naquelas associações que se estendem para além dos limites dos Estados-nações, tais como as igrejas e sociedades científicas. O liberalismo rejeita a ideia de Estado como uma comunidade porque, entre outras coisas, tal ideia conduz a uma negação sistemática das liberdades básicas e ao uso opressivo do monopólio (legal) da força do Estado (1987, p. 308, nota 18).

A distinção entre Estado e comunidade(s) protege a liberdade subjetiva das pessoas como sujeitos do direito e também as habilita a compartilhar, como cidadãos, o fim *comum* da justiça política. Este, porém, não pode pôr em risco as liberdades fundamentais da pessoa do direito, e também não pode ser considerado como uma concepção do bem que determina a identidade ética das pessoas. Esta e a identidade político-jurídica devem ser mantidas separadas tal como as comunidades éticas e as políticas (que, contudo, não devem ser entendidas simplesmente como comunidades jurídicas instrumentais; cf. seção 3.1).

---

[17] Esta distinção conceitual não significa que estas comunidades existem num espaço que não é regulado universalmente por meio do direito e nem que os princípios da justiça não tenham nenhuma validade dentro delas – seja nas famílias, seja nas comunidades éticas. Sobre isso cf. capítulo 2.

Sandel não diferencia adequadamente esses conceitos de comunidade e de pessoa. Ao caracterizar "família", "tribo" e "nação" ou "povo" em uma série como "comunidades constitutivas", ele perde de vista que o conceito de pessoa como "portadora de direitos", como diz Taylor (1981, p. 274), está situado num plano mais abstrato do que o conceito de eu que ele discute. Os interesses de ordem superior da pessoa moral conduzem a uma teoria da justiça que especifica os direitos e deveres dos cidadãos como pessoas do direito, mas não as concepções particulares do bem para os indivíduos (ou grupos). Antes, esses direitos e deveres formam (segundo sua pretensão) uma *capa protetora* para as concepções éticas do bem. Os direitos subjetivos asseguram ao eu ético constituído comunitariamente um espaço de liberdade para poder desenvolver sua identidade e asseguram a possibilidade formal para examinar criticamente e revisar essa identidade. Tal possibilidade não tem implicações éticas diretas no sentido de ideais particulares individualistas da vida boa[18].

Isso mostra que no debate entre liberais e comunitaristas é necessário distinguir os diferentes conceitos de pessoa, aos quais correspondem diferentes conceitos de comunidade. Pois às diferentes relações entre pessoa e comunidade correspondem diferentes tipos de relações de reconhecimento: de natureza ética ou político-jurídica. Essas dimensões não devem ser reduzidas uma a outra: relações jurídicas não substituem relações éticas, bem como não são substituídas por elas. "Pessoa do direito" é um conceito abstrato que não deve ser entendido ontologicamente; nas relações jurídicas, trata-se de direitos e deveres fundamentais que formam a base da estrutura fundamental regulada juridicamente; nas relações éticas, trata-se de doutrinas éticas "abrangentes" que determinam a vida boa dos indivíduos e as "avaliações fortes" (Taylor) de sua identidade. Uma coisa é reconhecer uma pessoa como igual portador de direitos; outra coisa é reconhecê-la em todas as suas qualidades. Nessa diferenciação encontra-se um primeiro ponto de partida para uma análise crítica da discussão da imagem "atomística" do ser humano: na medida em que a crítica ao atomismo implica que a ideia de pessoas do direito iguais define um "eu liberal" ao qual corresponde um conceito determinado de vida boa e de liberdade *separado* da comunidade, tal crítica baseia-se numa confusão conceitual. É importante observar que a liberdade jurídica-"negativa" (liberdade pessoal de ação) e a liberdade ético-"positiva" (no sentido de uma autorrealização) estão certamente vinculadas em uma relação complexa (que ainda será analisada), mas não se encontram, porém, situadas no mesmo plano conceitual. Argumentar

---

[18] Sobre a compatibilidade entre direitos e comunidades, cf. Waldron (1986), Buchanan (1989), Kymlicka (1989a, cap. 2, 3), Honneth (1989a), Tomasi (1991), Caney (1992).

a favor dos direitos individuais não significa argumentar a favor de planos de vida individualistas de pessoas "desvinculadas".

Portanto, como resultado sistemático do debate Rawls-Sandel, surge uma primeira diferenciação entre a pessoa ética e a pessoa do direito (como portadora de direitos e como sujeito do direito) – sem que esse resultado implique que o modelo rawlsiano da posição original seja a única ou a melhor possibilidade de fundamentar princípios para a estrutura básica da sociedade com base em conceitos da razão prática, princípios que sejam adequados à diferenciação entre os conceitos de pessoa. Isso será objeto de análises posteriores, que mostrarão não ser esse o caso e que é preciso ir além de Rawls (mantendo inalterado o resultado da controvérsia com Sandel). Contudo, isso não vem ao caso no contexto da presente discussão. Aqui importa, antes de tudo, perguntar como a distinção entre a pessoa ética e a pessoa do direito deve ser entendida de modo mais preciso. Se a pessoa do direito forma a moldura normativa para a pessoa ética, que tanto a *capacita* formalmente como também a *limita* do ponto de vista do conteúdo, pode-se dizer que o conceito de pessoa do direito é eticamente *neutro*? Os interesses de ordem superior da "pessoa moral" não são eles próprios parte de uma determinada teoria liberal do bem, ainda que formal, e, com isso, a distinção entre ética e direito não acaba por se revelar um embuste?

A resposta a essa pergunta tem um significado central não apenas para a possibilidade de uma teoria política liberal, mas também para uma concepção deontológica da moral. A tese central dessa concepção é que as normas e princípios válidos universalmente, diferentemente dos valores éticos e concepções do bem, devem ser justificados *universalmente*, sem recorrer a concepções particulares do bem. Diferentemente dos valores éticos, normas jurídicas e normas morais têm a pretensão de contar com uma validade universal fundamentada "para todos", não importam quais concepções éticas as pessoas adotem. *Normas jurídicas* pedem a observância de todos os parceiros do direito enquanto membros de uma determinada comunidade jurídica e são resultado de um processo de legislação realizado no interior de uma comunidade política, ao passo que as *normas morais* pretendem ter validade universal, isto é, vinculam todos os seres humanos enquanto membros da comunidade dos seres humanos (sem valerem no sentido jurídico-positivo). Em contraposição, os *valores éticos* têm uma outra pretensão de validade: são válidos apenas para os indivíduos que se podem identificar com esses valores, isto é, que podem afirmá-los como parte de suas identidades do ponto de vista de sua história de vida (como histórias no interior de comunidades e determinados contextos). Os valores éticos e as concepções do bem respondem à questão sobre a identidade própria e a vida boa "para mim"; normas universais respondem à questão de como a ação das pessoas em relação a outras pessoas pode ser legitimada universalmente, isto é, tendo em vista as necessidades e os interesses justificados de todos os atingidos. Aqui não se trata primeiramente da questão sobre quem sou ou gostaria de ser, mas como devo agir em relação aos outros. Normas jurídicas se referem primeiramente à questão sobre a ação justificada moralmente, mas à ação segundo leis que valem no interior de uma comunidade jurídica. Regulam as relações "externas" das pessoas e determinam como uma pessoa deve agir diante de outra segundo os preceitos do direito (portanto, a questão sobre a pessoa do direito como sujeito do direito); também regulam como as relações entre os cidadãos devem ser mediadas pelo interesse universal (portanto, a questão sobre o cidadão como autor do direito). Valores éticos e normas que vinculam universalmente apresentam *respostas diferentes* a *questões práticas diferentes*, às quais correspondem *critérios diferentes de validação*[19].

É importante perceber que essa introdução provisória da diferenciação dos contextos nos quais as pessoas são confrontadas com questões práticas diferentes é uma distinção, segundo critérios, que não isola um determinado domínio de valores como pertencendo *a priori* a um ou outro contexto. Portanto, frequentemente valores éticos erguem pretensões de validade universais e incondicionais (e são assumidos como tais pelas pessoas) e questões éticas são colocadas para as pessoas enquanto membros de determinadas comunidades (portanto, também não são questões "privadas" no sentido estrito). O essencial nessa distinção é que sempre são *razões* diferentes que valem como respostas neste ou naquele contexto – que, por exemplo, questões morais são respondidas por razões "compartilhadas". No entanto, essa diferenciação analítica se tornará frutífera quando for investigado o vínculo complexo desses contextos e, com isso, quando – ao lado da discussão dos conceitos de pessoa e pessoa do direito, mencionados até aqui, mas ainda não elucidados – forem discutidos os conceitos de cidadania e de pessoa moral.

---

[19] Com isso, vinculo-me à teoria habermasiana (1983, p. 118; 1991c) da diferenciação das pretensões de validade implícitas nas questões sobre a vida boa e nas questões sobre a "justiça" – sendo este último conceito diferenciado com respeito ao direito e à moral (cf. Habermas, 1992a, p. 135 ss.). Sobre a ética e a moral, cf. também a discussão de Wingert (1993, p. 28 ss.) e Strawson (1974). Conforme Strawson, a "região da ética" consiste em projetos de vida e imagens de mundo incompatíveis, enquanto a "moral" define regras justificadas reciprocamente, cuja manutenção é do interesse essencial das pessoas. Contudo, esse conceito de interesse permanece criteriosamente indeterminado demais para ser capaz de explicar a validação moral.

A problemática da diferenciação entre valores éticos e normas morais está, como veremos, no centro da crítica comunitarista à separação entre *ética* e *direito* – com o que se questiona a neutralidade ética do direito (capítulo 2) –, entre *ética* e *política* – em relação à questão da integração da comunidade política e da legitimação política (capítulo 3) – e entre *ética* e *moral* – o que atinge especificamente a questão da fundamentação de normas universais (capítulo 4). Os conceitos de direito, de comunidade democrática ou de correção moral podem ser definidos sem um conceito constitutivo do bem?

2
A NEUTRALIDADE ÉTICA DO DIREITO

A controvérsia em torno da primazia do "correto" ou do "justo" sobre o "bom" tem um significado especial no contexto da questão sobre a neutralidade ética da concepção liberal de pessoa de direito, que está no centro da resposta à crítica comunitarista ao eu liberal. Trata-se da controvérsia sobre a primazia dos *direitos* individuais sobre as concepções (comunitárias) do bem. Nesse conceito de pessoa e seus direitos fundamentais não estaria implícita, como desconfiam os comunitaristas, uma concepção do bem que é encoberta pela pretensão de estar fundamentada em normas universais e não em valores éticos, e de ser "neutra" em relação a esses valores? Os "interesses de ordem superior", aos quais corresponde o conceito liberal de pessoa de direito, não são parte de um ideal de pessoa, que, certamente, não corresponde a uma teoria atomista do eu – isso já ficou claro no debate em torno do eu – mas que, no sentido prático, exclui determinadas concepções do bem rivais e, com isso, perde sua neutralidade no plano da *fundamentação* bem como no plano da práxis política e jurídica? No âmbito das teorias liberais atuais, o debate em torno dessa questão levou, como se mostrará, a uma diferenciação significativa no que se refere ao *status* dos "valores liberais". A seguir, em primeiro lugar, serão introduzidos os argumentos liberais a favor da neutralidade ética das normas universais (e direitos fundamentais) (1); em seguida, os contra-argumentos comunitaristas e, por fim, as diferentes reações por parte das teorias liberais (2). Para isso, é importante destacar os diferentes modos de aplicar o conceito de "neutralidade". Em uma rodada posterior da crítica, mostra-se como deve ser interpretado o conceito de pessoa de direito para poder reconhecer identidades éticas específicas (3). Finalmente, com essa base é possível formular uma concepção de direitos subjetivos de liberdade (4). A ideia central é que uma teoria intersubjetivista defende de modo particular o princípio liberal da neutralidade e pode integrar as reflexões comunitaristas sem ser ética de modo equivocado.

2.1 LIBERALISMO E NEUTRALIDADE

O liberalismo é, primeiramente, uma teoria política (e não uma teoria moral uniforme) que surgiu sob determinadas circunstâncias históricas e se desenvolveu até hoje. Os objetivos dessa teoria política foram os seguintes: a luta contra o absolutismo e a favor das liberdades civil e econômica e dos direitos fundamentais assegurados por uma constituição e a luta pela separação entre Igreja e Estado, isto é, pela tolerância religiosa. Em seus *Dois tratados sobre o governo* (1690) e na *Carta sobre a tolerância* (1689), John Locke deu a esses objetivos uma fundamentação filosófica paradigmática. O liberalismo clássico, com sua doutrina do direito natural como expressão da liberdade e da dignidade humana (Bloch, 1977) reagiu às grandes transformações sociais e culturais de seu tempo: a ascensão da burguesia em uma estrutura social e econômica em radical transformação e as exigências políticas dessa burguesia; a reforma e a cisão da Igreja e, por fim, a queda da visão de mundo legitimada tradicional e metafisicamente, questionada por um novo conceito de ciência. A ordem do mundo natural e social não era mais vista como estruturada de modo hierárquico, na qual todo ser vivo tinha "seu" lugar e permanecia nele. Nesse sentido, Hobbes foi o filósofo social mais radical de seu tempo. Portanto, o liberalismo é filho político dos tempos modernos e do Iluminismo, que, por fim, encontrou sua expressão decisiva nas Revoluções Francesa e Americana[1].

O fato de o liberalismo político ser uma teoria política que se desenvolveu por mais de três séculos explica os problemas que emergem quando se busca defini-lo claramente. Contudo, há de se mencionar seus três valores centrais, independentemente da maneira como assumem uma forma concreta: *liberdade pessoal*, *pluralismo social* e *constitucionalismo político*. Argumentos a favor da igualdade social ou da soberania popular devem ser construídos com base nesses valores, pois ambas não são partes desses fundamentos centrais[2]. No que se refere à justificação moral dos princípios liberais (direitos iguais e um sistema político justo, isto é, que salvaguarda direitos fundamentais definidos constitucionalmente),

---

[1] Cf. a introdução de Rawls ao *Liberalismo político* (1993a).

[2] Sobre a liberdade negativa, assegurada juridicamente, Berlin (1969b, p. 129) afirma o seguinte: "A liberdade, nessa acepção, não é incompatível com algum tipo de autocracia, ou pelo menos com a ausência de autogoverno. Liberdade, nessa acepção, está principalmente preocupada com o âmbito de controle, não com sua fonte".

existem diferentes argumentos e pontos de partida – que correspondem a esses três valores básicos:
a) os princípios liberais podem ser primeiramente justificados na sua função como proteção e garantia da liberdade pessoal como "liberdade negativa", isto é, a liberdade da tutela política no que se refere ao modo como se deve viver[3];
b) diante de oposições irreconciliáveis entre os cidadãos no que diz respeito às suas concepções da vida boa, os princípios liberais podem ser entendidos como um acordo para fazer predominar a tolerância recíproca em questões éticas da mesma;
c) os princípios liberais podem ser entendidos como normas que são justificadas por um consenso universal entre aqueles que vivem sob essas normas. Expressam, portanto, um interesse universal.

Essas alternativas de forma alguma exaurem todos os possíveis modelos de justificação e não se excluem mutuamente. Contudo, expressam pontos de vista diferentes sobre a justificação, que podem ser caracterizados como *individualista, pluralista* e *procedimental*. O ponto comum a todos estes é a distinção entre valores éticos ("pessoais") e normas morais ("universais"), isto é, valores que existem no interior do direito e normas que podem servir de fundamento para ele. Para determinar de forma mais precisa essa característica – que conduz à pretensão de neutralidade ética – discuto, a seguir, as teorias liberais atuais que ponderam de modo diferente os pontos de vista individualista, pluralista e procedimental. O objetivo é esclarecer o que se entende por neutralidade. Esse é um pressuposto para discutir, por um lado, as objeções comunitaristas e, por outro, a posição de um liberalismo ético que, ao contrário das três estratégias de justificação mencionadas acima (ou melhor, uma versão aperfeiçoada da abordagem individualista), justifica os princípios liberais a partir de um conceito do bem.

A teoria de Dworkin é um exemplo de uma abordagem individualista. Em seu ensaio "Liberalismo", ele defende o princípio liberal do direito à "igual consideração e respeito", isto é, um tratamento igual a cada cidadão como pessoa com direitos de liberdade iguais e com a pretensão a uma distribuição dos recursos sociais que garanta a igualdade de oportunidades (1985b, p. 190 s.)[4]. Segundo Dworkin, esse

---

[3] Cf. John Stuart Mill, *On Liberty* (1859, p. 72): "A única liberdade que merece o nome é a que consiste em perseguir nosso próprio bem da nossa própria maneira, à medida que não tentamos privar os outros disso ou impedir seus esforços de obter seu próprio bem. Cada um é o guardião mais apropriado de sua própria saúde, seja corporal ou mental e espiritual".

[4] Cf. a discussão detalhada de Dworkin do conceito de igualdade relacionado com a justiça distributiva (Dworkin, 1981a, 1981b), a liberdade pessoal (1987a) e a igualdade política (1987b).

direito fundamental ao respeito e à igual consideração é, em última instância, um direito natural suprapositivo que os seres humanos possuem enquanto seres humanos, ainda que tenha de ser interpretado concretamente e adquira uma configuração por meio de uma forma jurídica positiva (cf. Dworkin, 1977a, p. 300). Além disso, Dworkin argumenta que os princípios da igualdade formal e da material, justificados nessa base (e compatíveis uns com os outros), são princípios *morais* (e não éticos) e, portanto, "neutros em relação ao que pode ser chamado de questão da vida boa" (Dworkin, 1985b, p. 191). Se não fosse assim, isso significaria que um governo poderia, tendo como referência o primeiro princípio do tratamento igual, educar ou forçar os cidadãos a um determinado modo de vida ou dar um tratamento privilegiado a tal modo[5], enquanto que, tendo como base o segundo princípio da igualdade de oportunidades, isso significaria que determinadas concepções éticas de "virtude" ou "mérito" estabelecem os critérios segundo os quais serão distribuídos os recursos sociais. Isso violaria o direito de todas as pessoas a um tratamento como iguais, aquilo que, segundo Dworkin, é o "vigor do liberalismo" (1985b, p. 183); os indivíduos têm "um direito à independência moral" (1985f, p. 353) que "está acima" dos objetivos e ponderações utilitaristas e comunitaristas (ibidem, p. 359). Os princípios liberais garantem a possibilidade, assegurada juridicamente, de viver uma vida própria autodeterminada: esse é o sentido da exigência por neutralidade ética. Ela garante a igualdade das pessoas em seus direitos fundamentais. Na formulação de Dworkin de um liberalismo individualista, o direito à autonomia pessoal e o princípio da neutralidade são derivados de um direito ao tratamento igual – uma diferença importante em relação às abordagens individualistas, como a de Nozick (1974), por exemplo, para quem é fundamental o direito à propriedade de seu próprio corpo e dos frutos do trabalho próprio. Diferentemente deste, o direito fundamental de Dworkin já está relacionado às relações políticas e sociais e, portanto, é sempre um "direito político", no sentido de que a comunidade política é seu destinatário (cf. Dworkin, 1977d, p. 439 s.). Esse destinatário é constitutivo para a realização desse direito, mas não é a fonte de sua validação.

A tentativa de Bruce Ackerman de justificar filosoficamente a teoria liberal da justiça compartilha com Dworkin um conceito forte de igualdade, mas não é "uma teoria fundamentada em direitos" (Dworkin, 1977a, p. 171 s.). Em sua teoria, o princípio liberal da neutralidade frente ao bem – diferentemente de Dworkin, como

---

[5] Cf. a discussão clássica entre Devlin (1959) e Hart (1963) sobre uma "imposição da moral" (moral entendida no sentido de costumes ou valores éticos); sobre isso, cf. Dworkin (1989) e a discussão em O'Hagan (1984, cap. 5).

este acentua (1985c, p. 205) – é ele mesmo constitutivo e não é conceitualizado numa teoria de iguais direitos ao respeito e à consideração. Frente à teoria dos direitos de Dworkin, o modelo dialógico de justificação da distribuição política e social do poder, proposto por Ackerman, tem a vantagem de buscar determinar mais concretamente o critério das normas "neutras" e operacionalizá-lo nos contextos políticos. Com isso, foi dado um primeiro passo importante em direção à possibilidade de uma interpretação mais promissora do conceito de pessoa de direito [*Rechtsperson*] – como portador de direitos subjetivos e pessoa do direito [*Person des Rechts*] – na medida em que faz com que o conteúdo moral do significado de ser um "portador de direitos subjetivos" seja explicado não em termos de um direito natural, mas por meio do princípio de legitimidade de normas (a ser definido mais especificamente) justificadas universalmente. A determinação do conteúdo jurídico positivo do significado de ser um "sujeito de direito positivo" fica ao encargo dos procedimentos institucionalizados de justificação de uma comunidade política democrática, para além da controvérsia entre as teorias positivistas e jusnaturalistas[6]. Como veremos mais adiante, essa interpretação, que aponta para um vínculo interno entre a "pessoa de direito" como destinatário e o "cidadão" como autor do direito, impulsiona a teoria liberal para além de si mesma uma vez que, desse ponto de vista, o liberalismo e a democracia formam um vínculo indissolúvel.

A teoria de Ackerman é, portanto, procedimentalista no sentido de fundamentar os princípios da justiça num acordo universal de todos os cidadãos. Dos três princípios que a teoria de Ackerman assume como sendo elementares, o mais importante é o "princípio da neutralidade", que reflete o pluralismo social. Enquanto o "princípio da racionalidade" exige que as relações de poder políticas e sociais sejam legitimadas por boas razões e não por meio do exercício do poder e o segundo, o "princípio da consistência", impõe aos participantes do diálogo de justificação que as razões apresentadas em diferentes contextos não se contradigam umas às outras, o terceiro, o "princípio da neutralidade" determina mais precisamente quais razões são boas razões:

> [...] nenhuma razão é uma boa razão quando exige que o dono do poder afirme que sua concepção do bem é melhor do que qualquer outra afirmada por seus concidadãos, ou (b) que, independentemente de sua concepção do bem, ela é intrinsecamente superior a uma ou mais concepções de seus concidadãos (Ackerman, 1980, p. 11).

---

[6] Coing (1959) pode ser tomado como exemplo de uma concepção jusnaturalista dos direitos subjetivos, enquanto Kelsen (1960, p. 178), do ponto de vista positivista, concebe a pessoa de direito como "unidade de um complexo de obrigações legais e direitos subjetivos".

Segundo Ackerman, para esse modelo de justificação dialógica não é necessário assumir que os participantes não estão realmente convencidos por suas concepções pessoais do bem; é suficiente que, num diálogo em torno da distribuição legítima de recursos escassos, *alter* não possa ser forçado a aceitar o valor mais elevado da concepção do bem de *ego*. Portanto, os fins aos quais a distribuição dos recursos deve servir não podem ser fins éticos questionáveis, mas fins aos quais se deve fornecer razões compartilhadas universalmente; e essas razões justificam, como Ackerman procura mostrar, um estado de igualdade formal diante do direito e uma distribuição de recursos inicialmente igual. Esse estado é caracterizado como "igualdade não dominada" [*undominated equality*] (ibidem, p. 28).

Contudo, a teoria de Ackerman é problemática sob dois pontos de vista. Primeiro, não é claro qual o critério para diferenciar as razões éticas legítimas das ilegítimas; segundo, essa diferenciação é reificada [*reifiziert*] de modo que os argumentos éticos são considerados como não públicos e como não sujeitos ao diálogo (no sentido político) (cf. seção 3.1). No presente contexto, a questão dos critérios é importante: o que significa falar de um desacordo ético que legitime a exclusão de determinados argumentos da "conversação constrangida"? (Ackerman, 1989, p. 16).

De modo similar a Ackerman, Larmore enfatiza, na sua tentativa de fundamentar a neutralidade ética de "princípios políticos", que o "ideal político" da primazia dos princípios universais deve ser diferenciado dos múltiplos "ideais pessoais" que determinam a vida boa no âmbito privado. Princípios neutros de direitos iguais somente podem ser justificados de modo "neutro", como um *modus vivendi* procedimental entre concepções incompatíveis do bem. Essa justificação procedimental está baseada numa "norma universal do diálogo racional", que diz o seguinte:

> na discussão de como resolver algum problema (por exemplo, quais princípios da associação política deveriam ser adotados), as pessoas deveriam reagir aos pontos controversos retrocedendo a um fundamento neutro, a crenças que ainda compartilham, de modo a (i) ou resolver o desacordo e justificar uma das posições controversas com argumentos que decorrem desse fundamento comum; (ii) ou superar o desacordo e buscar uma solução do problema com base nesse fundamento (Larmore, 1990, p. 347; cf. 1987, p. 53).

O princípio da neutralidade não exclui de antemão argumentos éticos. Estes são excluídos somente quando se evidencia que não há solução possível num "desacordo razoável" entre pessoas que buscam chegar a um consenso. Nesse caso, que, segundo Larmore, é uma consequência irreversível do pluralismo de valores éticos na modernidade, resta somente o recurso a elementos comuns "mínimos" (1990, p. 340-1) que todos os cidadãos podem compartilhar. Segundo sua concepção "contextualista" (1987, p. 29) da justificação, esses elementos comuns – o "fundamento neutro" – não são o *resultado*, mas o *pressuposto* de um acordo racional. Contudo, esses pressupostos são apenas parcialmente contingentes, pois o *modus vivendi* de princípios comuns não é um compromisso racional-com-respeito-a-fins das comunidades éticas, mas sim um acordo fundamentado moralmente. O que é exigido dos cidadãos não é a luta pela paz social, mas o reconhecimento moral das normas do diálogo racional e o respeito recíproco das pessoas como fins, em sentido kantiano, exigido pelo próprio diálogo (e, portanto, mais fundamental). O princípio da neutralidade não é, portanto, apenas uma oportunidade em vista das oposições éticas intransponíveis, mas é um princípio moral de justificação: "se nosso propósito é imaginar princípios de associação política e se nesse esforço estamos decididos a respeitar cada um como pessoa, então os princípios a serem estabelecidos devem ser justificáveis a todos os que a eles estarão vinculados" (1990, p. 351).

Todavia, o conceito de "desacordo razoável" não é definido apropriadamente se o surgimento de um dissenso já é suficiente para exigir o recurso a um fundamento comum neutro (em última instância: uma norma moral fundamental) e para colocar os conflitos entre parênteses. Aqui se mostra que a separação entre "princípios políticos" e "concepções éticas privadas", cuja coexistência constitui o cerne da ideia de *modus vivendi*, faz com que o diálogo de justificação pareça mais como uma minimização do conflito por meio do recurso (que diminui a complexidade) a um consenso mínimo prévio do que como um processo de universalização argumentativa. O diálogo neutro é primordialmente introduzido por Ackerman e Larmore como uma estratégia de evitar o conflito para assegurar a prioridade dos direitos subjetivos, o respeito mútuo[7]. Por fim, Ackerman e Larmore apresentam o critério – insuficiente – que distingue o desacordo "razoável" do desacordo "irrazoável" e reflete os diferentes "códigos" dos domínios ético-privado e político (cf. Holmes/Larmore, 1982).

Nessa perspectiva, ainda que o momento pluralista leve a uma certa redução ao procedimental, com isso se estabelece uma nova posição essencial no interior da teoria liberal, que possibilita explicar a ideia da prioridade do justo em termos

---

[7] Consequentemente, a discussão sobre a neutralidade em Ackerman e Larmore não se refere primeiramente à teoria dos procedimentos democráticos. No entanto, tem implicações importantes sob esse ponto de vista (cf. seção 3.1). Larmore torna evidente que para ele se trata de uma justificação filosófica da validade neutra dos princípios liberais: "Liberalismo e democracia são valores separados cuja relação, me parece, consiste no fato de que, em grande medida, o autogoverno democrático é o melhor meio para proteger os princípios da ordem política liberal (1990, p. 346, nota 15).

procedimentais. O conceito de "razão" que está implícito no discurso do "desacordo razoável" tem de ser explicado segundo critérios determinados[8].

O princípio da neutralidade liberal – que valores éticos controversos não podem ser o fundamento para normas universais – exige, portanto, um modo específico de justificação para tais normas, segundo o qual "ninguém poderia razoavelmente rejeitá-las", de acordo com a formulação de Scanlon (1982, p. 110). Desse modo, seria "irrazoável", num sentido moral, recusar tais normas, quaisquer que sejam as convicções éticas que se possa ter. Thomas Nagel procurou explicitar a "imparcialidade de ordem mais elevada" das normas universais no quadro de uma teoria da "justificação pública". Essa imparcialidade está num plano *acima* das questões éticas – segundo Nagel, estaria no plano do que é universalmente vinculante e, portanto, pode ser fundamento para o direito válido. Quando a coerção é legítima e como devem ser determinados os limites da tolerância no interior de um Estado liberal? Mais precisamente: como os membros de uma religião – convencidos de que ela é o caminho para a felicidade ou a salvação – podem ser impedidos, por boas razões, de querer impô-la sobre os "não crentes?" Nagel apresenta dois argumentos: um kantiano, que pode ser chamado de argumento da *reciprocidade*, e um epistemológico, argumento de *universalidade*. Ambos visam uma separação entre valores éticos (pessoais) e princípios aceitáveis politicamente (públicos).

O argumento da reciprocidade insiste que é imoral forçar alguém a compartilhar um fim sobre o qual não está convencido, mesmo quando a pessoa que exerce a coerção esteja convicta de que isso seria vantajoso para o outro. Nesse caso, uma pessoa seria – em termos kantianos – usada como meio para um fim com o qual não concorda (Nagel, 1987, p. 233; 1992, p. 159-60). Contudo, segundo Nagel, considerar que essa ação viola a exigência de reciprocidade depende do modo como essa situação é descrita. Se a coerção que a pessoa (ou grupo) "A" exerce sobre a pessoa "B" para convertê-la é descrita como salvação da condenação eterna, "A" poderia afirmar que não julgaria o caso contrário – o de ser ela mesma coagida –

---

[8] A teoria liberal de Hampshire é um exemplo adicional da tensão entre momentos pluralistas e procedimentais que propõe um conceito fraco de "justiça procedimental mínima" (1989, p. 72), que, com base em necessidades humanas universais, apresenta uma coexistência pacífica entre "modos de vida". Para além do conteúdo moral mínimo das proibições morais, a "justiça" no sentido procedimental não significa nada mais do que observar determinadas regras de compromisso justo. Assim, relações justas são um *modus vivendi*, cuja equidade, porém, não pode ser adequadamente julgada com base na teoria de Hampshire. Para esse juízo é necessário um conceito de justificação "racional", que este critica equivocadamente em Rawls (Hampshire, 1993, p. 45).

como sendo irreconciliável com seus interesses. Contudo, se a ação fosse descrita como uma interferência na liberdade de crença de uma pessoa, "A" não poderia afirmar simplesmente que não estaria violando o princípio da reciprocidade (Nagel, 1987, p. 226; 1991, p. 162). Essa descrição da situação pressupõe, todavia, que a primeira resposta não é aceitável. Para demonstrar isso, Nagel recorre ao segundo argumento, o epistemológico da universalidade.

Tal argumento pretende mostrar que é ilegítimo recorrer à *verdade* de uma concepção ética para justificar a coerção jurídica. Contudo, Nagel quer evitar uma posição cética – de que não existe nenhuma verdade ética – e procura um "padrão mais elevado de objetividade" (1987, p. 229). Esse padrão exige das pessoas que assumam um ponto de vista "universal", "impessoal", diante de convicções éticas próprias, fazendo uma distinção entre "crença" e "verdade". Isso significa "que existe uma enorme diferença, olhando de fora, entre minha crença em alguma coisa e sua existência verdadeira" (idem). Com isso, as pessoas não devem abrir mão da verdade de determinadas concepções; devem apenas estar em condição de assumir um ponto de vista "exterior a elas mesmas" que lhes permite, sob certas circunstâncias, reconhecer que sua verdade é *sua* verdade e, portanto, é uma crença, uma convicção que outros não compartilham. Portanto, a justificação da moral deve corresponder a um ponto de vista mais elevado de acordo universal, enquanto a justificação da ética é um assunto de "racionalidade individual" (ibidem, p. 230). Isso é sinônimo, segundo Nagel, de uma "separação epistemológica entre os domínios privado e público" (idem).

A justificação de normas que devem valer para todos deve, portanto, ser "pública", o que significa que se deve estar em condição de tornar acessíveis suas razões ao discurso público e convencer aos outros acerca das concepções próprias de modo tal que *"tenham o que você tem* e possam chegar a um juízo com a mesma base" (ibidem, p. 232). Se isso não for possível, então existe uma razão para assumir que parte da concepção que não é convincente deve ser atribuída a crenças pessoais ou motivos religiosos. Nesse caso, e essa é uma segunda condição da justificação pública, também não deve ser possível uma explicação para a divergência que levaria à identificação de um erro ("erros em sua evidência ou identificáveis ao deduzir conclusões dela") de uma das partes em conflito. Esse não é o caso num confronto entre convicções pessoais incompatíveis, como as de religiões diferentes. Em questões que, em última instância, desembocam em tais confrontações, Nagel considera necessária a tolerância para que não se tornem objeto de decisões majoritárias.

Entretanto, o segundo argumento é sujeito a objeções que levam Nagel a reconsiderá-lo em favor de uma versão reformulada do primeiro argumento da reciprocidade (cf. Nagel, 1991, p. 163). Ele vê o critério para exercer a tolerância em questões éticas localizado no fato de que é imoral exercer o controle político dos "fins mais centrais da autorrealização" (ibidem, p. 164), aos quais pertence a liberdade de escolher sua própria vida boa. O argumento kantiano da reciprocidade é fortalecido a ponto de se considerar que somente razões que outros poderiam aceitar conferem o direito de agir de acordo com essas razões – na medida em que é atingido um determinado domínio central das questões morais (do qual se segue novamente o problema, ainda a ser discutido, de definir esse domínio). Ao reformular seu argumento epistemológico, Nagel reage a objeções, como aquelas levantadas por Raz (1990, p. 36-46), que questionam a possibilidade de que as pessoas possam manter suas convicções como sendo simultaneamente verdadeiras e, num certo sentido – a saber, depois de assumir o ponto de vista "imparcial" –, como não verdadeiras, respectivamente, como meramente uma crença ou convicção. A "separação epistemológica entre privado e público", proposta por Nagel, não faz justiça ao caráter do que significa considerar algo como verdadeiro. O que se considera correto "privadamente" também se defende "publicamente".

Contudo, essa crítica pode ser respondida de um modo que sustente, em uma forma modificada, o segundo argumento de Nagel – por meio de uma interpretação intersubjetivista do critério da universalidade. Os problemas da proposta deste, contra os quais as considerações de Raz estão orientadas, originam-se da maneira pela qual Nagel descreve o ponto de vista moral como sendo "impessoal", ou como um ponto de vista a partir do qual as pessoas se objetivam a si mesmas, como se saíssem de si mesmas e se colocassem em questão ("*look at certain of their convictions from outside*") (1987, p. 230). Segundo esta interpretação, de fato parece como se uma convicção ética fosse válida a "partir de dentro", mas não "a partir de fora", como critica Raz (1990, p.43). Nagel acredita poder esclarecer a diferença nos modos de validação dos valores éticos e das normas morais a partir dos critérios de validação subjetiva e objetiva. Portanto, o objetividade "mais elevada" dos valores universais é representada, em última instância, por meio da afirmação de um ponto de vista imparcial do conhecimento racional de uma verdade objetiva (cf. Nagel, 1986, cap.VIII). O critério da imparcialidade reside nessa *objetividade*, não na *aceitabilidade* universal-intersubjetiva: a objetividade é condição da universalidade e publicidade. Na justificação pública "mostra-se" apenas a diferença entre valores objetivos e subjetivos. Contudo, se a distinção entre validade ética e moral é separada do conceito objetivista de validade, torna-se evidente que razões morais devem ser razões *compartilhadas* de modo intersubjetivo-universal, resgatáveis discursivamente (cf. Korsgaard, 1993). Assim, a diferença entre valores éticos e normas universalmente vinculantes não pode ser compreendida como uma diferença epistemológica entre convicções subjetivas e verdade objetiva, que, na medida em que é reconhecida, questiona a validade das primeiras. Antes, é fundamental manter separados os contextos de questões éticas e morais. (Nesse contexto, ainda examinaremos mais adiante a distinção entre normas morais e jurídicas.) Valores éticos sustentam frequentemente (quando não sempre) a pretensão de serem eticamente verdadeiros, isto é, de apresentarem padrões absolutos (fundamentados metafísica ou religiosamente) para a vida boa. Como tais, respondem as questões de boa vida "para mim" ou "para nós" enquanto membros de uma comunidade ética. Contudo, em contextos em que se trata de questões morais que devem valer "para todas" as pessoas como membros de comunidades éticas diferentes, as razões para sua validade devem ser universais no sentido de que não podem ser rejeitadas razoavelmente por nenhuma pessoa.

Uma verdade válida "para mim" pode reivindicar uma validade moral somente quando for possível defendê-la com razões morais; a "verdade" ética não é automaticamente "correção" moral: para isso, uma verdade pessoal deveria ser justificada "interpessoalmente". Isso não significa que uma pessoa veja suas convicções éticas a partir de um observatório "impessoal". Ela está obrigada a dar razões "públicas" somente no caso específico em que reivindica que suas convicções éticas tenham uma validade *moral*. É importante ver, aqui, que as razões suficientes para responder questões éticas de uma pessoa não se tornam *per se* falsas eticamente para essa pessoa pelo fato de ela não colocá-las como base aceitável para normas universais. Isso significa apenas que existem concepções éticas diversas e que a moral não deve ser o *medium* para demonstrar a verdade ou falsidade ética dessas concepções. Uma forma de vida não se torna falsa porque sua realização universal não pode ser exigida moralmente. Assim como as razões éticas não são necessariamente razões universais no sentido moral, também as razões morais não são suficientes para determinar a vida boa.

Com relação à justificação de normas válidas universalmente, pressupõe-se uma vinculação dos dois argumentos de Nagel: o da reciprocidade e o da universalidade. Nesse sentido, razões só são morais quando justificadas de modo recíproco, isto é, quando a pessoa "A" não exige da pessoa "B" mais do que ela mesma está disposta a conceder, e quando "B" não pode rejeitar essa exigência por meio da remissão a uma descrição unilateral da situação (reciprocidade), e quando as razões podem ser justificadas tendo como referência os interesses de todos os atingidos e podem ser aceitas por todos com boas razões (universalidade). Somente então elas são razões para normas universais. As razões devem estar orientadas reciprocamente aos outros e a todos os outros, universalmente, de modo a justificar sua validade "para cada um". Uma convicção ética que não passa nesse "teste" não é necessariamente desvalorizada no sentido ético, mas não pode levantar uma pretensão de validade no sentido moral. Que alguém afirme ou rejeite um modo de vida particular para si mesmo é uma questão diferente do que a de saber se ele (ou ela) pretende tornar esse modo de vida obrigatório aos demais. Nesse caso, deve poder mostrar que não vai disputar com outro algo que reivindica para si próprio (por exemplo, o direito a um modo próprio de vida) e a pessoa deve poder mostrar que existem razões morais (e não apenas aversões pessoais) que proíbem determinadas formas de vida – razões que não podem ser rejeitadas razoavelmente. Ambos os critérios de reciprocidade e universalidade devem ser preenchidos. Assim, deve ser justificada a diferença entre "os valores aos quais uma pessoa pode apelar para conduzir sua própria vida e aqueles aos quais ela pode apelar para justificar o exercício do poder político", conforme Nagel (1987, p. 221). Por meio de um *limite de reciprocidade e universalidade*, poder-se-ia dizer, as pessoas são protegidas de serem forçadas a adotar modos de vida que não podem ser exigidos recíproca e universalmente; mas normas que não podem ser rejeitadas por tais razões devem ser aceitas – nisso reside o momento *deontológico* da ideia de justificação pública. Assim, pode-se atribuir também um sentido à ideia de Nagel de proteger um domínio central da autonomia pessoal. Essa concepção de justificação intersubjetiva não implica que as pessoas, como "bons cidadãos", tenham de abdicar de sua identidade ética, mas mantém que a validade universal e obrigatória dos demais valores e das normas que deles seguem está sujeita a um critério mais amplo – a saber, o consentimento racional de todos os atingidos. Certamente, os valores éticos podem se tornar, em princípio, normas universais – e o contrário –, mas isso somente quando se submetem a um outro modo de justificação e validação. O modo de legitimação dos princípios liberais é, por conseguinte, a justificação universal, tal como Jeremy Waldron interpreta os fundamentos teóricos do liberalismo: "Os liberais exigem que a ordem social deverá ser, em princípio, capaz de justificar a si mesma no tribunal da consciência de cada pessoa" (Waldron 1987a, p. 149).

Mesmo se Rawls, devido à sua diversidade de significados, não coloca o conceito de neutralidade no centro de sua teoria, o problema caracterizado por esse conceito é constitutivo para sua teoria: como podem princípios universais de justiça – como base para a estrutura fundamental da sociedade – e suas respectivas instituições serem justificados sem reduzir de modo "irrazoável" o pluralismo de concepções éticas do bem – segundo Rawls, um "fato" das sociedades modernas? Sobre o que os cidadãos podem e devem concordar sem abandonar suas identidades éticas?

Certamente, Rawls também presume, na *Teoria da justiça*, que as pessoas têm o fim racional e legítimo de realizar suas representações da vida boa, e que "não há a necessidade de alcançar um juízo publicamente aceito sobre o que é o bem dos indivíduos particulares. As razões que tornam tal acordo necessário em questões de justiça não são alcançadas por meio de juízos de valor" (1971, p. 448). Contudo, na parte III da *Teoria da justiça*, na qual a estabilidade da sociedade torna-se dependente da congruência (limitada) do bem e da justiça aos olhos dos cidadãos, Rawls apresentou sua teoria – assim ele acredita, num olhar retrospectivo – como parte de uma doutrina moral abrangente (1993a, p. XVI) – certamente não justificada metafisicamente, mas sim como parte independente e central da identidade ética dos cidadãos. Esse é um sério inconveniente na teoria original, o que força Rawls a reinterpretá-la como concepção "política" e não "moral abrangente". Aqui, por um lado, sua linguagem é enganadora: a concepção "política" da justiça é também "moral" (ibidem, p. 11) – contudo, que se apoia em conceitos não emprestados de "doutrinas abrangentes", mas que são "independentes" (ibidem, p. 12). O sentido do termo "moral", do qual Rawls se afasta, é o sentido "ético" de uma concepção que está fundamentada em valores últimos e que se refere à vida boa[9]. Por outro lado, a ênfase na estabilidade como problema central, como Rawls reconhece (1993c, p. 1), é equivocada: não se trata inicialmente da questão de saber como uma sociedade pode ser estável, mas sobre a possibilidade de uma base normativa comum em uma sociedade democrática e sua relação com concepções éticas; fundamentalmente, portanto, trata-se do problema da justificação de normas universais. "Dado o fato do pluralismo razoável da cultura democrática, o objetivo do liberalismo político é descobrir as condições de possibilidade de uma base pública razoável de justificação sobre questões políticas fundamentais" (1993a, p. XIX).

Evidentemente, o conceito de "razão" desempenha um papel central no liberalismo político de Rawls. Ele serve à fundamentação da teoria com a ajuda de um método "construtivista" que parte dos "princípios" e "ideias da razão prática" (1993a, p. 107). (Retornarei a isso na seção 4.2.) Nesse contexto, explica-se em que medida Rawls pretende que sua teoria da justiça seja "razoável", mas não

---

[9] "Uma concepção moral [...] é abrangente quando inclui concepções do que é valioso na vida humana e ideais de caráter pessoal, bem como de amizade e de relacionamentos familiares e associativos, e muito mais do que deve informar nossa conduta, e, no limite, a vida como um todo" (Rawls, 1993a, p. 13).

"verdadeira". Além disso, o conceito de razoável serve para distinguir concepções éticas "razoáveis" das "não razoáveis" e para fundamentar a tese de que os princípios da justiça estão no centro de um "consenso sobreposto" [*overlapping consensus*] de doutrinas razoáveis. Isso significa que essas concepções não precisam abdicar de sua identidade ética, mas interpretar e aceitar a justiça a partir do interior de suas perspectivas éticas. E isso, por sua vez, pressupõe que o conceito de razão serve para explicar a razoabilidade das pessoas que, como pessoas de direito, harmonizam suas convicções éticas com a primazia da justiça em questões que afetam a estrutura básica. Mostra-se, portanto, que a teoria "razoável" não é "política" no sentido de que apresenta um consenso contingente de doutrinas éticas; ela é "política" na medida em que procura fazer com que os limites *morais* da razão sejam os mais *eticamente* neutros possíveis. "Assim, embora a justiça estabeleça o limite, e o bem aponte o alvo, a justiça não pode estabelecer um limite demasiado estreito" (ibidem, p. 174).

Mas o que significa que as pessoas "razoáveis" agora avaliam sua identidade ética como sendo boa eticamente e valiosa por meio da incorporação da justiça em suas convicções éticas e não mais primeiramente em relação ao parâmetro do justo? Quão exigente é esse conceito pós-tradicional de razão que, no caso em que as convicções éticas falam *contra* o justo, as qualifica como "não razoáveis"?

Para responder essa questão, é necessário relembrar o conceito de "razoável", ao qual Rawls se refere na controvérsia com Sandel, que está na base do conceito de pessoa que fundamenta a "posição original" e contém as duas "capacidades morais" para um senso de justiça e para a cooperação social. Pessoas razoáveis, segundo Rawls, possuem a capacidade da razão prática "público-política e compartilhada" (ibidem, p. 9); estão preparadas para propor e seguir princípios justos de cooperação; além disso, são moralmente motivadas, com base em "desejos derivados de uma concepção" (ibidem, p. 82), a agir segundo princípios como cidadãos livres e iguais, "que não podem ser razoavelmente rejeitados por pessoas que estão motivadas a encontrar uma base livre e informada de acordo voluntário na vida política" (ibidem, p. 124). Com isso, Rawls adota a formulação de Scanlon (cf. p. 52) para ações justificadas moralmente: o fundamento de ações "razoáveis" consiste em princípios que devem ser justificados "publicamente" no sentido de que não podem ser rejeitados *de modo razoável*. A base comum que é justificada universalmente dessa maneira é, segundo Rawls, a concepção política da justiça, que foi justificada com ajuda da "posição original". Ela satisfaz o critério de Scanlon, diz Rawls, pois primeiramente (mas não somente, como veremos) ideias e princípios da razão prática entraram em sua fundamentação –

elas "representam" pessoas livres e iguais em uma situação inicial "razoável" que leva a princípios "razoáveis". O critério de Scanlon é, por assim dizer, "idealizado" na "posição original", cujos princípios representam uma base de partida para a "razão pública" dos cidadãos.

O reconhecimento dos princípios "razoáveis" pressupõe, segundo Rawls, um segundo aspecto do razoável, ao lado da disposição à cooperação justa – um aspecto que esclarece o conceito de "desacordo razoável" empregado por Larmore e Nagel. Pessoas razoáveis reconhecem o "ônus do juízo" (ou o "ônus da razão"; Rawls, 1993a, p. 54). Esse ônus explica as razões para as divergências de opinião entre pessoas "razoáveis", isto é, entre pessoas que não são irracionais e nem egoístas, mas orientadas para o entendimento (cf. também 1989a, p. 336 ss.). Assim, não é tão claro o que conta como evidência numa questão político-moral e quais pontos de vista devem ser pesados e como fazê-lo; em casos difíceis, conceitos morais podem encontrar seus limites; diferentes panos de fundo de experiências e, principalmente, valores éticos podem influenciar o juízo prático; boas razões podem ser mencionadas para duas alternativas que se excluem; por fim, não se pode evitar que o espaço social limitado acabe por priorizar certos valores sobre outros sem que esses tenham menos valor, sob todos os pontos de vista[10]. Todas essas razões levam a conflitos normativos que não podem ser resolvidos claramente nem com a razão teórica, nem com a razão prática. Com isso, deve-se contar com divergências de opinião não solucionáveis, porém razoáveis, no *interior* dos limites da justiça. Pode-se formular isso da seguinte maneira: pode não ser razoável não aceitar para si uma determinada forma de vida, mas isso, porém, não a torna irrazoável. Admitir o "fato" (Rawls, 1993a, p. 58) do "ônus do juízo" é uma exigência da razão: o reconhecimento de seus próprios limites e a pluralidade de perspectivas éticas. De acordo com Rawls, pessoas razoáveis reconhecem que pode haver diferenças éticas que devem ser admitidas porque as posições individuais não são evidentemente irracionais ou imorais – mesmo quando não as compartilhamos. Por isso, deve ser relativizada a concepção de Rawls (ibidem, p. XVIII) de que as doutrinas abrangentes razoáveis que reconhecem isso são "incompatíveis", considerando-se que elas são incompatíveis não no sentido moral, mas sim do ponto de vista ético – permanece como um consenso "sobreposto". O argumento de Rawls é o de que, num pluralismo "razoável", as doutrinas abrangentes mantêm ambos os aspectos do razoável. Elas aceitam a primazia dos

---

[10] Rawls refere-se à concepção de Berlin (1992) de que nem todos os valores (éticos) podem ser realizados em comum.

princípios de justiça (que elas incorporam como parte de sua doutrina abrangente) e reconhecem que diferenças éticas entre pessoas não são uma razão para forçar os oponentes a adotar a sua própria concepção. "Para concluir: as pessoas razoáveis veem que o ônus de julgar estabelece limites sobre o que pode ser justificado razoavelmente aos demais e, assim, endossam alguma forma de liberdade de consciência e liberdade de pensamento" (ibidem, p. 61).

Essa concepção sobre o que é exigido das pessoas como cidadãos de uma sociedade bem-ordenada não é uma "ideia epistêmica" (ibidem, p. 62), como destaca Rawls, uma vez que não exige das pessoas que coloquem entre parênteses suas convicções éticas como se fossem meras opiniões diante da verdade moral "objetiva" da justiça. Contudo, ela contém "elementos epistemológicos" (idem) no pressuposto do conhecimento dos limites da razão. Esse conhecimento refere-se aos limites da *própria* razão e da razão *do outro*. A primeira não tem de implicar que as convicções próprias não mais devem ser consideradas verdadeiras, mas sim que sejam examinadas criticamente e não defendidas dogmaticamente; e isso, mais ainda, uma vez que a última leva a compreender as convicções do outro diante do pano de fundo de sua gênese, seja vendo uma certa justificação normativa em suas convicções (em uma versão forte) ou reconhecendo-as (em uma versão fraca) apenas em seu sentido para as outras pessoas, ainda que não sejam consideradas corretas (nem mesmo parcialmente) para si mesmo. Ambos não excluem a possibilidade de querer convencer esta pessoa a adotar meus próprios valores; apenas exige considerar a condicionalidade recíproca das perspectivas éticas (cf. também Hinsch, 1992, p. 25 s.).

A dimensão *moral* dessa autorrelativização ética é ainda mais importante do que a dimensão *cognitiva*. Segundo a primeira, a tolerância é exigida não pelos embaraços em vista da indeterminação normativa, mas em virtude da percepção dos critérios de legitimidade de normas universais. Para isso, Rawls recorre aos critérios que, na discussão com Nagel, foram caracterizados como *reciprocidade* e *universalidade*.

> Naturalmente, aqueles que insistem em suas crenças também insistem que tais sejam as únicas verdadeiras: impõem suas crenças porque, dizem, são verdadeiras e não porque são suas. Mas essa é uma reivindicação que todos podem fazer *igualmente*; é também uma reivindicação que não pode ser transformada em bem por alguém para todos os cidadãos *em geral*. Assim, quando fazemos tais reivindicações, outros, que são eles próprios razoáveis, devem considerar-nos irrazoáveis (1993a, p. 61; grifos meus.).

Aqui se mostra que ambos os aspectos de "ser razoável" – a disposição à justificação pública e o reconhecimento do ônus da razão – decorrem do princípio da razão prática, segundo o qual somente devem pretender validade universal as normas que são justificadas recíproca e universalmente; e que as pessoas são "razoáveis" num sentido prático quando são cognitivamente *capazes* e moralmente *dispostos* a tal justificação. Elas podem oferecer e aceitar boas razões e podem diferenciar entre boas razões *éticas* e boas razões *morais*. Isso não significa, como dissemos, que boas razões éticas "para mim" ou "para nós" não possam ser razões fortes para orientar a vida própria como "verdadeira". Apenas significa que valores éticos, quando pretendem ter validade universal "para todos", precisam de razões justificáveis de modo recíproco e universal. Assim, consenso moral e diferença ética são reconciliados, e o critério de "não poder ser razoavelmente rejeitada" torna-se mais claramente determinável. Pois, afinal, os próprios princípios de justiça (e as normas compatíveis com eles) são fundamentados dessa maneira, de modo a formarem a base "razoável" de uma sociedade, que, diferente dos valores éticos, não pode ser contestada recíproca e universalmente. Nisso consiste a justificação da "posição original". Portanto, pode-se concluir que a razão prática diferencia-se segundo pontos de vista éticos e morais com base no princípio de justificação, de modo que pessoas razoáveis reconheçam os "limites da reciprocidade e da universalidade". Elas podem introduzir sempre boas razões em cada um desses *contextos práticos*.

Tal proposta de uma diferenciação entre contextos de *validação* ética e moral tem a vantagem de compreender mais precisamente o critério do "razoável" e sua relação com a "verdade" ética. Segundo a concepção de Rawls, as pessoas razoáveis consideram os princípios da justiça como "parte" de suas próprias doutrinas éticas e, com isso, como "verdadeiros" (e não apenas como razoáveis) – não obstante, a justiça (e a razão) está acima dos valores éticos (e, com isso, da "verdade") quando esses entram em conflito com aquela. Para explicar essa concepção da primazia da razão e a compatibilidade de verdade e razão, só que agora no *interior* da perspectiva de uma doutrina abrangente, Rawls segue a sugestão de Joshua Cohen (1993, p. 283) de que em questões de justiça as pessoas razoáveis (a) referem-se certamente à "sua" verdade, que está contida no "consenso sobreposto", contudo (b) ativam somente "parte" de suas convicções tidas como verdadeiras que estão nesse consenso e (c) reconhecem que o recurso à "verdade plena" não é possível, o que seria equivalente a uma argumentação com base em meras convicções (cf. Rawls, 1993a, p. 127 s.). Essa distinção entre "verdade" razoável e mera "convicção" no interior da perspectiva ética de uma pessoa permanece, contudo, presa à concepção epistemológica de Nagel, que transforma o *critério* das razões moralmente boas, compartilháveis num discurso de justificação, em uma determinada *atitude* sobre as convicções próprias (mesmo quando isso não é entendido objetivisticamente no sentido de Nagel). A verdade no interior do "consenso sobreposto" enquanto verdade "razoável" seria, por assim dizer, "mais verdadeira" do que aquela fora do consenso; em contrapartida, é mais plausível assumir que ela não é mais ou menos verdadeira, mas que satisfaz *outros* critérios de validação em um outro contexto prático[11]. O consenso sobreposto não deve ser entendido como uma provisão estática de valores "verdadeiros" e "razoáveis" que desfrutam de uma posição normativa e epistêmica especial no interior das doutrinas abrangentes, mas como consenso dinâmico sobre normas, que, em questões de justiça, *provam* ser fundamentadas "publicamente" e, como tais, compreensíveis *de modo razoável* com base em boas razões. Pessoas razoáveis reconhecem o que é justificado universalmente *porque* é fundamentado (e compreensível) de modo recíproco e universal e, com isso, para cada pessoa. Nesse sentido, pode ser integrado de modo razoável (isto é, sem bom contra-argumento) em sua identidade normativa abrangente.

Reconstruído dessa maneira, a ideia da necessidade de justificação recíproca e universal não pressupõe um hiato entre as duas "partes" (Rawls, 1993a, p. 38) das perspectivas normativas da justiça e do bem. A autorrelativização ética em questões de legitimação universal não significa abdicar da própria identidade ética, mas sim a disposição de, em contextos de justiça relevantes (e somente ali), limitar os valores próprios, determinantes da identidade, frente à identidade ética do outro, de tal modo que o valor da identidade da outra pessoa é respeitado *por si mesma*. A tolerância recíproca fundamenta-se não na dúvida quanto à validade ética dos valores próprios (ou de valores em geral), mas no reconhecimento do que significa ter uma identidade ética. A consciência do vínculo constitutivo de valores éticos com a identidade das pessoas, junto com o conhecimento das "avaliações fortes" (Taylor) vinculadas ao contexto, leva ao exercício da tolerância recíproca. A imagem da pessoa "atomística" é, em larga medida, deslocada: o direito a uma identidade ética não é atomístico, mas reflete o significado dos valores para as pessoas[12].

Pode-se concluir que pessoas "razoáveis" reconhecem a possibilidade fática de uma pluralidade de respostas éticas para a questão da vida boa, respostas essas razoáveis na medida em que não são irracionais e nem imorais. Além disso, reconhecem o significado de tais respostas para as outras pessoas e também as respeitam mesmo

---

[11] Cohen (1983, p. 283) deixa muito indeterminado o critério de validade universal quando exige das razões que elas sejam obrigatórias para pessoas razoáveis, isto é, pessoas crítico-reflexivas.

[12] Sobre isso, cf. Wladron (1987a, p. 145). "A aposta é que embora as pessoas não compartilhem os ideais uns dos outros, elas podem ao menos extrair da sua experiência um senso de *como é estar comprometido com um ideal de vida boa*; podem reconhecer isso em outras pessoas e concentrar-se nisso como algo para o qual a justificação política deveria ser dirigida."

quando as consideram eticamente insatisfatórias. Com isso, reconhecem – e aqui começa a dimensão moral da percepção dos limites da razão ética – que respostas éticas devem ser respostas autodeclaradas que se referem afirmativamente à "minha" vida. Isso não exclui a tentativa de convencer os outros sobre a qualidade de certos valores que poderiam enriquecer suas vidas; contudo, exclui limitar sua forma de vida ética com razões que não são justificadas de modo recíproco e universal. Portanto, o respeito da identidade ética é exigido moralmente.

O reconhecimento dos limites da reciprocidade e da universalidade é uma exigência normativa indispensável para os membros de uma comunidade jurídica. Por conseguinte, na teoria liberal, o princípio da neutralidade, que implica esses limites, serve para fundamentar os direitos subjetivos à liberdade de autodeterminação ética dentro dos limites da moral. Os direitos subjetivos são direitos "negativos", fundamentados reciprocamente, à possibilidade de determinar projetos de vida "positivamente" – John Stuart Mill (1859, p. 120) fala de "diferentes experimentos de vida". Uma "imposição da ética" está excluída à medida que busca generalizar uma forma de vida específica e, com isso, colide com ambos os critérios de justificação. Nesse princípio de justificação normativa reside também o vínculo interno entre neutralidade liberal e autodeterminação democrática entre cidadãos, desconsiderado pela teoria liberal. Esse vínculo mostra-se quando colocamos a questão do que significa fundamentar *normas jurídicas*. Voltarei a isso mais adiante.

Primeiramente, diante do pano de fundo dessa discussão pode-se determinar com mais precisão o que significa "neutralidade".

1. É central o significado de neutralidade que decorre do *princípio* de que somente aquelas normas que podem ser justificadas recíproca e universalmente podem reivindicar validade universal. O princípio da neutralidade define, portanto, um *critério* de justificação da validade. "Neutralidade de justificação" ou "neutralidade das razões" ou "neutralidade procedimental" são conceitos que apontam para aquele princípio (sem determiná-lo precisamente nesta ou naquela forma)[13]. Neutralidade, nesse sentido, significa *imparcialidade* moral da justificação.

Aqui se deve observar uma diferenciação importante, frequentemente negligenciada pelas teorias liberais. À medida que se trata da justificação de *princípios básicos do direito*, particularmente de direitos fundamentais, são necessários argumentos morais pró ou contra sua validade. Esses princípios

---

[13] Cf. Larmore (1987, p. 44), Rawls (1988, p. 377), Kymlicka (1989b), Marneffe (1990), Ripstein (1992).

reivindicam – de acordo com seu cerne abstrato, que deve ser determinado e institucionalizado concretamente em termos jurídicos – uma validade deontológica como normas que não podem ser contestadas reciprocamente e, por conseguinte, colocam demandas morais para o direito. Que as normas morais migrem (ou devam migrar) dessa forma para o direito positivo não significa que elas constituam um "supradireito" e que a validade do direito seja uma validade moral. Significa apenas que os princípios do direito são justificados de acordo com os critérios da *reciprocidade e da universalidade estrita* e podem ser limitados *somente* com razões que satisfazem esses critérios. Essa exigência não entra no direito a partir de fora, como no caso do direito natural: são as próprias pessoas com identidades vulneráveis que exigem razões para a delimitação de suas formas de vida, que devem ser justificadas no sentido estrito e, portanto, receber o assentimento de *todos* os concernidos. Somente assim a coerção jurídica pode ser legitimada: quando não ferir os direitos justificados das pessoas de serem respeitadas e o direito puder ser obedecido "racionalmente" [*aus Einsicht*] (Habermas, 1992a, p. 154)[14]. Quando se trata de áreas sensíveis e moralmente relevantes dos direitos fundamentais, o direito deve ser justificado com razões que possam ser compartilhadas. Deve corresponder aos "limites da reciprocidade e universalidade". Aqui reside uma das características do princípio da neutralidade: a de garantir direitos.

Em contrapartida, o critério da *universalidade restringida* aplica-se a regulações normativas que não atingem primeiramente questões morais e direitos, e sim questões políticas, que, em todo caso, têm de ser reguladas pelo interesse geral, mas nas quais são possíveis compromissos legítimos e decisões majoritárias. As razões que são validadas nas questões políticas não precisam ser "compartilhadas" moralmente, mas sim razões "políticas" num sentido mais amplo, no qual entram pontos de vista éticos ou pragmáticos (cf. Habermas, 1992a, p. 196 ss.)[15]. Contudo, a partir do momento em que questões morais são atingidas, essas não podem ser "subordinadas" (Dworkin) a outros pontos de vista. Elas exigem, então, uma *elevação* ao patamar da reciprocidade e da universalidade. A proibição ou limitação de determinadas formas de vida com base em ponderações éticas, ou inclusive pragmáticas, viola o critério da universalidade

---

[14] No final do capítulo, retorno à definição habermasiana da relação entre moral e direito.

[15] Aqui é enganoso falar, como Habermas (1994, p. 8) observa criticamente, de diferentes tipos de discursos éticos, pragmáticos ou morais. Nos discursos políticos, todas essas razões se juntam, mas exigem um tratamento adequado em cada caso – e é isso que importa.

estrita. A promoção de determinados valores apoiada em um juízo universal limitado – por exemplo, o de promover a arte – não atinge *per se* a problemática moral da discriminação de determinadas formas de vida.

Portanto, a neutralidade ética não significa que o direito é inteiramente livre de valores éticos ou que as comunidades políticas não possam ter "avaliações fortes". Contudo, impõe determinadas condições para a "eticização" do direito. Isso não implica uma relação dicotômica entre ética e direito; a separação entre regulações que devem ser justificadas universalmente em sentido estrito ou restrito não pode ser determinada em termos de conteúdo *a fortiori* – isso depende muito mais das razões que falam pró e, principalmente, contra uma regulação. Pois são os eventualmente prejudicados que questionam as razões dadas e levantam problemas morais, podendo produzir com isso uma "mudança" nos critérios de justificação. Aqui reside o potencial crítico desse conceito de direito, que ainda será discutido.

Desse modo, em sentido estrito, normas universais são aquelas que não são objeto de um "desacordo razoável". Formam a estrutura para o tratamento de questões que são controversas no sentido razoável. Portanto, valores eticamente controversos não podem ser o fundamento de normas universais. Contudo, deve-se mostrar a possibilidade de compromissos – com base em razões não compartilhadas, mas também não opostas em todos os sentidos – que correspondam à necessidade geral de regulação sem serem moralmente problemáticos[16].

2. A questão da justificação normativa do princípio da neutralidade tem de ser distinguida do próprio princípio e de seu significado. Existe uma justificação "neutra" do princípio da neutralidade ou ele próprio se apoia numa teoria do bem, numa concepção de direitos morais, em suposições cético-morais ou num conceito de razão prática? Essas questões serão tratadas na próxima seção.

3. Uma vez que o princípio da neutralidade se refere primeiramente ao critério de validade de normas universais, ele não implica uma neutralidade do processo de justificação no sentido de que argumentos éticos seriam dele excluídos.

---

[16] Tal distinção entre diferentes critérios de justificação possibilita definir mais precisamente (como faz Nagel, 1991, p. 159 ss.) o domínio no qual uma pessoa pode ser coagida com boas razões a reconhecer o ponto de vista de uma maioria como a base para normas legítimas, que vinculam universalmente. A distinção proposta por Gutmann (1993, p. 200) entre princípios morais-substantivos fundamentais e conflitos políticos que são regulados procedimentalmente poderia ser explicada conceitualmente no sentido de um "universalismo deliberativo", sem recorrer a princípios morais (antropológicos) pré-dados.

Os discursos políticos não são "neutralizados"; contudo, o que importa é que argumentos éticos, quando propõem valores como fundamento para regulações universais, possam ser "traduzíveis" em argumentos universais. Eles têm de ser compatíveis com o princípio da justificação pública; todavia, com isso eles não se desvinculam completamente do pano de fundo ético do qual se originam. Os critérios de universalidade estrita e limitada não desvinculam de seus contextos sociais as argumentações nem as normas justificadas[17].

4. Nenhuma teoria liberal defende a tese de uma "neutralidade de efeitos" ou "de consequências", no sentido de que a realização e a implementação institucional duradoura de normas no interior de um sistema de direitos tenham os *mesmos* efeitos sobre todas as formas de vida e concepções do bem existentes no interior da comunidade jurídica[18]. A neutralidade proíbe a discriminação eticamente motivada de formas de vida, mas não garante que todos serão atingidos da mesma maneira pelas decisões, pelo desenvolvimento da comunidade política e pelas mudanças sociais. Uma fundamentação ética das regulações jurídicas não pode ser inferida dos diferentes efeitos que essas regulações podem ter sobre as comunidades éticas. Embora isso seja possível no sentido crítico, não se segue daí nenhuma consequência afirmativa no sentido de que o direito é e deveria ser fundamentado eticamente sem reservas.

5. No entanto, o Estado liberal deve observar a "neutralidade de fins" para que "as instituições básicas e as políticas públicas não sejam orientadas para favorecer qualquer doutrina abrangente específica" (Rawls, 1988, p. 379) – por exemplo, por meio do estabelecimento de uma religião de Estado. Isso está de acordo com a já mencionada universalidade "fraca" ou "limitada" das regulações políticas na medida em que uma comunidade jurídica pode, certamente, implementar objetivos coletivos na forma de um direito válido, porém estes têm de ser justificados universalmente e não podem violar o critério da universalidade estrita (cf. Habermas, 1993).

6. Com respeito à relação entre direito e pessoa de direito, a neutralidade ética é entendida – por Dworkin, por exemplo – como "igual consideração e respeito", isto é, como princípio de igual tratamento formal ou material diante

---

[17] Isso será discutido criticamente no capítulo 3 em relação às abordagens liberais. Cf. especialmente Greenawalt (1988), Perry (1989) e Galston (1991, p. 98ss); além disso, Rawls (1993a, cap. VI e 1993c).

[18] Cf. Larmore (1987, p. 43), Rawls (1988, p. 378), Nagel (1991, p. 166). A crítica de Raz (1986, p. 110 ss.) consiste essencialmente no fato de que atribui às teorias liberais a tese da neutralidade de efeitos. Cf. Waldron (1989b).

do direito. Vinculado a isso está o problema de saber se o direito eticamente neutro é "cego" frente às diferenças éticas que justificam um tratamento especial. Aqui se deve observar que uma igual consideração "neutra" vincula igualdade e diferença de modo apropriado e sensível (sobre isso, cf. a seção 2.3).
7. Como Sunstein (1993) destaca especificamente, os princípios da neutralidade e da imparcialidade não significam que as relações existentes apareçam como justificadas no sentido de uma "neutralidade de *status quo*" e que o Estado, à medida que não as modifica, permanece "neutro". Razões "neutras" devem ser justificas universalmente, quer falem a favor ou contra as instituições existentes (cf. Ackerman, 1990).

Essa diferenciação de significados (heterogêneos) do conceito de neutralidade pode ser incompleta. Contudo, deve ajudar a explicá-lo de modo que as diferentes críticas à neutralidade liberal possam ser mais bem compreendidas diante desse pano de fundo. Portanto, no que se segue serão discutidos, primeiramente, os argumentos relacionados à fundamentação do princípio da neutralidade e, então, serão examinadas suas implicações para uma compreensão do tratamento igual.

2.2 Direitos individuais e o bem da autonomia

A crítica comunitarista da pretensão de neutralidade dos princípios liberais da justiça questiona, em princípio, a possibilidade de uma separação entre ética, direito e moral. Nesse sentido, o princípio da justificação universal é, em última instância, a ocultação de uma determinada teoria individualista do bem. A neutralidade liberal não é neutra diante das concepções éticas, seja na justificação, seja na práxis. Nessa crítica, podem ser distinguidos diferentes argumentos.

Um argumento fundamental contra a teoria liberal deontológica tem sido apresentado por MacIntyre: a objeção do ceticismo. Segundo tal perspectiva, a pretensão de neutralidade de justificação não é uma posição moralmente defensável, mas antes o resultado de uma "catástrofe moral", a saber, a tentativa do Iluminismo de justificar uma concepção moral livre das tradições históricas, das práticas éticas e de uma visão teleológica da natureza humana – segundo MacIntyre, três elementos centrais de um conceito de virtude, sem os quais não pode haver uma concepção da justiça. Conforme sua teoria aristotélica, ética e moral não podem ser distinguidas (MacIntyre, 1985, p. 205), isto é, não é possível justificar normas de modo universal e independente de valores particulares – num Estado pluralista, a política, na ausência de uma concepção comum do bem, é "a guerra civil com outros meios" (ibidem, p. 337).

O argumento com o qual MacIntyre sustenta sua tese fundamenta-se numa determinada teoria da pessoa, que já foi discutida no contexto da crítica de Sandel a Rawls. Ele usa quase as mesmas palavras de Sandel quando observa que a identidade da pessoa forma-se em contextos comunitários particulares, isto é, em "papéis" que trazem consigo determinadas obrigações que os indivíduos não podem descartar sem correr o risco de perderem sua identidade.

> O que é bom para mim tem de ser bom para qualquer outro que ocupa esses papéis. Como tais, herdo do passado de minha família, cidade, tribo, nação, uma variedade de débitos, heranças, expectativas e obrigações legítimas. Essas constituem o que é dado em minha vida, meu ponto de partida moral (ibidem, p. 294).

Esses valores definidores da identidade, segundo MacIntyre, tornam impossível haver um ponto de vista deontológico neutro ("impessoal") e imparcial para a moralidade, pensado para "não pessoas" (cf. 1984).

Devido à sua semelhança com a concepção de pessoa apresentada por Sandel, a teoria de MacIntyre herda os mesmos problemas. Assim, não fica suficientemente esclarecido como os vários papéis desiguais aos quais ele se refere, pertencentes a diferentes contextos, podem ser unificados no interior de uma identidade, nem como podem ser avaliados, nesses contextos, valores conflitantes e o que significa reconhecer-se como pessoa autônoma (cf. as objeções de Frankfurt; MacIntyre, 1982). Além disso, não está claro como um *eu*, cuja identidade moral está desse modo vinculado ao contexto, pode transcender os limites morais de determinadas comunidades particulares "em busca do universal", algo que MacIntyre visa explicitamente (1985, p. 295). Junto com práticas e tradições "ruins", que não fornecem qualquer possibilidade interna de crítica, ele fala inclusive sobre a necessidade de recorrer a uma "lei moral" (ibidem, p. 268). Contudo, não consegue fundamentar tal lei com validade universal no interior de sua teoria porque, em sua concepção, o eu que se distancia radicalmente de sua comunidade perde "todos os padrões genuínos para julgar" (1984, p. 93; cf. a seção 4.3).

Em contrapartida, uma teoria deontológica não é forçada a adotar um ceticismo moral ou ético. Em princípio, não precisa duvidar da possibilidade de valores objetivos e nem precisa entender as normas, que se distinguem como universalmente vinculantes: formas de compromisso numa guerra de todos contra todos. O reconhecimento da possibilidade do "desacordo razoável" não inclui nem exclui uma posição radicalmene cética em relação ao bem (Rawls, 1987, p. 312; Larmore, 1990, p. 314). O liberalismo é, com certeza, um filho do esclarecimento cético (Barry, 1990); contudo, ele pode também defender a concepção de que existe uma pluralidade de valores incompatíveis entre os quais as pessoas e as comunidades têm de se decidir – tragicamente –, de modo que uma sociedade liberal é o lugar onde a maioria – não todos – desses valores pode ser realizada[19].

O mais importante, contudo, é o seguinte: se MacIntyre fizesse a distinção entre as várias comunidades que ele listou, então viriam à tona as diferentes relações de reconhecimento recíproco que distinguem as comunidades éticas das comunidades políticas e morais (ibidem, p. 86). Então, mostrar-se-ia que a "guerra civil" diganosticada por ele somente ocorreria caso os membros das comunidades éticas reconhecessem apenas seus iguais e não demonstrassem respeito por "outras" pessoas enquanto parceiros do direito, concidadãos ou pessoas morais – portanto, que não compartilham de sua própria concepção do bem. Esse respeito não é, porém, uma exigência ética, mas moral: a de reconhecer os outros como iguais, apesar das suas diferenças. Mas, uma vez que MacIntyre recusa relações morais ou jurídicas mais abstratas e transforma todas as normas em valores éticos, ele não faz jus, do ponto de vista descritivo, às condições das comunidades jurídicas modernas pluralistas e, do ponto de vista normativo, à necessidade de reconhecimento recíproco. Com relação ao problema da neutralidade dos princípios do direito, significa que ele, à medida que lhe escapa a distinção entre direito universal e valores éticos particulares, também interpreta a "pessoa de direito" num sentido concretista, como descrição do eu. Pois, para ele, normas são sempre de natureza ética; normas jurídicas abstratas correspondem a um eu "emotivo" [*emotivistischen Selbst*] abstrato que não possui mais ligações profundas. Da tese de que as pessoas são membros de comunidades éticas constitutivas não se pode concluir que as jurídicas tenham de ser ou comunidades éticas ou um conjunto de pessoas atomistas, individualizadas. A questão central é que a pessoa de direito é apenas a proteção abstrata de identidades concretas na forma do reconhecimento universal e igual – uma proteção abstrata que não pressupõe que os valores éticos não sejam levados a sério e nem que os princípios morais do reconhecimento igual sejam meras fórmulas de compromisso. Assim, Dworkin destaca: "O liberalismo não pode ser baseado no ceticismo. Sua moralidade constitutiva afirma que os seres humanos têm de ser tratados como iguais por seus governos, não porque não existe o certo e o errado na moralidade política, mas porque isso é o que é correto" (Dworkin, 1985b, p. 203; cf. também 1985c, p. 205).

---

[19] Essa é a concepção de Isaiah Berlin (1969, p. LI ss.;1969b, p. 167 ss.; 1992). Cf. também (1981c; 1993, cap. 6.). O conceito de "valores" é usado aqui num sentido muito amplo e criteriologicamente ambíguo. (Voltarei a isso na seção 5.2.)

MacIntyre tem um argumento adicional, mais importante. Mesmo que se admita que o liberalismo se apoie numa posição cética, e mesmo se for reconhecido que o conceito abstrato de pessoa de direito não contém uma descrição da pessoa, a pretensão de uma neutralidade e tolerância ética justificadas moralmente é, afinal, um mascaramento do fato de que também o liberalismo está fundamentado "numa concepção específica da vida boa" (MacIntyre, 1988, p. 345). Por conseguinte, o liberalismo não é mais visto como a superação de todas as tradições, mas como uma delas, isto é, como uma entre outras, que não deve declarar uma pretensão de prioridade moral. O liberalismo vale somente no interior de uma cultura específica, a ocidental, e nesta somente entre aquelas que compartilham uma teoria individualista do bem, no qual ele se apoia. A teoria da pessoa de direito não é *per se* já uma teoria do eu, mas conta com relações sociais nas quais os indivíduos buscam realizar a si mesmos, de um modo empobrecido, como indivíduos "fantásticos" (MacIntyre), "desvinculados" (Sandel) ou "neutros" (Taylor), sem vínculos comunitários "profundos". O liberalismo se apoia, por assim dizer, numa "má teoria do bem": "os pontos de partida da teorização liberal nunca são neutros em relação a concepções do bem humano; são sempre pontos de partida liberais" (MacIntyre, 1988, p. 345). O fundamento da teoria "fraca" do bem de Rawls é uma teoria "forte", individualista. A falha em encontrar uma justificação neutra reflete-se, como afirma Sandel, no plano político: as concepções éticas que não se conformam à teoria liberal do bem são marginalizadas ou excluídas. O liberalismo não apenas não é neutro quanto ao seu *efeito*, mas também quanto aos seus *objetivos* e sua *justificação*; por isso a ética que o fundamenta é sem substância. Essas são duas afirmações – que o liberalismo se apoia em uma teoria do bem e que essa é uma teoria problemática – que levaram a diferentes respostas liberais. A objeção comunitarista central duvida, portanto, da possibilidade de uma separação entre valores e normas: o que o liberalismo exige em termos de autorrelativização ética somente pode ser *justificado* filosoficamente e *cumprido* subjetivamente com base em uma teoria liberal da vida autônoma. Esses dois aspectos da objeção devem ser observados no que se segue. Primeiro, será discutida principalmente a questão da fundamentação filosófica do princípio da neutralidade; a questão sobre a possibilidade de cumpri-lo e o sacrifício que ele coloca para as identidades éticas será discutida em seguida.

Antes disso, contudo, é importante lançar um segundo olhar sobre os argumentos comunitaristas. Sob a tese comum – de que é falsa a afirmação da neutralidade liberal e de que lhe está na base uma teoria individualista do bem –, existem diferenças importantes. Na dicotomia, sugerida por MacIntyre, entre o niilismo nietzschiano (leia-se: liberalismo cético) e tradicionalismo aristotélico, parece não haver espaço para um conceito de reconhecimento e direitos iguais. As pessoas são sujeitos éticos "por inteiro" – não existem normas que vão além dos papéis e da comunidade. Elas são sempre parte de uma tradição de autocompreensão. Assim, também parece que a "lei moral" universalista, que MacIntyre reivindica em *After Virtue* (2007), somente é possível, nos escritos posteriores, no interior de uma tradição cristã tomista ou agostiniana (MacIntyre, 1988, p. 198).

A crítica de Sandel ao liberalismo também se baseia numa teoria ética contextualista do eu e da norma. Segundo ele, a "república procedimental" deve ser transformada de modo que seja assegurado o reconhecimento aos vínculos éticos e – do ponto de vista político – a possibilidade do autogoverno em pequenas unidades. Contudo, sua teoria permite duas interpretações: por um lado, o questionamento radical de todas as abstratas relações jurídicas de reconhecimento por meio de seu paralelo entre "família", "nação" e "povo" como "comunidades constitutivas" e a ênfase na primazia de um bem comum ético; por outro lado, a tese mais moderada da promoção do autogoverno, do pluralismo ético e da solidariedade social. Assim, em textos posteriores, ele reformula a equiparação entre família e comunidade política (Sandel, 1988, p. 22) e não pode abdicar de uma concepção de direitos civis iguais quando, por exemplo, critica a exclusão de afro-americanos da comunidade política (Sandel, 1984b, p. 173). São os direitos civis formais iguais, tradicionalmente reservados aos brancos, e não "as convicções compartilhadas" da comunidade política americana que protegem aqui o "bem" das pessoas – e, certamente, com argumentos formais de igualdade, e não com argumentos éticos substantivos. Contudo, as objeções de Sandel, às quais ainda retornaremos, colocam uma questão importante: como um sistema de direitos "cego para a cor", isto é, que trata as pessoas como pessoas de direito iguais, pode assegurar direitos *especiais* nos casos em que, devido a determinadas circunstâncias, essa "cegueira diante da diferença" (num sentido amplo) leva ao tratamento desigual de determinados grupos na população?

Charles Taylor endossou essa crítica ao liberalismo procedimental em relação à questão do reconhecimento de comunidades culturais (cf. a seção 2.3). Sua concepção sobre o problema da ética e do direito diferencia-se, contudo, da abordagem de MacIntyre ou Sandel. Com certeza, Taylor também parte de uma teoria da pessoa e da tese de que uma vida significativa somente é possível em harmonia com "as avaliações fortes", determinantes da identidade, que o indivíduo sempre já adota como alguém socializado em determinadas comunidades e tradições, e critica também, com o mesmo argumento, as teorias morais atomistas, orientadas por direitos; mas identifica explicitamente nos "bens transcendentes" – que definem a identidade dos sujeitos modernos – bens "substantivos" como a liberdade e o respeito pela dignidade de todos (1989a, p. 532, nota 60), que levam aos princípios de uma democracia liberal. Assim, a "primazia do bem" não significa que o conceito de direitos subjetivos será questionado, mas que direitos são fundamentados em determinados "bens transcendentes", como a autodeterminação individual, e que se seguem determinadas obrigações sociais que reconhecem que "avaliações fortes" estão vinculadas ao contexto e à comunidade (Taylor, 1979b, p. 197; cf. a seção 3.2). A tese de que os direitos são fundamentados eticamente está, portanto, situada num nível "mais alto" do que em MacIntyre ou Sandel. A pessoa de direito não é reduzida a uma pessoa ética; antes, existe um conceito superior de uma identidade constituída por valores, o que permite uma diferenciação entre modos de vida particulares e direitos universais. Esse conceito superior da identidade ética e uma ideia *moral* do bem serão retomados na discussão sobre o universalismo e a fundamentação (cf. a seção 4.4).

A despeito das diferenças entre os autores individuais, pode-se dizer, resumidamente, que a crítica comunitarista ao conceito liberal de neutralidade é dupla: primeiro, é afirmado que a teoria liberal se apoia numa visão específica individualista da vida boa, que exclui *a priori* outras alternativas; e, segundo, critica-se que essa visão do bem é problemática em função de seu caráter atomista.

As respostas liberais a essa crítica diferenciam-se conforme recusam tanto a primeira quanto a segunda tese ou aceitam a primeira e somente se opõem à segunda. Larmore, Ackerman e, com limitações, Rawls pertencem ao primeiro grupo; Dworkin, nas publicações mais recentes, Raz, Macedo, Galston e Kymlicka pertencem ao segundo; eles acrescentam um "liberalismo ético" às versões individualista (baseadas no direito natural), pluralista e procedimentalista do liberalismo, discutidas até aqui.

A teoria de liberalismo político de Larmore defende a possibilidade de justificar princípios da justiça neutros sem se referir a concepções da vida boa controversas ou aos ideais, concebidos mais abstratamente, de autonomia e individualidade (Larmore, 1990, p. 136). Eles se apoiam apenas nas normas morais do diálogo racional – isto é, na necessidade de justificação pública com base num fundamento comum neutro a todos os participantes – e no respeito igual, isto é, no reconhecimento de todas as pessoas como um fim e não como um meio. Uma vez que se referem à vida pública e não à vida privada, essas normas têm primazia sobre os ideais éticos do bem. Larmore argumenta que essa concepção abrange o domínio ético da vida boa somente na medida em que pressupõe a capacidade das pessoas de distinguir entre seu papel como cidadão e seu papel na comunidade ética – nesse sentido, falar de uma "concepção liberal de pessoa" (ibidem, p. 147) tem certa justificação. Não obstante, essa é uma condição moral e não ética, que define a vida boa de modo substantivo. E, além disso, o que importa nesse contexto é que essa concepção de pessoa não é o fundamento filosófico na qual a teoria liberal está baseada; ela simplesmente está implícita na forma dialógica universal da justificação de normas políticas. "Fizemos melhor em reconhecer que o liberalismo não é uma filosofia do homem, mas uma filosofia do político" (Larmore, 1987, p. 129).

A fundamentação do princípio da neutralidade por meio dessas duas normas é ela mesma, segundo Larmore, "neutra" eticamente, mas não moralmente (ibidem, p. 53). No que diz respeito às normas do diálogo racional, Larmore refere-se à reconstrução teórica discursiva de Habermas das condições de validade de normas universais. Contudo, faz a objeção de que o recurso contextualista a convicções e padrões locais, compartilhados em comum, é suficiente para a fundamentação de normas e que a ideia de condições "ideais" de justificação pressupõe um padrão não alcançável (Larmore 1987, p. 56 ss.; 1993, p. 322 s.). Essa concepção corresponde ao seu modelo de fundamentação ao referir-se a um "fundamento neutro". Contudo, interpreta mal a especificação da justificação sob condições "ideais" como uma antecipação de condições *substantivas* de entendimento para além dos contextos particulares. As condições ideais referem-se às condições *formais* de reciprocidade e universalidade sob as quais os consensos podem ser chamados de "racionais" (Habermas, 1992a, p. 378 s.). A crítica de Larmore de que o conceito comunicativo da razão prática também é objeto do "desacordo razoável" (Larmore 1993, p. 324 s.) defronta-se, portanto, com o problema de como essa "racionalidade" pode ser explicada como padrão crítico independente de concepções do bem. Para isso, é necessário um conceito abrangente de justificação "racional" (e de razão prática).

Enquanto Larmore parte das normas superiores moralmente fundamentadas da justificação dialógica e do respeito igual, os fundamentos filosóficos do modelo dialógico de Ackerman não são claros. Em *Social Justice in the Liberal State* [Justiça social no Estado liberal], Ackerman discute quatro modos possíveis de fundamentar a prioridade da moral frente à ética em questões universais: "realismo sobre a corruptibilidade do poder; o reconhecimento da dúvida como um passo necessário ao conhecimento moral; respeito pela autonomia das pessoas; e ceticismo no que se refere à realidade do significado transcendente" (1980, p. 369). Cada um desses caminhos individuais leva ao mesmo objetivo de fundamentar a prioridade da moral. Em artigos posteriores, Ackerman critica a estratégia de Rawls de transformar o conceito de pessoa moralmente autônoma em fundamento da teoria da justiça

(1983, p. 378). Mas, por outro lado, Ackerman quer evitar adotar uma teoria moral procedimentalista (ibidem, 1989, p. 7 s.). Segundo ele, a justificação "política" não pode ser imaginada segundo um modelo liberal, mas como "imperativo pragmático supremo" (ibidem, p. 10), e deve alcançar-se a coexistência pacífica na luta política pelo poder, mantendo as questões éticas fora da discussão política. Assim, o princípio da justificação universal é diluído num princípio pragmático de recusa dos conflitos políticos insolúveis – por conseguinte, as partes num diálogo de justificação agem primeiramente segundo o interesse próprio e Ackerman assume que o interesse na paz social vai predominar. Contudo, com isso a questão sobre a fundamentação *moral* do princípio dialógico fica em aberto.

Tal como Larmore e Ackerman, Rawls contesta que o liberalismo estaria fundamentado numa determinada concepção do bem. Mas diferente de Ackerman, fornece razões *morais* universais para seu argumento e, diferente de Larmore, está disposto a reconhecer certos valores *substantivos*, que pertencem ao conteúdo moral da teoria da justiça como equidade. Rawls vê cinco ideias do bem contidas em sua teoria. A primeira é a do bem como racionalidade, isto é, a suposição de que toda pessoa tem a capacidade de formar um plano racional de vida que procura realizar em sua vida. Rawls não prescreve como tal plano de vida pode ser realizado, como ele se modifica, tem sucesso ou fracassa – simplesmente assume que as pessoas em geral têm fins essenciais na vida que pretendem realizar. Desse modo, a primeira ideia do bem é definida formalmente. Para a realização dos planos de vida próprios, as pessoas necessitam de determinados meios e, neste ponto, entra em jogo a segunda ideia do bem: a dos bens básicos (isto é, direitos, liberdades, oportunidades, recursos materiais e os pressupostos sociais do autorrespeito). Segundo Rawls, essa lista de bens básicos é definida de modo tão formal que não favorece determinados planos de vida, como, por exemplo, o individualista possessivo (1975c, p. 540), mas sim é compatível com uma multiplicidade de diferentes projetos de vida éticos concretos (cf. Hinsch, 1992, p. 36 ss.).

Porém, nem todas as "doutrinas abrangentes" são compatíveis com a concepção da justiça como equidade. Por isso, a terceira ideia do bem introduzida por Rawls é a das concepções "admissíveis" ou "razoáveis" do bem. Assim, ele sublinha que sua teoria da justiça não é "neutra procedimentalmente" no sentido estrito, uma vez que as concepções de pessoa moral e de cooperação social, que entram na "posição original", são tão "substantivas" (1988, p. 377) quanto os princípios de justiça fundamentados com elas. Contudo, ela é neutra procedimentalmente pois é acompanhada pelo princípio da "justificação pública" (idem). O conceito de pessoa "razoável" permanece um conceito da razão prática.

Porém, também concepções éticas que não são "irrazoáveis" podem se mostrar muito fracas no plano político cultural para sobreviverem e ganhar adeptos suficientes. Nesse caso, elas não poderão apelar aos princípios políticos da justiça para garantir sua sobrevivência. Certamente, elas não devem ser oprimidas, mas também não devem ser promovidas de forma especial – a não ser que circunstâncias especiais da justiça assim o exigirem. A concepção de justiça somente exclui aquelas que entram em choque com os princípios morais fundamentais e não apoia de modo especial nenhuma concepção ética – a não ser que sejam fornecidos argumentos morais para isso. Contrariamente, o Estado liberal não exige das comunidades éticas que elas promovam, como ideais em suas formas de vida, os "valores da autonomia e da individualidade", no sentido de Kant ou Mill – ele tolera formas de vida não liberais contanto que não violem os direitos fundamentais dos membros dessas comunidades.

Mesmo quando a justiça como equidade é formalmente definida, Rawls afirma que ela pode ressaltar determinadas virtudes – são, todavia, virtudes políticas, tais como a disposição para a cooperação, a tolerância e o senso de justiça. Essas virtudes não constituem uma definição da vida boa, como assumido pelo "humanismo cívico" (1988, p. 391), mas sim descrevem um ideal do "bom cidadão", que, na medida em que é compartilhado, contribui para a estabilidade e o desenvolvimento de uma sociedade justa. Portanto, a quinta ideia do bem, a de uma sociedade bem-ordenada, também não é ética, mas sim político-moral. Esse bem não é justificado de forma instrumental – como confirmação de direitos individuais – mas sim como um "bem social", que somente pode ser realizado em comum, e não individualmente. Rawls usa aqui (como na *Teoria da justiça*, § 79) a imagem de uma orquestra, que harmoniza as realizações individuais numa obra comum, na qual todo indivíduo, como também todos juntos, se regozijam. Indivíduos e bem comum não mais se opõem numa sociedade bem-ordenada porque esta não pode mais ter prioridade sobre os indivíduos e estes somente podem encontrar seu bem-estar numa sociedade ordenada.

Essas ideias do bem são "ideias políticas", que, segundo a argumentação de Rawls, (1) "são ou podem ser compartilhadas por cidadãos livres e iguais" e (2) não pressupõem qualquer doutrina abrangente plena (ou parcial) particular" (1988, p. 366). Por conseguinte, são justificadas *universalmente* – enquanto implicação do princípio da justificação pública entre cidadãos livres e iguais – e não de modo ético particular – como valores que são elementos definidores da identidade da vida boa de indivíduos ou grupos. O conceito de autonomia, que é definido formalmente por Rawls (a primeira ideia do bem), caracteriza simplesmente uma condição para que a vida autônoma seja a *própria* vida de alguém. A autonomia jurídica assegura a liberdade de ação de fazer o que não prejudica aos demais, enquanto que a autonomia ética consiste em assumir, buscar, escolher e modificar o bem próprio. O argumento do liberalismo "político", portanto, não fundamenta os princípios da autonomia jurídica por meio de uma concepção do bem – ainda que formal –, mas sim segundo o princípio de que somente podem ser objeto de um "consenso sobreposto" aquelas normas que não podem ser razoavelmente rejeitadas – isto é, que não contradizem os conceitos de pessoa e sociedade, que são "concepções da razão prática" (1993a, p. 107). Esses conceitos da razão prática migram para a "posição original"; e o que é problemático nisso não é um determinado conceito de bem ético, mas sim as suposições "políticas" que, por exemplo, estão presentes na teoria dos bens básicos. Ainda será mostrado em que medida essas suposições levam a uma tensão no interior da teoria de Rawls e, particularmente, na justificação do "modo razoável" (cf. as seções 3.4 e 4.2).

O que é comum nas respostas de Rawls, Larmore e Ackerman é que insistem no princípio da neutralidade ética de justificação dos princípios liberais. Por conseguinte, refutam a tese comunitarista de que o liberalismo tem como fundamento uma teoria individualista do bem (e, com isso, refutam a segunda tese implícita de que esse conceito do bem é problemático).

Em contrapartida, um *liberalismo ético* afirma a primeira tese, mas nega a segunda. Versões dessa teoria são sugeridas por Dworkin, Raz, Macedo, Galston e Kymlicka, entre outros. Procuram defender uma concepção substantiva da ética liberal para justificar os princípios liberais, mas que seja ainda suficientemente formal para deixar espaço para uma pluralidade de projetos éticos concretos. Com isso, parecem querer traçar a quadratura do círculo: justificar a prioridade de princípios que são tolerantes diante de *diferentes* concepções do bem, com a ajuda de *um* conceito do bem – a qual obriga no sentido *moral* à tolerância ética. Que caráter pode ter essa "ética de segunda ordem"?

Como já apresentamos, Dworkin defende a concepção de um direito moralmente fundamentado de todos os cidadãos merecerem igual consideração e respeito e (com esse fundamento) um princípio de "igualdade de recursos". Introduz o primeiro princípio como um direito natural que deve ser institucionalizado numa comunidade política; o segundo, o da justiça distributiva, é introduzido como uma exigência por igualdade de oportunidades entre cidadãos para poderem se autorrealizar, isto é, sem serem prejudicados por diferenças provenientes de um ponto de partida ruim, como o nascimento, o acaso ou determinadas desvantagens no que se refere às capacidades individuais (1985c, p. 207; 1981b) – portanto, daquelas contingências que Rawls exclui por meio do "véu de ignorância" que define situação inicial equitativa. Em seu ensaio "Liberalismo", Dworkin defende sua concepção do igual tratamento como uma concepção deontológica que está fundamentada no princípio fundamental da igualdade das pessoas como pessoas (1985b, p. 191) e, como tal, é neutro frente às concepções éticas do bem: seus princípios são princípios morais, que estão acima dos valores éticos e vinculam universalmente; não se apoiam em conceitos do bem éticos nem privilegiam determinadas formas de vida éticas.

Contudo, em contraste com essa teoria, em suas "Tanner Lectures" sobre os fundamentos desses conceitos liberais de igualdade, Dworkin procura encontrar os "fundamentos éticos para o liberalismo" (1990, p. 3), isto é, mostrar que os princípios liberais podem ser vinculados com uma "simpática" teoria da vida boa. É importante observar que Dworkin não modifica o conteúdo dos princípios que defende, mas simplesmente procura desenvolver uma concepção ética que seja compatível com eles e possa esclarecer quais razões as pessoas podem ter para defendê-los. Certamente o autor não quer entender essa questão como referida às "motivações" (portanto, aos motivos empíricos) que podem levar as pessoas à aceitação dos princípios normativos do respeito igual (ibidem, p. 5, nota 1). Nesse contexto, entretanto, o significado do conceito "fundamentos" permanece confuso: o conceito de vida boa, sugerido por Dworkin, é a justificação normativa (teleológica) fundamental e a única possível dos princípios liberais ou apenas complementa uma outra justificação deontológica? Onde se fundamenta a validade desses princípios?

Contra a teoria contratualista de Rawls ou Scanlon da "descontinuidade" entre princípios de justiça e concepções do bem, Dworkin propõe uma "estratégia de continuidade" – uma ética liberal. Todavia, essa ética deve, segundo ele, ser "abstrata", isto é, mais "estrutural e filosófica" do que "substantiva" (ibidem, p. 20): deve ser *formal* o suficiente para incluir "convicções éticas substantivas diversas". A ética liberal formal é, com isso, de segunda ordem, pois ela exige neutralidade (ibidem, p. 42) em questões substantivas da vida boa. Ela ergue uma pretensão universal superior e procura fornecer razões éticas para a neutralidade ética de princípios políticos.

Para alcançar isso, Dworkin propõe algumas distinções. Assim, distingue entre um conceito de bem-estar "voluntarista" e "crítico". O primeiro é satisfeito quando uma pessoa recebe ou alcança o que quer, enquanto que o último exige que uma pessoa receba ou alcance o que *deveria* querer – portanto, resultados que qualificam uma vida para além das preferências subjetivas, mas aquém de padrões de valor objetivos. Os padrões segundo os quais as pessoas julgam o que pertence a uma vida boa têm um índice cultural, mas se medem por critérios normativos mais amplos. Agora o objetivo de Dworkin é mostrar que a normatividade do bem-estar "crítico" ("o interesse que alguém *deve* ter", p. 49) não apenas deve ser uma normatividade puramente ética, mas também uma normatividade moral. Mais do que isso, busca demonstrar que as normatividades ética e moral se harmonizam de maneira a fornecer boas razões para as pessoas aceitarem "de modo natural" (ibidem, p. 46) os princípios liberais tendo em vista seus próprios interesses críticos. Dworkin dá um primeiro passo para esse objetivo com uma distinção adicional entre concepções "aditivas" e "constitutivas" de vida boa. Uma avaliação aditiva da vida considera simplesmente quais resultados, experiências e outras coisas entendidas como valiosas são ou foram mantidas na vida de uma pessoa, sem se perguntar se esses valores são também objetivos dela. Mas uma avaliação "constitutiva" coloca essa questão: uma vida é considerada bem sucedida apenas quando a pessoa se identifica com o que foi alcançado. Dworkin argumenta que o ponto de vista "constitutivo" deve ser favorecido, pois não se pode falar significativamente da vida de uma pessoa quando ela mesma não se identifica com essa vida e com o que a torna boa. E ele infere desse argumento o princípio liberal de que a realização de determinados valores em uma vida que acontece na base da coerção externa não pode conduzir a uma vida boa: não se pode obrigar ninguém a isto.

A próxima distinção feita por Dworkin refere-se a dois modelos de vida boa: o modelo do impacto (*impact*) e o do desafio (*challenge*). No primeiro, uma vida é avaliada de acordo com seu impacto no mundo como um todo, enquanto que, no segundo, o valor de uma vida consiste no valor imanente de "uma vida bem sucedida" ("*a skillful performance of living*", ibidem, p. 54). "Bem sucedida" significa, aqui, responder de modo apropriado aos desafios; "dominá-los"[20]. Segundo Dworkin, uma ética liberal privilegia o segundo modelo, pois as exigências que ele coloca para o bem-estar "crítico" são menos pretensiosas do que as do primeiro. A vida boa não significa ser grandiosa e célebre, segundo padrões objetivos. Mas quais são os parâmetros para um modelo de desafio equipado com um índice cultural? No que consistem os interesses "críticos", segundo esse modelo? A maioria dos parâmetros, segundo Dworkin, surge a partir das circunstâncias em que nascem os desafios da vida: de tempo e lugar da vida, talentos pessoais, preferências, contingências e muito mais. O modo "correto" de reagir a tais circunstâncias depende dos elementos subjetivos e objetivos, como também de determinados padrões ancorados em autocompreensões culturais.

---

[20] Cf. o princípio aristotélico de Rawls (1971, p. 426): "sendo as outras coisas iguais, os homens desfrutam do exercício de suas capacidades realizadas (habilidades inatas ou adquiridas) e esse aproveitamento aumenta quanto maior for a capacidade realizada ou maior é sua complexidade".

Dworkin adiciona o parâmetro da justiça aos que definem o que alguém deve fazer pelo interesse crítico. Isso não apenas no sentido de que alguém que tem menos do que lhe é devido segundo a concepção da justiça de "igualdade de recursos" tem menos chances de levar uma vida bem-sucedida e dominar os desafios, mas também no sentido de que alguém que tem mais do que aquilo que lhe cabe vive, do mesmo modo, uma vida pior do ponto de vista crítico. À questão de Platão "se uma vida injusta pode ser uma vida boa", Dworkin responde negativamente: quando o "desafio" de uma vida consiste em reagir da melhor maneira possível às circunstâncias particulares, então se torna evidente "como é difícil conduzir algo como uma vida justa quando as circunstâncias estão longe de serem justas (ibidem, p. 74). Neste ponto, Dworkin introduz os critérios morais de equidade e reciprocidade. Ele parte do conceito de que uma vida bem sucedida, como "domínio" dos desafios, somente faz sentido quando existem condições de saída iguais entre as pessoas. Assim como o senhor de Hegel não experiencia a consciência de si, como eu reconhecido, no momento em que se encontra defronte ao seu escravo, também a pessoa que alcança uma vida boa a partir de um ponto de partida melhor não pode considerar, por isso, que sua vida é bem-sucedida. "Hegel diz que o senhor e o escravo são prisioneiros conjuntamente; a igualdade destrava a prisão para ambos" (ibidem, p. 104). Todavia, isso pressupõe que é do interesse "crítico" da pessoa que o valor de sua vida seja reconhecido *universalmente*, portanto, não apenas numa comunidade limitada de iguais, mas sim por todos os membros de uma comunidade política. Contudo, isso é questionável de um ponto de vista ético. É *moralmente* criticável que não haja igualdade de oportunidades no interior de uma sociedade, mas a desigualdade, vista empiricamente, não diminui necessariamente o reconhecimento das realizações de alguém que, em função da posição favorável – em virtude de talentos e heranças particulares –, fez coisas extraordinárias. E assumir que tal pessoa leva uma vida pior pressupõe da mesma uma consciência moral que não pode ser explicada como um princípio ético universal. Dworkin somente consegue tornar plausível que o interesse ético crítico de uma pessoa se harmoniza com o senso para a justiça quando ela aceita as premissas do reconhecimento universal – e suas consequências – exclusivamente com base em iguais oportunidades iniciais. Porém, "a força categorial" ("*categorical force*", ibidem, p. 25) da justiça depende de as pessoas avaliarem moralmente sua vida boa conforme esse modo forte – a força categorial da obrigação depende hipoteticamente dessa autocompreensão, que, de acordo com o entendimento que o autor tem da concepção "constitutiva" do bem, *não* é exigível ou coercitiva. A justiça liberal somente valeria para pessoas que podem e querem se compreender como "liberais" nesse sentido especial. Todavia, isso é irreconciliável com a posição de Dworkin de que sua concepção da igualdade contém princípios que devem ser justificados num sentido deontológico e que podem manter o *status* de princípios do direito – os quais devem ser reconhecidos não no sentido ético do bem-estar próprio, mas sim no sentido das pretensões justificadas de outros.

Assim, a separação entre ética e moral reaparece *no interior* da ética de Dworkin. Para mostrar que a igualdade liberal fundamentada eticamente é "neutra" em sua justificação e objetivos, ele distingue entre "crenças éticas na primeira pessoa" (concepções do bem próprio) e "convicções éticas na terceira pessoa" (concepções do bem para os outros, ou universal), e escreve: "A igualdade liberal é neutra acerca da ética da primeira pessoa, não da terceira, e somente na medida em que a primeira não incorpora princípios políticos antiliberais" (ibidem, p. 118). O antipaternalismo liberal, que Dworkin defende com isso, significa, primeiro, que diferentes concepções do bem, inclusive religiosas, são compatíveis com a igualdade liberal e, segundo, que somente razões de justiça, e não razões subjetivas, devem limitar as liberdades subjetivas (ibidem, p. 113 s.). Com isso, estabelece um limite moral para os ideais éticos. "A igualdade liberal não pode ser neutra em relação aos ideais éticos que desafiam diretamente sua teoria da justiça" (ibidem, p. 117). Somente princípios universais legitimam a coação jurídica, todavia as convicções éticas não o fazem (cf. também Dworkin, 1987a). A ética de segunda ordem não apenas admite uma pluralidade de concepções éticas da primeira pessoa; em última instância, ela faz o modelo do desafio remontar aos princípios morais da igualdade e da tolerância. Esses princípios valem *para* e *perante* cada pessoa, independente de ela ter ou não uma concepção do bem de acordo com esse modelo. A obrigação moral está vinculada normativamente ao conceito do bem. A justiça liberal pode ser parte do bem de uma "pessoa liberal", conforme o modelo do desafio, mas não é por isso reivindicada por ser boa para uma pessoa. Assim, a justiça liberal, para Dworkin, não está fundamentada numa concepção do bem, mas sim *uma* concepção do bem está fundamentada na justiça. A justiça é fundamentada deontologicamente, não teleologicamente: nenhum dos valores éticos lhe tem primazia. A tolerância recíproca e a igualdade material de oportunidades são fundamentados nos *direitos* das pessoas – eles permanecem "trunfos" diante das concepções éticas (1989, p. 9)[21].

---

[21] O argumento central de Dworkin sobre a questão do aborto também se fundamenta na primazia dos direitos frente aos valores. Na medida em que um feto (pelo menos na primeira parte da gravidez) não pode ser considerado uma pessoa moral ou "constitucional" (1993, p. 23) (o que também exclui exceções em caso especiais como estupro e incesto), argumentos a favor ou

Devido à primazia dos princípios deontológicos, a teoria de Dworkin não é "perfeccionista" no sentido rawlsiano. De acordo com Rawls, o princípio da perfeição é característico de teorias políticas e morais teleológicas, nas quais as instituições sociais buscam realizar certos ideais humanos (Rawls, 1971, p. 325)[22]. Numa forma elitista nietzschiana, essa teoria sacrifica determinados princípios do respeito igual a favor da promoção de algumas pessoas que possuem capacidades especiais; numa forma igualitária, ela procura promover o bem de todas as pessoas de uma maneira considerada valiosa. A teoria formal da vida boa, apresentada por Dworkin, nega ambas as formas: os princípios do respeito igual e dos recursos iguais têm primazia sobre valores éticos substantivos. Por isso, um perfeccionismo – e respectivamente um paternalismo político – está excluído. Em contrapartida, Joseph Raz, em seu livro *The Morality of Freedom* [A moralidade da liberdade] (1986), propôs uma fundamentação ética de princípios liberais que leva a uma teoria política perfeccionista em cujo centro se encontra um conceito qualitativo de autonomia.

O principal argumento de Raz desdobra-se em três passos. Primeiro, procura mostrar que um determinado conceito de autonomia pessoal (ou de liberdade política) forma o cerne da "moralidade política" do liberalismo. Segundo, argumenta que tal conceito de liberdade não deve ser entendido no sentido formal: liberdade é um conceito qualitativo, somente pode ser realizado sob determinados pressupostos sociais e culturais. A liberdade somente é um valor quando especifica a possibilidade de realização de valores. Assim, conclui Raz, é obrigação do Estado liberal produzir um contexto no qual estejam disponíveis opções valiosas para a "autoprodução" autônoma dos indivíduos. Nesse sentido, esse Estado deve ser perfeccionista. "A vida autônoma é valiosa somente se for gasta na perseguição de projetos e relacionamentos aceitáveis e valiosos. O princípio da autonomia permite e inclusive exige governos para criar oportunidades moralmente valiosas e eliminar as repugnantes" (Raz, 1986, p. 417).

---

contra o aborto se baseiam em várias concepções do valor "intrínseco" ou "sagrado" da vida ou nos "investimentos" de tipo natural ou humano numa vida. Essas controvérsias sobre o valor da vida não nascida ou sobre a qualidade da vida são, segundo Dworkin, de tipo (quase) religioso. Apresentam diferentes interpretações de um valor ético superior que determina o valor da vida própria. Por isso, vale aqui a primazia do direito à liberdade religiosa e de consciência: uma maioria não pode impor a uma minoria nenhuma interpretação da vida boa (ibidem, p. 157) – deve respeitar o *direito* a uma identidade ética própria.

[22] Para uma crítica a Rawls na perspectiva de um "perfeccionismo moral" na tradição de Emerson, cf. Cavell (1990, p. 101 ss.).

Segundo Raz, um Estado liberal "neutro" não desempenha sua tarefa de assegurar a autonomia pessoal ética num sentido substantivo. Uma política antiperfeccionista minaria a sobrevivência de "muitos aspectos dignos de valor de nossa cultura" (ibidem, p. 162), uma vez que proíbe a promoção de valores éticos que pertencem a uma determinada forma de vida. Todavia, essa crítica se apoia numa interpretação forte da neutralidade como sendo de efeitos estrita, segundo a qual as medidas estatais teriam de assegurar, de forma igual, as oportunidades que todas as concepções do bem existentes têm de se realizar na sociedade (cf. ibidem, p. 114 s.). Contudo, como já mencionamos, isso não está implícito no princípio da neutralidade. Este se refere essencialmente ao *critério* de justificação de normas válidas universalmente e não é um princípio consequencialista de manutenção igualitária de formas de vida éticas. Mas esse entendimento da neutralidade é também criticado por Raz, para quem é injustificada a concepção de que os valores éticos necessariamente são conflitantes e que somente sob coação poderiam migrar para o direito: não somente as normas podem ser justificadas universalmente. Por exemplo, instituições, como o casamento monogâmico, podem, com base em um "consentimento unânime" ("*unanimous support*", ibidem, p. 161), ser parte do direito numa comunidade, e certas medidas, como a concessão de obras de arte e a taxação de atividades (como a caça), podem ser justificadas "de maneira perfeccionista", sem que, com isso, imponha-se um determinado estilo de vida. Enquanto Raz tiver em vista tais valores, não contradiz o princípio da neutralidade até agora explicitado. Pois essas medidas ou ficam submetidas ao critério da universalidade limitada das questões ético-políticas que não entram em choque com o critério moralmente relevante da universalidade estrita (a arte e a caça), ou não são nem mesmo questionáveis, como no exemplo do casamento, e, com isso, não estão no centro do problema da neutralidade – pois este só surge diante de valores éticos conflitantes. Todavia, na medida em que não existe um "consentimento unânime" para a institucionalização jurídica de uma determinada forma de vida, emergem os problemas do perfeccionismo de Raz: segundo quais critérios certas possibilidades éticas podem ser julgadas "repugnantes" e devem ser proibidas? E quem julga isso? O Estado, que em Raz surge como sujeito que age, a totalidade de todos os atingidos em sua maioria ou os próprios indivíduos?

Ele procura resolver esse problema central em uma teoria não metafísica, perfeccionista e aristotélica[23] – que é ainda mais difícil por se tratar de uma teoria liberal – por meio de retorno às "formas sociais" existentes em uma sociedade.

---

[23] Cf. a discussão do neoaristotelismo de Schnädelbach (1986).

Elas são, por assim dizer, práticas culturais objetivas e padrões de comportamento no interior dos quais – e aqui Raz assume uma ideia comunitarista – o bem das pessoas pode ser formulado e realizado como parte dessa práxis. "As formas sociais consistem em crenças compartilhadas, folclore, alta cultura, imaginação e metáforas compartilhadas coletivamente, e assim por diante" (ibidem, p. 311). Representam o contexto ético do qual derivam os padrões para "as formas de vida valiosas" – com as duas limitações por meio das quais Raz procura evitar um conservadorismo, ao considerar essas formas sociais como passíveis de transformação interna e, além disso, ao indicar padrões morais (não determinados mais especificamente) que elas teriam de satisfazer em cada caso (ibidem, p. 319). No entanto, ambos os problemas se ligam no caso em que o direito prescreve determinadas formas sociais e, com isso, deixa de ser o destinatário das reivindicações por igual consideração de minorais. O direito torna-se surdo às exigências de "diferentes" comunidades à igual consideração quando a forma de vida (frequentemente, de uma maioria), que é criticada por essas comunidades e que as marginaliza, é ela mesma parte integrante do direito.

Todavia, Raz evita uma compreensão muito restrita das formas sociais: no interior de uma sociedade existem valores e formas de vida em parte incomensuráveis e incompatíveis; numa sociedade existe uma pluralidade de opções que são valiosas, sem que seja possível um juízo claro sobre sua ordem de prioridade e sem que sejam realizáveis conjuntamente no interior de uma vida. Diferente de MacIntyre, Raz considera a compulsão incontornável da modernidade em ser autônoma – isto é, para decidir entre opções valiosas – não como perda da completude ética, mas como um próprio valor. Assim, a autonomia é um fato e um valor nas sociedades modernas – não um valor absoluto (ibidem, p. 391, 3). Consequentemente, não existem direitos morais independentes dos "interesses" das pessoas que são reconhecidos no interior das sociedades como a base para pretensões justificadas à proteção jurídica diante do pano de fundo do que pertence à integração normativa de uma comunidade política – seus "valores". "A importância dos direitos liberais está em seu serviço ao bem público" (ibidem, p. 256). Por conseguinte, os direitos protegem certamente as identidades éticas, contudo somente *determinadas* identidades segundo critérios *éticos* de uma cultura política particular. Aqui reside a diferença central em relação a uma concepção dos direitos como "capas protetoras", justificadas recíproca e universalmente, de identidades éticas autônomas sem uma determinação prioritária substantiva (e, com isso, potencialmente exclusiva) do bem e do valioso e, portanto, do que deve ser protegido.

Segundo Raz, a autonomia é valiosa somente como escolha de opções éticas *valiosas*. E para contribuírem para uma vida assim, as opções éticas devem ser *autoescolhidas* (ibidem, p. 370 s.). Entre essas duas definições predomina uma tensão: por um lado, a autonomia é definida como escolha do bem *de uma sociedade* (respectivamente, do que vale como bem em seu interior); por outro lado, a autonomia consiste na escolha do bem *para uma pessoa*. Uma definição *substantiva* e outra *formal* da autonomia concorrem uma com a outra. Uma concorrência que, por fim, se cristaliza na questão sobre até que ponto o espaço da vida ética autônoma pode ser *limitado*.

A instância dessa limitação é o Estado. No entanto, isso parece incompatível com uma posição liberal e acentua o perigo do paternalismo – um problema que Raz examina na discussão com Mill. O princípio do dano (*harm-principle*) de Mill, – "que o único propósito pelo qual o poder pode ser exercido justamente sobre qualquer membro de uma comunidade civilizada, contra sua vontade, é para prevenir dano a outros" (Mill, 1859, p. 68) – pode ser considerado um dos princípios fundamentais do liberalismo político. É excluída, com isso, uma "imposição da moralidade", isto é, a imposição política de concepções éticas do bem, mesmo quando o princípio de Mill é interpretado menos rigorosamente, em pontos de vista diversos, a favor da proteção das pessoas de certos perigos (o cinto de segurança é um exemplo). Uma teoria perfeccionista difere, todavia, dessa concepção liberal individualista. Ela considera como obrigação do Estado promover a vida boa das pessoas de modo substantivo. Uma comunidade política tem a obrigação de assegurar os "contextos" necessários para a autonomia, isto é, promover as "possibilidades" e "capacidades" das pessoas que a escolha autônoma do bem exige (Raz, 1984, p. 413). O "princípio do dano", segundo Raz, não apenas é violado quando o Estado obriga de modo ilegítimo seus membros a algo que não aceitam, mas também quando falha em lhes assegurar as possibilidades de uma vida boa autônoma. "É um erro pensar que o princípio do dano reconhece apenas o dever dos governos de prevenir a perda da autonomia. Às vezes, falhar em melhorar a situação do outro é prejudicá-lo" (ibidem, p. 416). Mas esses dois princípios – o do dano negativo e o do positivo – não se contradizem? Uma pessoa pode ser obrigada a ser autônoma? A essa questão Raz responde que um Estado tem, certamente, a tarefa de tornar disponíveis opções valiosas e dar a seus cidadãos a oportunidade de escolhê-las. Todavia, nega que essa escolha possa ser forçada (ibidem, p. 417). Uma vez que toda forma de coação limita a autonomia, uma teoria política baseada em um princípio da autonomia não pode forçar um bem. "Dado que as pessoas deveriam levar vidas autônomas, o Estado não pode forçá-las a serem morais. Tudo que pode fazer é fornecer as condições de autonomia" (ibidem, p. 420). Neste ponto, dá prioridade a um conceito formal negativo de autonomia frente a outro qualitativo positivo, perfeccionista. Por um lado, Raz dá a entender que, no fundo, a proibição legítima e forçada de opções "repugnantes" prejudica a capacidade das pessoas de serem autônomas – portanto, dá prioridade a essa capacidade formal. Por outro lado, desconfia das instituições políticas e teme que possam confundir o que é valioso com o que é ruim e usar equivocadamente o poder. Raz somente consegue evitar o paternalismo dos valores perfeccionistas, ou um Estado superpoderoso, por meio do recurso a um conceito não perfeccionista de autonomia pessoal (cf. Sadurski, 1990, p. 110 s.).

Apesar dessa precaução, sua teoria exibe sinais paternalísticos. Um problema específico coloca-se com o tratamento de uma cultura minoritária – Raz não distingue aqui entre uma cultura endógena, outra imigrante ou uma seita religiosa – no interior de um Estado liberal, na qual seus membros vivem uma vida não autônoma, segundo os padrões liberais. Segundo Raz, nos casos em que os membros de uma cultura liberal estão convencidos que a cultura minoritária lhes parece "inferior", é justo assimilar essa cultura, mesmo ao preço de sua sobrevivência ou absorção (Raz, 1986, p. 424). Isso acontece sob a suposição de que os membros dessa cultura minoritária tenham, por meio disso, a possibilidade de uma vida melhor, mais autônoma. Quando isso não se mostra possível, quando a mudança conduziria a uma completa desorientação e desintegração, Raz argumenta a favor da tolerância e transformação gradual. Todavia, uma vez que considera, em princípio, a vida liberal autônoma como a melhor também para as minorias culturais, Raz viola sua concepção culturalista de que a autonomia somente é um valor para os indivíduos "que cresceram nos braços da tradição liberal ou que, ao menos, sentiram sua atração" (ibidem, p. 1). Então, isso não deveria dizer respeito aos membros de culturas minoritárias. Aqui, faz-se notar novamente a ausência de uma distinção entre padrões éticos e morais: a critica a uma cultura como "inferior" não justifica depreciá-la juridicamente. Para isso, são necessários argumentos morais (por exemplo, no caso em que uma comunidade nega direitos fundamentais a seus próprios membros).

Pode-se concluir que a teoria de Raz apresenta as seguintes dificuldades. Primeiro, sua critica da neutralidade erra o alvo porque pressupõe uma tese de neutralidade muito forte. Segundo, sua teoria fica devendo uma resposta satisfatória à questão do critério de exclusão de formas de vida "repugnantes". Uma vez que ele define esse critério eticamente, viola o princípio da neutralidade e nega às pessoas a possibilidade de apelar ao direito como "capa protetora" contra a discriminação ética. Com certeza, "formas sociais" podem se modificar, e é possível que os padrões referentes à exclusão de formas particulares (por exemplo, os casamentos monogâmicos homossexuais) possam se modificar gradualmente – contudo, o direito é excluído como instância que testa as regulações existentes sob o ponto de vista da igualdade, pois ele mesmo fala a linguagem ética da maioria. Nesse sentido, um direito fundamentado eticamente não faz justiça às identidades éticas. Terceiro, o conceito de autonomia de Raz fica numa ambivalência entre um significado formal e outro substantivo, em que o primeiro serve para apoiar o argumento liberal contra o perigo do paternalismo. Quarto, seu conceito de Estado e de direito não atribui um papel central à ideia de justificação democrática. Todavia, é nos discursos de justificação políticos que as pretensões por reconhecimento de determinadas formas de vida devem ser defendidas reciprocamente entre cidadãos considerados iguais. Somente assim essas pretensões podem migrar para o direito e podem ser assumidas comumente com responsabilidade uns pelos outros (voltarei a isso no próximo capítulo). Por fim, quinto, uma fundamentação ética do direito não consegue explicar seu caráter de universalidade e obrigatoriedade e a primazia dos direitos subjetivos. Quando as pessoas não têm "direito à autonomia pessoal" (ibidem, p. 247), mas somente direitos dentro do espaço de determinados valores, então o direito apenas pode reivindicar validade nesse espaço e aparecer perante os outros como representante de uma forma de vida específica. Isso não faz justiça à promoção da autonomia pessoal segundo direitos fundamentais – conforme o critério da universalidade estrita. Com isso, não está em disputa aqui se os valores são "constitutivos" para as pessoas ou se os valores universais, que não são criticáveis moralmente, podem ter validade universal, jurídica; mas sim que à medida que, numa comunidade política, existe uma pluralidade de valores diferentes "constitutivos", a consequência que se coloca a partir da consciência do significado desses valores para a identidade das pessoas consiste na expectativa de que o direito promova a exigência de justificação recíproca. A teoria de Raz não faz jus a essa expectativa.

Podemos acrescentar algumas outras objeções ético-liberais ao princípio da neutralidade. Segundo William Galston, a exigência do respeito da autonomia ética é certamente contrária a uma forte promoção perfeccionista de certas formas de vida, mas o liberalismo não pode ser fundamentado de modo "neutro" ou "pragmático". Os princípios liberais servem a determinados fins do bem-estar humano e exigem – no plano político – determinadas virtudes. Essa concepção de uma alternativa entre uma fundamentação ética (de segunda ordem) e uma primordialmente estratégica, pragmática ou convencional, leva Galston à conclusão de que há de haver uma "teoria fraca do bem" na base do liberalismo (1991, p. 177). A lista que propõe abrange bens como a vida, o desenvolvimento das capacidades humanas, a realização de fins subjetivos, liberdade, racionalidade, vínculos sociais, satisfação subjetiva. Galston compreende esses bens como generalizações das experiências humanas, sem levantar uma pretensão essencialista forte (ibidem, p. 169)[24]. Junto com Sen (1985, 1993b), ele entende essa teoria ampliada dos bens básicos fundamentais como funções de uma vida boa. O Estado liberal tem a tarefa de promover as capacidades dos cidadãos para desenvolver essas funções.

Contudo, essa teoria do bem não contém um critério relativo à questão acerca de quais reivindicações sobre esses bens são *justificadas* em contextos sociais – apenas forma uma base para pontos de vistas muito gerais do que é bom para as pessoas, que assume diferentes formas em vários contextos. Se e como pessoas reivindicam esses bens é responsabilidade delas – e saber em que medida podem exigir dos outros sem deixar de favorecê-los exige uma justificação recíproca e universal. Portanto, a teoria formal do bem explicita somente os objetos centrais dos discursos de justificação, mas não impõe a estes qualquer limitação fundamentada eticamente. A prioridade do critério da justificação recíproca e universal de normas gerais vai contra a alternativa estreita entre uma fundamentação ética e outra pragmática dos princípios liberais[25].

A tentativa de Stephen Macedo de defender o liberalismo contra o comunitarismo como uma forma de vida ética que implica determinadas virtudes pessoais e políticas deixa de lado a questão da fundamentação dos princípios liberais (1990a, p. 5). Procura muito mais mostrar que os Estado liberais são "regimes", no sentido em que distinguem padrões de uma vida boa e virtuosa não atomísticos nem não reivindicáveis. Aqui, salienta muito corretamente "virtudes públicas", enquanto a tolerância e a disposição para a "justificação pública", mas as reifica como virtudes de uma autocrítica ética, da abertura e da alegria de experimentar próprias de uma forma de vida liberal. "O liberalismo mantém firme a promessa, ou a ameaça, de tornar todo mundo igual à Califórnia" (ibidem, p. 278). Com isso, o conceito moral de razoabilidade é estendido e absolutizado eticamente, ainda que Macedo admita, em outras passagens, que "a igualdade de respeito pelas pessoas é, talvez, a preocupação liberal mais básica, mas o bem da autonomia tem, no regime político

---

[24] Por isso a lista dos bens humanos básicos elaborada por Galston se diferencia da " teoria forte vaga do bem" proposta por Nussbaum (1990a; 1993). Aquele se orienta na lista das sete "formas básicas de bem humano", de Finnis (1980, p. 81 ss.): "vida, conhecimento, jogo, experiência estética, sociabilidade, razoabilidade prática, religião".

[25] Essa alternativa estreita possibilita também que Mulhall/Swift (1992), Fitzmaurice (1993) e Hampton (1993) argumentem a favor de um liberalismo ético.

liberal, um *status* que é independente e que vale a pena preservar: o primeiro entre ideais de vida igualmente respeitáveis" (ibidem, p. 253). Assim, a validade normativa dos princípios do direito não fica reduzida a uma validade ética somente para aqueles que se autocompreendem como "liberais" num sentido que "abrange" sua vida ética – algo no sentido dos *liberals ironists* de Rorty (1989, p. 61) –, mesmo quando Macedo parece assumir que a tolerância liberal, em longo prazo, somente é compatível com formas de vida liberais[26].

Isso levanta, todavia, um problema central mais amplo para um "liberalismo neutro". A representação da "razoabilidade", que anteriormente foi definida como a capacidade e a disposição das pessoas de fornecer boas razões em diferentes contextos, é algo impossível? Pressupõe ela uma separação "esquizofrênica" entre identidade ética e "política" das pessoas? "Quando começamos a pensar sobre política e sobre o que a justiça exige, temos de suspender ou pôr entre parênteses nossas crenças – que, talvez, dão significado à nossa vida e formam nossas identidades como indivíduos – em favor de uma compreensão particular da cidadania e da sociedade" (Mulhall e Swift, 1992, p. 178)[27]. Segundo essa objeção, as pessoas devem ser liberais em um sentido minimamente abrangente, pessoas que consideram o princípio da "justificação pública" como parte do que lhes é importante *em geral* ("privado" ou "público"), a fim de aceitar a prioridade da justiça em questões políticas. O princípio da prioridade deve ele mesmo ser parte de suas "doutrinas abrangentes". O liberalismo é, consequentemente, compatível apenas com determinadas formas de vida e exclui outras *por razões éticas*.

Essa conclusão, porém, não é fundamentada. O fato de que princípios justificados universalmente não são compatíveis com todas as formas de vida não significa que discriminam essas formas de vida por razões éticas; somente razões morais justificam uma limitação delas. Primeiro, da neutralidade dos efeitos não se pode deduzir imediatamente uma neutralidade de fundamentação. Certamente isso é possível no sentido crítico (enquanto descoberta de uma problemática ética do direito), mas não precisamente num sentido afirmativo. Segundo, deve ser enfatizado que a autorrelativização ética exigida das pessoas "razoáveis" somente se refere a conflitos sobre normas que devem valer *entre* pessoas com convicções

---

[26] Galston (1990, p. 330) critica isso como "totalitarismo liberal".
[27] Sobre essa objeção, cf. também Raz (1986, p. 214; 1990), Kymlicka (1992a, p. 45). "O problema é explicar por que alguém aceitaria o ideal de autonomia em contextos políticos a não ser que ele também o tenha aceito mais universalmente." Agradeço a Adam Swift por sugerir questões críticas sobre esse ponto.

éticas *diferentes*. Isso exclui os valores éticos tanto dos discursos públicos quanto do direito desde que sejam observados determinados critérios de justificação. A aceitação destes somente é exigida moralmente e leva a uma limitação do modo de vida de alguém quando este coloca *aos outros* reivindicações que não podem ser justificadas. O "limite da reciprocidade e da universalidade" é igualmente respeitado pela maioria e pela minoria – e esse respeito deve poder ser *reconciliado,* por meio de fundamentos, com suas convicções éticas, sem ter de *suprimi-las* enquanto respostas para questões éticas. A interconexão "interna" de valores éticos e princípios universais, a qual Mulhall e Swift se referem, significa que a "razoabilidade" exigida nos contextos morais e políticos pode ser harmonizada com as convicções éticas, de tal modo que as pessoas estariam, *a partir de sua perspectiva*, mas *irrestritamente,* dispostas a gerar esse respeito – e isso, na verdade, com base no *entendimento* da validade fundamentada de normas universais[28]. Essa disposição não é exigida pela busca de um bem ético, e não lhe está vinculado nenhum conceito específico da vida boa. Nos contextos éticos, permanece uma pluralidade de valores e formas de vida que não são "liberais" num sentido ético. A ideia de um "eu liberal", que por alguns é criticada como "desvinculado" e, por outros, é reificada como um ideal ético, não é o fundamento normativo do direito; princípios liberais do direito não constituem uma determinada forma de vida, mas sim um sistema de normas justificadas, ou melhor, *não* é desprovido de *demandas éticas* (nem de conteúdo dessa natureza por completo), mas não é *eticamente fundamentado* [29]. Somente um direito fundamentado recíproca e universalmente pode ser eticamente pluralista, aberto, inclusivo e ser reivindicável e responsabilizado universalmente de modo legítimo. (Mais adiante examinaremos em que medida esse conceito de direito pode ser "situado" no contexto de uma comunidade política.)

Com isso, evidencia-se que as sete aplicações diferentes do conceito de neutralidade podem ser vinculadas coerentemente quando a questão levantada em 2.2 sobre a justificação do princípio da neutralidade é respondida por meio da referência ao conceito de *razão prática* reivindicado nos conceitos de pessoa e de

---

[28] Sobre a problemática da motivação moral sugerida por essa questão, cf. seção 5.2.

[29] Outras posições ético-liberais são representadas por Neal (1987) e Mason (1990). Rodewald (1985) e Beiner (1989) fazem críticas a esse liberalismo ético; Rosenblum (1987) defende o liberalismo à luz dos ideais românticos da individualidade contra o comunitarismo. Em contrapartida, Menke (1993a) defende a crítica comunitarista inspirada romanticamente da concepção liberal de liberdade como autodisposição. Ambos os modelos de liberdade pessoal estão presentes nas teorias liberais, mas nenhum deles é *o* modelo de liberdade liberal.

justificação "razoáveis". Pessoas são assim no sentido prático quando em contextos diferentes podem oferecer e aceitar boas razões. Em contextos morais – que também podem ser contextos políticos, na medida em que estes tenham questões morais como objeto – são exigidas razões compartilhadas para a validade de normas que satisfaçam o critério estrito; em questões políticas que não atingem primordialmente questões morais são exigidas razões que possam receber um consentimento universal limitado e que levem a acordos ou compromissos equânimes; por fim, em contextos éticos, são exigidas razões que respondam questões éticas sobre a "minha" ou a "nossa" vida boa. A diversidade desses contextos não leva a uma fragmentação do eu; apenas coloca para as pessoas a exigência de observarem a vontade dos outros e a sua própria.

2.3 Direito universal e identidades particulares

A ideia normativa do direito de que uma pessoa deve ser respeitada e reconhecida como uma pessoa de direito livre e igual, independent da identidade concreta que possa ter como pessoa ética, implica que o conceito de pessoa de direito, pode-se dizer, representa externamente a capa protetora do reconhecimento abstrato-formal dela e, internamente, a capa protetora da identidade concreta do indivíduo. Assim, reconhecer os direitos individuais como normativamente obrigatórios *não* significa representar a organização da vida social segundo o modelo das relações contratuais. Que as pessoas tenham direitos não implica que, numa sociedade em que os direitos são reconhecidos, todas as relações sociais – seja o casamento, a amizade ou a comunidade política – sejam transpostas para relações jurídicas, nas quais sujeitos autointeressados procuram impor "seus" direitos da melhor maneira possível[30]. O conceito de "máscara protetora da pessoa de direito", de Hannah Arendt (1965, p. 108), reflete o significado de "*persona*" como "máscara" que, como capa protetora, *possibilita* a autonomia ética pessoal e *exige* das pessoas juridicamente autônomas que não contestem essa possibilidade nos outros.

---

[30] Glendon (1991) se queixa das consequências negativas na vida privada e política que se seguem de uma fixação nas pretensões jurídicas subjetivas. Essa crítica não atinge a justificação normativa dos direitos, mas sim a questão da sua aplicação. Aqui, contudo, é importante perguntar sobre as causas de determinados processos sociais que são descritos de modo muito geral como "perda do sentido de comunidade". Isso tem um significado normativo para as consequências institucionais que se seguem de uma análise como a proposta por Etzioni – particularmente a que se refere à tese problemática de que o direito incorpora os "valores que a comunidade ama" (Etzioni, 1993, p. 81).

Todavia, um problema que emerge diante do pano de fundo dessa concepção *ideal* da pessoa de direito eticamente neutra consiste na questão de saber quando seu papel como capa ética protetora se transforma em uma camisa de força ética. Quando a "cegueira" do direito frente às diferenças de origem, gênero e religião se transforma numa cegueira diante da exigência especial de reconhecimento dessas identidades[31]? Por meio disso abre-se uma nova dimensão da controvérsia, que agora pergunta, no plano do direito, como identidades éticas podem ser reconhecidas e protegidas por um direito formulado universal e formalmente. No centro da crítica da teoria do direito à pretensão de neutralidade existem problemas específicos de exclusão ou de não reconhecimento de pessoas que, embora tenham iguais direitos "liberais neutros", não têm a possibilidade de serem membros política e pessoalmente autônomos da comunidade política. Trata-se, por exemplo, dos problemas que surgem por conta da filiação religiosa, orientação sexual, gênero ou pertencimento étnico.

Com base em alguns casos da jurisprudência da Suprema Corte americana, Sandel procura, no plano da teoria do direito, documentar sua tese de que o conceito liberal de pessoa de direito não faz jus à identidade das pessoas como membros de "comunidades constitutivas". Segundo essa tese, o direito, quando procura ser "neutro" e imparcial, é parcial contra os grupos que não correspondem à imagem das pessoas individualistas. Para evitar isso, o direito deve incluir ponderações mais substantivas, de tipo ético. Todavia, essa conclusão não parece necessária: uma coisa é afirmar que o direito viola a identidade ética das pessoas de uma maneira que deve ser criticada *moralmente*; e outra coisa é concluir que por isso o próprio direito deve ser *ético*.

Dois exemplos de Sandel mostram isso. O primeiro refere-se à questão da identidade religiosa. Ele considera um equívoco – que deriva de uma concepção voluntarista de pessoa – fundamentar a liberdade religiosa na livre escolha das pessoas de levarem uma vida religiosa e não no respeito aos valores éticos dela. O valor dela fica subordinado ao da livre escolha. Com isso, ele fica degradado a uma simples preferência subjetiva. Assim, num caso, decidiu a Suprema Corte que um judeu ortodoxo não poderia usar seu tradicional solidéu enquanto estivesse de serviço numa clínica na Força Aérea norte-americana. Na fundamentação da decisão

---

[31] Em sua "divergência" na famosa decisão da Suprema Corte no caso "Plessy vs. Ferguson" (1986), que estabeleceu o princípio "separadas mas iguais" [*separate but equal*] entre raças, Justice Harlan observou: "nossa constituição é cega para a cor [*color-blind*], não conhece nem tolera classes entre os cidadãos". Citado em Günther (1991, p. 647).

é dito que o serviço militar torna necessário subordinar as "identidades e preferências pessoais" às exigências do serviço (Sandel, 1989a, p. 614). Consequentemente, a corte não faz a distinção entre meras preferências e uma obrigação religiosa que é constitutiva para a identidade de uma pessoa[32]. Sandel critica corretamente que essa decisão não faz jus ao significado ético da crença religiosa. O direito deve ser capaz de poder distinguir o significado de uma obrigação ética de uma mera preferência subjetiva. Todavia, ele não consegue mostrar que fazer essa distinção é em si mesma uma exigência ética. Pois a pessoa religiosa não pode argumentar pelo reconhecimento de sua crença e das consequências que se seguem disso, apelando para a supremacia ou ao valor absoluto de sua religião, mas sim tem de se referir às implicações *específicas*, peculiares a um caso especial, do uso do direito *universal* ao livre exercício da religião. A razão para esse direito universal não é o respeito diante de uma determinada doutrina e de seus valores éticos, mas sim o respeito pelas convicções que são constitutivas de uma identidade ética autônoma. Esse direito é fundamentado moralmente, não eticamente, pois protege a possibilidade de uma identidade ao reconhecer o significado que uma crença tem *para uma pessoa* e sua autonomia ética pessoal: a identidade religiosa da pessoa está no centro da argumentação, e não a própria religião. A convicção de uma pessoa é digna de proteção por ser determinante da identidade, e não por ser religiosa. Assim, não são nem a liberdade voluntarista de escolha e nem o valor intrínseco da religião que devem ser protegidos, mas sim a possibilidade da pessoa de poder formar e manter (bem como de também poder mudar) identidades éticas. Do ponto de vista do direito, reconhecer valores éticos determinantes da identidade não significa substituir normas morais universais por meio de valores éticos.

Um segundo exemplo de Sandel mostra a problemática de uma fundamentação dos direitos em determinados valores[33]. Ele procura justificar a tolerância para com relacionamentos homossexuais e práticas sexuais[34] por meio da referência aos valores do matrimônio que tais relações compartilham. Por conseguinte, a tolerância diante da homossexualidade deve ser defendida por meio de razões éticas substantivas e

---

[32] Sandel refere-se ao caso "Goldman *vs.* Weinberger" (1986). Sobre isso, cf. também Michelman (1986, p. 5 ss., 33 ss.).

[33] Selznick (1992, cap. 14) defende uma posição que procura fazer a mediação entre os direitos liberais e os valores comunitários. Contudo, permanece uma ambivalência com relação à questão sobre se os valores são dignos de serem protegidos devido ao seu significado para a integração da comunidade política ou devido à sua importância para a pessoa ética individual.

[34] Aqui se trata do caso "Bowers *vs.* Hardwick" (1986), no qual a Suprema Corte mantém uma lei do estado da Geórgia, que proíbe a "sodomia" (como as relações sexuais orais e anais entre pessoas).

não com base em uma concepção voluntarista da livre escolha da forma de vida, independente de qual possa ser. Segundo Sandel, a "privacidade", que em questões de comunidade matrimonial, é considerada digna de proteção com base no "valor intrínseco ou na importância social da prática protegida" (ibidem, p. 524) – e é reconhecida nas decisões da Suprema Corte – pode também ser transposta para os relacionamentos do mesmo sexo, que igualmente incorporam "virtudes", como intimidade, harmonia e lealdade entre pessoas. Desse modo, segundo Sandel, a recusa do conceito liberal voluntarista de neutralidade frente aos valores éticos não precisa levar à intolerância. Porém, aqui é ele que falha no seu objetivo de levar a sério a identidade ética das pessoas. Visto que pressupõe que os casais homossexuais se identificam com e vivem conforme os "valores" e "virtudes" do matrimônio, tal como vigentes em uma sociedade, Sandel não faz jus à autocompreensão daqueles que não compreendem sua forma de vida de acordo com aquele padrão. E mesmo os homossexuais que defendem o reconhecimento jurídico de um relacionamento como um casamento não têm de necessariamente aceitar para si todas as conotações tradicionais dessa forma de comunidade. Todavia, preso à dicotomia entre escolha subjetiva e valores objetivos (incorporados socialmente), Sandel desconsidera a possibilidade de argumentar com razões morais a favor de uma forma de reconhecimento de determinadas formas de vida que compreende a identidade ética não como mera preferência, mas também não como incorporação de valores. O "direito à privacidade" não é, com isso, fundamentado com base numa determinada compreensão tradicional de práticas valiosas (a "antiga privacidade", de Sandel) e também não por meio do valor da livre escolha como tal (a "nova privacidade"), mas sim no reconhecimento do direito das pessoas de elas mesmas definirem e desenvolverem sua *própria* identidade no interior de comunidades éticas. O direito à liberdade *de* identidades, que, do ponto de vista dos atingidos, são dignas de mudança, e o direito à liberdade *para* uma identidade autodeterminada definem o conteúdo do discurso de um "direito à privacidade". Não são os "bons costumes" de uma comunidade que estabelecem o domínio da tolerância, mas sim as normas morais segundo as quais são reconhecidos a todos direitos iguais a uma identidade própria. Em relação à "privacidade" das pessoas, o direito tem uma tripla função: (a) assegurar um espaço formal para a possibilidade de formar uma identidade própria; (b) reconhecer e proteger identidades particulares com determinadas consequências jurídicas; (c) manter juridicamente os limites morais desse reconhecimento. Tal conceito de "privacidade" como proteção da identidade ética autônoma impede conceber a privacidade como terra social de ninguém da autonomia individual e de entendê-la como "não pública" ou não comunitária. A identidade ética e a autonomia jurídica não são opostas, mas sim se condicionam reciprocamente. A pessoa de direito não é determinada eticamente, mas é exatamente por isso "sensível" desse ponto de vista.

Não apenas os comunitaristas, mas também as feministas duvidam dessa sensibilidade no conceito liberal de pessoa. Os primeiros objetam que no conceito de pessoa de direito está oculto um pré-conceito, dominado por uma orientação masculina e individualista, sobre quais identidades o direito reconhece e quais consequências jurídicas resultam desse reconhecimento. As reivindicações por reconhecimento das identidades das mulheres são desrespeitadas exatamente onde mais precisam de reconhecimento jurídico *específico*. No entanto, a identidade que as críticas feministas querem ver reconhecida não é a que corresponde à autocompreensão social tradicional, mas uma modificada: o que se reivindica é o direito a um reconhecimento *particular* de uma identidade *autodeterminada*. O reconhecimento da pessoa concreta por meio do direito não deve ser entendido, como o é por Sandel ou MacIntyre, como o reconhecimento da pessoa concreta tradicional em sua identidade determinada convencionalmente[35]. Não é dada prioridade aos valores em relação à identidade. Do ponto de vista feminista, o conceito liberal de "privacidade" não é primeiramente questionado por ser muito individualista, mas por ser a legitimação da dominação num domínio como o da família, que goza da *falsa* proteção da "esfera privada".

> O conceito jurídico de privacidade pode e tem protegido o lugar da agressão física, do estupro no casamento e do trabalho doméstico explorado das mulheres. Tem preservado as instituições centrais, enquanto as mulheres são privadas de sua identidade, autonomia, controle e autodefinição (MacKinnon, 1989, p. 194).

A crítica feminista não tem apenas uma relação ambivalente com o comunitarismo, mas também com o liberalismo: a crítica de um individualismo que reconhece somente as reivindicações feitas e justificadas por pessoas "masculinas" está ao lado da exigência individualista pela possibilidade de uma identidade autodeterminada. A diferença entre pessoa ética e a de direito constituída por meio de normas universais permite, nesse contexto, entender a crítica à pessoa de direito sem abandonar esse conceito e permite ver como o reconhecimento da "diferença" e o reconhecimento da igualdade podem coexistir – direitos iguais exigem, enquanto *direitos à igualdade*, a consideração *particular* de identidades particulares.

Com a discussão desse problema, contudo, é importante ter em mente a distinção essencial entre o conceito de "pessoa de direito" e o de "pessoa moral".

---

[35] Cf. Okin (1989, cap. 2, 3), Firedman (1990), Rössler (1992), Honig (1993, p. 186 ss.).

A primeira assume uma forma apenas por meio da positivação e institucionalização numa determinada comunidade jurídica constitucional. Consequentemente, essa figura é sempre definida concretamente e carrega o selo de uma determinada comunidade jurídica histórico-política. Os próprios direitos fundamentais somente se tornam obrigatórios para as pessoas do direito à medida que se tornam direito positivo e exigem uma institucionalização e – acima de tudo – uma interpretação concreta. Essa interpretação é primeiramente o objeto de discursos jurídicos – da jurisprudência –, mas também de discursos políticos que alteram o direito. Por isso, nesse complexo de problemas aqui abordados deve-se observar se a crítica à "neutralidade" liberal levanta problemas *conceituais* desse conceito ou se, primordialmente, ela põe questões de práxis política ou jurídica de uma determinada comunidade política.

Mesmo quando está implícito no conceito de "neutralidade de justificação" que a legitimação *universal* de princípios é universal num sentido discursivo e que a pessoa de direito forma uma proteção para identidades vulneráveis, a crítica feminista ainda manifesta dúvidas sobre se a pretensão de universalidade do direito não tem de necessariamente desrespeitar determinadas identidades "diferentes". Assim, a pretensão de tratamento igual de todas as pessoas do direito converte-se em injustiça contra aqueles que estão em desvantagem por meio desse tratamento igual, isto é, aqueles que não estão em condição de perceber de modo igual os direitos e liberdades que são assegurados. Direitos e liberdades não são utilizáveis de modo igual por todas as pessoas: desigualdades sociais impedem isso. Numa sociedade injusta, "neutralidade" e tratamento igual acabam se convertendo na afirmação não "neutra" dessa desigualdade (Minow, 1990; Sunstein, 1990, p. 5). O direito é, segundo a crítica de MacKinnon, inteiramente "masculino": "o direito vê e trata as mulheres como os homens veem e tratam as mulheres" (1989, p. 161 s.). Não é correta a pretensão do direito de ser "neutro" e "passivo" diante dos domínios privados da vida social. Regulações jurídicas intervêm nesses domínios e mantêm relações sociais de poder.

Em relação à "sentimentalidade do liberalismo" (MacKinnon, 1989, p. 231) de que o direito universal assegura a igualdade universal, observa-se a reação de duas abordagens que não querem renunciar ao conceito de direitos subjetivos. Uma rejeita o tratamento especial para mulheres com o argumento de que esse tratamento apenas sustenta as diferenças já existentes, isto é, tanto as afirma simbolicamente como também pode, na realidade, tornar-se uma desvantagem para as mulheres (como no direito do trabalho). Por isso, coloca-se como reivindicação que o objetivo do tratamento jurídico igual seja favorecido o máximo possível frente a um tratamento especial particular (cf. Kaminer, 1991). Contra isso, coloca-se uma segunda posição, que vê aqui um desconhecimento do problema específico das mulheres e de sua identidade (Young, 1990, p. 175). Segundo essa posição, o tratamento igual de desiguais somente pode ser alcançado por meio de um tratamento desigual. O *status* da pessoa de direito torna-se sensível à identidade das mulheres quando a "cegueira de gênero" do direito é dissolvida a favor de direitos e regulações especiais. Contudo, segundo MacKinnon, ambas as posições – seja a que privilegia a igualdade jurídica ou a diferença – sofrem do mal de medirem a identidade das mulheres tendo como referência a dos homens: "A neutralidade de gênero é um padrão masculino. A regra de proteção especial é o padrão feminino. A masculinidade é a referência de ambos" (MacKinnon, 1989, p. 221). Dito de outra maneira, ambas as posições estão num "dilema da diferença", como descrito por Minow:

> [...] a neutralidade governamental pode congelar no mesmo lugar as consequências passadas das diferenças, pois qualquer ponto de partida da neutralidade nos padrões governamentais usa o poder governamental para tornar essas diferenças importantes e, portanto, reforça-as simbolicamente (1990, p. 42).

Esse dilema consiste na questão sobre como o direito pode fazer justiça às identidades particulares sem, por um lado, fixá-las aos padrões dos papéis tradicionais ou, por outro, estigmatizá-las como o "outro". Como a "diferença" pode ser preservada e ao mesmo tempo não ter efeitos desvantajosos, isto é, como ela pode ser *reconhecida*? Como a imparcialidade pode fazer justiça a partes específicas e desiguais?

Minow propõe uma "abordagem de relações sociais" que coloca a "diferença" em um contexto social concreto: quais identidades são definidas como "diferentes" e de que modo? Quem faz essa definição? Quais identidades são autoescolhidas e quais não? (ibidem, p. 119). Consequentemente, a sensibilidade do direito depende de os próprios atingidos examinarem os conceitos de diferença e igualdade existentes em seu direito em vista de sua gênese e possibilidade de sua justificação e reconhecimento (ibidem, p. 213; cf. Jaggar, 1993). Aqui, direitos são indispensáveis: por enquanto, os grupos excluídos articulam seus interesses e necessidades na linguagem dos direitos (Minow, 1990, p. 307; cf. Schneider, 1991). Na medida em que o direito reconhece essas reivindicações, reconhece simultaneamente as pessoas como "particulares" e "iguais" – com um direito ao tratamento igual *material*, que, segundo o contexto, torna necessárias regulações para garantir direitos iguais a uma identidade autodeterminada[36]. Diferentemente de um conceito comunitarista

---

[36] Cf. Rhode (1989, p. 117 ss.), Maihofer (1990), Habermas (1992a, p. 506 ss.).

substantivo ou ético-liberal de pessoa de direito, uma compreensão procedimental do direito fornece, nesse contexto, a possibilidade de deixar em aberto esse conceito como "capa protetora" de identidades éticas e não lhe acrescentar, em nome de valores sociais, critérios que especifiquem *quais* identidades e de que modo devem ser reconhecidas. Por exemplo, direitos a uma "esfera privada", na medida em que são entendidos como elaborado acima, são um componente dessa proteção da "personalidade" e não são constituídos por meio de uma determinação prévia "do privado". A capa formal somente pode manter sua pretensão de proteger a pessoa concreta quando permanecer aberta à sua particularidade (autodeterminada)[37].

A justificação recíproca e universal de normas, no entanto, exige que as reivindicações *particulares* ao reconhecimento jurídico-universal sejam justificadas *universalmente*, isto é, que possam se referir a uma reinterpretação das normas de tratamento igual. Uma "falsa" universalidade existente deve ser criticada e modificada com argumentos justificados universal e reciprocamente – que se referem a tratamentos desiguais em contextos concretos.

As cicatrizes de uma comunidade jurídica, a história da exclusão de determinados grupos da vida política e social, definem se o tratamento especial exigido por meio do princípio da igualdade pode ir tão longe para assegurar que, ao preço da violação do princípio formal da igualdade, os membros desses grupos tenham, em relação a outras pessoas (como representantes de grupos não discriminados), prerrogativas especiais, por exemplo, na forma de regulações de cotas. Tais regulações podem ser justificadas "de modo neutro?" A discussão entre Dworkin e Sandel sobre "ação afirmativa" mostra como argumentos liberais e comunitaristas se diferenciam nesse contexto. O argumento de que a preferência com base em cotas é injusta porque também aqui uma pessoa é discriminada em função de seu pertencimento a uma raça (um branco que não é admitido à universidade porque um certo número de vagas está reservado aos negros)[38] não é correto, segundo Dworkin (1985e, p. 293 ss.), pois tal pessoa não é prejudicada devido a um preconceito social contra sua raça, mas sim em nome do objetivo social de produzir justiça. Aqui, "justiça" significa criar uma condição na qual os membros de uma minoria, até então (e ainda agora) discriminada, tenham as oportunidades que

---

[37] A definição de pessoa de direito exteriormente como capa formal e "dura" e internamente como capa "mole" (Forst, 1992, p. 298 s.) pressupões essa possibilidade de mudança da forma exterior com base em reivindicações concretas e justificadas. Sobre o conceito de "privacidade", cf. também Michelman (1990), Okin (1991), e Jean Cohen (1993).

[38] Cf. o caso "De Funnis *vs.* Odegaard" (1974) e "Regents of California *vs.* Bakke" (1978).

lhes foram negadas devido a sua história de opressão e que, sem medidas especiais, ainda lhes seriam negadas. Essa justificação transforma os princípios deontológicas num estado de fins sociais – isto é, transforma argumentos aparentemente deontológicos em argumentos teleológicos. Contudo, Dworkin defende essa abordagem com o argumento de que, com isso, os princípios deontológicos não são sacrificados em favor de princípios utilitaristas. A política de tratamento preferencial seria utilitarista se fosse justificada por um acréscimo da utilidade média para a sociedade como um todo e se sacrificasse os direitos individuais a esse fim – por exemplo, a discriminação de uma determinada parte da população poderia ser justificada com o argumento do aumento da riqueza social (Dworkin, 1977c, p. 386). O objetivo de criar uma sociedade justa, que está no centro da política de tratamento preferencial, é, contudo, de outro tipo: está baseado não em ponderações utilitárias, mas em ponderações "ideais" sobre uma sociedade justa. Dworkin contesta que a "ação afirmativa" viole os direitos individuais, uma vez que distingue entre um direito a um *tratamento igual* e, a seguir, um direito a ser tratado *como um igual* (ibidem, p. 370). O direito a um "tratamento igual" atinge direitos fundamentais, como o direito de votar e o direito a uma educação universal apropriada, mas não o direito de acesso a uma universidade, por exemplo. Sem violar o direito ao "tratamento como igual", a universidade pode introduzir determinadas medidas de acesso, que não discriminam a pessoa como membro de determinado grupo social, mas sim perseguem um fim que ajuda a realizar a justiça – isto é, mais igualdade social.

Isso não pressupõe, como Sandel critica (na transferência de sua objeção contra a fundamentação do princípio da diferença de Rawls), uma primazia da sociedade frente aos sujeitos individuais no sentido de que ela, como "sujeito de possessão ampliado" (Sandel, 1982, p. 141) tem uma pretensão prioritária às realizações dos indivíduos. Sandel deriva essa pretensão a partir da constituição do eu pela comunidade, por meio da qual o indivíduo se considera como parte de um comunitário, a quem, no caso da ação afirmativa, não sacrifica nada, mas reconhece o objetivo desse como sendo o seu próprio. Mas caso fosse essa a justificação para o tratamento preferencial de minorias, isso não apenas pressuporia compreender a nação como um sujeito abrangente a qual os indivíduos apenas pertencem como parte, cuja substância não pode ser pensada sem a substância do macrossujeito, mas também não estaria claro segundo qual critério a contribuição dos indivíduos ao bem comum poderia ser legitimamente estabelecida e avaliada. A "ética do compartilhar" de Sandel (ibidem, p. 144) deixa essa questão em aberto. Além disso, quando discute o movimento pelos direitos civis, que defende os direitos da população negra, ele necessita recorrer a argumentos sobre *direitos* universais, com os quais critica a "autocompreensão" socialmente discriminadora e, com isso, pode definir o fundamento para a reivindicação por justiça em geral (Sandel, 1984b, p. 175).

A "neutralidade" liberal não significa que "razões que podem ser justificadas publicamente" (Nagel, 1984, p. 14) não podem falar a favor da correção de uma história de injustiça por meio de medidas que promovam especialmente indivíduos de grupos discriminados. Se isso é justificado no caso específico de uma determinada comunidade jurídica e como isso deve ser feito é algo que deve, em última instância, ser julgado em vista de circunstâncias particulares. A existência continuada da injustiça passada é constitutiva para isso; aqui, não se trata de mostrar que pessoas individuais estão obrigadas à compensações diretas por terem adquirido imediatamente um "benefício líquido" por meio da discriminação, como Fullinwider (1993, p. 107) objeta em relação a uma justificação "retroativa" da "ação afirmativa". Antes, é necessário a suposição justificada de que (a) as desigualdades existentes entre grupos sociais provêm da discriminação de um pelo outro (cf. Thomson, 1993, p. 47; Sunstein, 1993, p. 150) e que (b) quaisquer outras medidas não são adequadas para superar esse efeitos. É somente com a referência a essa gênese e persistência da atual distribuição social do poder que podem ser justificadas determinadas regulações "prospectivas" do objetivo justificado de produzir efetivamente a igualdade de oportunidades e pode-se fundamentar *quais* grupos tem direito a medidas especiais. Com essa base, cabe questionar as instituições sociais sobre quais medidas são justificadas e promissoras – numa escala de regulações para tratamento preferencial que vai das mais fracas até as mais fortes.

Em todo caso, para isso deve haver um pressuposto substantivo: para que seja possível um discurso no qual a comunidade política possa estar de acordo sobre como sua estrutura básica pode ser justificada, isto é, como tem de reagir às reivindicações de minorias discriminadas, as próprias minorias têm de ter voz. E isso já pressupõe a possibilidade de participação no processo político, bem como os meios necessários (educação e comunicação social) para isso, que possibilitem aos membros de tais minorias levantar suas vozes. Sem dado grau de igualdade social não pode haver participação política igual ou igualdade jurídica formal (algo como a oportunidade igual de reivindicar seu direito). O "valor igual da liberdade política" (Rawls, 1971, p. 226) exige que as minorias possam, antes de tudo, articular seus interesses antes que uma comunidade política decida quais medidas são justificadas.

Neste ponto, mostram-se os limites com os quais se defronta a discussão sobre a "pessoa de direito", que se concentra no significado normativo do conceito enquanto "portador de direitos subjetivos" e desconsidera que a pessoa de direito é um *status* positivado juridicamente que exige uma configuração político-jurídica por meio dos procedimentos de justificação *democráticos*. Deve-se entender a "pessoa de direito" como um conceito dinâmico que se realiza e desenvolve no interior de uma comunidade política, isto é, cujo conteúdo deve ser determinado nos discursos sobre reivindicações ao reconhecimento jurídico erguidas pelos cidadãos. Por conseguinte, o princípio liberal da neutralidade obriga a ir além da autocompreensão das teorias liberais em direção à suposição de um vínculo interno entre proteção de direitos e autodeterminação democrática. O princípio da justificação recíproca e universal exige um lugar, um fórum, no qual aquilo que deve ser justificado é definido concretamente. As pessoas éticas, que, como pessoas de direito, devem ser protegidas em sua integridade e identidade por meio de normas universais, tem de ser também cidadãos, isto é, não apenas serem os *destinatários*, mas também os *autores* do direito. O discurso político de cidadãos com direitos iguais preenche o vácuo que surge quando a pessoa de direito não é identificada com a pessoa moral, mas sua figura concreta é considerada como sendo institucionalizada no interior de uma determinada comunidade jurídica. Essa figura concreta deve, certamente, estar de acordo com normas morais, mas é determinada pelo discurso político de cidadãos autônomos que é a instância legítima que estabelece e modifica o direito. É aqui que possíveis redefinições do conteúdo "não neutro" das regulações jurídicas podem ser justificadas. O direito é o *medium* concreto do reconhecimento recíproco como pessoa com uma identidade própria digna de ser protegida e com liberdades e direitos iguais; o discurso político é o lugar onde essas reivindicações devem ser sustentadas por razões universais. (Retorno a isso na próxima seção.)

Um problema adicional deve primeiramente ser considerado quando a discussão trata da proteção de identidades por meio dos direitos subjetivos. Nessa estrutura, é possível – essa é a questão – justificar direitos *coletivos* de minorias culturais que reivindicam proteção por sua cultura? Qual é a base de tais reivindicações, que direitos uma minoria cultural pode exigir de uma comunidade política e quais direitos têm prioridade no interior de tais comunidades culturais: os de seus membros ou os dos grupos de manterem sua estrutura? Direitos de grupo são afirmados apenas em relação à comunidade política ou também em relação às pessoas individuais no interior dos grupos? É particularmente a ideia de que direitos de grupo atribuem às coletividades demasiado poder sobre os indivíduos que alimenta o ceticismo liberal em relação a esse tipo de direito (Waldron, 1987b, p. 317). Em contrapartida, Kymlicka (1989a) argumenta que a "cegueira diante da cor" de uma comunidade política liberal não pode ignorar as reivindicações legítimas de uma cultura minoritária pela manutenção de sua cultura. Kymlicka procura fundamentar esse argumento com meios liberais ao defender a "pertença cultural" como um bem básico no sentido rawlsiano. Um contexto cultural é definido como "contexto de escolha" (1989a, p. 169), como necessário para o desenvolvimento de uma identidade ética autônoma no interior da comunidade cultural a qual a pessoa pretende pertencer. Ora, se este grupo é questionado por decisões de outro mais abrangente, por exemplo, no caso dos nativos norte-americanos, essas decisões violam a possibilidade dos membros daquela cultura de viverem de um modo que possa vincular sua própria história com a história e práticas de sua origem. Indígenas têm, contudo, uma razão *moral* especial para exigir a manutenção de sua cultura, pois essa cultura já existia nesse território *antes* que a cultura agora é majoritária tenha ali se desenvolvido – como, por exemplo, nos Estado Unidos e no Canadá. A reivindicação pela autonomia e preservação cultural é sustentada por esse fato e pela obrigação moral da cultura majoritária de não perpetuar injustiças passadas de extermínio, expulsão e discriminação. Por isso, sua reivindicação não é do tipo ético – isto é, não se argumenta somente a partir do "valor" imanente de uma forma de vida. O fato de que Kymlicka atribui uma prioridade aos princípios morais em relação aos valores éticos é também evidente no exemplo, discutido por ele, de uma cultura indígena que nega a seus membros determinados direitos a autonomia individual (Kymlicka, 1989a, p. 197). A ênfase liberal individualista de que os direitos à pertença cultural devem ser concebidos como direito individual à possibilidade de escolha de um estilo de vida leva Kymlicka a atribuir aos indivíduos membros da cultura majoritária direitos universais à autonomia pessoal, mesmo quando esses direitos vão contra a autocompreensão da cultura minoritária. A pertença cultural é uma opção para tais pessoas, e não uma obrigação. Fazer parte de uma comunidade política abrangente assegura a possibilidade de "sair" aos membros de comunidades cujas práticas não podem mais aceitar, à medida que as culturas não se mostram mais capazes de se reformarem. Em resumo: membros de tais minorias têm, enquanto membros, determinados direitos em relação à comunidade política abrangente, mas a própria minoria, enquanto grupo, não tem direitos especiais em relação aos seus membros. Poder-se-ia falar aqui de um "direito individual de grupo".

Consequentemente, a defesa de Kymlicka dos direitos dos membros de uma cultura minoritária pressupõe não apenas que esta cultura pode tornar válidas razões morais para um respeito jurídico específico, mas também que existe o perigo de que, *contra* a vontade de seus membros, aquela cultura possa ser marginalizada pela cultura dominante e que sua sobrevivência seja ameaçada. Todavia, se ela se modifica a partir de si mesma, por opções de seus membros, então não existe nenhuma obrigação de mantê-la contra esse desenvolvimento (em relação ao Canadá, cf. Kymlicka, 1989a, p. 167).

Na visão de Taylor, tal argumento é insuficiente. Não há dúvida de que ele considera o "contexto de escolha" dos membros de culturas existentes, mas não sua "sobrevivência ao longo de indefinidas gerações futuras" ("*survival through indefinite future generations*"; 1993c, p. 74). Com isso, segundo Taylor, não se pode superar o problema de um liberalismo procedimental neutro, "cego às diferenças" (ibidem, p. 34), para o qual um fim coletivo como o da manutenção de uma forma de vida fracassa diante da prioridade dada a uma interpretação ampla dos direitos fundamentais neutros. Taylor esclarece isso com o exemplo da província canadense do Québec. Diferentemente de uma "política da dignidade igual", uma "política da diferença" exige um reconhecimento "não neutro" da diferença uma vez que a preservação da identidade coletiva da região exige que, *contra* uma aplicação estrita da "Carta de Direitos Canadense", sejam implementadas certos procedimentos para assegurar a sobrevivência da própria cultura (por exemplo, a restrição na escolha da escola para filhos de pais francófonos e de imigrantes; regulações linguísticas para negócios maiores e anúncios públicos). "Essa política pretende ativamente *produzir* membros dessa comunidade, para que estes sirvam como exemplo com os quais as futuras gerações possam se identificar como francófonos" (ibidem, p. 52). Certamente, os direitos fundamentais das pessoas são respeitados; no entanto, exceções são feitas em benefício de uma política do bem que serve a um fim maior: a sobrevivência de uma cultura.

A crítica de Taylor ao liberalismo procedimental dos direitos iguais como algo homogeneizante e cego à diferença é, todavia, problemática pelas seguintes razões. *Primeiramente*, ela se apoia, como apontado por Habermas (1993, p. 153 ss.), numa interpretação unilateral do liberalismo neutro que ofusca o fato de que o conteúdo dos direitos de proteção "iguais" é determinado reciprocamente nos discursos políticos – nos quais as relações existentes são examinadas pelos concernidos tendo em vista os tratamentos desiguais. No interior de um Estado Federalista, uma autonomia político-cultural parcial de Québec – com base em uma constituição comum – é compatível com que, por razões históricas, a região ocupe uma posição especial no interior do Canadá. Todavia, isto não pode, segundo Habermas, levar a um "tipo de preservação de espécies por meios administrativos" (ibidem, p. 173), pois a manutenção de um contexto cultural permanece uma opção para as pessoas, não uma obrigação.

Segundo, isso aponta para o problema da proposta de tornar Québec uma "sociedade distinta", uma exceção em relação à validade da Carta de Direitos Fundamentais do Canadá. Pois a política do bem que Taylor tem em mente poderia levar à dominação político-cultural de uma maioria no interior da região. Isso, por sua vez, significa que (a) o reconhecimento da diferença no interior do Québec somente seria assegurado por meio da permanência dos direitos fundamentais e que (b) seria necessário que a comunidade política do Canadá como um todo aceitasse um liberalismo procedimental pois uma política específica do bem não deveria ser imposta a uma minoria cultural (Québec). Portanto, contrário à crítica de Taylor, o princípio da neutralidade prova não ser cego à diferença nesses dois aspectos; em contrapartida, a política do bem, que emerge da "política da diferença", não exclui o perigo de uma tendência "homogeneizadora".

O problema, todavia, permanece: em que grau uma forma de vida como a do Québec pode, com o propósito de assegurar seu futuro, limitar o "contexto de escolha" de algumas pessoas? Para isso, teria de ser mostrado que nenhuma outra medida, compatível com o federalismo político baseado numa jurisdição fundamental comum, seria adequada para assegurar a possibilidade de as pessoas decidirem livremente se querem ou não continuar a participar da forma de vida francófona. A indicação de que tais medidas não são suficientes para assegurar o caráter existente dessa forma de vida "para todo o futuro" erra o alvo, pois ela atribui a este caráter um valor ético independente, que excede o valor dessa forma de vida para as pessoas no presente[39].

A problemática do multiculturalismo não se refere, contudo, apenas às sociedades "multinacionais" nas quais, como resultado das conquistas, colonização ou confederação, diferentes comunidades histórico-culturais formam uma comunidade política comum, mas também às sociedades "poliétnicas" na quais convivem diversas culturas imigrantes (cf. Kymlicka, 1991b). No que diz respeito a essas últimas, regulações específicas não podem ser justificadas em termos histórico-morais, mas se coloca, por um lado, a questão da relação entre a "impregnação ética" (Habermas, 1993, p. 164 ss.) do direito pela cultura majoritária e as reivindicações por representação e não discriminação de minorias[40]; e, por outro lado, a questão de um possível retraimento da cultura política comum. Em ambos os casos, o conceito de "cidadania" está no centro da discussão: quais as implicações substantivas desse

---

[39] Steinfath (1993, p. 583) alude a isso na sua crítica a Taylor.
[40] Sobre essa discussão no EUA, confira a resenha bibliográfica de Vorländer (1992).

conceito e o quanto ele pode ser determinado "formalmente"? Esses debates se fixam particularmente nas questões sobre a educação. No que diz respeito à legitimidade de um "afastamento" motivado religiosamente do mundo moderno, o "liberalismo político" de Rawls exige que os membros de tais comunidades éticas, como cidadãos, sejam instruídos no decorrer de sua educação não apenas sobre quais são seus direitos constitucionais, mas também num saber cultural que os torne capazes de serem cidadãos e membros aptos, ativos e cooperativos na sociedade (1988, p. 386)[41]. A pertença a uma forma de vida tradicional deve permanecer voluntária; contudo, é respeitada. O fazer parte de uma comunidade política não é, portanto, "neutro" no sentido de ser compatível, em todos os aspectos, com todas as formas de vida culturais (étnicas, religiosas) – porém é compatível com diversos projetos de vida por meio da "modéstia" das reivindicações aos membros de tais comunidades para também serem cidadãos. Esse é um princípio que leva a conflitos mesmo numa sociedade "multicultural" como a dos Estados Unidos (cf. Walzer, 1990d), mas mais ainda em sociedades nas quais a comunidade política tem características tradicionais e culturais mais fortes e se vê confrontada com reivindicações por participação das minorias (cf. cap. 3). A separação entre comunidades éticas, por um lado, e a política constituída juridicamente, por outro, é sempre precária e objeto de controvérsias políticas.

2.4 Direitos subjetivos de liberdade

Da discussão anterior sobre a questão da neutralidade ética do direito derivam consequências para uma teoria dos direitos subjetivos. A "pessoa de direito" liberal – como sujeito do direito positivo e como portador de direitos subjetivos – foi determinada como eticamente neutra no sentido de não estar fundamentada num conceito ético do bem. Sua justificação se apoia em normas universais e não em valores éticos. Contudo, a pessoa de direito liberal não apenas não é eticamente neutra ao impor restrições sobre concepções éticas do bem ou sobre comunidades particulares: é também uma condição de possibilidade para o desenvolvimento e realização do bem por meio de indivíduos e comunidades. Portanto, a teoria liberal

---

[41] Sobre isso, cf. o caso "Visconsin *vs.* Yoder" (1972), no qual a Suprema Corte assegurou aos membros da comunidade Amish uma exceção limitada da educação compulsória geral. Cf. também a decisão da corte alemã (de 25.8.1993, BverwG6C8.91, *Neue Zeitschrift für Verwaltungsrecht*, 1994, p. 578) sobre a liberação de uma estudante de 12 anos, de crença islâmica, da obrigação de participar na aula de esportes co-educativa (e o caso mencionado na nota 32).

infere do "fato do pluralismo" (Rawls), isto é, o declínio das comunidades políticas integradas eticamente, a consequência necessária de uma teoria procedimental da justificação de normas.

O *status* jurídico-normativo da pessoa de direito não apenas assegura o reconhecimento igual de todas as pessoas sob leis universais, formando assim uma capa protetora exterior das identidades particulares, mas também é, enquanto tal, sensível em relação às reivindicações de identidades que, em função de suas diferenças, são, de fato, tratadas desigualmente pelas normas de tratamento igual de todas as pessoas. A reivindicação de ser justificado *universal* e *reciprocamente* impõe ao direito que assuma a perspectiva *particular* daqueles que, até agora, foram excluídos da universalidade. A autonomia jurídica é o espaço universal da autonomia ética particular; a liberdade "negativa" assegurada juridicamente possibilita a liberdade ética "positiva". Os direitos subjetivos não estão além dos contextos intersubjetivos e não são atribuídos a sujeitos atomísticos, sem contexto e individualistas, mas sim asseguram o reconhecimento universal como concidadãos [*Rechtsgenossen*] e a possibilidade particular do desenvolvimento da identidade própria em diversas comunidades e contextos ético-intersubjetivos.

Direitos subjetivos básicos são, portanto, garantidos por normas que "não podem ser razoavelmente rejeitadas", que correspondem aos critérios *estritos* da "reciprocidade" e "universalidade": por conseguinte, nenhuma pessoa pode contestar *reciprocamente,* com boas razões, os direitos e as reivindicações justificadas de uma outra pessoa – direitos que ela mesma reivindica para si (por exemplo, o direito a um modo de vida próprio) –, e qualquer argumento que generaliza valores éticos deve ser formulado de modo a ser aceito *universalmente.* Razões que têm de ser justificadas – compartilhadas – na reciprocidade e universalidade estrita legitimam normas que, por meio da observação dos "limites" desses dois critérios, não violam as pretensões básicas de autonomia das pessoas e lhes concedem – por meio da positivação de tais normas – o *status* jurídico concretizado, protegido. Se uma pessoa procura ultrapassar argumentativamente a separação entre o que vale *para si* e o que deve ser válido *para todos*, deve fornecer argumentos que correspondam aos diferentes modos de validação de normas éticas e universais e que possam ser compartilhados universalmente. "Se você obriga alguém a servir a um fim para o qual você não possa dar razões adequadas para compartilhá-lo, você está tratando essa pessoa como um mero meio – mesmo quando o fim é o próprio bem dela, tal como você o vê, mas ela não" (Nagel, 1991, p. 159). Dito de outra forma, isto significa que ninguém deve ser forçado a ter de fornecer razões universais para valores que são válidos para si, enquanto ele (ou ela) não viola nenhum princípio moral ou levanta qualquer pretensão moral[42]. Direitos subjetivos básicos são direitos à autonomia pessoal nos limites de princípios justificados universalmente – *somente* podem ser *defendidos* ou *restringidos* com argumentos estritos morais universais. Nesse sentido, direitos *fundamentais* são *fundamentados* (e justificáveis), e não dados. Razões não universalizáveis não podem servir como fundamentos de princípios do direito. Nesse sentido o direito assegura a liberdade subjetiva: "A liberdade (independência de ser forçado pelo livre arbítrio de outro), na medida em que pode coexistir com a liberdade de cada um segundo uma lei universal, é o único direito original que cabe a todo ser humano devido a sua humanidade" (Kant, 1797, p. AB45). Os direitos subjetivos de liberdade – ao respeito da integridade da pessoa e da liberdade pessoal de agir – são direitos à liberdade que não podem ser restringidos por normas a serem justificadas recíproca e universalmente – e isso significa que são protegidos por meio disso. Portanto, direitos de liberdade não são "inatos" ou justificados primeiramente com base nos "interesses de ordem superior" (Rawls); são direitos morais da "razão" no sentido de não serem razoavelmente contestáveis na medida em que as pessoas se reconhecem reciprocamente como autores e destinatários das normas a serem justificadas. Com isso, por enquanto apenas está definido um modo de justificação, mas ainda nenhum conteúdo concreto. Por isso, faz-se fundamental o *direito subjetivo à justificação* – por assim dizer, um direito de veto das pessoas morais contra determinadas normas (ou ações)[43].

---

[42] Que os limites da liberdade individual devem ser justificados reciprocamente e que somente assim podem ser delimitados não significa, portanto, que o conteúdo da autonomia ética deve se orientar segundo representações universais ou que os direitos individuais tenham de ser fundamentados primeiramente como direitos políticos propícios para os discursos de fundamentação de normas. Isso Wellmer (1993a, p. 39 ss.) tem em mente ao enfatizar os direitos negativos "como não sendo racionais" contra o princípio da racionalidade comunicativa. Todavia, temos de diferenciar os contextos práticos: na medida em que a "não racionalidade" é entendida *eticamente* como inconformismo, ela é protegida por um direito – e somente por este – justificado recíproca e universalmente; contudo, pode também ser pensada em relação ao direito de não ter de participar em discursos *políticos* – não existe nenhuma obrigação para tal participação; contudo, se o direito de "violar as exigências da racionalidade comunal" (ibidem, p. 44) é observado no sentido *moral* e como recusa em reconhecer as pretensões morais dos outros ou de fundamentá-las diante dos outros, tal direito não existe (o que Wellmer também não afirmou).

[43] Sobre isso, cf. a discussão de Günther (1992) sobre um direito moral fundamental de assumir livremente uma posição segundo o princípio moral de que normas universais devem poder se sustentar em razões capazes de receberem o consentimento geral. Segundo Günther, tal direito moral migra para o direito primeiramente como direito à participação política; mas, uma vez que não se pode ser forçado a assumir uma posição, isso implica um direito à "liberdade negativa".

Esse direito corresponde ao *princípio da razão prática* de que somente podem reivindicar validade universal aquelas normas justificadas recíproca e universalmente. Por isso, nenhuma universalidade pode passar por cima das pretensões justificadas dos indivíduos. O direito à justificação não deve ser entendido como de liberdade "original" no sentido kantiano. Ele é, antes, inerente ao princípio de justificação, passível de ser reconstruído "recursivamente", o que caracterizei como princípio da razão prática (sobre isso, cf. a seção 4.2). Aqui, "razão prática" não deve ser entendida como fonte de autoridade para normas morais, mas sim como capacidade de pessoas "razoáveis" fornecerem "boas" razões para normas (legitimadoras da ação) em cada um dos contextos apropriados. A razão prática é entendida num sentido não metafísico como uma razão *em* contextos intersubjetivos. Essa concepção de razão, moral e direito possibilita uma fundamentação do princípio dos direitos subjetivos iguais, que corresponde ao primeiro princípio da justiça de Rawls, sem ter de assumir o experimento mental da "posição original". Em sua formulação revista, o princípio de Rawls afirma: "cada pessoa tem um direito igual a um esquema plenamente adequado de liberdades básicas iguais, que deve ser compatível com um esquema similar de liberdades para todos" (Rawls, 1982, p. 160; cf. a seção 3.4).

Porém, o conceito de "pessoa de direito" não é determinado apenas no sentido normativo de ser uma pessoa com *direitos subjetivos*, mas também como sujeito do *direito positivo*. Frequentemente essas duas dimensões não são diferenciadas suficientemente na tradição do direito natural liberal (o que invoca o positivismo), mas chamam atenção para o fato de que a pessoa de direito apenas na sua essência incorpora normas morais, mas sua realização exige que sejam institucionalizadas, concretizadas e interpretadas. O direito é sempre de uma determinada comunidade jurídica e política. Do princípio da justificação universal, mencionado acima, segue-se que a pessoa de direito em *essência* incorpora normas morais do reconhecimento recíproco, mas sua *determinação* e *realização* exigem, de acordo com aquele princípio, a institucionalização no interior de uma comunidade política e a *legitimação* por meio dessa comunidade. Isso significa, por sua vez, que são necessários procedimentos de "justificação pública" em discursos políticos entre

---

Contudo, se o direito a assumir uma posição é entendido como um direito à justificação, como sugerido anteriormente, então a liberdade negativa pode, em todo caso, ser definida em um sentido moral – que, sem dúvida, lhe convém. Não como liberdade diante dos processos comunicativos, mas sim liberdade pessoal realizada positivamente no interior de uma estrutura de normas que não podem ser reciprocamente rejeitadas.

cidadãos para determinar o direito no sentido legítimo[44]. O conteúdo moral do princípio da justificação universal tem de ser "traduzido" politicamente – uma tradução na qual o direito não copia uma ordem moral transcendental e nem o discurso político opera num espaço livre da moral: os critérios da universalidade e da reciprocidade estritos não atribuem previamente um conteúdo a esses discursos, mas constituem uma condição para o tratamento de problemas morais que emergem nos contextos políticos.

Assim, forma-se uma imagem complexa dos "contextos da justiça" diferenciados (que aqui, todavia, não pode ainda ser plenamente explicitada): normas a serem justificadas de modo recíproco e universal são, para cada ser humano como *pessoa moral*, normas de ação obrigatórias à luz das quais uma pessoa deve poder se justificar, em contextos morais, a toda outra pessoa concreta. Em contextos político-jurídicos essas normas têm de ser traduzidas em direitos humanos e fundamentais. Estes formam o cerne abstrato do conceito de *pessoa de direito* (como proteção universal da *pessoa ética*). Diferente da moral, o direito vale somente no interior de uma comunidade jurídica; obriga a agir conforme ele e não segundo a motivação moral; com isso, é destinado – enquanto direito coercitivo – à liberdade de arbítrio das pessoas e estabiliza as expectativas recíprocas em relação ao comportamento externo (cf. Habermas, 1992a, p. 143). Como pessoa de direito, ela é sujeito de um determinado direito institucionalizado, que é o de uma comunidade política. São sujeitos e *destinatários* desse direito e como *cidadãos* são simultaneamente seus *autores*. É o consenso de cidadãos que primeiro cria (e depois transforma) o direito e é o *medium* no qual reivindicações por reconhecimento são discutidas e reconhecidas. Isso não deve significar que o *status* de "cidadão" não é também um *status* jurídico; do ponto de vista normativo, no entanto, esse *status* acrescenta aos direitos de liberdade subjetivos as dimensões da participação política e os direitos de participação social (como algo que possibilita da autonomia pessoal e política); portanto, como ainda será esclarecido, coloca em vigência o conceito de autonomia política ao lado do de autonomia pessoal e, com isso, uma outra dimensão das obrigações e responsabilidade de reconhecimento recíproco como "cidadãos"[45].

---

[44] Esse vínculo entre direitos, direito e democracia é desconsiderado na tentativa de Höffe (1987) de explicar a legitimação do direito coercitivo com a ajuda de "vantagens distributivas" (ibidem, p. 76) que existem na renúncia recíproca de direitos de liberdade de arbítrio ilimitados.

[45] Em seu completo significado jurídico, relacionado com os direitos fundamentais, os cidadãos como pessoas de direito são os portadores de direitos subjetivos negativos, de participação política e de participação social (cf. as quatro dimensões da teoria do *status* de Jellinek discutida em Alexy,

Em Kant encontra-se um exemplo do vínculo entre os diferentes conceitos de pessoa, proposto aqui. Kant distingue os seguintes "princípios *a priori*" de um estado jurídico: "1. A *liberdade* de cada membro da sociedade como *ser humano*. 2. A *igualdade* de cada membro da sociedade com outro como *súdito*. 3. A *independência* de cada membro da comunidade política [*gemeinsamen Wesens*] como *cidadão*" (1793, p. A235). O primeiro ele define como o direito de cada ser humano "procurar sua felicidade pelo caminho que lhe parecer melhor" – portanto, como autonomia ética pessoal; o segundo, como o direito de estar sujeito a leis universais e iguais independentemente de seu *status* e origem – portanto, como autonomia jurídica; o terceiro, como direito de, como "colegislador" (ibidem, p. A244), como "*citoyen*", escolher as leis que expressam a "vontade pública" – portanto, como autonomia política. Retomando a ideia de Rousseau, Kant considera o último princípio uma exigência indispensável para a legitimidade do direito, pois somente assim pode-se assegurar que este é universal: o que diz respeito a todos, deve ser decidido por todos, "pois ninguém pode cometer alguma injustiça contra si mesmo" (sobre isso, cf. Maus, 1992, p. 148 ss.). O direito exige uma legitimação por meio de todos os concernidos como cidadãos. O liberalismo, como herdeiro da tradição do direito natural, não pode se contentar em fundamentar princípios morais universais sem estabelecer o vínculo necessário com um estado de direito democrático. Direitos morais não se institucionalizam nem se determinam por si mesmos, e a legitimidade do direito não pode ser explicada em sua validade pela "cobertura" das normas do direito natural.

Esse vínculo é desconsiderado na posição liberal que contesta o vínculo necessário entre direito e democracia. Segundo Berlin, um "liberal esclarecido" (1969b, p. 130) também poderia garantir direitos subjetivos. "A resposta para a questão

---

1986, p. 229 ss.). Para entender a gênese e os vínculos conceituais dessas dimensões é, contudo, importante diferenciar o conceito de "pessoa do direito" do conceito de "cidadão". Parsons (1985, p. 33 s.), Marshall (1964), Riedel (1972) e Koselleck (1991), por exemplo, mostram o desenvolvimento histórico do conceito de cidadania desde "súditos" como sujeito até o "*citoyen*" como autor do direito. No que diz respeito à diferenciação entre "contextos da justiça" normativos, é essencial a distinção entre pessoas como destinatários e como autores do direito, e, respectivamente, entre pessoa de direito e autonomia política, diversos conceitos de responsabilidade e diferentes formas de reconhecimento recíproco. A partir dessa base é possível, por exemplo, entender os pontos normativos da controvérsia entre as teorias liberais e republicanas; mais do que isso, diante desse pano de fundo, pode-se tematizar e questionar criticamente as distinções no interior do direito entre pessoas protegidas juridicamente e cidadãos com direitos plenos (cf. M. J. Miller, 1989 e, em relação à lei fundamental da República Federal da Alemanha, Hesse, 1991, p. 221) – por exemplo, na questão de uma compreensão ética muito restrita da cidadania (cf. cap. 3).

'quem me governa?' é logicamente distinta da questão 'quanto o governo interfere na minha vida?'" (Berlin, 1969b, p. 130). Pelo contrário, o direito somente é legítimo pelo fato de que os sujeitos do direito (os "súditos", segundo Kant) se compreendem como autores do direito e nele reconhecem seus interesses, isto é, o reconhecem como *seu* direito autolegislado. Não existe outro meio de responder à questão, proposta por Berlin, sobre quais direitos as pessoas possuem concretamente e qual e como a interferência pode ser justificada. Portanto, a legitimidade universal e a liberdade de ação individual estão vinculadas conceitualmente na estrutura do direito. Autonomia pessoal e autonomia política referem-se uma a outra.

Em sua teoria do direito, Habermas define esse vínculo interno como "co-originariedade" de ambos os conceitos de autonomia, das pessoas como destinatárias e autoras do direito (1993a, p. 133 s.). Sob um *princípio do discurso* para a justificação de normas de ação ("são válidas as normas de ação às quais todos os possíveis atingidos poderiam dar o seu assentimento, na qualidade de participantes de discursos racionais", ibidem, p. 138), Habermas faz a distinção entre um princípio da moral e outro da democracia. O primeiro refere-se a normas de ação válidas universalmente, e o segundo à justificação de normas jurídicas. O princípio do discurso e o conceito de "forma do direito" – segundo o qual, como vimos anteriormente, o direito coercitivo se refere às "relações externas" das pessoas de direito com liberdade de arbítrio – "interpenetram-se" no princípio da democracia de modo que resulta uma "gênese lógica de direitos" (ibidem, p. 154 s.) que as pessoas, como destinatárias e autoras do direito, têm de se atribuir reciprocamente "se quiserem regular legitimamente sua vida comum com os meios do direito positivo" (ibidem, p. 155). Esses são direitos fundamentais à maior extensão possível de liberdades de ação subjetivas, à pertença igual, à reivindicabilidade jurídica, à participação política e – num sentido derivado – à garantia de pressupostos materiais para oportunidades iguais de uso desses direitos à autonomia privada e pública. O vínculo interno entre direitos humanos e soberania popular significa que não existe democracia sem o exercício e institucionalização do poder político na forma do direito (e, com isso, o *status* da *pessoa de direito* privada autônoma) e nenhum direito legítimo sem uma legitimação democrática (por meio do *cidadão* político autônomo). Com isso, ainda não foi dito nada sobe o conteúdo desses direitos – ele é "insaturado" na medida em que não é "interpretado e configurado" (ibidem, p. 159) politicamente.

Essa argumentação evita corretamente a tese da prioridade dos direitos morais, que são determinados na "pureza transcendental" (ibidem, p. 163) e são pré-dados como direitos naturais quase "pré-estatais". Todavia, não pode evitar reconhecer o cerne moral dos direitos subjetivos da liberdade, que inicialmente justifica falar de "direitos humanos" (ibidem, p. 134 s.) e avaliar moralmente a ordenação jurídica (ibidem, p. 137). A alternativa entre direito natural, por um lado, e direitos subjetivos como possibilidade positivada de liberdade de ação sem um peso moral próprio, por outro, é muito estreita. O próprio princípio do discurso – entendido como princípio de justificação recíproca e universal – exige que os direitos de liberdade subjetivos sejam entendidos como direitos morais que não podem ser contestados reciprocamente. Constituem o cerne *abstrato* da pessoa de direito e devem ser determinados e interpretados politicamente em seu conteúdo *concreto*. Com isso, nenhuma pretensão moral externa mais ampla é imposta ao direito, a não ser aquela que o direito tem de satisfazer segundo o critério da legitimidade universal. Em sua "tradução" em contextos político-jurídicos, o conteúdo moral da justificação recíproca não significa que a totalidade das normas jurídicas, que devem ser justificadas no nível da *universalidade limitada* com razões que, no sentido mais amplo, são políticas (por exemplo, éticas ou pragmáticas), necessita de razões morais para ser legítima[46]. Todavia, significa que o critério da reciprocidade e universalidade *estrita* exige que, no caso das questões morais que atingem direitos fundamentais, sejam dadas razões morais que satisfaçam aquele critério. Certamente, direitos fundamentais têm um conteúdo jurídico concreto, mas também um significado moral: formam o cerne da proteção da pessoa, e este *não* pode ser, devido a razões morais, limitado a favor de ponderações éticas ou pragmáticas. Essa primazia, fundamentada moralmente, dos direitos básicos no interior do direito é sublinhada pela própria compreensão *deontológica* do direito de Habermas (cf. 1992a, p. 312; 1993, p. 166). Essa pretensão moral sobre o direito não vem de fora, mas sim lhe é erguida a partir de dentro, a saber, por meio das reivindicações daqueles que, na defesa de sua "pessoa" exigem razões recíprocas estritas no caso de uma violação de seus direitos. Em contextos de discursos políticos, os membros de comunidades jurídicas exigem que direito e moral "se cruzem *do ponto de vista do conteúdo*" (1992a, p. 253). Essa concepção de um "limite de reciprocidade e universalidade" que faz valer, de modo procedimental criterioso, pontos de vista morais no interior do direito, justifica inicialmente a exigência pela

---

[46] O limite criterioso da universalidade estrita ou limitada (ver 2.1) não implica que, com isso, a região da moral de normas determinadas independentemente seja separada dos discursos político-pluralistas ou que decisões políticas legítimas devam se apoiar exclusivamente em razões estritamente morais capazes de serem consensuais, como McCarthy (1993b) critica em relação a Habermas.

liberdade subjetiva "maior possível" e "mais igual". Com isso, mantêm-se os diversos modos de validação do direito e da moral – mas pretensões morais são colocadas ao direito, as quais ele tem de satisfazer como direito legítimo[47].

Portanto, mostra-se a seguinte constelação de autonomia pessoal-jurídica, ética, política e moral: se as pessoas moralmente autônomas são simultaneamente (co)autoras e destinatárias de normas morais (cf. cap. 4), então elas, como cidadãos, são (co)autoras e, como pessoas de direito, destinatárias das normas jurídicas que possibilitam a autonomia ética. Até agora, a dimensão ética e a jurídica estiveram no centro da discussão; nos pontos seguintes, no entanto, já será feita referência ao vínculo conceitual com os conceitos de cidadania e de comunidade política.

Primeiro, sem essa dimensão, a teoria da neutralidade do direito e da justificação pública de normas jurídicas, e sua determinação política concreta, seria incompleta. O direito é sempre o direito de uma comunidade política particular e objeto do discurso político dos cidadãos. Portanto, coloca-se a questão sobre a natureza dessa comunidade e a forma desse discurso. Qual o significado do princípio da justificação em contextos políticos?

A discussão da crítica feminista ao liberalismo e comunitarismo torna particularmente evidente que o direito não pode ser primordialmente o fórum diante do qual as reivindicações por reconhecimento são erguidas[48]. A própria comunidade política deve ser, em seus discursos e instituições, a instância na qual a relação entre universalidade (pessoa de direito) e diferença (pessoa ética) é discutida e regulada, na qual os grupos levantam suas vozes para protestarem contra exclusões e questionarem as relações de poder (por exemplo, na definição do que é "o privado").

Segundo, na discussão sobre a questão da "ação afirmativa" mostrou-se que é necessário dar a grupos até então excluídos determinadas possibilidades de levantarem politicamente suas reivindicações. A isso pertencem não apenas direitos

---

[47] Essas pretensões não são metafísicas – contra as quais Habermas se dirige no posfácio (1994) de *Direito e democracia: entre facticidade e validade* [*Faktizität und Geltung*] – no sentido de uma hierarquia de leis ou fundamentadas antropologicamente (Höffe, 1993); o direito de não ser forçada a "submeter-se à norma de ação quando não é possível reconhecer racionalmente sua validade" (Larmore, 1993, p. 327) – um direito que Larmore acentua contra os procedimentos democráticos – é muito mais um direito contido *nos* próprios procedimentos de justificação; e, por fim, com isso é levada em conta a ponderação de O'Neill (1993) sobre a violação do critério da reciprocidade e universalidade estrita nos discursos democráticos (talvez se possa formular dessa forma a ponderação de O'Neill).

[48] As teorias do direito de Ely (1980), Michelman (1986; 1988), Habermas (1992a, p. 324 ss.), Sunstein (1993) reagem a isso.

políticos, mas também os sociais. O *status* de "cidadão" (ou "cidadã") não exige apenas oportunidades formais iguais de participação, mas parte também pressupostos materiais que possibilitam a autonomia pessoal *e* política. É tarefa de uma comunidade política assegurá-los e determiná-los.

Terceiro, na discussão sobre os direitos das minorias culturais emergiu a questão sobre quais pressupostos substantivos pertencem ao conceito de um cidadão pleno como membro da comunidade política. Quão formal ou substantiva a "pertença" a uma comunidade política pode ser determinada para não excluir a diferença cultural?

Essas questões sistemáticas nos reconduzem ao debate entre liberalismo e comunitarismo – a questão da legitimação política, do fórum dos discursos públicos, da justiça social e da solidariedade e da cidadania e integração político-normativa. E a discussão travada até aqui fornece possibilidades conceituais para analisar o debate nesse plano da controvérsia, pois o direito e a ética formam os paradigmas sob os quais liberalismo e comunitarismo tratam dessas questões.

Com relação à primeira questão, a da legitimação política, isso significa que as posições liberais entendem funcionalmente a autodeterminação democrática como o melhor meio para assegurar direitos individuais, enquanto que as posições comunitaristas, na tradição republicana, estão inclinadas a considerar a comunidade democrática e sua práxis de autogoverno como sendo um valor ético coletivo, uma vez que nessa práxis o "burguês" privado se torna o "cidadão" político. Segundo a concepção de críticos comunitaristas, como Taylor, o modelo liberal de sociedade corresponde a um "modelo de sociedade baseado em direitos" (1985c, p. 210), no qual, em contraste com um "modelo participativo", os cidadãos se compreendem como indivíduos que estão equipados com direitos de liberdade iguais e os reclamam primeiramente por meio do tribunal. O papel central que a Suprema Corte desempenha na decisão de questões políticas nos EUA aponta, também na visão de Sandel (1984a) ou Walzer (1981), para o déficit democrático de uma república "procedimental" na qual as pessoas se compreendem primeiramente como pessoas de direito.

A segunda questão refere-se à possibilidade da solidariedade social e da justiça distributiva. Como, perguntam os comunitaristas, pode haver, numa sociedade liberal individualista, argumentos a favor da solidariedade que estão fundamentados na responsabilidade comum dos cidadãos por seus concidadãos? Não pertence a dimensão da "cidadania social" [*social citizenship*] ao conceito de cidadania [*Staatsbürgerschaft*]? E como tal dimensão pode ser fundamentada?

A terceira questão diz respeito ao problema fundamental da integração normativa dos membros de uma comunidade política. O que significa ser "cidadão" de um Estado: ser membro de uma comunidade jurídica integrada meramente por meio de direitos iguais e princípios universais ou ser membro de uma "comunidade de destino", integrada ética e culturalmente? Como é viável uma comunidade política que consiste apenas num "amontoado" de pessoas de direito atomistas e privatizadas?, pergunta Taylor (1979a, p. 133) com Hegel (1821, § 273). O que é a "eticidade substantiva", o *éthos* da democracia?

3
O *ÉTHOS* DA DEMOCRACIA

> O princípio dos Estados modernos tem esse vigor e essa profundidade prodigiosos de deixar o princípio da subjetividade desenvolver-se até o extremo autônomo da particularidade pessoal e, ao mesmo tempo, reconduzi-lo na unidade substancial e, assim, manter nele mesmo essa unidade (Hegel, 1821, § 260).

O problema que Hegel se coloca – o de reconciliar ambos os momentos, o da subjetividade e o da universalidade – deve ser considerado como o problema central da filosofia política. Contudo, desde Hegel a questão tornou-se mais aguda: os Estados modernos apresentam um pluralismo de convicções éticas que colocam em dúvida a possibilidade de uma identificação forte dos cidadãos com a comunidade política. Ao mesmo tempo, as sociedades modernas, nas quais se dissolveram os laços tradicionais de solidariedade e de comunidade, precisam de mais solidariedade social total e de autogoverno democrático (ver Walzer, 1990a). A esse dilema, acrescenta-se um segundo: o encargo da decisão política nas sociedades modernas cresce com a complexidade crescente, mas, ao mesmo tempo, o espaço de decisão é restringido pela diferenciação e pelas leis próprias das esferas do poder administrativo e econômico (ver Habermas, 1973; Walzer, 1984). Como as sociedades modernas podem enfrentar esses desafios, de modo a vincular tolerância e solidariedade, democracia e complexidade social? Quais pressupostos culturais e dispositivos institucionais são necessários para isso?

Na dimensão a ser tratada nesse plano, no centro da crítica comunitarista às teorias liberais está a questão acerca dos pressupostos socioculturais de uma sociedade democrática intacta, enquanto que a questão sobre as instituições necessárias desempenha um papel subordinado. Trata-se do *éthos* da democracia: do modo como cidadãos se entendem como membros de uma comunidade política, quais as coisas que têm em comum e quais suas responsabilidades. Em particular, estão em questão as condições de possibilidade e o modo de uma "justificação pública" de normas legítimas em discursos democráticos.

A crítica ao atomismo e à primazia dos direitos individuais volta novamente nesse plano, mas dessa vez não em relação à questão da constituição do eu ou da neutralidade do direito, mas sim como questionamento da primazia dos direitos individuais frente ao bem comum de uma comunidade política. Os conceitos de "pessoa ética" e de "pessoa do direito", elaborados nos capítulos precedentes, podem, como já mencionado, servir de parâmetro para essa discussão. Do ponto de vista típico ideal, se o comunitarismo apreende a cidadania como sendo constituída eticamente e caracterizada por determinadas virtudes orientadas para o bem comum, o liberalismo, por sua vez, entende a cidadania como sendo primeiramente um *status* jurídico de liberdades subjetivas iguais. Do mesmo modo, enquanto uma posição comunitarista compreende a integração social e política como a afirmação da unidade social sobre o solo de valores ético-culturais compartilhados, que vinculam a identidade dos sujeitos e da coletividade, uma posição liberal faz apenas suposições mínimas sobre quais aspectos comuns [*Gemeinsamkeiten*] integram normativamente uma comunidade política, a saber, a garantia recíproca de direitos fundamentais e princípios procedimentais[1]. Com isso, na interpretação comunitarista a legitimação política é pensada como "autocompreensão ética" (Habermas, 1992b, p. 18) de uma coletividade, enquanto na perspectiva liberal ela aparece como o equilíbrio justo de interesses subjetivos concorrentes. Em resumo, a *comunidade política* é entendida, por um lado, como uma *comunidade ética* pré-política, integrada culturalmente; por outro, como comunidade de cooperação social composta de uma pluralidade de sujeitos com direitos individuais e pretensões recíprocas – em essência, também como *comunidade de direito*.

Nesse contexto, a crítica comunitarista ao liberalismo parte da tese de que o liberalismo não consegue explicar adequadamente quais os pressupostos político-culturais necessários para uma comunidade democrática; ou seja, que o liberalismo, na prática, destrói a comunidade democrática. Contudo, nessa crítica são usados primeiramente conceitos sociológicos e de teoria política – por exemplo, o durkheiminiano de "anomia" (Lasch, 1988, p. 175 s.; Barber, 1988, p. 177; Taylor, 1992b, p. 44) – num sentido normativo e muito geral. Disso resultam certas confusões, como a discrepância, observada por Walzer (1990a, p. 158 ss.) e Yack (1988), entre, de um lado, a crítica de que a teoria liberal não está adequada à realidade social e que a deforma [*missrepräsentiert*] de modo atomista, e, por outro lado, a

---

[1] O conceito de integração *normativa* de uma comunidade *política* refere-se não à integração social num sentido abrangente, mas aos aspectos comuns de normas e valores dos cidadãos de uma tal comunidade – aspectos comuns a partir dos quais eles se compreendem e reconhecem a si mesmos e aos outros como *membros* desse coletivo. Sobre isso cf. a discussão de Peters (1993, p. 176 ss.) acerca do "sistema político jurídico".

crítica de que teoria liberal representa de modo adequado a realidade social, mas que, em razão de sua tendência atomista, deveria ser criticada do ponto de vista normativo. No entanto, o que é comum a todas essas críticas é a tese de que o liberalismo é uma teoria política que subverte seus próprios fundamentos [*eine sich selbst unterminierende politische Theorie ist*]. Numa "dialética do liberalismo", o sujeito "desvinculado", liberto das relações sociais, cuja defesa é assumida seriamente pelo liberalismo, torna-se o cidadão privatista "impotente" (Sandel, 1984a, p. 34), que deixa a preocupação com o bem comum ao encargo de um benevolente despotismo burocrático. Em sua análise da democracia na América, Alexis de Tocqueville destacou de modo explícito esse perigo e, com isso, tornou-se o guia para muitos críticos comunitaristas[2]. Tão logo os cidadãos passam a se compreender unicamente como pessoas de direito e acreditam que podem negligenciar seus direitos (e especialmente suas obrigações políticas) como se estes fossem algo oposto aos direitos subjetivos da liberdade, eles correm também o perigo de perderem estes últimos. Não pode haver liberdade subjetiva sem liberdade política, e esta não pode existir sem o cidadão virtuoso, democrático, orientado para o bem comum. Segundo a tese comunitarista, a pessoa de direito deve ser suprassumida [*aufgehoben*] num conceito eticamente determinado de cidadão.

No que se segue, o debate em torno do *éthos* da democracia, aqui apresentado de forma simplificada, deve ser analisado com base em quatro modelos diferentes de *integração* e *legitimação* políticas, aos quais correspondem respectivamente concepções diferentes de *cidadania (citizenship)*. Os dois modelos liberais são o do "*modus vivendi*" e o do "*overlapping consensus*" (seção 3.1); os dois modelos comunitaristas são o de uma teoria "substancialista" e o de uma teoria "republicana-participativa" da comunidade política (seção 3.2)[3]. Essas teorias respondem à pergunta: quão fortes devem ser os aspectos comuns entre os membros de uma comunidade política, de modo a que esta possa ser, de formas diferentes, estável e solidária? Finalmente, a esses modelos correspondem também concepções diferentes de "espaço público", respectivamente, das condições e da função dos discursos políticos. Essa discussão possibilita destacar os problemas centrais de cada posição, que, por fim, conduzem a um *tertium datur* da controvérsia entre liberalismo e comunitarismo: o modelo de uma "democracia deliberativa" (seção 3.3). Não obstante, mostra-se

---

[2] Cf. Tocqueville (1840, p. 463 s.), além disso, MacIntyre (1985, p. 100), Bellah et al. (1985, cap.11), Taylor (1979a, p. 11; 1992b, p. 9 s.), Walzer (1990a).

[3] Os modelos comunitaristas são caracterizados respectivamente por Benhabib (1989a, p. 383) como "integracionista" e "participativo".

também que nessa concepção (como na teoria da "sociedade civil", que lhe corresponde parcialmente) repetem-se algumas das dificuldades que são caracterizadas, em geral, pelo problema de produzir uma "eticidade democrática" substancial e uma solidariedade social numa sociedade pluralista que não pode mais contar com a substância de uma homogeneidade ético-cultural. Isso se mostra especialmente em vista da questão da justiça social, distributiva (seção 3.4). Aqui, a teoria procedimental da justificação pública deve provar-se capaz de distinguir um conceito conteudístico [*gehaltvollen*] de reconhecimento político: a exigência por um conceito procedimental de legitimação não relega as questões éticas para o domínio "privado" e não implica uma pura concepção "procedimental" de integração normativa. Os planos da legitimação e da integração devem ser distintos.

3.1 "Modus vivendi" e "overlapping consensus"

O axioma da "justificação pública" dos princípios liberais neutros foi até hoje discutido tendo em vista a fundamentação das normas protetoras da liberdade pessoal fundamental. No entanto, mostra-se a necessidade de uma tradução política desses princípios, que, nas teorias liberais, desempenham primordialmente um papel central no plano jurídico-moral. Isso remete para um problema grave da teoria liberal. Pois, se ela pôde se valer da separação entre ética e moral, entre questões de vida boa e de princípios universais para defender a categoria de pessoa com direitos subjetivos iguais, essa separação torna-se problemática quando, enquanto diferença entre questões "privadas" e "públicas", leva a uma limitação do discurso *político* àquelas que valem como "públicas" e gerais num sentido *moralista* e fundado em princípios, o que é muito estreito para problemas políticos. Por isso, a crítica afirma que as teorias liberais de Ackerman, Larmore e Rawls aplicam em geral (de diferentes maneiras) um critério muito estrito ao discurso de justificação política – uma crítica que, do outro lado, ao acentuar o contexto político de justificação recíproca, não deve desconsiderar o critério estrito da justificação em questões morais. Devem ser evitadas alternativas falsas entre a caricatura de um modelo liberal de diálogo hipotético destituído de contexto e o modelo de um discurso público "irrestrito" do ponto de vista moral. Trata-se, antes, de uma ponderação adequada de critérios de legitimidade.

a. Para uma teoria do "*modus vivendi*"

A teoria de Larmore não se refere preferencialmente a questões de legitimação democrática e de integração política. Seu modelo de "*modus vivendi*" concentra-se na justificação de princípios básicos e lida com a questão da democracia de modo não explícito. A democracia parece-lhe meramente "como o melhor meio para a proteção dos princípios de uma ordem política" (1990, p. 141, nota 15). Não obstante, em sua discussão do "diálogo racional" entre cidadãos, encontram-se implicações importantes para a questão da legitimação e da cidadania, isto é, para a realização dos princípios liberais: "a neutralidade política consiste num constrangimento sobre quais fatores podem ser reivindicados para justificar uma decisão política" (1987, p. 44). E, nesse plano, mostram-se os problemas de seu liberalismo mínimo. A teoria, cujo objetivo central é assegurar a liberdade e igualdade das pessoas do direito, relega o pluralismo social, que ela pretende manter, para o espaço "privado", não político.

O "*modus vivendi*" de Larmore, entendido como modelo de integração política, traça uma linha divisória rígida entre o "*citoyen*" e o "*homme*", entre o privado ("não político") e o público ("político"), entre o bem e a justificação neutra (1987, p. 75 ss.). A neutralidade política significa que os ideais incompatíveis de vida boa não desempenham nenhum papel no espaço político (ibidem, p. 73), que eles ficam no "privado". Certamente, Larmore contesta que segundo esse modelo o papel dos discursos públicos seria minimizado, pois como dantes permanece aberta a possibilidade de argumentar a favor de convicções éticas (ibidem, p. 47), mas sua teoria epistemológica da irreconciliabilidade dos ideais éticos permite ao menos um "desacordo razoável" nesses debates (ibidem, p. 73). Argumentos morais universalistas e argumentos éticos particularistas obedecem quase sempre a "códigos" próprios, que não são traduzíveis. Os cidadãos não têm qualidades éticas comuns, mas sim o "fundamento comum", que lhes permanece como base para o diálogo liberal neutro; é o reconhecimento das regras procedimentais do diálogo racional e da norma do respeito igual que possui prioridade frente aos valores éticos. Desse modo, os cidadãos mantêm a complexidade moral e social de sua sociedade e não a sobrecarregam com conflitos morais insolúveis[4].

Com a ênfase no reconhecimento moral recíproco, Larmore afasta-se de uma interpretação da sua teoria como um "*modus vivendi*" hobbesiano, no qual os participantes mantêm certas regras de compromisso gerais unicamente a partir de razões estratégicas. Não é somente o "desejo pela paz civil" (Larmore, 1987, p. 60) que vincula os cidadãos, mas sim a consciência de normas compartilhadas. Contra a suposição de ser uma sociedade meramente "privada" (Rawls, 1971, p. 566) ou

---

[4] Confira Holmes e Larmore (1982, p. XVIII), que contrapõem a teoria da integração social a partir de um código binário, de Luhmann, com a teoria da integração normativa, de Durkheim.

"instrumental" (Taylor, 1989b, p. 118), a comunidade política apresentada aqui é integrada de modo mais forte. Larmore fala de um "projeto comum" dos cidadãos: "Eles devem já ter uma vida comum antes que possam pensar em organizar sua vida política segundo princípios liberais" (1990, p. 148). Segundo Larmore, a essa vida comum pertencem um Estado territorial, uma língua e uma história comuns. Esta qualidade é, contudo, de conflitos presentes e passados: sem um pluralismo nem o conflito de ideais éticos incompatíveis não existe a necessidade de recorrer aos princípios neutros.

Que o "fundamento comum" dos cidadãos deva ser "neutro" significa, segundo Larmore e também Ackerman, que as controvérsias éticas devem ficar continuamente excluídas da "agenda política" do Estado liberal. A "justificação pública" é aqui entendida num sentido minimalista: como diálogo público no qual os participantes buscam evitar os conflitos éticos. O princípio da "restrição ao debate" [*conversational restraint*], de Ackerman, diz o seguinte:

> [...] quando você e eu aprendemos que discordamos sobre uma ou outra dimensão da verdade moral, não deveríamos buscar algum valor comum que triunfaria sobre esse desacordo; nem deveríamos tentar traduzi-lo em algum arranjo supostamente neutro; nem deveríamos buscar transcendê-lo ao falar sobre como algumas criaturas extraterrenas poderiam resolvê-lo. Acima de tudo, deveríamos simplesmente não dizer nada sobre o desacordo e excluir da agenda de debates do Estado liberal os ideais morais que nos dividem (1989, p. 16).

Todavia, Ackerman quer que essa regra de exclusão das questões éticas seja entendida somente com relação às respostas possíveis, isto é, à justificação do exercício do poder numa luta democrática pelo poder político (1990), e não em relação às questões possíveis que podem ser feitas. Sua dúvida quanto a uma "traduzibilidade" [*Übersetzbarkeit*] dos valores éticos num espaço "neutro" é, aqui, equivocada. Como Larmore, Ackerman parte da possibilidade de recorrer a "convicções morais primárias" (Ackerman, 1989, p. 18), sobre cuja base podem ser encontradas respostas "razoáveis". No entanto, nesse caso existe um problema em ambas as concepções. Visto que essas convicções primárias consistem, no seu cerne, de princípios de respeito mútuo e de procedimentos discursivos, elas não contêm *nenhum* critério substantivo (para além dessas normas básicas) que fosse suficiente para excluir argumentos éticos do discurso político. A exclusão de determinados argumentos não pode ser justificada *a fortiori* a partir desse "fundamento"; e, além disso, a exclusão de *argumentos* abriga o perigo de excluir determinadas *questões* éticas e políticas relevantes. A decisão de remover uma questão controversa do discurso político e impor a si mesmo "regras de silêncio" ("*gag rules*"; Holmes,

1988) é, na verdade, ela mesma uma decisão e que é legítima (e revogável) somente como resultado de um discurso prático. Como observa Holmes (1988, p. 52), "*gag rules*" podem silenciar problemas de um modo que é desvantajoso para minorias (como o não tratamento da questão da escravidão nos EUA durante a primeira metade do século XIX). Os limites das boas razões podem ser determinados somente no interior de discursos *irrestritos*.

Nesse contexto, críticos apontam que o modelo do "*modus vivendi*" traz no seu interior uma divisão estrita entre questões "privadas" e "públicas", que desconsidera o problema de que, na realidade, muitas áreas do "privado" tradicional abrigam desigualdades que mereceriam ser objeto de debate político (Benhabib, 1991, p. 154 ss.; Moon, 1991, p. 214). A definição de "privacidade" tornou-se ela mesma uma questão política. Mesmo exemplos da, segundo a concepção liberal, esfera "privada" da religião mostram – por exemplo, em vista do que pode ser ensinado nas escolas (a doutrina da criação ou uma determinada imagem de mundo religiosa ou secular) – que essa esfera é regulada publicamente.

Finalmente, o conceito de cidadania implícito nessa concepção é problemático. De um lado, ele pressupõe apenas um padrão mínimo de qualidades comuns substanciais; de outro, conta com a existência de um "fundamento comum" que está em condições de contornar as controvérsias entre questões éticas incompatíveis. Com isso, as exigências cognitivas colocadas para os participantes dos discursos são contraditórias: de um lado, eles devem ser aptos a ter o bom senso de remover da agenda política suas posições eticamente controversas não passíveis de consenso; de outro, não estão em condições de discutir suas posições num diálogo argumentativo nem de alcançar consensos ou compromissos produtivos e equitativos. Isso significa que, por um lado, eles tenham a capacidade de relativizar suas concepções; contudo, por outro, não a tenham.

Essas dificuldades chamam a atenção para o problema central da teoria liberal: uma coisa é defender a primazia de princípios fundamentais da justiça política justificados de forma imparcial; todavia, uma outra é tematizar sua realização numa comunidade política. Larmore e Ackerman estendem a distinção teórica moral entre *ética* e *moral* para a distinção teórica política e social entre *o privado* e o *público* e, com isso, desconsideram, primeiro, a diferença entre questões de justificação universal estrita e de justificação universal limitada em favor do critério estrito (cf. a seção 2.1), e, segundo, transformam os critérios *procedimentais* de boas razões nos discursos de justificação em critérios *substantivos* de argumentos admissíveis. A ideia de uma justificação moral de princípios fundamentais (e a separação entre moral e ética) é transferida para a de normas legais e decisões políticas em geral, de modo que as questões éticas aparecem como "questões privadas". Os discursos políticos têm primordialmente a tarefa de assegurar a coexistência social por meio da garantia dos direitos subjetivos – com isso, a interpretação desses direitos e a legitimação de decisões políticas em discursos argumentativos desempenham um papel subordinado. A defesa da "neutralidade" da pessoa de direito leva a uma "neutralização" dos discursos políticos entre os cidadãos. O pluralismo ético leva a um minimalismo político-jurídico em relação às questões de legitimação e integração política.

b. O "*overlapping consensus*" de Rawls

Para toda teoria liberal do contrato o problema da estabilidade e unidade sociais é um problema especial, e assim também o é para Rawls, ainda que, diferente da teoria clássica do contrato, parta de pessoas que possuem um senso de justiça que – como podemos presumir segundo uma "psicologia moral razoável" (1987, p. 328) –, sob condições de uma sociedade justa, as motiva a assumirem uma atitude cooperativa. Além disso, na *Teoria da justiça*, Rawls pressupôs que, à medida que existe uma "congruência" entre o que é bom subjetivamente e o que é justo moralmente, como algo apropriado à natureza social dos seres humanos, "a participação na vida de uma sociedade bem-ordenada é um grande bem" (1971, p. 619; cf. § 79). Uma sociedade bem-ordenada estabiliza-se por meio dessa congruência. Nesse meio tempo, Rawls passou a considerar essa concepção de estabilidade social como sendo "irrealista" (Ralws, 1993a, p. XVII), pois não parece ser reconciliável com o "fato do pluralismo" de valores éticos no interior de uma sociedade democrática. O problema que o "liberalismo político" se coloca é o seguinte: "como é possível existir, ao longo do tempo, uma sociedade justa e estável de cidadãos livres e iguais divididos profundamente por doutrinas religiosas, filosóficas e morais razoáveis, embora irreconciliáveis?" (ibidem, p. XVIII).

"*Overlapping consensus*" e "razão pública livre" são os dois conceitos com os quais Rawls explica, desde 1985, a unidade e a legitimidade política. Eles pertencem ao "segundo nível" de sua teoria: contra a interpretação de que o consenso sobreposto é um modelo de fundamentação de princípios de justiça, ele distingue o nível da fundamentação da teoria como concepção político-moral "independente" ("*free-standing*") do nível da explicação da estabilidade social[5]. O "*overlapping consensus*" deve explicar como uma sociedade pode ser ao mesmo tempo pluralista

---

[5] As duas partes principais do *Liberalismo político* representam essa distinção entre dois níveis (cf. Rawls, 1993a, p. 133).

e estável, menos do que uma sociedade integrada eticamente e, contudo, mais do que um "*modus vivendi*" estratégico. A solução que Rawls apresenta segue o "método de esquiva" (1985, p. 265): uma concepção política da justiça deve ser compatível com uma multiplicidade de valores éticos e formas de vida e, portanto, ela mesma deve evitar pretensões de validade ética – ela deve ser aceitável e razoável para as concepções éticas, sem contestar a verdade delas. "A questão é: qual é o mínimo que devemos assegurar e como esse mínimo pode ser assegurado numa forma menos controversa?" (1987, p. 305).

Num "*overlapping consensus*", as doutrinas éticas abrangentes "razoáveis" aceitam (como mencionamos já no capítulo 2) a estrutura básica de sua sociedade com base numa concepção *compartilhada* de justiça política e social. Elas estão em acordo quanto à ideia fundamental "razoável" de uma cooperação social entre cidadãos livres e iguais – que eles veem *como parte* de sua própria convicção ética. Com isso, o consenso é essencialmente político-moral entre doutrinas abrangentes. Ele é ético somente da perspectiva de cada doutrina.

> Assumimos que os cidadãos sustentam duas concepções distintas, ou melhor, que sua concepção geral tem duas partes: uma parte pode ser vista como uma concepção política da justiça ou, em todo caso, coincide com ela; a outra parte é (parcial ou totalmente) uma doutrina abrangente, com a qual a concepção política está vinculada, de um modo ou de outro. Esta pode ser simplesmente uma parte ou um adendo de uma doutrina abrangente; ou ela é afirmada porque pode ser derivada do interior desta (1989a, p. 354 s.; tradução do inglês para o alemão modificada por R. F.).

Doutrinas éticas diferentes incorporam a concepção de justiça e a consideram, por assim dizer, como sendo parte de sua própria concepção do bem (cf. 1987, p. 307).

Rawls esclarece sua concepção de estabilidade considerando várias objeções. Contra a crítica de que o "*overlapping consensus*" é um simples "*modus vivendi*", ele define os princípios da justiça como equidade como sendo eles mesmos "morais"[6]. Sua aceitação não é puramente estratégica, mas normativa, e o teste para isso é o apoio contínuo dado à justiça mesmo sob condições em que, por exemplo, a posição de poder de um grupo muda para pior. Em tal caso, o grupo contradiria sua própria concepção do bem se violasse os princípios de justiça tendo em vista a vantagem própria (1987, p. 310). Contra uma segunda objeção, de que o "*overlapping consensus*" apresenta uma teoria moral cética, Rawls observa que a "justiça como

---

[6] "*Modus vivendi*" é aqui compreendido no sentido de um arranjo estratégico, diferente do sentido que Larmore atribui ao termo.

equidade" não coloca em questão a "verdade" das doutrinas éticas, mas aplica o "princípio da tolerância à própria filosofia" (ibidem, p. 313). O "método da esquiva" faz com que a pretensão de razoabilidade da teoria da justiça não entre em concorrência com a pretensão das doutrinas éticas de serem verdadeiras. Naturalmente, a concepção da justiça pode ser vista como "verdadeira", como parte de convicções éticas, mas ela mesma só ergue a pretensão de ser "razoável".

Contudo, essa terminologia encobre que, nas questões de justiça, a pretensão de ser "razoável" possui uma prioridade normativa inequívoca frente àquela ética de verdade, pois doutrinas éticas são colocadas no campo de teste moral para poderem ser válidas como "razoáveis", isto é, elas *devem* reconhecer os princípios da justiça, ao passo que *podem* acomodá-los, a seu modo, em sua "doutrina abrangente". Certamente, no sentido prático empírico, a força e a estabilidade da concepção da justiça dependem do apoio das doutrinas éticas. Contudo, sua prioridade moral "independente" não é perturbada por isso. Consequentemente, a concepção da justiça não é uma "doutrina abrangente" (a terceira objeção; p. 316 ss.), mas é ela mesma uma concepção moral exigente, que contem determinadas virtudes de tolerância e cooperação. Que a teoria não é utópica (a quarta objeção) e pode ser aceita e implementada por muito tempo numa sociedade pluralista, não faz com que sua validade normativa, baseada em "ideias" morais fundamentais, seja dependente do assentimento das doutrinas abrangentes. O discurso de Rawls sobre a aceitação "moral" (ibidem, p. 309) dos princípios de justiça por parte das doutrinas abrangentes aqui não faz adequadamente a distinção, em termos conceituais, entre validade moral "independente" dos princípios e sua aceitação ética. A comunidade política é de cidadãos "razoáveis", que aceitam o consenso político moral fundamental a partir de razões *compartilhadas*, mesmo quando as integram em suas concepções éticas totais. Nesse sentido, trata-se de um consenso "razoável", que pode ser visto como um consenso fundamentado. Ele não pressupõe que seja deixada de lado a perspectiva ética própria, mas sim seu alargamento em questões de justiça.

Da prioridade normativa da justiça derivam consequências diferentes para o conceito rawlsiano de legitimação política e discurso político, pois o domínio do político é governado por princípios que formam o conteúdo do "*overlapping consensus*". Eles estabelecem os limites dentro dos quais deve-se manter a "razão pública". Segundo Rawls, o "princípio liberal de legitimação" diz:

> nosso exercício do poder político é inteiramente apropriado somente quando está de acordo com uma constituição cujos elementos essenciais todos os cidadãos, em sua condição de livres e iguais, endossem à luz de princípios e ideais aceitáveis para sua razão humana comum (1993a, p. 137).

A ideia de uma "justificação pública" corresponde ao conceito de "razão pública" – "a razão dos cidadãos iguais que, enquanto corpo coletivo, exercem um poder político final e coercitivo uns sobre os outros ao promulgar leis e emendar sua constituição" (ibidem, p. 214). "Razão pública" é aquela entre cidadãos como autores do direito – sua razão justificadora em relação a normas válidas universalmente. No sentido político, os cidadãos são razoáveis quando apresentam "razões públicas" ("*public reasons*") uns aos outros.

Segundo Rawls, portanto, essa razão – fundamentada na concepção compartilhada da justiça – deve observar determinados limites à medida que se refere aos "elementos essenciais da constituição" ("*constitutional essentials*") ou às "questões básicas da justiça". O primeiro abrange a estrutura das instituições políticas e questões de direitos fundamentais; a segunda abrange os problemas essenciais da justiça distributiva (ibidem, p. 227 ss.). Com isso, nem todas as questões políticas estão contidas nessas categorias. No entanto, a limitação é um problema que Rawls deixa em aberto (ibidem, p. 214): muitas controvérsias políticas podem alcançar um ponto em que ficam submetidas às mesmas.

Os limites da razão pública consistem, portanto, em que as razões boas devem ser capazes de se referirem a "valores políticos": aos "valores da justiça política" e aos "valores da razão pública", isto é, aos princípios substantivos da justiça e às diretrizes da argumentação pública e razoável ("*guidelines of public inquiry*"), que são decididos na "posição original" (ibidem, p. 224 ss.). Esses princípios e diretrizes formam o critério para aquilo que não pode ser razoavelmente rejeitado pelos cidadãos, isto é, o critério das razões públicas e do fundamento comum sobre o qual as doutrinas abrangentes razoáveis se apoiam e argumentam no sentido de constituírem uma cidadania comum. Segundo Rawls, em outros contextos sociais os cidadãos podem aplicar razões "não públicas", que não devem ser entendidas como razões "privadas", mas sim primordialmente como razões "sociais" (por exemplo, nas comunidades e associações que formam "a cultura de fundo" dos discursos políticos). Porém, em sua qualidade – em seu "ofício" (1993c, p. 9) – de cidadãos, as pessoas estão vinculadas aos limites da razão pública. Só assim, acredita Rawls, os discursos políticos permanecem no interior do consenso sobreposto [*Schnittmengenkonsenses*] entre doutrinas éticas e não levam a conflitos éticos insolúveis, que teriam como consequência a instabilidade social.

Assim, Rawls pode apreender a prática da Suprema Corte como sendo o caso exemplar para esse modelo liberal de legitimação (1993a, p. 231 ss.). A Suprema Corte se ocupa somente com as questões fundamentais da justiça, e a razão de suas decisões é "pública" quando se referir apenas aos "valores políticos" e argumentar numa forma que seja acessível publicamente. Esse exemplo mostra o momento *liberal* do modelo de Rawls de discursos restringidos: sua função primeira é a manutenção do consenso acerca dos princípios básicos da justiça. A função de possibilitar o autogoverno político permanece secundária frente a isso. Os princípios da justiça são substancializados em valores políticos, que apresentam aos procedimentos dos discursos democráticos mais do que meros constrangimentos procedimentais. Somente assim a razão pública do Tribunal exercida *para* os cidadãos pode servir de modelo para o discurso público *conduzido pelos* cidadãos. Os princípios liberais do direito têm prioridade frente ao autogoverno democrático – mesmo quando esses princípios, como Ackerman propõe em sua teoria da "democracia dualista" (1991), exigem uma "legislação mais elevada" [*higher lawmaking*], na qual os movimentos democráticos dos cidadãos, num ponto de mudança histórica, impõem uma nova orientação ao sistema político e à interpretação da constituição, a qual, em seguida, é mantida e configurada na estrutura da "política normal" das instituições do sistema, principalmente da Suprema Corte (cf. Rawls, 1993a, p. 231 ss.). Mostra-se que os princípios da justiça previamente fundamentados constituem uma base substancial que não pode ser rejeitada razoavelmente. Os "encargos da razão", cujo reconhecimento nas questões éticas leva a uma tolerância recíproca, parecem tornar-se, no contexto da autonomia política, encargos que exigem uma limitação dos conteúdos do discurso democrático.

No entanto, Rawls quer evitar uma teoria estrita, "exclusiva", do discurso político, que eliminaria totalmente da "agenda política" os argumentos éticos. Sua perspectiva "inclusiva" menciona dois exemplos para uma admissão das fundamentações éticas (ibidem, p. 248 s.). No primeiro caso, diante de um conflito no qual uma comunidade ética duvida que seus valores políticos ainda sejam partilhados, ela está justificada (ou forçada) a expor suas convicções éticas e a recusar esse assunto. No segundo caso, numa sociedade injusta, pode ser justificado apelar aos valores "abrangentes" – como fizeram os opositores da escravidão nos EUA ou, mais tarde, como fez Martin Luther King – para reivindicar a Justiça de forma mais evidente possível, com ressonância geral, e assim produzir uma sociedade justa. Com isso, em ambos os casos, os argumentos éticos servem para fortalecer a razão pública.

Porém, também esse modo de ver inclusivo ainda é muito estreito. Certamente, conforme essa perspectiva, os *motivos* religiosos dos cidadãos não são ilegítimos nos contextos políticos, e também não os *problemas* que tocam em questões religiosas, mas são considerados ilegítimos os *argumentos* ou razões que se apoiam em convicções religiosas. Isso, contudo, pressupõe uma separação muito forte entre motivos éticos e razões políticas. Nos discursos políticos, as pessoas permanecem sempre éticas com determinados valores e posições – e a sua linguagem e seus argumentos refletem esse pano de fundo[7].

Num artigo recente sobre esse problema, Rawls faz uma revisão segundo a qual as pessoas não podem pôr inteiramente "entre parênteses" suas "convicções fundantes" [*groundig convictions*] de estilo ético (1993c, p. 5). Elas desempenham um papel inevitável em suas reflexões práticas. Não obstante, um cargo político – de um juiz ou de um funcionário do governo – exige que as decisões sejam estritamente fundamentadas "de modo político" (com base no direito e em princípios fundamentais). Nesse sentido, os valores éticos são postos entre parênteses. Porém, o ofício [*Amt*] de cidadão – o "dever de civilidade" –, na perspectiva de uma razão pública "ampla", não exige incondicionalmente uma suspensão desse tipo, mas permite recorrer em discursos políticos a doutrinas abrangentes razoáveis que, contudo, "no decorrer do tempo" (*in due course*; ibidem, p. 11), devem ser vinculadas com valores políticos (cf. também Greenawalt, 1988, p. 215 ss.). Em outras palavras, uma pessoa deve estar em condições de *traduzir* (gradualmente) seus argumentos em razões que sejam aceitáveis segundo os valores e princípios da razão pública. Somente então suas razões podem ser boas razões políticas, e somente então começa o discurso de justificação (Rawls, 1993c, p. 12 s.). Portanto, a revisão não altera nada no cerne de sua teoria dos limites da razão pública. Rawls coloca a seguinte objeção a uma perspectiva "aberta": se argumentos éticos fossem admitidos sem restrições, não estaria assegurada a "condição de reciprocidade" (ibidem, p. 17), segundo a qual as razões políticas devem ser razões justificadas de modo recíproco.

Contudo, esse não é necessariamente o caso. Pois se a "condição de reciprocidade" e o critério das boas razões políticas não fossem substancializados em valores políticos, mas interpretados *procedimentalmente* conforme a exigência de uma generalidade mais estrita ou mais limitada (segundo a matéria em questão), não precisariam de nenhuma limitação do conteúdo dos argumentos, mas de determinados procedimentos de justificação como condição das razões aceitáveis mutuamente. Além disso, limitações do conteúdo por meio de valores determinados ou por "diretrizes" da razão são determinadas somente *em* discursos: portanto, nenhuma base do razoável lhes pode ser antecipada substancialmente.

A concepção de Rawls acaba, por assim dizer, sendo um "uso privado da razão com propósitos político-públicos", não um uso realmente público discursivo da

---

[7] Cf. as objeções de Greenawalt (1988), Perry (1989), Macedo (1990b), Galston (1991, p. 98 ss.), McCarthy (1993a).

razão. Com isso, do ponto de vista cognitivo, ela sobrecarrega e alivia os cidadãos, de modo semelhante à teoria de Ackerman. Ela os sobrecarrega porque exige que os cidadãos devam colocar-se numa posição em que se abstraiam de sua identidade ética – "não pública" – para não introduzirem determinados argumentos nos discursos. Todavia, ela os alivia uma vez que assume que essas convicções éticas não são acessíveis a um esclarecimento discursivo e a uma argumentação recíproca. De um lado, os cidadãos são capazes de se abstraírem de suas convicções, e de outro não. Em ambas as perspectivas não é considerada a possibilidade de uma tradução – ou "suprassunção" [*Aufhebung*] – de razões éticas em razões políticas universais. Em contraste com isso, parece plausível localizar na própria argumentação a possibilidade cognitiva de esclarecer, defender ou transformar convicções éticas (cf. Gutmann/Thompson, 1990, p.143 s.). A justificação pública realiza-se não *antes*, mas *nos* discursos.

Também a perspectiva "ampla" da razão pública fica presa à representação de que os discursos políticos são *interpretadores* e não *geradores dos princípios*. Os princípios fundamentados na "posição original" são compreendidos como normas com determinados conteúdos, a partir dos quais os discursos se movem como "fóruns de princípios" (Rawls adota aqui um conceito da teoria do direito de Dworkin). Enfim, a concepção limitada da legitimação democrática, que a teoria de Rawls compartilha com Larmore e Ackerman de certo modo, remonta a um problema comum dessas teorias liberais: um paralelo muito estreito é traçado entre a justificação de princípios fundamentais da justiça e a justificação de decisões políticas. A distinção entre ética e moral (respectivamente, entre "doutrinas abrangentes" e justiça "política") é traduzida numa distinção não político/político. O critério estrito da prioridade da moral (em questões morais) é generalizado e substancializado no conceito de "valores políticos" determinados, já dados em relação aos discursos políticos, e conduz a uma limitação do conteúdo desses discursos, que não faz jus a sua pluralidade. Com isso, a tradução do princípio da neutralidade para contextos políticos permanece incompleta: critérios *procedimentais* de justificação política tornam-se critérios *substantivos* da prioridade dos princípios liberais da justiça. Assim, não resta nenhum papel central aos discursos políticos e à autonomia política no interior da estrutura básica da sociedade.

Embora Rawls também partilhe com o modelo do "*modus vivendi*" determinados problemas em relação a questões de legitimação política, ele defende, no entanto, uma teoria mais forte da integração política. Certamente, ele distingue claramente entre diferentes formas de comunidade (ética, cultural) e a comunidade política, acentuando que esta não se integra a partir de uma concepção abrangente do bem. Porém, defende a tese de que os cidadãos de uma sociedade bem-ordenada considerem a própria promoção de instituições justas como um fim comum que só pode ser realizado de modo cooperativo. Os cidadãos não têm somente objetivos pessoais, mas também coletivos: a cooperação social num projeto comum lhes aparece como um bem desejável. O bem da sociedade assim ordenada é, segundo Rawls, uma das concepções centrais do bem numa teoria da justiça.

Uma ideia adicional do bem é a das virtudes políticas. Certamente, os cidadãos de uma sociedade bem-ordenada não consideram a vida política como o lugar e a realização da vida boa (como no "humanismo cívico" de Rousseau), mas consideram as virtudes políticas e a participação na vida pública como algo necessário para assegurar seus direitos e liberdades fundamentais. Segundo Rawls, o modelo para essa concepção é o "republicanismo clássico" (1988, p. 391). As virtudes políticas – disposição para cooperar, tolerância, razoabilidade, equidade (ibidem, p. 379) – constituem um "ideal do bom cidadão". Conforme esse ideal, a cidadania determina-se não como pertencimento a uma comunidade integrada eticamente, tampouco apenas a partir do conceito de pessoa como portadora de direitos subjetivos. Não obstante, aqui também é evidente que a autonomia política dos cidadãos não é compreendida como uma condição necessária da legitimação e interpretação da estrutura básica da sociedade e como autogoverno de uma sociedade pluralista, mas sim como garantia – comum – de direitos subjetivos (cf. Joshua Cohen, 1989, p. 20; Baynes, 1992a, p. 167 ss.). Segundo Rawls, cidadãos são pessoas com as duas capacidades morais – de ter uma concepção própria do bem e de ter um senso de justiça – que convivem num sistema de reconhecimento recíproco e cooperação mútua. A estrutura básica da sociedade está orientada para essa cooperação. Esse conceito de cidadão é "fraco" porque salienta o pluralismo e relaciona o *overlapping consensus* somente a princípios "políticos"; não obstante, ele é "forte" uma vez que Rawls visualiza as virtudes políticas que, enfim, devem também se estender de tal modo que ajudem na realização do "princípio da diferença" da justiça social. Aos olhos da crítica comunitarista, reside aqui uma contradição fundamental.

3.2 COMUNITARISMO SUBSTANCIALISTA E REPUBLICANO

Para a tematização comunitarista das questões de legitimação política, integração e cidadania, a tese central é a de que uma comunidade política deve ser, no sentido forte, uma comunidade ética integrada culturalmente, de modo a possibilitar unidade social, autogoverno democrático e solidariedade. Segundo a resposta comunitarista ao resultado do debate sobre a neutralidade dos princípios do direito, quando a pessoa do direito é considerada como proteção e, com isso, como condição de possibilidade do desdobramento da identidade ética, então é válido perguntar também no que consiste a condição de realização de uma comunidade política que garante esses direitos – e essa condição pode somente ser uma comunalidade "forte". Mesmo quando se admite que uma comunidade política deva reconhecer e assegurar os direitos das pessoas individuais, uma sociedade que consiste apenas num "amontoado" (Taylor, 1979c, p. 133) de pessoas de direito privatizadas corre o perigo de ser engolida por um "despotismo administrativo (Bellah et al., 1985, p. 211), de acabar num "individualismo burocrático" (MacIntyre, 1985, p. 100). Como numa comunidade desse tipo pode desenvolver-se uma vida pública capaz de se contrapor a esse perigo? A "não finalidade pública" [*öffentliche Zwecklosigkeit*] liberal (Barber, 1986b) não permite uma forma de democracia que reúna os cidadãos num bem comum no qual participem em comum e com ele se identifiquem. Falta ao modelo liberal o "*éthos*" de uma qualidade política comum [*politische Gemeinschaflichkeit*] entre cidadãos orientados para o bem comum. Além disso, essa sociedade jurídico-individualista não apenas não consegue se manter no longo prazo, como também não pode ser justa. Pois, mesmo quando ela está numa situação de reconhecer, como princípio, a igualdade de todos os cidadãos, ela só consegue realizá-lo à medida que apela à orientação para o bem comum e a solidariedade, à pertença comum de todos os cidadãos (Sullivan, 1990, p. 154).

Nessa crítica confluem motivos aristotélicos, hegelianos e rousseaunianos, cujas diferenças são tão importantes quanto seus aspectos comuns. Por isso, no que se segue, será feita a distinção entre uma teoria comunitarista substancialista e uma teoria comunitarista republicana-participativa, teorias essas que determinam de modo diferente o "*éthos*" de uma comunidade democrática. Por exemplo, o "bem comum" é pensado como uma "substância" existente de modo pré-político, como "essência" de uma comunidade, que deve ser afirmada, ou é pensado como o resultado de um processo discursivo? Como pressuposto ou como resultado? A cidadania é pensada como o pertencimento a uma coletividade ética "constitutiva" para a identidade dos indivíduos (similar à família) ou é pensada como determinadas virtudes pressupostas na participação numa práxis política comum? O discurso político é entendido como autocompreensão ética e afirmação dos vínculos prévios de uma amizade civil ou como práxis comum da ação pública? Naturalmente, teóricos diferentes não podem ser claramente classificados nessas posições, particularmente Charles Taylor, que concilia argumentos de ambas as orientações.

Contudo, na perspectiva típico-ideal, existem algumas diferenças essenciais entre as abordagens. Por exemplo, uma posição aristotélica compreende a comunidade política como um "regime"[8] cujas práticas e instituições incorporam o caráter de um modo de vida determinado e ideais determinados que formam uma unidade (bem como uma tensão) com o caráter e a virtude do cidadão. As virtudes públicas valem como mais elevadas e tornam possível assumir posições públicas. Uma concepção menos "clássica", mas não menos substancialista, pode ser reconstruída a partir de Hegel. Ela parte do pressuposto de que deve haver uma unidade forte entre a identidade dos indivíduos e a da universalidade que "suprassuma" [*aufhebt*] a oposição entre subjetividade e comunidade. Para Hegel a "eticidade" quer dizer o seguinte: o "espírito objetivo" das instituições da comunidade política assegura as liberdades individuais dos cidadãos; contudo, estas não se colocam em oposição ao Estado, que é, em primeiro lugar, sua "realidade efetiva", a realização de seus direitos e liberdades. Naturalmente, ele é a realidade desses direitos e liberdades num sentido "substantivo", não instrumental: é somente nos valores éticos – particulares, bem como universais –, incorporados pelo Estado, que uma coletividade se descobre como algo autoconsciente, para além da individualidade de seus membros. A eticidade do Estado não é apenas a soma de suas partes, mas a incorporação de "avaliações fortes" (Taylor), que produzem uma identidade entre o espírito subjetivo e o espírito objetivo. Hegel atribui ao "espírito objetivo" uma vontade objetiva que ultrapassa as vontades subjetivas, em cuja substância a intersubjetividade corre o risco de ser reprimida (cf. Theunissen, 1982).

Diferente disso, uma posição republicana-participativa, inspirada em Rousseau, não parte de uma unidade ético-substancial dos cidadãos, mas da unidade por meio da participação. O bem comum não é afirmado, mas produzido no discurso entre cidadãos livres e iguais. Logo, os cidadãos, segundo Rousseau, não são os "*bourgeois*" privados, mas os "*citoyens*" politicamente virtuosos, orientados para o bem comum, cujos interesses particulares são subordinados à "vontade comum" da "soberania popular", que pode somente falar com uma única voz. Aqui, o conceito de cidadania é também entendido, pelo menos em parte, de forma ética e à intersubjetividade dos cidadãos é contraposta uma objetividade da vontade popular.

Identificação e *participação* são os dois conceitos fundamentais por meio dos quais pode ser entendida a diferença entre as duas posições comunitaristas – a substancialista e a participativa. Uma posição ressalta a necessidade de uma identificação

---

[8] Esse é um conceito central da (influente) filosofia político aristotélica de Leo Strauss. Cf. Strauss (1953), Cropsey (1986), Diamond (1986).

"forte" dos indivíduos com a comunidade [*Gemeinwesen*]; a outra, a necessidade de uma participação universal. Contudo, ambas concordam que os modelos do "*modus vivendi*" ou do "*overlapping consensus*" são muito fracos para apreender o *éthos* da comunidade política.

> Para se ter uma sociedade viável é necessário não apenas que eu e os demais pensemos que ela é uma coisa boa, mas que alcancemos uma compreensão reconhecida em comum, que tenhamos desencadeado um vínculo particular em torno dessa sociedade, sua tradição, sua história (Taylor, 1989c, p. 863 s.).

A concepção de MacIntyre da essência de uma comunidade política representa o exemplo paradigmático de uma teoria aristotélica que procura, por meio de uma teoria da identidade da pessoa, fundamentar uma determinada concepção da moral e da comunidade política. Segundo MacIntyre, não pode haver uma concepção coerente da moral sem um conceito do bem humano como *télos*, assim como não pode haver uma comunidade política que não incorpore e tenha como fim esse ideal de vida humana. Do mesmo modo que é uma quimera a concepção moderna de uma moral "universalista" abstraída de um contexto comunitário particular, a qual se iguala a uma "catástrofe moral", também é desastrosa a tentativa de fundamentar uma comunidade política na qual os cidadãos são representados como indivíduos com suas próprias (e incompatíveis) concepções do bem. Os ideais que o "regime" moderno incorpora são os "caracteres" empobrecidos dos "estetas ricos", dos "administradores" e dos "terapeutas" – todos consequência da queda de uma ordenação objetiva de valores, que conferia sentido, finalidade e orientação à vida. Em contraste, uma comunidade política "autêntica" deve apresentar uma forma de práxis comunitária ancorada numa tradição moral na qual os indivíduos podem se reencontrar. A narrativa da vida individual deve ser parte de uma narrativa de ordem superior (cf. MacIntyre, 1985, p. 250 s.). O *télos* eticamente desejável da vida deriva dessa trindade de práxis, tradição e biografia subjetiva: desejável é um "valor interno" às práticas sociais.

MacIntyre compreende a pertença a uma comunidade política segundo o modelo de pertença à família: a obrigação perante a própria comunidade tem uma prioridade normativa absoluta frente aos pontos de vida morais "neutros". Por isso, a virtude do patriotismo é a virtude política mais elevada e como tal "irreconciliável sistematicamente" (1984, p. 87) com o ponto de partida da moral imparcial. A concepção de que pode haver um patriotismo americano é, segundo MacIntyre, o resultado de uma "confusão conceitual" que parte da possibilidade de reconciliação da "eticidade" particular com a "moralidade" abstrata. Contudo, MacIntyre está consciente de que o tipo de comunidade que ele defende não pode ser restabelecido diante do pluralismo das sociedades modernas. Somente comunidades que se integram com base em características étnico-culturais e religiosas comuns estão em condição de criar semelhante forma de identidade e de vida virtuosa, e de saírem ilesas da nova era das trevas decorrente da perda da virtude.

Também em Sandel encontra-se a representação de que a pertença à comunidade política, semelhante à pertença numa família, é uma relação "constitutiva" para a identidade da pessoa, relação da qual se seguem deveres imediatos. Também para ele a relação entre os cidadãos aparece como um vínculo de amizade, e o "*pathos* da política" consiste em reconhecer o bem comum que revela e fortalece uma identidade comum (1982, p. 182 s.). Mas, diferente de MacIntyre, para Sandel, assim como para Bellah et al. e Taylor, a "confusão conceitual" das sociedades modernas não está em não reconhecer a contradição irreconciliável entre, de um lado, o patriotismo e, de outro, a moral e os direitos subjetivos, mas em não reconhecer que uma sociedade moderna democrática não pode sobreviver sem solidariedade e patriotismo – isto é, que a sociedade liberal vive de um patriotismo dos seus cidadãos, o qual ela nega conceitualmente e ameaça constantemente na prática. Bellah et al. (1985) procuram demonstrar que a linguagem do liberalismo individualista não consegue apreender adequadamente a orientação para o bem comum dos cidadãos onde ela existe e que, onde ela é necessária, não consegue produzi-la. O resultado é tanto um empobrecimento dos recursos conceituais que os sujeitos usam para descreverem a si mesmos na sua vida social quanto também o empobrecimento do espaço público e da própria busca por um bem comum. Isso leva a um privatismo ensimesmado, autocentrado psicológica e politicamente, que põe em risco a "ecologia social" de uma comunidade política (Bellah et al., 1985, p. 284). Segundo Bellah, mesmo numa sociedade pluralista há de haver a possibilidade de um "pluralismo profundo" no qual os cidadãos não se recolham de modo étnico ou cultural nem em si mesmos e nem em suas comunidade imediatas, mas que entendam o bem comum como parte de seu próprio bem (Bellah, 1991, p. 61; cf. Sullivan, 1982).

Taylor também considera uma ilusão crer que as sociedades liberais possam se manter sem a virtude do patriotismo, a identificação dos cidadãos com a coletividade[9]. Todavia, essa identificação não se apoia no fato do "regime" definir determinadas virtudes que apresentam ideais de vida para os cidadãos, mas que a comunidade política incorpora valores em sua autocompreensão e instituições com os quais os indivíduos podem se identificar em suas "avaliações fortes". Portanto, o patriotismo é certamente um sinal de vínculo forte com uma coletividade e, por isso, é semelhante à pertença

---

[9] Sobre o patriotismo, cf. Hegel (1981, § 268, § 289).

numa família (1989b, p. 111). Contudo, diferente de MacIntyre, essa coletividade é a incorporação de avaliações fortes particularistas *e* universalistas.

Em sua teoria de que as crises de legitimação do sistema político são, em última instância, crises de identificação, isto é, que, aos olhos de seus cidadãos, um sistema não mais incorpora os valores que esses cidadãos consideravam essenciais, Taylor deixa em aberto a questão de como podem ser equilibrados os valores universalistas das liberdades iguais e os valores particularistas que solidificam determinada comunidade política. Pois, como acentua Taylor, o "*éthos*" de uma comunidade política é sempre uma "eticidade substancial" particular que remonta às qualidades comuns pré-políticas de uma história passada, de uma tradição e, finalmente, de um "sentido comum da vida boa" (1989c, p. 864). Os cidadãos devem poder identificar-se, em sua particularidade, com as instituições políticas, que veem como "expressão de seu eu" (1989b, 110). Um "patriotismo constitucional" (Habermas, 1987, p. 173) ou um "*overlapping consensus*" não conseguem produzir essa identificação.

> Não devemos esquecer que o patriotismo contém mais do que princípios morais convergentes: ele é a confiança comum numa determinada comunidade histórica. Honrá-la e afirmá-la deve ser um objetivo comum, e isso é mais do que um simples consenso sobre o domínio da justiça. Dito de outro modo, para além de valores convergentes, o patriotismo exige o amor ao particular (Taylor, 1989b, p. 123).

Na teoria de Taylor sobre a legitimação política, estão presentes ambos os conceitos: identificação e também participação. A "tese republicana" de Taylor, central nessa vinculação, diz que uma identificação patriótica forte dos cidadãos com suas instituições políticas representa um pressuposto indispensável para a estabilidade de um regime livre. Não pode haver nenhuma liberdade jurídica, nenhuma democracia sem esse tipo de solidariedade, segundo a qual os cidadãos consideram a promoção do bem comum como a virtude mais elevada da vida virtuosa. A comunidade política é um "bem comum imediato" dos cidadãos, que vale como um bem para seu próprio bem. Embora essa identificação se realize primordialmente no exercício da liberdade política, ela tem sua origem numa unidade pré-política: "a participação de todos numa decisão somente é possível quando existe um fundamento para o acordo, ou um propósito comum subjacente. A participação radical não pode criá-lo; ela o pressupõe" (1979a, p. 115). O modelo "participativo" de cidadania, que ele contrapõe ao "modelo jurídico", no qual as capacidades e a dignidade dos cidadãos não residem em impor seus direitos e interesses, mas em ser parte da cidadania que se autogoverna, apoia-se, portanto, num sentido forte de comunalidade.

A condição para um modelo de participação bem-sucedida é uma identificação forte com o destino da comunidade [...] Essa identificação pode talvez ser descrita deste modo: ela existe onde a forma comum de vida é vista como um bem sumamente importante, de modo que sua continuidade e florescimento importam para o próprio bem dos cidadãos e não apenas instrumentalmente para seus vários bens individuais ou como a soma total dos mesmos. A vida comum tem um *status* desse tipo quando é um elemento crucial na identidade de seus membros, no sentido moderno, ericksoniano do termo; por isso, meu uso do termo "identificação (1985c, p. 213).

Nesse modelo, não apenas é questionável como a atitude patriótica pode diferenciar as "avaliações fortes" universalistas e particularistas incorporadas por determinada comunidade política, para decidir se ela continua a merecer apoio, mas também quão forte deve ser o espírito de comunidade entre os cidadãos para possibilitar o autogoverno democrático. Quando o assentimento em relação aos princípios fundamentais da justiça e a participação nos discursos políticos não forem suficientes para garantir a lealdade dos membros, a teoria de Taylor parece colocar exigências muito elevadas sobre a homogeneidade de uma população política, que, no entanto, são muito difíceis de conciliar com o *"fato"* de sociedades ética, étnica e culturalmente pluralistas.

Isso se mostra no seu exemplo de uma comunidade política "participativa": o Canadá. Taylor enumera duas condições para a "identificação forte", que são necessárias para o autogoverno democrático, a saber: "a identificação com formas participativas de política como central para a definição da comunidade e um sentido forte de uma comunidade particular que se mantém em comum nessas formas" (1985c, p. 220). Contudo, Taylor consegue somente confirmar a primeira condição no Canadá, mas não a segunda. Certamente, existe uma população ativa politicamente; todavia, não existe uma "identidade nacional" unida eticamente. Segundo Taylor, pressupor isso seria "utópico". Por isso, ele argumenta a favor da descentralização das estruturas políticas, de modo a possibilitar o autogoverno democrático em unidades mais unidas e nítidas, mas, contudo, quer manter o Estado canadense enquanto unidade política (ibidem, p. 221 s.). Com isso, Taylor torna relativa uma premissa central de sua teoria da eticidade democrática: a comunidade política não é idêntica a uma comunidade integrada ética, étnica e culturalmente, pois ela pode conter mais do que uma dessas comunidades. Formas políticas e éticas (étnicas, culturais) de comunidade devem ser separadas: uma aparece no singular, a outra aparece no plural (em sociedades *pluralistas*). No texto sobre a "política do reconhecimento" (já discutido na seção 2.3), Taylor argumenta explicitamente a favor de uma "política da diferença" no interior do Canadá como um todo, que permite uma "política do bem comum" especial para o Québec, visto como uma "sociedade distinta". Contudo, isso significa implicitamente que a comunidade política do Canadá como um todo reconhece uma forma débil de liberalismo procedimental e que define a cidadania não eticamente, mas de modo tão formal que até são possíveis exceções em relação aos direitos subjetivos de liberdade (no Québec) – conteúdo que está no cerne da cidadania liberal. Por outro lado, isso quer dizer que no interior da região canadense minorias "diferentes" têm de recuar frente à forma de vida francófona. Precisamente os domínios da regulação das escolas e da linguagem, que Taylor (1993c, p. 45) aborda, são, contudo, particularmente os mais importantes para o reconhecimento simbólico de identidades éticas e para a produção de uma comunidade política inclusiva (como mostra a discussão nos EUA; cf. Citrin et al., 1990). Definições de cidadania "cegas para a diferença" são, nesse caso, aquelas que universalizam como norma os valores éticos de uma forma de vida.

Se tiver de ser abandonada a tese de uma comunidade política integrada de forma ético-cultural, "eticamente" [*sittlich*], pode ainda a vida política ser considerada de um modo tão forte como elemento central da vida boa? Isso faria ainda jus às "avaliações fortes" dos cidadãos e suas concepções sobre a vida virtuosa? As "virtudes" da cidadania, em especial a do patriotismo, não têm apenas de ser relativizadas frente às normas universalistas que, segundo Taylor, uma comunidade política também tem de incorporar, mas devem ser compreendidas como virtudes políticas e não éticas. Aqui também é necessária uma terceira coisa: apontar para a necessidade de virtudes políticas que são exigidas nos discursos públicos (por exemplo, a tolerância, a disposição para argumentar) não significa hipostasiar essas virtudes em algo indispensável, em "avaliações fortes" da vida boa. Do mesmo modo, apontar corretamente para o fato de que os cidadãos de uma sociedade democrática devem assumir uma responsabilidade não apenas para consigo mesmos, mas também em relação à coletividade e, com isso, com seus concidadãos – especialmente em relação a outras pessoas e coletividades – não significa que os cidadãos devem, de alguma maneira, se identificar com a comunidade política de um modo semelhante à lealdade com uma família, com amigos ou com outra comunidade ética. Assim, para escapar do paradigma "estreito" das relações liberais do direito, Taylor não apenas sobrecarrega eticamente o conceito de cidadania e de comunidade política, mas também o procedimento da legitimação política. Pelo contrário, nos discursos políticos não se trata de afirmar primordialmente uma identidade prévia. Antes de tudo, ela é modificada e colocada em questão, e certamente pelos grupos que até então estavam excluídos da definição dessa identidade. Uma comunidade política não pode afirmar sua história sem questioná-la, pois ela é também a história da exclusão com base em critérios raciais, de condições de classe, de especificidade de gênero e também "éticos" (no sentido de "costumes" – *mores*). A representação de uma identidade ética comum não deixa espaço suficiente para essa necessidade de fluidificação da compreensão daquilo que pertence ou não à identidade comum (cf. Wallach, 1987).

Ainda que a "tese republicana" de Taylor não seja suficientemente adequada para esse tipo de mediação entre a autodeterminação no interior de grupos sociais e a de todos os cidadãos, sua questão ainda permanece. A saber, a questão sobre como uma comunidade política pode se autocompreender como *uma* comunidade e que tipo de virtude os cidadãos devem ter. Evidentemente, sua resposta deixa-se guiar muito pela premissa hegeliana de que a "alienação" na sociedade moderna entre os cidadãos e entre os cidadãos e o Estado (Taylor, 1979c, p. 116, 125) pode ser superada por meio da "identificação forte" com base em "avaliações fortes" éticas e comuns e por meio de um sentido comum do que vem a ser a vida boa. Esse tipo de reconciliação holística não foi perdida tendo em vista a vitória do individualismo liberal, mas da pluralidade de formas de vida e, com isso, dos conflitos difundidos em torno da definição da comunidade política comum.

Michael Walzer investigou o problema do "*E pluribus unum*" de uma sociedade pluralista moderna tomando como exemplo os EUA e chegou a resultados diferentes dos de Taylor. É particularmente o fato da pluralidade étnica que levou Walzer a retomar a teoria do "pluralismo cultural" de Horace Kallen (1924), e a distinguir comunidades étnicas e políticas, bem como a distinguir identidades ética e política[10]. A unidade da comunidade política não é garantida por meio de uma identidade cultural, mas por um acordo sobre os princípios políticos da cidadania liberal. "Se a multiplicidade americana é determinada culturalmente, então sua unicidade é determinada politicamente..." (Walzer, 1990d, p. 204). A cidadania é um conceito político, e não cultural. "Sob essas circunstâncias, o republicanismo é uma ilusão e o nacionalismo ou o comunitarismo americano não são uma opção racional; não aprendem nossa complexidade" (ibidem, p. 204). Não obstante, Walzer relativiza a separação de Kallen entre identidade *público*-política e identidade *privada*-cultural. Walzer observa que uma cultura étnica não se mantém numa forma pura na sociedade americana e que as identidades étnicas também desempenham um papel importante no plano político – e, na verdade, especialmente quando comunidades étnicas pedem uma representação

---

[10] Sobre isso, cf. Gleason (1980), Fuchs (1990). Críticas a Kallen, cf. Higham (1975, p. 211), Steinberg (1981, p. 261).

política na autocompreensão e nos símbolos da comunidade política. Contudo, Walzer está de acordo com Kallen de que somente uma concepção de comunidade política e de cidadania, definida de modo político e não ético, está em condições de integrar politicamente uma sociedade pluralista; e, assim, parece adequado o conceito de sociedade como "união social de uniões sociais", de John Rawls (Walzer, 1990a, p. 179). Uma sociedade "multicultural" não pode ser compreendida nem segundo o modelo liberal de uma separação entre identidades étnica e política, nem segundo o modelo comunitarista de uma identidade ética uniforme. Ela deve encontrar um modo de integração capaz de fazer a mediação entre a unidade necessária e a multiplicidade possível, que não exclua identidades particulares, e que não obstante não abandone uma identidade "abrangente". Uma sociedade multicultural deve encontrar uma identidade coletiva que possa resolver o dilema de uma *substância sem substância*. De um lado, não entender a identidade política de modo muito substantivo e marginalizar minorias; porém, de outro, não entendê-la de modo muito fraco a ponto de não tornar possível a integração política e a solidariedade social. A resposta a esse problema deve ser um conceito diferenciado de cidadania, que vincule conjuntamente a diferença ética, a igualdade jurídica, a inclusão social e política.

A teoria de um comunitarismo participativo republicano, que é representado de forma paradigmática por Benjamin Barber, dá uma resposta radical ao problema da substância sem substância de uma sociedade pluralista. Diferentemente do comunitarismo substantivista, nega a tese hegeliana de que uma comunidade política deve se apoiar numa base cultural ética, e procura formular, entre uma concepção liberal formal "estreita" de democracia e uma concepção "unitária" de democracia, uma terceira posição: a de uma concepção "forte" de democracia. No cerne dessa concepção está o autogoverno democrático dos cidadãos como indivíduos politicamente autônomos, que estabelecem de modo discursivo e argumentativo o bem comum. Aqui os cidadãos não são "pessoas do direito" ou "irmãos", mas "vizinhos", não vinculados por relações contratuais ou valores comuns, e sim a partir de práticas comuns. O consenso entre eles não é fraco ("genérico") ou forte ("substantivo"), mas um "consenso criativo", dialógico (Barber, 1984, p. 219). A alienação e a privatização dos cidadãos, que Barber reconhece também como um problema nas sociedades liberais, não é superado com a referência a uma identidade profunda, mas pela práxis comum dos cidadãos. Seguindo Rousseau, Barber afirma: "Nós temos suficientemente advogados, banqueiros, juízes de arbitragem, corretores, doutores, professores e trabalhadores. Deixamos a política para os profissionais da política [*politicians*]. Qual a necessidade de ter cidadãos?" (Barber, 1987).

A "democracia forte" é definida como

[...] a política no sentido participativo, na qual os conflitos são resolvidos, na ausência de um fundamento independente, com um processo participativo de autolegislação progressiva imediata e a criação de uma comunidade política capaz de transformar indivíduos privados dependentes em cidadãos livres e de transformar interesses privados em bens públicos (1984, p. 132).

Nessa formulação, encontram-se tanto os méritos como também os problemas da proposta de Barber. Os primeiros residem na separação entre cidadania e pertença ética, de modo que a cidadania é um conceito que corresponde a uma práxis discursiva comum. Quanto à realização desses discursos, Barber elabora uma lista de medidas que abrange desde autoadministrações democráticas locais até o acesso democrático aos meios de comunicação modernos; desde um sistema de abonos para a distribuição de bens e oportunidades sociais (educação, moradia) até o referendo e experimentos de pesquisa eletrônica de opinião (1984, p. 267 ss.).

Não obstante, as dificuldades consistem no fato de Barber tornar essa realização dependente de uma transformação dos cidadãos: de "*bourgeois*" com seus interesses privados para "*citoyens*" políticos, uma transformação que se realiza nos discursos desta natureza. Os cidadãos se autocompreendem como "companheiros" (*comrades*; 1984, p. 113) de uma comunidade, que lhes oferece primeiramente a possibilidade de autodesdobramento como indivíduos. "Sem a participação na vida comum que os define e sem a participação na tomada de decisão que forma seu habitat social, mulheres e homens não podem se tornar indivíduos" (ibidem, p. XV). A participação "é um meio de definir o eu, assim como a cidadania é um modo de viver" (ibidem, p. 153). Nos discursos políticos, os cidadãos se metamorfoseiam em seres orientados para o bem comum; os discursos são um *medium* da vida e vivência em comum, com o "potencial para expressão empática e afetiva" (1988, p. 151), um *medium* de autodesdobramento pessoal-comunitário. Através da participação política, a identidade dos cidadãos se transforma do mesmo modo como a de um solteiro se transforma com o casamento (1989, p. 63 s.). A cidadania consiste nessa metamorfose para além da "fachada vazia da personalidade legal" (ibidem, p. 61).

Portanto, existem duas premissas centrais que Barber partilha com Rousseau: a) o autogoverno democrático funda-se na virtude dos cidadãos em subordinar seus interesses individuais ao bem comum e de considerar essa transformação como um ganho em liberdade e autodesdobramento; e b) o autogoverno democrático é a autonomia de um corpo, de uma soberania popular que pode somente falar uma voz, a saber, a voz do bem comum e da vontade comum que superou todos os interesses individuais – a "*volonté générale*", que, como observa Habermas (1990, p. 171), "é antes um consenso dos corações do que um consenso argumentativo". A virtude dos cidadãos cuida para que essa vontade não seja colocada em risco pela pluralidade dos interesses individuais. Esse compromisso rousseauniano entre o princípio republicano clássico do domínio dos virtuosos e o moderno do domínio de todos, na teoria o domínio de todos como virtuosos, sobrecarrega o modelo de Barber com exigências éticas excessivas para o conceito de cidadania.

Este é também criticado por Walzer. Ele menciona vários argumentos (cf. Walzer, 1980, p. 70 ss.; 1991). Primeiro, a concepção rousseauniana pressupõe que a comunidade política é uma totalidade uniforme que expressa uma vontade e, consequentemente, o campo da decisão política é apreendido exageradamente como um campo estruturado de modo linear – uma representação que não leva adequadamente em consideração a complexidade das sociedades modernas[11]. Segundo, Walzer destaca que a atividade política do cidadão não tem primordialmente lugar no plano político nacional, mas em diferentes associações e comunidades da vida civil. Por isso, argumenta que a cidadania no plano nacional desempenha um papel passivo. Terceiro, segundo Walzer, numa sociedade moderna, a pluralidade dos projetos de vida boa não admite que os cidadãos considerem a vida política como a realização da vida boa. De acordo com o argumento central de Walzer a favor de uma sociedade civil pluralista, nenhuma concepção de vida boa, seja republicana, socialista, capitalista ou nacionalista, pode reivindicar prioridade numa sociedade que é simultaneamente fragmentada e complexa em suas estruturas políticas, sociais e econômicas.

O ideal de Walzer de um "associacionismo crítico" [*critical associationalism*] na sociedade civil busca vincular essas concepções da vida social boa. A cidadania ativa é possível em associações da vida social que se integram a partir de preocupações comuns e, como grupos, introduzem essas preocupações no processo político; do mesmo modo, as associações usam as possibilidades (limitadas) de uma sociedade de mercado para transformá-la por meio de diferentes iniciativas (1991, p. 84); finalmente, Walzer vê nessas sociedades a possibilidade de um "nacionalismo domesticado", no qual diferentes experiências de vida e comunidades étnicas, culturais e religiosas coexistem e assim continuam como comunidades próprias, que, por terem liberdades asseguradas na sua reprodução cultural, podem tolerar-se mutuamente. Contudo, Walzer vê o paradoxo dessa sociedade civil no fato de que os cidadãos, em todas essas associações e comunidades, são de modo específico membros de uma

---

[11] Taylor (1992a, p. 10 s.) faz também essa crítica.

comunidade política abrangente. Isso certamente não apenas porque dependem do Estado para impor seus interesses, mas também por que formam a "vida comum" da comunidade abrangente e, com isso, são responsáveis, num todo, por esta. Os cidadãos são membros de comunidades particulares e também da abrangente, isto é, para além do bem de sua comunidade devem observar e promover o bem comum. "Por isso, a cidadania desfruta de uma dada prioridade prática entre todas as nossas outras pertenças reais e possíveis" (ibidem, p. 92).

Com isso, Walzer aborda um problema central de uma teoria que distingue entre comunidades éticas e política. Unger (1975, p. 284 ss.) analisa isso como "dilema da política comunitarista", Bellah (1991) como conflito entre pluralismos "comunalista" e "profundo". Como é possível uma "união social das uniões sociais" (Rawls) quando os cidadãos, em sua lealdade, estão cindidos entre comunidades diferentes? À suposição otimista de Tocqueville de que a participação em associações e a pertença em pequenas comunidades fazem com que os cidadãos participem do bem da comunidade pode ser contraposta a tese de que isso conduz a uma fragmentação da comunidade política. O problema não está em fazer a mediação entre indivíduo e comunidade, mas entre diferentes comunidades; não entre o eu "desvinculado", "atomista", e o cidadão comprometido com a comunidade, mas entre as comunidades, com as quais um cidadão se sente comprometido, sob as formas de "família", "estamento" e "nação". Walzer designa esse dilema, que a tese comunitarista desconsidera em favor da concepção de uma comunidade política integrada eticamente, com o conceito de "cidadania pluralista" (Walzer, 1970, p. 219 s.). "O pluralismo constrói a lealdade não somente em relação ao Estado, mas também contra ele". Segundo Walzer, esse dilema da lealdade repartida não pode ser afastado completamente. Contudo esse dilema pode se tornar politicamente produtivo à medida que os membros de comunidades particulares reconhecem que elas estão numa relação de dependência recíproca com outras comunidades e buscam encontrar um equilíbrio justo de representação política, que é produzido a partir de procedimentos de argumentação e ponderação de interesses.

A isso se acrescenta um pensamento mais amplo. Assim como não se pode assumir que todos os cidadãos de uma comunidade política se sintam comprometidos somente com ela, tampouco se pode assumir que eles se sintam comprometidos somente ou primeiramente com as comunidades éticas individuais ou associações particulares. As lealdades não são, portanto, apenas divididas tragicamente, mas multiplicadas numa diversidade (1992a, p. 136). A identidade de uma pessoa está, com diferentes papéis, vinculada a comunidades diferentes, e a identidade como cidadão é somente uma. Contudo, uma identidade que é geral, ou seja, a *única* que todos têm em comum. O princípio vinculante da cidadania comum deve estar em condição de produzir uma orientação para o bem comum sem pressupor mais espírito de comunidade do que aquele que aparece como pertença, definida formalmente (ainda que não percebida como "formal") a uma comunidade política (cf. 1992b, p. 295). Um Estado democrático tem a tarefa de promover associações e comunidades, mas ele não pode substituí-las. E, paradoxalmente, é exatamente essa pluralidade dos vínculos pelos quais os cidadãos se unem em tal sociedade que cria a comunidade: numa sociedade democrática pluralista, os cidadãos colocam sua demanda como membros de determinadas comunidades também em si mesmos como membros de outras comunidades. Eles são simultaneamente sindicalistas, membros religiosos, de partidos políticos e contribuintes, isto é, que as linhas da divisão social não passam por dicotomias estritas. Contudo, também quando essas linhas são traçadas de modo estrito num determinado conflito social, os indivíduos da sociedade civil enquanto cidadãos [*Bürger als Staatsbürger*] são exortados a apresentar seus argumentos de modo que possam ser aceitos em geral, pois para essas pretensões existe somente um destinatário, a comunidade dos cidadãos. Mesmo na ausência de uma identidade ética que envolva todos os cidadãos, eles não falam uma linguagem pura individualista ou particularista, mas uma linguagem cujo destinatário é a comunidade de todos e na qual não podem recorrer aos valores e concepções comuns do bem, recorrendo ao assentimento com base no consenso sobre princípios fundamentais comuns de responsabilidade e reconhecimento recíproco. Essa responsabilidade não pode ser aquela por si mesmo ou a de uma comunidade que incorpora substancialmente uma identidade própria, mas a responsabilidade dos indivíduos por e em relação aos seus concidadãos, como os quais ele (ou eles) está vinculado numa coletividade política da responsabilidade. Aqui, esse termo significa responder aos concidadãos e poder justificar-se perante eles.

3.3 SOCIEDADE CIVIL E DEMOCRACIA DELIBERATIVA

Da discussão desenvolvida até aqui, pode-se concluir que, em relação às questões da (a) integração política, (b) cidadania e (c) legitimação política, é exigida uma teoria para além de liberalismo e comunitarismo, que assuma em si mesma os momentos de ambos.

a. No plano da integração política, mostrou-se que para o problema da "substância sem substância" de uma comunidade política solidária, ética, pluralista, e ainda assim responsável, deve ser encontrada uma reposta que aceite como ponto de partida a separação entre "*etnos*" e "*demos*" (Lepsius, 1990, p. 247 ss.). A comunidade política não é uma comunidade ética "constitutiva", na qual a identidade dos sujeitos se forma de modo constitutivo em sua personalidade e sua autoimagem. Com certeza, a tematização de Hegel da comunidade política deixa somente a alternativa seguinte:

[...] o espírito tem realidade efetiva, e os acidentes do mesmo são os indivíduos. Por isso, no ético são sempre possíveis somente dois pontos de vista, que ou se parte da substancialidade ou procede-se atomisticamente e se parte da particularidade como fundamento. Esse último ponto de vista é destituído do espírito porque leva apenas a uma composição: o espírito não é apenas particular, mas a unidade do particular e do universal (1821, § 156, adendo).

A essa dicotomia acrescenta-se um terceiro elemento: a comunidade política não é nem um bem "convergente", no qual convergem as preferências subjetivas e que nelas se dissolve, nem um bem comum "imediato" que, tal como o valor da amizade, é um bem comum partilhado, valorizado por sua própria vantagem (Taylor, 1989b, p. 114). A comunidade política não deve ser apreendida nem como um bem puramente *subjetivo* e nem *objetivo*, mas como um bem *intersubjetivo*: é uma comunidade de cidadãos politicamente autônomos que a percebe como um "bem" à medida que ela lhes oferece os pressupostos (institucionais e materiais) para todos poderem se compreender como membros dignos de valor.

A suposição hegeliana central de que a comunidade política é um grande sujeito integrado eticamente deve ser igualmente relativizada, tal como a suposição rousseauniana de que o princípio da soberania popular contém a representação de um corpo soberano constituído pelos cidadãos, corpo esse que assume o lugar do rei decapitado. É a pluralidade das comunidades éticas e associativas existentes no interior do espaço da comunidade política que preenche esse espaço e o configura numa totalidade que se encontra num processo permanente de redefinição. Não obstante, também a disputa em torno da determinação concreta do caráter e da identidade de uma comunidade política pressupõe a existência de tal identidade comum enquanto ponto de referência e objeto de controvérsia.

b. Isso tem as seguintes consequências para uma concepção da cidadania. Mesmo se a cidadania tem de ser definida formalmente, como obtenção de direitos – pois o ser cidadão digno de valor não pode estar atrelado a critérios culturais, étnicos e éticos e a vida política não vale como uma forma específica de vida boa –, isso não quer dizer que se pode renunciar ao conceito de "virtudes políticas". Essas não são virtudes éticas, mas "liberais" da tolerância e equidade, "dialógicas" como a disposição para a cooperação e para a argumentação e o esforço de alcançar um consenso, finalmente, também "comunitárias", de assumir a responsabilidade pela comunidade (de todos os membros). Com isso, o reconhecimento recíproco como cidadãos abrange não apenas o reconhecimento da diferença ética e da igualdade jurídica, mas também a responsabilidade política comum. Finalmente, o *status* de membro digno de valor tem, em certo sentido, pressupostos inevitavelmente "substantivos": em relação às condições sociais materiais de uma participação em igualdade de direitos na vida política e social.

c. De acordo com a teoria liberal da legitimação democrática, os princípios de justiça, como critérios conteudísticos para o que é argumentável nos discursos, gozam de uma prioridade frente ao princípio procedimental de legitimação democrática, enquanto que na versão comunitarista substantivista a legitimidade significa somente a concordância com uma identidade coletiva anterior. A posição participativa, por sua vez, ancora o procedimento de legitimação discursiva na coletividade de "*citoyens*" virtuosos. Ao contrário disso, os discursos políticos não devem ser compreendidos segundo o modo liberal restrito e nem segundo o modo comunitarista substancialista. Ao invés de sujeitos individuais, pode-se confiar aos discursos a tarefa de trazer argumentos "particulares" numa forma pública – que possibilite a argumentação, recusa ou aceitação. Uma comunidade ética pluralista não se desintegra numa multiplicidade de linguagens e mundos éticos. Ao contrário, nem a identidade e nem a participação podem ser pensadas segundo o modelo hegeliano de uma totalidade substancial abrangente ou segundo o modelo rousseauniano de uma coletividade soberana, unificada com uma vontade que abrange a todos.

Novas abordagens na teoria democrática buscam evitar essas consequências hegelianas e rousseaunianas: a teoria da "sociedade civil" e o modelo da "democracia deliberativa". Seu objetivo é substituir a representação de um macrossujeito político integrado eticamente pela teoria de uma pluralidade de associações e formas democráticas que, em discursos políticos públicos institucionalizados e não institucionalizados, tratam argumentativamente as questões de legitimação que precisam de regulamentação numa sociedade complexa e pluralista.

O conceito de "sociedade civil" pode ser compreendido de diferentes maneiras. Segundo uma interpretação, a sociedade civil caracteriza um domínio parcial de associações e esferas públicas no interior da sociedade, nas quais os cidadãos deliberam sobre problemas e interesses comuns e, eventualmente, introduzem suas reivindicações nos processos institucionalizados politicamente (cf. Habermas,

1992a, p. 443 ss.; Cohen/Arato, 1992, cap. 9, 10). Contudo, deve-se evitar aqui uma oposição estrita entre "sociedade civil" e sistema político, pois a comunidade política é o *contexto total* de fóruns da sociedade civil, nos quais as pessoas como cidadãos são *simultaneamente* tanto os autores das pretensões normativas (dirigidas ao Estado) quanto os destinatários dessas pretensões. O conceito de "sociedade civil política", formulado de modo mais ampliado, caracteriza algo mais do que um domínio social parcial: trata-se de uma "comunidade de comunidades sociais", na qual a ação política é mediada por uma pluralidade de associações e comunidades; na qual as pessoas, contudo, estão vinculadas *como cidadãos*. Daí, segundo Walzer (1991, p. 87 ss.; 1992b, p. 288 s.), a prioridade do papel de cidadão: o Estado não é nem um espaço passivo da sociedade civil nem um domínio que dela se separa estritamente, e nem um centro ativo que tudo abrange; antes, é o lugar e o instrumento da coordenação comum da convivência social justificada *universalmente*. Essa "sociedade civil" requer a legitimação deliberativa do direito em procedimentos de "justificação pública" e uma forma de integração política que faça justiça tanto à pluralidade social quanto à necessidade de determinadas condições de realização da democracia deliberativa. No que se segue, cabe perguntar em que medida as novas teorias da democracia, em vista desses problemas, representam uma alternativa ao liberalismo e ao comunitarismo.

a. Para uma teoria da sociedade civil

Não é nenhum acaso que a redefinição do conceito de "sociedade civil" tenha, primeiro, acompanhado o movimento contra o totalitarismo (nos países do socialismo de Estado) e, segundo, em muitas das facetas em que essa teoria aparece, ela retorna de certo modo a Tocqueville (sem que este tenha aplicado o conceito dessa maneira). Pois é ele, como lembra Wellmer (1993a), que coloca a questão hegeliana da possibilidade de institucionalização da liberdade, mas que, diferente de Hegel, a responde não com a eticidade objetiva do Estado, mas com o exercício da liberdade participativa, comunicativa, em associações da vida civil e política. Com isso, a "sociedade civil" não se caracteriza como em Hegel, o "sistema de necessidades" como esfera das relações econômico-jurídicas entre pessoas, mas a esfera da liberdade política do cidadão de praticar a participação democrática em unidades administráveis [*überschaubaren*]. Aos olhos do aristocrata Tocqueville, essa liberdade comunicativa tem uma dupla investida antitotalitária: primeiro, ela cria aqueles poderes intermediários que outrora, na forma de pessoas aristocráticas, faziam a mediação entre o povo e o monarca e produziam uma infraestrutura que se opunha à dominação absoluta. Segundo, com isso não apenas se ergue um baluarte contra uma dominação tirânica, seja na forma de um monarca ou de uma "tirania da maioria", mas também se produz uma "escola da democracia" que confronta o principal problema da sociedade democrática: o interesse próprio de indivíduos "emancipados" [*aufgehobenen*] e não mais diferenciados em estruturas sociais feudais hierárquicas. O "interesse bem compreendido" (Tocqueville, 1840, p. 181) dos americanos combate o individualismo com a liberdade, o egoísmo com a intuição da ajuda mútua e a responsabilidade política compartilhada na autoadministração de questões comuns. As associações de autoadministração local tornam-se "entidades aristocráticas" [*aristokratischen Persönlichkeiten*] (ibidem, p. 472) que excluem o grande perigo das sociedades democráticas, a saber, a vitória do egoísmo privatista, que prepara o campo para um Napoleão democrático que promete "pão e circo".

Para Tocqueville, as duas diferenças decisivas entre as revoluções Americana e Francesa residem no fato de que na França a infraestrutura aristocrática já estava absorvida pelo poder central e a revolução apenas assumiu e fortaleceu essa tendência e, consequentemente, compreendeu-se como a cabeça de um corpo unificado que apenas precisava alimentar (cf. Tocqueville, 1856, p. 199 ss.). Em contraposição, os americanos tinham três vantagens decisivas: primeiro, sua situação, isto é, sua prosperidade relativa, sem ameaça externa e sem grande população urbana empobrecida; segundo, suas leis, isto é, a separação dos poderes, tribunais independentes, autoadministração em comunidades; e, terceiro, e particularmente importante, seus "hábitos do coração", isto é, sua doutrina ética cristã e sua formação universal e, contudo, pragmática (Tocqueville, 1835, p. 416 ss.). Com isso, já estão caracterizados os temas centrais bem como os problemas de uma teoria da sociedade civil. A quem cabe a força participativa integradora desta: à autovinculação racional por meio de uma constituição prudente (Elster, 1986) ou aos costumes e virtudes dos cidadãos (Bellah et al., 1985)?

O livro *Sobre a revolução*, de Hannah Arendt, é, em suas proposições centrais, uma recepção do contraste tocquevilleano entre as revoluções Americana e Francesa que se declara a favor da liberdade comunicativa (espontânea) e do exercício do poder de associações civis com base numa constituição que assegura direitos universais e iguais, e critica a autocompreensão da Revolução Francesa por incorporar a vontade única de um povo unido e de atribuir a esse corpo popular a solução da "questão social". Na versão da sociedade civil apresentada por Rödel, Frankenberg e Dubiel (1989), são retomados os momentos republicanos clássicos dessa teoria – que desconsideram questões de justiça social. Contudo, continua a crítica à "autolegislação" (ibidem, p. 103) de um corpo popular (a Nação) integrada pela eticidade ou de modo ético. A ênfase antitotalitária na liberdade comunicativa com base no reconhecimento, assegurado reciprocamente, de direitos fundamentais migra para o centro da teoria. (cf. também Preuss, 1990). Ao contrário da ênfase de Tocqueville na necessidade de um "*consensus universalis*" ético e de "hábitos do coração" comuns, eles seguem a crítica de Gauchet e Lefort à tendência unificadora dessa teoria de Tocqueville: "Diametralmente oposto ao que nos fez crer a sua primeira forma americana, a democracia não implica uma concordância profunda do espírito, mas fragmentação do sentido e implacável antagonismo de ideias" (Gauchet 1990, p. 141; cf. também p. 134 ss.)[12]. Segundo a teoria do "dispositivo simbólico da democracia" (Gauchet, Lefort), a sociedade civil é interpretada como "esfera autônoma do público e do político diante do lugar vazio do poder" (Rödel et al., 1989. p. 90), esfera essa que se "institui" a si mesma continuamente num processo conflituoso de competição em torno do exercício democrático do poder. A forma da sociedade é apreendida num fluxo constante, uma vez que deve ser legitimada somente em fundamentos seculares. Com a perda da cabeça do corpo popular, este se tornou fragmentado e integra-se somente a partir do conflito e da competição em torno do poder (ibidem, p. 108). Todavia, essa competição é conduzida com base no reconhecimento recíproco de direitos iguais, um "consenso mínimo" (ibidem, p. 72) cuja força unificadora se deve ao ato originário de fundação e de dar-se uma constituição – ato que é sempre renovado continuamente (ibidem, p. 59). A constituição do espaço político público-agonístico está baseada nessa obrigação mútua.

Em sua concepção minimalista das características comuns entre os cidadãos, essa teoria assemelha-se à do "*modus vivendi*", mas distancia-se de sua concepção minimalista do espaço público. Contudo, há um problema nessa proximidade e distância: como uma tal sociedade civil pode fazer justiça não somente às elevadas demandas morais-cognitivas feitas aos cidadãos para que exerçam a "tolerância militante", mas também a exigência por "solidariedade civil" (ibidem, p. 188)? O problema pode ser explicado adequadamente com a referência a um consenso mínimo de uma "reverência diante de um espaço político-jurídico" (cf. Honneth, 1992c, p. 66)? Em última análise, no "ato fundacional" e em sua força poderosamente efetiva é inserida mais solidariedade civil e solidariedade [*Verbundenheit*] do que permite a ênfase na integração fraca por meio do conflito. A ontologia da pluralidade absoluta parece admitir somente a decisão entre o sujeito coletivo e a pluralidade de sujeitos individuais (ou de grupos, como os movimentos sociais, que se compreendem

---

[12] Cf. da concepção do político de Mouffe (1988, 1990).

como sujeitos). O que é desconsiderado com isso é a representação da comunidade política como uma de responsabilidade na qual os cidadãos não apenas se reconhecem reciprocamente como pessoas do direito e como atores com direitos iguais num espaço público agonístico, como também como participantes de um projeto comum, que, ao contrário da concepção de Taylor, não é integrada eticamente a partir de um conceito geral de vida boa, mas a partir de normas e autocompreensões que ao mesmo tempo são aceitas universalmente e submetidas a uma possível revisão. Esta é, todavia, uma *possibilidade* da crítica da identidade coletiva, não a substância ou a *realidade* desta. A possibilidade normativa de tornar mais fluida a identidade coletiva não significa que nisso consista a identidade fática. Os cidadãos dirigem sua crítica a essa comunidade política como uma totalidade e, correspondentemente, têm de assumir que há uma autocompreensão social a qual podem apelar criticamente. Essa autocompreensão social não descansa sobre uma substância de valores comuns últimos, porém possui conteúdos comuns da autodefinição enquanto comunidade política. Uma teoria procedimental da legitimação política não implica que tal comunidade se integre unicamente por meio de procedimentos comuns de condução dos conflitos – estes têm conteúdos *comuns* como objeto e objetivo.

O problema da identidade coletiva numa sociedade civil moderna também se coloca na teoria da "sociedade civil" de Jean Cohen e Andrew Arato. Integrada na teoria do sistema e do mundo da vida de Habermas, a sociedade civil é analisada como um domínio que não é integrado sistemicamente, mas a partir da força comunicativa do entendimento e da solidariedade sociais (sob a proteção dos direitos fundamentais). As instituições da "sociedade civil" abrangem a família, bem como as comunidades éticas, étnicas e culturais, junto com associações voluntárias e grupos com intenções políticas (de modo paradigmático, os movimentos sociais).

> Nós entendemos a "sociedade civil" como uma esfera de interação social entre a economia e o Estado, constituída acima de tudo pela esfera íntima (especialmente a família), a de associações (especialmente associações voluntárias), movimentos sociais e formas de comunicação pública (Cohen/Arato, 1992, p. IX).

Cohen e Arato tratam a questão da identidade coletiva no contexto do problema de uma concepção procedimentalista da legitimação democrática: quando um discurso sobre o "interesse geral" está justificado? A resposta dada por eles é a de que o consenso democrático também tem sempre a função de afirmar uma identidade coletiva social, um contexto de solidariedade, e que, portanto, a identidade coletiva fornece um "critério mínimo" para aquilo que deve ser afirmado de modo incondicional num consenso ("que não pode ser violado").

Interpretado nesse sentido, a descoberta de interesses generalizáveis na discussão implica algo anterior, a saber, que, apesar de nossas diferenças, descobrimos, reafirmamos ou criamos alguma coisa em comum que corresponde a uma identidade social geral (que está ela mesma aberta à mudança) (ibidem, p. 368).

Normas legítimas validadas no consenso, para serem "realmente" legítimas, não devem violar a identidade coletiva de uma comunidade política. Essa identidade é um "ponto de referência substantivo" (ibidem, p. 369) para os discursos políticos.

No entanto, essa teoria deixa em aberto a questão de saber em que medida essa identidade da coletividade é anterior ("*prior*") ao processo discursivo ou é resultado desse processo, e está "aberta à mudança". Assim, Cohen/Arato observam também "que somente aqueles aspectos de nossa identidade coletiva e tradição comum que são compatíveis com os princípios da legitimidade democrática e direitos fundamentais podem fornecer o conteúdo de normas políticas válidas" (ibidem, p. 369) e denominam esse tipo de identidade apresentada e comprovada discursivamente como "identidade coletiva pós-convencional" (ibidem, p. 372). Com isso, essa substância sem substância de uma identidade pós-convencional não pode certamente acrescentar um critério normativo substantivo anterior ao do consenso geral (e revogável) na determinação dos interesses gerais legítimos.

Portanto, o "nós" do discurso democrático e da socialização solidária é a comunidade de todos os cidadãos, que se apreendem como membros de uma coletividade [*Gemeinwesens*] e formam uma "identidade coletiva" comum que implica as normas da legitimação discursiva e dos direitos fundamentais, as quais, porém, são incorporadas num contexto particular de autocompreensões e instituições comuns. Esses conteúdos concretos da identidade coletiva não valem de modo inquestionável e podem ser objeto de discursos políticos. Porém, isso não significa que a identidade de uma comunidade política consiste nesse questionamento ou que todos os seus conteúdos podem ser questionados de uma só vez. Uma "identidade política pós-convencional" possui, enquanto "substância ética", um "*cerne procedimental*" (Wellmer, 1993b, p. 68), que, todavia, está "situado" no contexto de uma comunidade política determinada. Por um lado, a identidade política pós-convencional tem de estar aberta à crítica e à "formalização" no sentido de uma inclusão jurídica e cultural de minorias; mas, por outro lado, através disso ela forma um contexto espaço-temporal de pertença comum.

Em compensação, esse aspecto é muito valorizado por abordagens de uma teoria da sociedade civil que a definem como o lugar de uma "autoconsciência coletiva", na qual existe um forte "civismo" na obrigação diante do bem comum

(Shils, 1991, p. 14 s.)[13]. Nessa teoria, o "nós" da identidade coletiva é o dos cidadãos, que se veem obrigados à criação de uma "sociedade boa" (Bellah et al., 1991). Essa concepção retorna ao Tocqueville discípulo de Montesquieu e não àquele discípulo de Madison – isto é, mais ao Tocqueville que avista nos "*corps intermédiaires*" de Montesquieu corporações de virtude cívica que, com base nos costumes comuns e convicções éticas, promovem o bem comum, e menos àquele que via a constituição de "pesos e contrapesos" [*checks and balances*] como um meio de evitar os perigos da forma democrática de governo. Do mesmo modo, Taylor distingue duas tradições na teoria da sociedade civil: uma corrente que remonta à Locke ("L") e outra que remonta a Montesquieu ("M"), e junta Tocqueville à segunda corrente. Essa última supera a separação – central para a tradição "L" – entre, de um lado, os dois domínios civil-societários da economia e da opinião pública, de outro, as estruturas do político, à medida que as instituições e associações da vida civil não são destinadas a uma esfera não política, mas assimiladas na infraestrutura da comunidade política. Por fim, isso significa também que elas assumem funções de integração social e de participação e reproduzem uma identidade política social comum. "O perigo não é o controle despótico real, mas a fragmentação – isto é, um povo cada vez menos capaz de formar um propósito comum e de realizá-lo" (Taylor, 1992b, p. 112).

Desse modo, na teoria da sociedade civil os problemas centrais do debate entre liberalismo e comunitarismo retornam num outro plano. Uma versão coloca como ponto central a necessidade de uma constituição que assegure direitos subjetivos universais, que ser ve como moldura de uma sociedade civil que se "institui" de forma conflituosa. Uma outra versão busca mediar a pluralidade social e a identidade coletiva na moldura de uma teoria da legitimação democrática, enquanto que, por fim, uma terceira versão acentua os "hábitos do coração" de cidadãos orientados para o bem comum. Com isso, não fica definida adequadamente a relação entre as características éticas comuns ausentes entre os cidadãos e um modo procedimental de *legitimação*, por um lado, e a necessidade de *integração* político-normativa e o reconhecimento mútuo e a responsabilidade como cidadãos, por outro. A esse respeito, a ideia de uma identidade política pós-convencional, introduzida acima, deve ser analisada de modo mais preciso. Quais "virtudes" são pressupostas por essa identidade, quais implicações substantivas ela tem?

Offe (1989) e Preuß (Offe/Preuß, 1991) propõem interpretar as associações como instituições que não contam com a virtude dos cidadãos, mas que, contudo, promovem uma orientação para o bem comum. Offe argumenta que também a

---

[13] Cf. Münkler (1992), junto com a discussão sobre virtudes políticas de Heater (1990).

concepção de Habermas da necessidade de uma forma de vida racionalizada (com certos padrões de socialização pós-convencionais) "que vá ao encontro" (Habermas, 1989a, p. 475) da formação discursiva da vontade e uma cultura política "acostumada à liberdade" ainda acentua exigências aos indivíduos, em contraposição aos arranjos institucionais que possibilitam a deliberação e responsabilidade democrática (cf. Habermas, 1990, p. 45). "Relações associativas", segundo Offe (1989, p. 775) criam para os discursos um "suporte no social". Nesse contexto, "deliberação" significa depuração ou purificação de preferências (*"preference-laudering"*; Goodin, 1986; Offe/Preuß 1991, p. 168), isto é, a problematização, redefinição e reordenação das preferências dos cidadãos, as quais, por esse caminho, são examinadas em suas consequências duradouras e abrangentes. A "responsabilidade", segundo Offe (1989, p. 758), significa "que o agente valida suas próprias ações assumindo metodologicamente, ao mesmo tempo, num *futurum exactum*, a perspectiva-teste do especialista, do outro generalizado e do eu próprio – e, desse modo, valida substancial, social e temporalmente os critérios da ação".

Não é apenas a "autovinculação" de uma constituição e nem somente as faculdades de formação do juízo moral dos cidadãos que tornam possível esse processo, mas as instituições nas quais os cidadãos têm de responder um ao outro e, portanto, têm de assumir responsabilidades. Os contextos associativos de uma "eticidade concreta local" são particularmente adequados para isso: nesses contextos, os três critérios de obrigatoriedade social, estabilidade temporal e informação substancial são melhor realizados, pois neles os cidadãos existem como membros de comunidades que são socializados [*vergemeinschaftet*] de modo recíproco, duradoura e comunicativamente (Offe 1989, p. 765); nos contextos associativos, os cidadãos sentem-se como indivíduos que "pertencem" a algo. Esses fóruns de argumentação e deliberação compensam a alienação temporal, social e substancial dos processos políticos no interior do sistema de representação política (Offe, 1989, p. 767; Offe/Preuß, 1991, p. 164 s.). Eles não democratizam primeiramente os processos de formação geral da vontade, mas antes os processos de formação de preferências e argumentos[14].

---

[14] Aqui está o ponto de partida das teorias das instituições "deliberativas", nas quais não posso entrar em detalhes. Cf. Elster (1986, 1991), Dryzek (1990), Buchstein (1992, 1993), Goodin (1992), Baynes (1992b, p. 59 ss.), Sunstein (1993, cap. 6), J. p. Müller (1993, p. 148 ss.). Essas teorias têm em vista, de diferentes maneiras (com base em concepções diferentes dos atores políticos), a implementação de procedimentos de justificação pública recíproca que possibilitem a resolução comum de problemas. Aqui reside uma questão importante: em que medida a própria força

Isso implica fortes exigências de racionalidade às respectivas associações, não apenas porque têm de possibilitar a formação racional interna do juízo, mas também porque admitem argumentos que vão além dos seus interesses limitados (Offe, 1989, p. 773). Além disso, a mediação entre interesses particulares e universais não depende apenas de um desenho institucional que possibilita a argumentação, mas também da consciência dos indivíduos de serem membros de uma coletividade que abrange todas as associações individuais. Assim, Offe fala da "nação" cuja permanência é percebida como uma tarefa comum dos cidadãos (ibidem, p. 763). Para além de seus contextos particulares, as pessoas, enquanto cidadãos, têm de estar em condições de falar uma linguagem *universal* e *pública* – nesse ponto, entra em uso a categoria central da sociedade civil, a "esfera pública" [*Öffentlichkeit*] e, com isso, o vínculo interno de "respostas" e "responsabilidade". Isso significa, em primeiro lugar, que o princípio da "justificação pública" deve ser realizado no interior das associações; em segundo lugar, porém, significa que os discursos devem entrar em formas gerais de argumentação e de formação da vontade institucionalizadas politicamente; e, por último, significa que os argumentos políticos, em seu conjunto, apelam a uma esfera pública política de todos os cidadãos, que é a comunidade de justificação legítima das questões que atingem a todos os cidadãos. A ideia de uma linguagem pública pressupõe a de uma esfera pública política na qual os cidadãos apresentam razões, respondem a contra-razões e responsabilizam-se de modo argumentativo por suas próprias razões. Sem essa dimensão de publicidade e de responsabilidade, uma concepção de democracia fica aquém do princípio de justificação pública e mostra-se que esse princípio pressupõe uma forma política de responsabilidade mútua dos cidadãos com e para os outros. As razões políticas têm de ser justificadas pelos cidadãos perante a comunidade de todos os cidadãos e a comunidade tem de poder assumir em comum a responsabilidade pelas decisões políticas. Essa responsabilidade não cabe aos indivíduos isolados, mas a todos como participantes de discursos e autores do direito. Nesse sentido, uma comunidade de justificação procedimental é uma comunidade de responsabilidade que tem, ao menos, a "substância" de que os cidadãos se compreendam como participantes dessa comunidade: deliberam reciprocamente e chegam a decisões que podem ser responsabilizadas coletivamente perante e com os outros. Essa forma exigente de *integração política* é acompanhada pela ideia de autonomia política. A questão de saber

---

"depuradora" dos mecanismos institucionais (formas de "*checks and balances*") pode pressupor ou de alguma forma compensar determinadas capacidades e atitudes "deliberativas" normativas substantivas por parte dos cidadãos. Voltarei a isso na próxima seção.

quais concepções de cidadania e de discurso político são pressupostas por essa ideia leva-nos à teoria da democracia deliberativa.

b. Para uma teoria da democracia deliberativa

A ideia de uma democracia discursiva, deliberativa, apresenta uma alternativa para as teorias liberais e comunitaristas da legitimação política. Particularmente, ela evita as premissas rousseaunianas e hegelianas das teorias comunitaristas. Segundo Habermas, a soberania popular é concebida "como procedimento".

> O eu de uma comunidade jurídica que se auto-organiza desaparece nas formas de comunicação sem sujeito, que regulam o fluxo dos discursos de formação da opinião e da vontade de tal modo que seus resultados falíveis tenham a seu favor a suposição da racionalidade. Com isso, a intuição que se vincula à ideia da soberania popular não é negada, mas interpretada de modo intersubjetivo (Habermas 1992a, p. 365).

Do ponto de vista institucional, a teoria procedimental pressupõe uma cooperação entre associações, grupos [*Verbänden*] e comunidades (esferas públicas limitadas), instituições políticas e uma esfera pública política geral (mediada pelos meios de comunicação)[15]. Segundo o princípio da "justificação pública", essa cooperação tem de possibilitar que as razões relevantes para a regulação política entrem na formação democrática da vontade e resultem em decisões fundadas nas melhores razões disponíveis. Elas têm de poder se manter frente aos atingidos por uma regulação; têm de ser, em parte ou pelo menos, razões toleráveis. Consequentemente, a possibilidade da participação política em geral não se realiza como um fim em si mesma, mas é uma condição para a suposição de que, numa questão política, as possíveis contra-razões dos atingidos sejam apropriadamente consideradas.

Portanto, uma comunicação entre cidadãos é "sem sujeito" apenas no sentido intersubjetivo. Do ponto de vista formal, são os *procedimentos* de fundamentação recíproca que incorporam a ideia da soberania popular (cf. Maus, 1992, p. 176 ss.) e, do ponto de vista material, são as *razões* justificadas reciprocamente que conferem legitimidade às normas. As normas legítimas são o resultado comum de processos deliberativos. O "poder gerado comunicativamente" (Habermas, 1992a, p. 182 ss., 365) é o poder gerado intersubjetiva e publicamente na ação em comum (H. Arendt); como poder que põe o direito, ele leva à legitimação do poder administrativo. Se o "poder" não é entendido de modo concreto, mas como da ação

---

[15] Junto com os trabalhos mencionados na nota 14, cf. a teoria de Peters (1993, p. 327 ss.) sobre as "eclusas" entre processos sociais de formação da opinião e da vontade numa periferia e um centro de instituições políticas.

comum *fundamentada*, não resulta nenhuma dicotomia necessária entre poder "público" e "institucional" – procedimentos de justificação têm de formar a ponte para a legitimação do poder político-administrativo.

A "democracia deliberativa" significa que a fonte da legitimação não está nem na soma das vontades individuais e nem na "vontade geral", mas no processo de formação discursivo-argumentativa e deliberativa de uma decisão política fundamentada universalmente, contudo sempre provisória e passível de revisão (cf. Manin, 1987, p. 352 s.). Joshua Cohen dá a seguinte definição:

> A noção de democracia deliberativa está enraizada no ideal intuitivo de uma associação democrática na qual a justificação dos termos e condições da associação procede por meio do argumento e raciocínio públicos entre cidadãos iguais. Em tal ordem, os cidadãos compartilham um compromisso com a resolução de problemas de escolha coletiva pelo raciocínio público e consideram legítimas suas instituições básicas à medida que elas estabelecem uma estrutura para a deliberação pública livre (Cohen, 1989, p. 21).

Além disso, Habermas acentua que com isso não está fundamentada uma nova teoria da auto-organização social abrangente, que não estaria adequada à complexidade das sociedades modernas. Os discursos públicos não substituem os procedimentos do Estado de direito [*rechtsstaatliche Verfahren*] e nem os domínios sociais integrados sistemicamente, antes caracterizam a dimensão da formação da opinião e da vontade, da qual uma sociedade constituída democraticamente não pode, em princípio, prescindir. O discurso não ocupa o lugar do "grande sujeito" soberano (Habermas, 1992a, p. 450), do povo; antes, aparece no plural, e pretensões e razões têm de passar por determinados procedimentos institucionais. Contudo, esses continuam precisando de uma justificação pública. "A esfera pública" não deve ser entendida de modo monolítico, mas como espaço no qual argumentos políticos surgem e têm de se confirmar – do qual, por sua vez, seguem-se determinadas consequências para a estrutura e organização da comunicação pública (direitos de comunicação, acesso aos meios de comunicação etc.).

O princípio da democracia deliberativa é um princípio de legitimação democrática: somente podem pretender legitimidade as normas e decisões políticas que, num discurso entre cidadãos livres e iguais, podem ser questionadas e aceitas em suas consequências gerais e particulares. Somente assim, como diz Habermas, "podem ter a seu favor a suposição da razão prática". Esse princípio atribui três funções e qualidades essenciais aos discursos políticos, que podem ser tratadas sob os títulos (a) racionalidade e equidade; (b) crítica e conflito; (c) reconciliação e solidariedade. O primeiro implica determinados pressupostos do princípio deliberativo (nesse sentido, não "sem sujeito") por parte dos cidadãos, a saber, a capacidade de formação das preferências, do juízo e da vontade e a disposição de compreender, aceitar ou tolerar a posição dos outros. O segundo complexo aponta para as tarefas de admitir e reconhecer as reivindicações por reconhecimento de grupos até então excluídos. Por fim, o terceiro refere-se à necessidade de reconciliar essas fissuras numa comunidade política e de realizar de modo solidário o reconhecimento universal de pertença plena. De forma resumida, trata-se da (a) *descoberta*, (b) *problematização* e (c) *afirmação* de uma linguagem pública entre membros de uma comunidade política.

(a) Racionalidade e equidade

De modos diversos, a teoria da democracia deliberativa assume pressupostos cognitivos mais fortes do que os modelos liberais e também comunitaristas de legitimação política. Por exemplo, em comparação com Rawls (e ainda mais em contraste com o "*modus vivendi*") ela pressupõe algo além, como observam Gutmann e Thompson (1990, p. 143), na medida em que assume a possibilidade de discursos racionais em questões éticas, políticas e morais, num sentido que ultrapassa o acordo sobre os "elementos essenciais da constituição" e as "questões básicas da justiça" presente na concepção política da justiça de Rawls. Diferente da teoria comunitarista, a da democracia deliberativa não reduz a possibilidade do consenso nem a uma eticidade substancial prévia e aos seus valores, tampouco aos cidadãos virtuosos orientados para o bem comum. Consequentemente, ela assume ao mesmo tempo *mais* e *menos* acordo do que essas propostas: mais possibilidades de chegar a argumentações racionais e consensos ou compromissos, todavia, menos possibilidades no que se refere à substância que impregnam esses consensos. Num sentido importante, os consensos são sempre "provisórios" e resultados de discursos que podem ser questionados pelos cidadãos (cf. também Gutmann, 1993, especialmente p. 191 ss.).

A racionalidade do resultado de uma formação política da vontade está vinculado com um critério procedimentalista de ter sido formado num discurso público entre cidadãos livres e iguais – conforme o princípio kantiano do "uso público da razão" (cf. Bohman, 1991). A democracia é o domínio das razões justificadas universalmente. "Boas razões" para uma norma ou decisão política têm de ser universais e públicas, não se furtar a contra-argumentos e poderem se autoexplicar da melhor maneira possível. Da parte dos participantes na argumentação, isso exige a capacidade e a disposição de explicar suas razões, compará-las com outras e, se for o caso, modificá-las. "Os cidadãos submetem suas crenças morais ao teste da deliberação pública e fortalecem suas convicções ou modificam suas mentes em resposta aos argumentos nos quais se engajam [...]" (Gutmann/Thompson, 1990, p.143). As suposições cognitivistas desse modelo atingem também, por um lado, a capacidade dos cidadãos de agirem comunicativamente e assumir a perspectiva dos outros; por outro lado, implicam também que "as matérias sociais impregnadas de conflitos podem, em geral, ser reguladas de modo racional, isto é, no interesse comum dos atingidos" (Habermas, 1990, p. 39). Nesse contexto, Peters coloca a objeção de que o critério procedimental da esfera pública e da universalidade da formação da vontade não é suficiente para garantir a racionalidade do resultado desse procedimento (Peters, 1991, p. 227 ss.). Isso não implica que as "boas razões" (ibidem, p. 271) não possam fundamentar a legitimidade por si só, mas que as razões dadas estão sempre sob uma reserva falibilista, mesmo quando são as razões de uma maioria. Na ausência de critérios de racionalidade sociais substantivos ou de um saber especialista não falível de um observador "neutro", pode somente seguir-se que o que tem de estar assegurada é a maior universalidade possível (sempre limitada faticamente) da deliberação, e, com isso, a possibilidade de um questionamento crítico das razões. Portanto, a *abertura* do discurso político é uma exigência necessária. Argumentos e também decisões devem ser comprovados e, se for o caso, refutados, à luz de processos de aprendizagem. As decisões políticas estão nesse dilema: não destruir, em princípio, a possibilidade de sua revisão, isto é, de se compreenderem a si mesmas como decisões provisórias e, ao mesmo tempo, como decisões válidas.

Um modelo deliberativo de democracia não parte de um conceito epistêmico de justificação, segundo o qual os procedimentos democráticos seriam o melhor caminho para encontrar uma verdade política objetiva (cf. Coleman/Ferejohn, p. 1986-7), ou segundo o qual a democracia é a melhor reação frente à impossibilidade de identificar os poucos que poderiam descobrir essa verdade objetiva (cf. Estlund, 1993; para uma crítica, cf. Colp, 1993). O conceito de "verdade" é, aqui, equívoco: nas decisões democráticas, trata-se de questões de correção [*Richtigkeit*] ou de justiça. Aqui, a correção fatual [*sachliche Richtigkeit*] é uma dimensão da correção normativa – informações fatuais desempenham um papel essencial na gênese de decisões normativas e suas implementações concretas. No entanto, o modo como essas informações são formuladas e como são ponderadas são questões que não podem ser avaliadas sem os próprios participantes. Elas já são questões normativas. Com isso, as decisões democráticas "corretas" e "racionais" dependem das objeções informativas e críticas dos atingidos em potencial – nessa perspectiva, questões epistêmicas e questões normativas não podem ser separadas. Apesar disso, o que permanece fundamental é o momento normativo: razões boas têm de poder ser reconhecidas pelos autores do direito, que são ao mesmo tempo seus destinatários. Para essa "capacidade de anuência racional" pode-se determinar critérios procedimentais – e procedimentos de ponderação e comprovação argumentativas –, mas não substantivos.

Segundo David Miller (1992), o ideal deliberativo da democracia distingue-se em essência de um modelo liberal pela suposição da possibilidade de uma transformação discursiva das preferências em direção a juízos mais convergentes. Nos procedimentos de justificação pública, as preferências individuais têm de ser introduzidas com razões universais, o que não implica que elas se desvinculem dos interesses próprios, mas sim que pode ser produzido um vínculo entre interesses próprios e universais. Por meio disso, preferências puras autorreferenciadas são excluídas (ibidem, p. 61) – não com base em reflexões estratégicas, mas em vista do que pode ser reciprocamente defensável. Com isso, as preferências individuais expandem-se para juízos comuns e formam a base da vontade democrática legítima (ibidem, p. 66). Consequentemente, as preferências das pessoas não são vistas como blocos firmemente cimentados a serem agregados pelos procedimentos políticos[16], mas também não são entendidas como uma massa a ser condensada nos processos democráticos, a partir da qual surja uma vontade comum uniforme. As razões que devem ser reconhecidas universalmente permanecem vinculadas às pretensões e interesses das pessoas e grupos. Elas não formam uma linguagem "pura".

A formação deliberativa das preferências, dos juízos e da vontade significa, portanto, o seguinte. As preferências das pessoas ou dos grupos têm de ser justificadas, com suas próprias razões, perante outros em discursos públicos. Esse processo pressupõe, primeiro, um teste dessas preferências tendo em vista a possibilidade de serem defendidas publicamente [*öffentliche Vertretbarkeit*] por parte das pessoas que as apresentam. Nos procedimentos da argumentação, começa um segundo exame tendo em vista as pretensões e contrarrazões de outros pessoas e grupos, exame esse que pode tornar necessário redefinir, relativizar ou reordenar as preferências próprias. Apoiando-se em Frankfurt (1971), poder-se-ia dizer que as preferências de primeira ordem são examinadas à luz dessas preferências de segunda ordem – que se apoiam em razões universais. Elas incluem uma perspectiva ampliada factual, social e intersubjetivamente. Com isso, elas são *traduzidas* numa linguagem universal, de razões, na base da qual são possíveis juízos comuns. Esses juízos são, no sentido kantiano,

---

[16] Sobre isso, cf. a controvérsia de Miller (1992) com as teorias da "escolha social"; cf. ainda Sunstein (1993, p. 135): "O objetivo da política é, portanto, refletir sobre e algumas vezes mudar as preferências existentes e não simplesmente implementá-las. As preferências não são estáticas; elas são o tema de conversação e debate. As pessoas têm de justificar os resultados sociais por meio da referência à razões".

"reflexionantes": eles ascendem de perspectivas individuais para uma perspectiva comum, que não é nem a soma das primeiras nem a perspectiva de um sujeito comum. Segundo Kant (1790, A156), a capacidade para juízos reflexionantes pressupõe um modo de pensar "livre de preconceitos", "ampliado" e "consequente", isto é, "pensar por si mesmo", "pensar em lugar de qualquer outro" e "pensar em qualquer momento em concordância consigo mesmo". Segundo Arendt (1985a), é especialmente a capacidade para um modo de pensar ampliado que constitui o cerne do juízo político como uma atividade intersubjetiva. Contudo, deve ser enfatizado que a tradução dos argumentos particulares "supera" [*aufhebt*] esses argumentos à medida que os preserva. Elas permanecem identificáveis em relação ao seu contexto de surgimento. Portanto, uma vontade universal não é a de um sujeito coletivo, mas a concordância gerada argumentativamente com base em razões universais que continuam sendo razões *para* pessoas. A "suprassunção" [*Aufhebung*] de argumentos em razões realmente universais continua sendo, em última instância, o caso ideal dos procedimentos deliberativos, que tem de ser pressuposto como um fim de modo a manter os discursos abertos às razões e à exigência de fundamentações e, no caso de pessoas com interesses contrários não conseguirem chegar a acordos com base em soluções fundamentadas em comum, a fim de tornar possíveis compromissos *fundamentados* a partir de procedimentos equânimes. Esses compromissos não se apoiam em razões *compartilhadas*, mas *toleradas* mutuamente (cf. Habermas, 1992a, p. 205).

No contexto do debate entre liberalismo e comunitarismo é importante ressaltar que, segundo esse modelo, os cidadãos não se despem de suas identidades éticas. Os "encargos da razão", que levam a um "desacordo razoável" entre concepções éticas incompatíveis, devem ser observados – exatamente porque muitas vezes as questões éticas não podem ser retiradas da "agenda política". Nesse contexto, McCarthy (1991, p. 196 ss.) destaca a necessidade da distinção entre critérios morais e políticos de legitimação. Em conflitos políticos, o "acordo motivado racionalmente" pode surgir com base em compromissos (não estratégicos) ou em determinadas regras procedimentais reconhecidas universalmente. A justificação "direta" apoia-se em razões aceitas, compartilhadas; a justificação "indireta", em procedimentos aceitos – sem que os resultados desse procedimentos sejam considerados como os melhores possíveis (1993b, p. 35). Todavia, aqui deve-se ter em mente o seguinte: a aceitabilidade "indireta" de uma decisão (por exemplo, a que se chegou por meio da decisão da maioria) não pressupõe certamente que ela tem de ser justificada no sentido da "reciprocidade estrita e da universalidade" (cf. seções 2.1 e 2.4) segundo o modelo das normas básicas ou que somente assim ela pode valer, mas sim pressupõe que a decisão não *fira* as normas que são justificadas segundo esse critério. Ela deve mover-se sobre o chão de determinados direitos e procedimentos "estritos" para ter a seu favor a "suposição da razão prática" no sentido de um compromisso ou de uma decisão "justos". Esse dispositivo não remove dos discursos políticos nem os procedimentos, nem os argumentos, nem os resultados, como teme McCarthty. Todavia, ele impõe determinadas condições criteriosas aos discursos políticos (que, nesses contextos, podem elas mesmas ser validadas pelas pessoas como um apelo aos seus direitos civis básicos).

Nos discursos políticos, os pontos de vista ético, pragmático e moral encontram-se uns com os outros. Eles não formam discursos próprios, mas aspectos diferentes de problemas práticos que devem ser ponderados (cf. Habermas, 1994, p. 8, em comparação com Habermas, 1992a, p. 207 ss.). Esses aspectos estão amarrados de modo complexo, mas não de modo insolúvel. Particularmente em problemas nos quais as questões morais desempenham um papel – a pena de morte, por exemplo, ou a limitação não justificada reciprocamente de formas de vida –, os pontos de vista morais devem ter uma primazia. Eles não devem ser sacrificados em nome de ponderações éticas ou inclusive pragmáticas. A ênfase nesse critério estrito se deve, portanto, não à desconsideração da constituição ética das pessoas e do ideal descontextualizado dos discursos "puros", mas deve-se ao significado específico da proteção moral das pessoas em sua identidade concreta. Os discursos políticos não são discursos morais, mas eles têm a ver com matérias diversas. Contudo, eles não podem dar uma resposta falsa aos problemas morais. Uma teoria procedimental da justificação deve vincular de modo correto os momentos "liberal" e "democrático" quando se trata da concepção de uma linguagem comum entre cidadãos e cidadãs. Contudo, aqui se coloca a questão de quão "universal" pode ser essa linguagem.

(b) Conflito e crítica
No interior de toda linguagem habita a violência potencial de excluir aqueles que não a falam, mas em cujo nome, contudo, se fala. De modo específico, isso vale para a linguagem do direito: ele pretende falar em nome da universalidade e fala para e sobre todos os cidadãos, porém não fala propriamente em nome dos que foram excluídos do processo de formação do juízo e da vontade[17]. Como é possível encontrar uma linguagem universal que não faça calar as vozes da diferença?

Essa questão foi discutida no contexto da crítica feminista à pretensão de neutralidade da pessoa do direito liberal (seção 2.3). Dessa crítica foi extraída a

---
[17] Cf. Lyotard (1990), Derrida (1991); para uma crítica disso cf. Maus (1992, p. 209 ss.), Benhabib (1992c).

consequência de uma reconceitualização da pessoa do direito, segundo a qual esta é apreendida como proteção das identidades particulares, concretas e, portanto, "diferenciadas". Pretensões por reconhecimento foram, no entanto, remetidas ao fórum dos discursos políticos e não dos discursos jurídicos, pois o primeiro é o lugar no qual os cidadãos, como autores do direito, têm de se entender acerca do reconhecimento de grupos e identidades e traduzir e realizar esse entendimento no direito. Entretanto, retoma-se o problema: como a linguagem dos discursos públicos políticos pode ser "poliglota"? Como se pode evitar a repressão do particular a partir da linguagem pública universal? A "razão pública" pode falar com mais de uma voz?

O princípio teórico discursivo da democracia deliberativa pode responder de forma mais adequada a essa questão do que os modelos liberal ou comunitarista do discurso democrático e do "espaço público". Tanto a concepção liberal quanto a comunitarista limitam, de certa maneira, as questões que podem ser apresentadas e respondidas nos discursos políticos. O modelo liberal, na medida em que permanece preso a uma distinção problemática entre questões "públicas" e "não públicas" (cf. Pateman, 1983; Okin, 1989; MacKinon, 1989).

> Todas as lutas contra a opressão no mundo moderno começam com uma redefinição das questões que antes eram vistas como "privadas", não públicas e apolíticas, em assuntos de interesse público, em problemas de justiça, em posições de poder que precisam de legitimação discursiva (Benhabib, 1991, p. 156).

"Privacidade" não caracteriza um espaço social no qual são conservadas determinadas relações, mas um espaço de possibilidade de desenvolvimento de uma identidade própria em relações recíprocas. O princípio da neutralidade da justificação não deve ser traduzido politicamente de modo errado.

A teoria comunitarista também não faz justiça a essa problemática. Ela estabelece um vínculo muito estreito entre o fato de que o eu é constituído numa comunidade e a obrigação do eu de mantê-la ao preço da perda de sua identidade própria. Consequentemente, a teoria comunitarista reconhece a identidade concreta tradicional e não a autodeterminada, transformada, do "outro concreto" (cf. Benhabib, 1992b; Friedman, 1990; Rössler, 1992). A teoria comunitarista não transporta apenas concepções determinadas de compreensões tradicionais de papéis, mas também representações de uma comunidade política integrada eticamente com uma identidade e com um bem comum abrangentes, que incorpora o bem de todos os cidadãos virtuosos. As duas coisas são inaceitáveis para as teorias feministas. O discurso de uma identidade política abrangente encobre a exclusão daqueles que se sobressaem como "não idênticos" a partir dela, e a ênfase na virtude cívica e no bem comum oculta os fossos no interior de uma sociedade fundada em relações de poder (cf. Frase, 1990, p. 72; Young, 1990, p. 118).

Uma teoria do discurso evita, assim nos parece, esses pressupostos fortes de uma identidade uniforme, bem como os da virtude do cidadão e da aceitação das tradicionais por parte dos comunitaristas. Além disso, a teoria do discurso não é um modelo comprometido com um espaço público restringido. O discurso político é o *medium* no qual reivindicações concretas por reconhecimento colocam em dúvida as estruturas e as normas existentes e podem conduzir a uma forma de linguagem universal (eventualmente reconceitualizada) que garante o reconhecimento e a realização dessas reivindicações. No entanto, essa tese é contestada pelas teorias feministas. Segundo estas, a teoria da democracia deliberativa ressente-se de três ilusões: a ilusão da realidade, a da possibilidade e a do caráter desejável de uma tal linguagem universal.

A objeção de que a teoria do discurso parte da realidade existente de uma linguagem, no sentido próprio, universal, legítima e que engloba em si todos os interesses, não faz justiça à pretensão dessa teoria. O princípio da abertura do discurso político afirma que uma vez que uma norma ou decisão foi acordada ela permanece sob a permanente reserva de ser provisória, isto é, de poder ser modificada com base em melhores argumentos e numa consideração mais abrangente dos interesses dos atingidos. Por meio dessa ênfase no caráter provisório e na abertura com base na pretensão de universalidade, a teoria da democracia deliberativa permanece crítica.

A objeção da ilusão da possibilidade de uma linguagem universal "real" apoia-se nos seguintes argumentos. Mansbridge observa que

> a transformação do "Eu" em "nós", realizada por meio da deliberação política, pode facilmente mascarar formas sutis de controle. Mesmo a linguagem que as pessoas usam como sua razão comum favorece comumente um modo de ver as coisas e de desencorajar outros. Algumas vezes, grupos subordinados não conseguem encontrar a voz ou as palavras corretas para expressar seus pensamentos, e quando o fazem, eles descobrem que não são ouvidos (1990, p. 127).

Quando se radicaliza essa objeção, a possibilidade de uma linguagem universal naufraga na pluralidade de perspectivas, na particularidade dos discursos "reais" e na violência alojada no discurso e na linguagem. Essa crítica visa suposições centrais de uma teoria do discurso, pois esta tem de pressupor que os discursos em controvérsias argumentativas e na deliberação são o *medium* apropriado para regular conflitos sociais num sentido justificado universalmente. O que é decisivo aqui é que a "transformação", a "tradução" de valores, interesses e argumentos particulares numa "linguagem universal" não é entendida como uma "amalgamação"

[*Einswerdung*], ou seja, uma transformação de caráter dos indivíduos e uma fusão plena das perspectivas, mas como uma unificação com base em razões compartilhadas ou toleradas em comum. A ideia de uma linguagem abrangente não é fundamental aqui: importa muito mais a inclusiva e permanentemente criticável, sempre generalizável e, justamente por isso, mais concreta. Ela não supera as diferenças no sentido de negá-las, mas sim no sentido de assumi-las de tal modo que os indivíduos ainda possam se reconhecer como indivíduos na universalidade da linguagem. Para além das alternativas de perspectivas subjetivas incompatíveis e de um objetivismo que tudo supera em si mesmo, a argumentação comum produz uma linguagem que pressupõe um processo de assunção de perspectivas e faz valer um acordo de tal modo que os argumentos e as razões ainda permanecem reconhecíveis. Uma linguagem política universal não é uma linguagem "pura". Ela permanece vinculada aos contextos (idiomáticos) das identidades particulares. Que ela se torne "universal" enquanto inclusiva não significa que ela se distancia desses contextos, mas os leva em conta à medida que seu vocabulário é revisto e diferenciado.

Isso pressupõe, naturalmente, a desejabilidade [*Wünschbarkeit*] normativa de uma linguagem universal. Contudo, essa ideia é posta em dúvida numa versão mais aguçada da objeção da impossibilidade: mesmo se uma linguagem universal fosse representável conceitualmente como aberta, cada clausura "provisória" (e decisão) seria ainda inevitável e necessariamente violenta, não "realmente" universal. Portanto, não pode ser um propósito normativo perseguir a ideia de uma tal linguagem universal (cf. Young, 1990, p. 98 s.). Contudo, essa conclusão apoia-se numa falácia normativa: a partir do diagnóstico dos obstáculos e limitações sociais que se opõem aos discursos e consensos "autênticos", é contraditório inferir a desqualificação normativa da ideia de uma linguagem justificada universalmente, pois é somente o padrão dos discursos e consensos universais "reais" que possibilita a crítica a essas limitações. Pois se o disfarce da particularidade como universalidade é criticado, isso *não* significa que esse seja necessariamente e legitimamente o caso, que sob circunstâncias inversas – se nós mesmos estivéssemos na posição do poder definidor da universalidade – tal disfarce seria aceitável a partir da perspectiva própria. Do contrário, a falsa ideologia da igualdade não seria criticável do ponto de vista normativo: não existe uma crítica da igualdade falsa sem ao menos a "ideia reguladora" de uma igualdade "melhor". Somente o princípio de legitimação de que as normas legítimas são aquelas que podem ser aceitas por todos os atingidos como livres e iguais abre a possibilidade para que os atingidos ergam suas vozes, articulem seu dissenso e coloquem entre parênteses a pretensão de validade *prima facie* das normas criticadas.

A ideia de uma universalidade "ideal" do entendimento discursivo não deve ser colocada numa oposição falsa aos discursos "reais". A crítica que Walzer (1989a) e Barber (1988, cap. 8) fazem à teoria do discurso serve como exemplo da confusão dessas dimensões. Num equívoco ao qual se segue um autoequívoco – pois Walzer e Barber também veem no discurso democrático entre cidadãos livres e iguais o único *medium* da legitimação (cf. Barber, 1984; Walzer, 1983a, p. 430) – Walzer opõe "*real talk*" à "*ideal talk*" e "conversação hipotética no espaço associal" (1989a, p. 185). Segundo ele, a teoria do discurso substitui o discurso democrático não restringido, aberto e instável por um modelo de discurso ideal, no qual todos os participantes possuem informações iguais e somente introduzem nele aqueles interesses e valores que são universalizáveis: "o requisito da universalização é um constrangimento poderoso" (1989a, p. 186). O modelo do discurso projeta os discursos segundo o modelo rawlsiano da "posição original", no qual não há lugar para conflitos autênticos entre interesses e valores. Para Walzer, em última análise, trata-se do medo diante da pluralidade democrática, que dá uma prioridade à "filosofia" frente à "democracia" (Walzer, 1981; Barber, 1988), uma primazia da argumentação artificial em relação à real.

Essa crítica compreende erradamente os conceitos normativos como descrição dos discursos democráticos. Ela não faz justiça nem à teoria de Rawls e nem à de Habermas. Segundo Rawls, não há como a "posição original" ser entendida como discurso democrático. Ela deve ser entendida como reformulação do teste kantiano de universalização para a resposta da questão sobre quais princípios de justiça são de interesse universal, isto é, do interesse daqueles que *não* possuem voz nas sociedades existentes. Rawls deixa a implementação, realização e concretização institucional e interpretativa desses princípios ao encargo dos discursos democráticos, que não mais se encontram atrás de um "véu de ignorância" (cf. Rawls, 1971, § 31). Sua teoria dos discursos de legitimação é certamente limitada, como foi demonstrado, contudo não no sentido de que seres "indiferenciados" como interesses idênticos se encontram uns com os outros, mas no sentido de que Rawls distingue um determinado conceito de pessoa e correspondentemente determinados princípios de justiça, os quais limitam os discursos políticos na medida em que são sua base subjacente[18].

---

[18] A crítica das partes na "posição original" como sujeitos descontextualizados, que não estão em condições de uma assunção autêntica da perspectiva do outro ou do "outro concreto", mas apenas de assumir uma perspectiva estereotipada do "outro generalizado" (Benhabib, 1992b), desconsidera que a "posição original" não é uma representação dos discursos reais (para isso, cf. o capítulo 1) e que esse experimento mental se limita somente à fundamentação dos dois princípios básicos

Em relação a isso, a explicação de Habermas sobre o pressuposto do consenso universal, necessário normativamente nos discursos, aproxima-se do ideal de Walzer de um "discurso não limitado" – em relação aos temas e argumentos possíveis nos discursos políticos e em relação a seu caráter não conclusivo ("discurso real é sempre inconclusivo; não possui momentos de autoridade"; Walzer, 1989a, p. 194). A definição de Habermas do discurso democrático é uma definição que Walzer tem de aceitar de modo a dar um critério de legitimação para esses discursos "instáveis e contínuos", sobre cuja base uma decisão pode ser aceita e respectivamente criticada por parte dos próprios participantes (cf. Warnke, 1989a, p. 202). Indicar razões universais para as condições discursivas da liberdade e da igualdade não significa argumentar a favor de discursos entre seres indiferenciados entre si, incorpóreos e desinteressados. Significa saber em que consiste o critério formal de validade de uma norma.

Vale distinguir: (a) a exigência normativa de uma universalidade discursiva não limitada que proíbe a exclusão dos participantes e fundamenta a abertura do conteúdo; (b) o critério de universalidade e reciprocidade estrita nas questões morais; (c) o critério de uma universalidade limitada nos discursos políticos de justificação (nos quais não são atingidas questões a serem tratadas como questões morais num sentido estrito). Nem (a) e nem (b) implicam que em (c) as pessoas sejam consideradas como "outro generalizado" (Benhabib, 1986, p. 339 s.; 1992b) e que se perca o caráter intersubjetivo dos discursos políticos. Antes, o critério de universalidade exige que nenhum dos "outros concretos" seja desrespeitado em razão de sua alteridade, como também exige o "universalismo interativo" de Benhabib.

Além disso, a distinção entre validade moral (b) e universalidade política (c) significa, portanto, como já foi apresentado, que a separação entre questões morais e éticas não leva a uma exclusão prévia das questões éticas do discurso político (sobre essa crítica, cf. Benhabib 1991, p. 160 s.). Pois à medida que o domínio "privado" da vida social oculta relações de poder, a teoria do discurso exige, *primeiro*, que tais relações de poder sejam expostas, nas quais seja mostrado que elas podem ser criticadas, porém não defendidas, com argumentos universais e, *segundo*, que nos discursos políticos tais questões até então privadas não apenas podem ser transformadas em temas como também são admitidos argumentos

---

de justiça (e, nesse plano, é possível uma crítica à posição original, cf. seção 4.2). Portanto, esta pressupõe de "nós" uma reflexão moral desse tipo (cf. os três pontos de vista: das partes, dos cidadãos e de "nós", em Rawls, 1980, p. 105), todavia não pressupõe um sentimento de cuidado [*Fürsorge*] de "nós" ou até mesmo das partes (segundo Okin, 1990).

oriundos das experiências, interesses, valores e necessidades de identidades concretas até então excluídas e não ouvidas (cf. Fraser, 1986, p. 426). Esses argumentos de uma linguagem "crítica" entram num processo argumentativo no qual é criticada e reformulada a linguagem "velha" de modo a possibilitar uma "nova" linguagem universal. Esse critério, a produção de uma linguagem *universal* nova, não pode passar nem pela velha linguagem, nem pela linguagem crítica. A distinção entre questões a serem legitimadas universalmente e questões éticas sobre a vida boa de uma pessoa não implica uma separação problemática entre questões privadas e questões públicas (cf. Habermas, 1991e, p. 149). Todavia, a distinção mantém a justificação universal das normas do reconhecimento recíproco da autonomia ética pessoal (cf. capítulo 2) – com o que se toca no problema da determinação da autonomia "privada", deixado em aberto na teoria feminista[19].

A crítica imanente que Benhabib faz à teoria do discurso sustenta-se, em última análise, numa determinada concepção do discurso político (c). Segundo esta, as necessidades individuais não são apenas introduzidas, redefinidas e traduzidas no discurso sob a forma de argumentos, mas, antes de mais nada, são levadas à consciência dos indivíduos como necessidades por meio de um "processo de transformação moral" (Benhabib, 1986, p. 313 s.). Por fim, isso leva a um novo patamar da subjetividade consciente e da intersubjetividade compartilhada em comum, uma "comunidade de necessidades e solidariedade" na qual os sujeitos reconhecem que dependem uns dos outros. "As categorias morais que acompanham essas interações são aquelas da responsabilidade, do compromisso [*bonding*], e da partilha [*sharing*]. Os sentimentos morais que lhes correspondem são os do amor, cuidado, simpatia e solidariedade". (ibidem, p. 341). Os discursos não fazem apenas a mediação entre perspectivas individuais em busca de uma linguagem comum, mas realizam uma forma mais elevada de identidade individual concreta e uma comunalidade solidária, que vai além do reconhecimento de direitos recíprocos. Todavia, com isso atribui-se aos discursos políticos uma função no processo de tornar-se consciente [*Bewusstwerdung*] e de formação da identidade subjetiva e coletiva que os assimila muito aos discursos éticos (cf. Fraser, 1986, p. 427; Moon, 1991, p. 220 s.; White, 1991, p. 109). Abrir os discursos políticos para argumentos sobre a interpretação de necessidades não significa transformá-los em lugar da formação da identidade das pessoas.

Íris Young critica também o desleixo da teoria do discurso para com as identidades concretas. Todavia, diferente de Benhabib, não propõe uma reformulação

---

[19] Cf. Young (1990, p. 119 s.), Benhabib (1991, p. 163), Okin (1991, p. 87 ss.), Cohen/Arato (1992, p. 369 ss.), Habermas (1992a, p. 380 s.).

ética dos discursos políticos, mas um modelo "mais heterogêneo" de esfera pública e que melhor represente os grupos como tal. Contra a norma da imparcialidade, Young afirma: "isso reforça a opressão ao hipostasiar o ponto de vista dos grupos privilegiados numa posição universal. Ao invés da imparcialidade, argumento que devemos buscar a equidade pública, num contexto de heterogeneidade, e o discurso parcial" (Young, 1990, p. 112). Contudo, "discurso parcial" não significa que os discursos políticos encalhem na impossibilidade de uma linguagem comum; antes, significa que essa linguagem faça a mediação em geral das pretensões e necessidades individuais ou coletivas e não as substitua por uma universalidade falsa. Esse momento da imparcialidade é inevitável e somente merece ser assim denominado quando for diferente da caricatura de uma perspectiva perfeita, afastada do contexto (ibidem, p. 107).

A ênfase de Young na diferença de identidades sociais diversas leva a um princípio da representação de grupos que deve assegurar a possibilidade de uma participação universal e igualitária nos discursos. Segundo esse princípio, a comunidade política tem a tarefa tanto de possibilitar a auto-organização de grupos sociais como também de produzir contextos institucionais nos quais possam fazer valer seus interesses e possam impedir *per veto* decisões que os atingem de modo especial ("tais como políticas de direitos reprodutivos para mulheres, ou de uso da terra para reservas indígenas"; p. 184). Segundo Young, com isso é dada a possibilidade, para os grupos até então excluídos, de ganhar o reconhecimento realmente justo numa esfera pública "heterogênea" e contudo acordada em comum (ibidem, p. 190). No entanto, os problemas dessa proposta não estão apenas na sua institucionalização, mas na distinção entre "grupos sociais" (que se definem a partir de práticas ou de modo de vida comuns) e "grupos de interesse ou ideológicos" (ibidem, p. 186). Somente os primeiros, segundo Young, devem ter privilégios representativos, e também somente aqueles grupos que até então não foram suficientemente representados. Porém, esses critérios são ainda muito imprecisos para indicar quais grupos e por quais razões devem desfrutar de qual tipo de privilégios (por exemplo, uma comunidade religiosa até então sub-representada cairia sob seu critério).

Essa proposta aponta, contudo, para o problema importante das condições de possibilidade da *formação* e da *representação* dos interesses e perspectivas dos grupos excluídos. Nesse contexto, Fraser (1990) propõe uma reformulação da teoria clássica da esfera pública democrática, reformulação cujo cerne é formado pela ideia de "contra-públicos subalternos" (ibidem, p. 68), que servem tanto como fóruns de formação de interesses particulares, quanto também como pontos de partida para o exercício da influência no interior da esfera pública política abrangente e dos procedimentos institucionalizados politicamente dos "públicos fortes" (ibidem, p. 75). Assim, "interpretações de necessidades", que levam a medidas políticas no Estado de bem-estar social, devem ser tematizadas primeiramente entre os atingidos e, por fim, na esfera pública em geral (cf. Fraser, 1989, cap. 7). No entanto, essa concepção vê-se defrontada com o problema de vincular a infraestrutura discursiva-solidária das esferas públicas particulares com a esfera pública política abrangente. Quão forte é a linguagem comum entre os contra-públicos e a esfera pública global (como um campo de conflitos sociais)? Parece que a "ética discursiva da solidariedade", do ponto de vista do "outro concreto coletivo" (1986, p. 428), localiza a solidariedade primeiramente nos grupos sociais particulares, enquanto que a solidariedade da sociedade como um todo não é considerada conceitualmente (cf. White, 1991, p. 109).

Consequentemente, uma linguagem universal dos discursos políticos está exposta à suspeita permanente de declarar interesses particulares como se fossem universais e tem de ser vista como uma linguagem "em disputa". Reivindicações por reconhecimento questionam tal linguagem; porém, desembocam numa linguagem "nova", que deve ser forte o suficiente para conceder e para *realizar* esse reconhecimento. Universalidade e solidariedade são condições inevitáveis do reconhecimento das identidades particulares diferentes e da realização desse reconhecimento nas instituições e práticas de uma comunidade política.

(c) Reconciliação e solidariedade
Uma interpretação republicana da democracia deliberativa reage frente à necessidade de que a comunidade política, enquanto lugar das lutas por reconhecimento, somente pode ser o lugar de realização desse reconhecimento se o for de modo solidário e reconciliado. Segundo a interpretação republicana, a democracia deliberativa apoia-se na virtude do cidadão de, numa discussão desta natureza, subordinar seu interesse individual ao bem comum. Nos discursos, não "se purificam" apenas argumentos, mas também as próprias pessoas. Sunstein (1998, p. 154 ss.) formula quatro princípios dessa concepção de democracia do "republicanismo liberal". O primeiro é o da própria deliberação. Ele sustenta que os cidadãos estão numa posição de considerar seus interesses e preferências não como algo dado, mas de sujeitá-los a um teste discursivo. Compreende essa disposição como "virtude cívica", como subordinação do interesse próprio ao interesse universal. O segundo princípio é o da igualdade política: todos os cidadãos têm de ter acesso igual ao processo político e poder exercer influência nele. A igualdade

"política", nesse caso, tem também consequências para a distribuição de bens sociais, como renda, formação etc. O terceiro princípio é o do "universalismo". Ele afirma que a possibilidade de alcançar um consenso sobre o bem comum deve ser assumida como um "ideal regulador" e que da parte dos cidadãos pressupõe-se a capacidade de assumir perspectivas para ter um entendimento da posição do outro, mesmo onde não é possível nenhum acordo. Por fim, o quarto princípio, da "cidadania", consiste em reconhecer a participação política não apenas como um valor instrumental, mas também como constitutivo para a vida virtuosa. Consequentemente, a democracia deliberativa não coloca, para seus cidadãos, apenas as exigências cognitivas da argumentação recíproca, mas espera deles a promoção do bem comum como um bem de ordem superior. Essa concepção, que Kersting (1991, p. 162) caracteriza como "democracia comunitária", está convencida de que "a comunalidade é intrinsecamente valiosa e a forma de vida que a possibilita é um bem coletivo", o qual vale proteger por seu valor intrínseco (cf. também Kersting, 1992, p. 142 s.).

"Republicanos liberais" modernos, como Sunstein[20] ou Michelman não se iludem quanto ao caráter conflituoso das sociedades modernas. Todavia, acreditam que o ideal da política deliberativa não pode renunciar a uma concepção forte de "civismo". "O caráter *persuasivo* do processo depende da eficácia normativa de algum contexto que é de todos – do passado que está presente constitutivamente em e para cada eu como linguagem, cultura, visão de mundo e memória política" (Michelman, 1988, p. 1513; cf. Perry, 1988, p. 152-60). Assim, a ação democrático-comunicativa é a afirmação de uma "vida comum", até mesmo "um processo de autorrevisão pessoal sob estímulo sócio-dialógico" (Michelman 1988, p. 1528). A possibilidade de alcançar um consenso pressupõe uma comunalidade prévia dos cidadãos como seres comunitários [*Gemeinschaftswesen*]. O *"sensus communis"* [*Gemeinsinn*] do juízo comum, como também o compreende Hannah Arendt (1985a, p. 223), é a afirmação de um mundo comum e ao mesmo tempo a "autodescoberta" das pessoas na "esfera pública". Segundo Beiner (1983, p. 138, 152), duas questões formam o objeto da deliberação: "quem somos" e "o que sou".

Contudo, essa concepção iguala de modo muito forte a comunidade política com uma comunidade ética (como lugar da autorrealização). A linguagem

---

[20] Em Sunstein (1993, p. 133 ss.), os quatro princípios mencionados retornam em uma forma modificada, na qual os lados procedurais e institucional da democracia deliberativa são enfatizados de modo mais forte.

universal do consenso, dos compromissos ou das decisões majoritárias não é a da ética da autodescoberta comum, mas sim uma que se apoia em razões em que a particularidade da "linguagem singular" continua a ser reconhecível. Essa concepção pressupõe cidadãos que queiram regular sua convivência social por meio de normas que sejam do melhor interesse possível de todos. O *sensus communis*, aqui implícito, consiste no reconhecimento mútuo dos cidadãos como concidadãos, frente aos quais temos de justificar racionalmente as pretensões próprias e que têm o direito de apresentar e defender suas próprias pretensões. Os cidadãos têm de ser capazes para a *autonomia política*: para autovincular de modo racional e responsável suas ações às leis autoimpostas. A responsabilidade política dos cidadãos como "coautores" do direito tem uma dimensão *dialógica* (eles têm de "responder" aos seus concidadãos de modo responsável) e uma dimensão *coletiva*: os cidadãos são responsáveis em conjunto pelas ações da coletividade.

MacIntyre apontou com ênfase para essa última dimensão. Segundo sua opinião, as ações da coletividade não podem ser adequadamente explicadas com conceitos individualistas ou procedimentalistas. Sem um pertencimento ético a uma nação própria, uma tal responsabilidade não pode ser assumida pelos cidadãos.

> Eu posso ser um cidadão de um determinado país, mas não posso ser responsabilizado por aquilo que meu país faz ou fez se eu não me decido implícita ou explicitamente por assumir tal responsabilidade. Tal individualismo ganha expressão em todo americano moderno que recusa qualquer responsabilidade pelos efeitos da escravidão sobre americanos negros ao dizer: "eu nunca fui proprietário de escravos" [...] O alemão jovem, que pensa que ser nascido depois de 1945 significa que aquilo que os nazis fizeram aos judeus não tem relevância moral para sua relação com seus contemporâneos judeus, age de acordo com uma concepção semelhante, segundo a qual o eu pode ser desvinculado de seus papéis e *status* sociais e históricos (1985, p. 294).

Aqui, MacIntyre menciona um problema que se refere a um vínculo complexo entre pontos de vista histórico-políticos e pontos de vista morais. Pois, por um lado, ele aponta corretamente que as pessoas, como cidadãos "situados", têm obrigações concretas que resultam de sua pertença a uma coletividade que atua e está localizada no tempo e no espaço, e que essas obrigações que se referem às relações dos cidadãos com sua comunidade política são de natureza *histórica-política*: temo-las enquanto membros desse coletivo. Contudo, do ponto de vista normativo, essas responsabilidades específicas – por exemplo, para os "crimes" (MacIntyre, 1984, p. 99) da comunidade política – resultam de obrigações *morais* que são atribuídas aos seres humanos *como tal*. Certamente com seu monismo ético, MacIntyre não consegue explicar suficientemente em que consiste o padrão para julgar os crimes que uma coletividade comete contra "outras" pessoas ou coletividades, pois ele quer reconhecer apenas padrões que estão *no interior* de tradições e coletividades. Certamente, cidadãos "nascidos depois", *como* membros de uma coletividade política e sua história ("como" alemães, "como" americanos), têm responsabilidade por tais fatos, porém a têm *em razão* de uma responsabilidade *frente às vítimas* (uma responsabilidade a ser julgada por padrões universalistas). Nesse sentido, essa responsabilidade não é fundamentada eticamente. Aqui não apenas se mostra em que medida os cidadãos, como membros de uma comunidade política, têm obrigações substanciais de modo mútuo e em relação a terceiros, mas também que a coletividade política não deve barganhar determinados princípios morais. O conteúdo dessas obrigações – indiretas – para com terceiros é, em última instância, uma questão de casos concretos a ser vista em sua dimensão temporal e moral[21].

Todavia, a obrigação como membro da comunidade política tem uma dimensão coletiva adicional: enquanto obrigação do cidadão para com outro cidadão no sentido da *realização* de pretensões de reconhecimento asseguradas na forma de direitos e benefícios. Nisso consiste o significado da solidariedade civil: uma comunidade política é uma comunidade de reconhecimento *e* realização de direitos e obrigações iguais, que constituem o *status* de um membro "pleno" da comunidade. Isso leva à questão de uma teoria da justiça social, que será tratada na seção seguinte.

Em resumo, pode-se afirmar que a discussão dos diferentes aspectos e interpretações de uma teoria da democracia deliberativa mostrou a possibilidade de uma reformulação dos pontos de vistas das teorias liberais, feministas e comunitaristas no quadro de um processo de descoberta, problematização e redefinição da linguagem comum. A linguagem universal do discurso político deve ser suficientemente *universal* de modo a assegurar a racionalidade e a equidade, *aberta* de modo a permitir a crítica e pretensões de reconhecimento e *forte* de modo a realizar o reconhecimento de modo responsável e solidário.

A *legitimação* de normas e decisões políticas pressupõe, no sentido de uma exigência por justificação universal e "razão pública", processos de formação deliberativa de preferências e juízos no interior e entre associações e comunidades, que penetram nos procedimentos institucionalizados de formação da vontade e da decisão.

A *integração* normativa de uma comunidade política constitui-se a partir de uma pluralidade de comunidades, associações e formas de vida. Portanto, não pode ser entendida ela mesma como uma comunidade ética no sentido identitário constitutivo. Na verdade, seus membros não compartilham uma concepção da

---

[21] Cf. a discussão entre Leist (1990), Löw-beer (1990), Wingert (1991).

vida boa, mas um passado, presente e futuro comuns. As características comuns de todos os cidadãos consistem numa prática política compartilhada e em valores e autocompreensões que devem poder ser mantidas frente às pretensões daqueles que foram excluídos dessa identidade comum. A identidade coletiva de uma sociedade pluralista (em sentido ético, étnico, religioso) consiste em mais do que os simples *princípios* da inclusão (direitos iguais e instituições políticas comuns); consiste na *história* de exclusão e inclusão, na história de experiências comuns. Isso não vale apenas para a sociedade "multicultural" dos EUA; muitos dos Estados atuais são "multiéticos" não apenas no sentido da "multietnicidade" ou "multinacionalidade", mas também no sentido de uma pluralidade de comunidades religiosas e formas de vida. Contudo, num sentido normativo, uma comunidade política ainda não é "multicultural" quando consiste em culturas diferentes, mas quando a identidade política comum representa adequadamente essa identidade particular [22].

A *cidadania*, frente a esse pano de fundo, é um conceito complexo, pois tem de abranger igualmente diferenças ético-culturais, igualdade jurídica e características políticas comuns. Os cidadãos devem reconhecer suas diferenças bem como sua igualdade como *pessoas éticas*, como *pessoas de direito* e como *concidadãos*. Portanto, os direitos de cidadania abrangem direitos subjetivos de autonomia pessoal e liberdade de ação, direitos de participação política e participação social, que possibilitam o *status* de um membro pleno da comunidade política. A "cidadania" pode ser entendida, por um lado, como o *status* definido a partir de certos direitos; porém, por outro lado, pode ser entendida como *processo* de obtenção e expansão de direitos (cf. Marshall, 1964).

Essa teoria das diferentes dimensões do conceito de cidadania dá uma resposta ao *dilema da substância sem substância* [*Substanzsubstanzlosen*] de uma democracia pluralista. Dá uma reposta ao problema de produzir uma unidade política que não seja tão forte ao ponto de marginalizar identidades nem tão fraca ao ponto de não tornar possível a estabilidade social e a solidariedade. Em vista da pluralidade de concepções éticas, uma comunidade inclusiva politicamente não pode ser entendida de modo ético-substancial. Nesse sentido, a pertença política deve sê-la de modo formal. Contudo, por outro lado, para evitar não uma exclusão formal, mas material por meio da desigualdade social, a pertença à comunidade

---

[22] A história dos EUA e as controvérsias em torno da questão "o que significa ser americano" – particularmente em relação à questão da imigração e da concessão de plenos direitos de cidadania – mostram que a definição da inclusividade e da "substância" de uma sociedade multiétnica é um processo conflituoso e inacabado. Cf. Smith (1988), Fuchs (1990).

política deve ser entendida, num outro sentido, de modo substancial: em relação aos direitos sociais. Por fim, essa inclusão *jurídica* e *social* torna possível os cidadãos participarem *politicamente*, num sentido substancial, em discursos de justificação e compreenderem-se como parte responsável de uma comunidade política. Nesse último sentido, a pertença a uma comunidade política não é "sem substância".

No que se segue, o significado social desse conceito de cidadania será investigado mais de perto, o que conduz à questão da justiça social. Ela pertence de modo inseparável ao *éthos* de uma comunidade política democrática.

3.4 CIDADANIA E JUSTIÇA SOCIAL

A questão da justiça social diz respeito ao significado e às implicações do princípio da pertença plena, indispensável numa comunidade democrática. Marshall formulou assim a questão:

> direitos de cidadania conferem um *status* com o qual está equipado todo aquele que é membro pleno de uma comunidade [...] As sociedades [...] nas quais as instituições dos direitos de cidadania começam a se desenvolver produzem a representação de um *status* ideal de cidadão a partir do qual progressos podem ser medidos e para o qual os esforços podem ser direcionados. O ímpeto para levar adiante o caminho apresentado vai em direção a uma medida plena de igualdade, a um aperfeiçoamento da substância, de que é feito o conteúdo do *status*, e a um acréscimo do número daqueles a quem o *status* é atribuído.

Além disso, Marshall sublinha que ao século XX coube a tarefa de realizar o princípio do "valor social igual" (ibidem, p. 61) dos cidadãos como um "direito absoluto a um determinado padrão de cultura" (ibidem, p. 64) tendo em vista a dimensão dos *direitos sociais* (cf. Barbalet, 1988; D. Miller, 1989). Ser reconhecido como cidadão(ã) de igual tratamento significa ter direitos sociais de participação na vida social e cultural, isto é, ter os meios de viver uma vida "social" digna de reconhecimento segundo os respectivos padrões sociais – ter os meios de realizar direitos "liberais" e "democráticos".

O princípio da cidadania igual forma o cerne da teoria da justiça social tanto de Rawls quanto de Walzer, as duas concepções mais abrangentes sob esse ponto de vista. Suas diferenças residem, porém, em sua interpretação desse princípio: quais bens devem ser distribuídos, e segundo quais critérios, de modo a preencher adequadamente a dimensão social dos direitos iguais de cidadania? A crítica de Walzer a Rawls, em *Sphere of Justice* (1983a), coloca-se como um contra-projeto comunitarista, que é, contudo, caracterizada por Walzer como "social-democrático" (1990a, p. 158, 1992b, p. 287) e assume para si a pretensão de se apoiar no princípio liberal da separação de esferas sociais (1984). Aqui, é digno de menção que Walzer, em sua teoria da justiça distributiva, não destaca o caráter ético-pluralista da comunidade política, mas a define como "comunidade de caráter" (*"community of character"*; 1983a, p. 62), como comunidade com concepções do bem desenvolvidas histórica e particularmente, com uma "vida substancial" (ibidem, p. 313). O pluralismo, que está no centro de *Esferas da justiça*, é de esferas distributivas com base em "convicções compartilhadas". Esse conceito deve ser distinguido do pluralismo ético-cultural, como Walzer (1992b, p. 290) observa de modo autocrítico, e se encontra numa certa tensão com o pluralismo ético-cultural, que só não conduz a uma contradição se as "convicções compartilhadas" da comunidade política e seu "caráter" não forem determinados eticamente. Isso sugere uma interpretação de sua teoria com base no princípio da pertença político-autônoma e social, algo que o próprio Walzer sugere (1993a). Com isso, apesar de diferenças importantes, pode-se reconhecer uma intenção comum nas teorias de Rawls e Walzer: a intenção de tornar o "ideal de cidadania" – do qual fala Marshall como ideal de um membro reconhecido com autorrespeito de uma comunidade política pluralista – o centro de uma concepção de justiça social.

A teoria de Rawls busca explicar os princípios das liberdades iguais e os princípios da igualdade social a partir de uma mesma raiz: do experimento mental de escolha dos princípios numa posição inicial equânime, a *"original position"*. Com a ajuda da "geometria moral" (1971, p.143) dessa posição original, Rawls busca conceber uma "teoria ideal" (ibidem, p. 25) da justiça; todavia, admite "que para cada concepção tradicional da justiça existe uma concretização da situação inicial na qual seus princípios são a solução preferida" (ibidem, p. 143). Por conseguinte, a "teoria ideal" de Rawls apoia-se numa determinada justificação da posição original e essa consiste num "ideal de pessoa" (1975d, p. 94) – caracterizada por ambas as capacidades morais – e corresponde a um ideal de cooperação social entre tais pessoas que possuem concepções do bem incompatíveis e um senso comum para a justiça.

Rawls delimita suas pressuposições iniciais de dois modos distintos: os princípios de justiça a serem acordados referem-se somente à *estrutura básica* institucional de uma sociedade ("o modo como as instituições sociais fundamentais distribuem os direitos e obrigações fundamentais e as vantagens da cooperação social"; 1971, p. 23), são determinados *bens sociais básicos* que devem ser distribuídos, a saber, "direitos, liberdades e oportunidades, bem como renda e capacidades" (ibidem, p. 83) e, como "bem básico fundamental" (ibidem, p. 479), as "bases sociais do autorrespeito".

Essa lista de bens básicos preenche uma função central: eles representam aqueles definidos de modo suficientemente formal que servem como "meios para todos os propósitos" (1982b, p. 167), necessários para a realização de concepções individuais e próprias do bem e que são definidos de modo suficientemente substantivo para fornecer um critério de igualdade de oportunidades sociais. A lista de bens básicos forma o fundamento para a decisão das partes na "posição original" em encontrar princípios que distribuam esses bens da melhor forma possível sem sacrificar a liberdade individual em nome da igualdade e vice-versa.

As partes na "posição original" são dotadas da capacidade para a reflexão racional com base em determinadas informações sobre as "circunstâncias da justiça" e sobre as questões de organização econômica e social: recursos escassos, condições de eficiência econômica, planos de vida e interesses subjetivos e capacidades para a cooperação são pressupostos. Através do "véu da ignorância", as partes são obrigadas a se colocarem no lugar de cada indivíduo existente nessa sociedade, seja ele talentoso, bem-sucedido, abastado ou mal-sucedido; desta ou daquela geração. Essa construção da posição original conduz a que todas as pessoas se encontrem numa situação igual e escolham princípios de igualdade que assegurem que (a) cada indivíduo possa realizar seus talentos e planos de vida; (b) que essa realização ocorra em condições de justiça social que impeçam o surgimento de desigualdades que privem de forma duradoura parte da população de aproveitar essa oportunidade. Desse modo, as partes da posição original escolhem os seguintes princípios:

> *Primeiro princípio*: cada pessoa tem o direito igual ao mais abrangente sistema total de liberdades iguais fundamentais que seja compatível com um sistema semelhante de liberdade para todos. *Segundo princípio:* As desigualdades sociais e econômicas devem ser ordenadas de modo que: (a) sob a restrição do justo princípio da poupança, elas devem trazer benefícios aos menos favorecidos, e (b) devem estar vinculadas a posições e cargos públicos abertos a todos sob as condições de uma justa igualdade de oportunidades (1971, p. 301).

Esses princípios de justiça não garantem uma distribuição igual de *todos* os bens básicos. Porém, exige uma igualdade: *absoluta* quanto aos direitos e liberdades fundamentais da pessoa, *a maior possível* quanto às oportunidade; e *relativa* quanto aos recursos materiais, segundo a qual as desigualdades precisam ser justificadas, mas que, eventualmente, podem até mesmo ser justificadas (cf. 1982b, p. 162 s.). O primeiro princípio goza da prioridade sobre o segundo (o da diferença). Porém, entre ambos existe um vínculo normativo interno: o segundo princípio da igualdade de oportunidade e justiça social é necessário para a *realização* dos direitos subjetivos do primeiro. Rawls discute esse vínculo como o problema do "valor da liberdade":

"a liberdade é representada pelo sistema completo das liberdades da cidadania igual; o valor dela para indivíduos ou grupos depende de sua capacidade de alcançar seus objetivos dentro da estrutura que esse sistema define" (1971, p. 204). Os membros da sociedade que não dispõem de recursos suficientes para poderem realizar de modo adequado seus objetivos no quadro de suas liberdades não desfrutam dos que são iguais na mesma extensão; sua liberdade tem menos valor. Isso vale tanto para os direitos subjetivos de liberdade como também para os direitos políticos de participação. Vale para assegurar o "valor equitativo da liberdade política" (1971, p. 226). Desigualdades econômicas e sociais não devem levar a desvantagens políticas. Numa revisão importante desse princípio, o próprio Rawls interpretou a garantia do valor equitativo das liberdades e direitos *políticos* como uma parte integral do primeiro princípio (1982a, p. 199 ss.). Por isso, este já é um princípio material de justiça.

Além disso, os bens básicos assegurados pelo segundo princípio da justiça garantem, na forma de oportunidades e recursos materiais, os bens básicos dos direitos e liberdades iguais num sentido pleno. Com isso, todos juntos servem ao bem básico "mais importante" (1971, p. 440) do *autorrespeito*. Tal conceito é aplicado por Rawls em diferentes contextos. Num lugar, ele é assegurado por meio do "*status*" mantido pelo "reconhecimento público da cidadania igual para todos" (ibidem, p. 545), e está vinculado ao "sentimento de maioridade política" (ibidem, p. 234) dos cidadãos que exercem direitos políticos. Em outro lugar, porém, Rawls define o conceito mais próximo ao contexto dos planos de vida individuais (§ 67). Com isso, o autorrespeito tem dois lados: primeiro, o "sentimento do próprio valor" de ter uma concepção do bem que é reconhecida como valiosa pelos outros (um determinado grupo) e pela própria pessoa, e, segundo, a autoconfiança na própria capacidade de poder também realizar essa representação do bem. Portanto, a dimensão política do autorrespeito consiste no reconhecimento como concidadão pleno, e a dimensão ética consiste em ser estimada como pessoa com um plano de vida digno de ser reconhecido (cf. 1982a, p. 191)[23]. Portanto, os princípios da justiça correspondem aos esforços dos cidadãos em produzir relações sociais nas quais existe a possibilidade para as pessoas levarem uma vida própria favorável ao autorrespeito (cf. 1982b, p. 166). Com isso, esse bem básico pode ser caracterizado como "de segunda ordem": a garantia dos bens básicos dos direitos e liberdades iguais, das oportunidades sociais, rendas e bens contribui para promover esse bem.

---

[23] Aqui, Rawls ainda não faz a distinção terminológica entre "autorrespeito" e "autoestima". Cf. Rawls (1985, p. 291, nota 34).

Nos trabalhos mais recentes, Rawls define mais fortemente sua teoria dos bens básicos no quadro de sua concepção de "pessoa moral" e seus "interesses de ordem superior" de viver uma vida que, na realização das capacidades morais, é digna de reconhecimento universal. Quanto à questão formulada por Hart (1975, p. 240 ss.) sobre o critério que justifica o discurso sobre o "mais abrangente sistema total de iguais liberdades fundamentais" e que permite em particular uma concretização desse princípio, Rawls responde com a referência ao caráter formal e recíproco dessa especificação e a substitui por meio de "um direito igual a um sistema plenamente adequado de iguais liberdades fundamentais" (1982a, p.160). Os princípios da justiça possibilitam o desenvolvimento e exercício "adequado", em contextos sociais, das duas capacidades morais e para isso distinguem, num sentido formal, certas liberdades como sendo centrais (o que, segundo Rawls, implica determinadas consequências no plano da concretização dessas liberdades numa constituição; p. 204 ss.).

O importante é que, com a ênfase acentuada de Rawls no caráter "político" da sua teoria, os bens básicos não mais precisam ser vistos em geral como servindo à "satisfação de desejos racionais" (1971, p. 93), mas sim são especificados em vista das necessidades dos *cidadãos*. Isso significa que a lista desses bens tem como único objetivo colocar à disposição dos cidadãos os meios necessários para torná-los membros plenos de uma comunidade política.

> Na base da confiança que as partes têm nos bens primários está seu reconhecimento de que estes são meios polivalentes essenciais para realizar os interesses de ordem superior relacionados às capacidades morais dos cidadãos e suas concepções específicas do bem (1993, p. 76; cf. também Hinsch, 1992, p. 36 ss.).

Com essa concepção política concentrada na cidadania igual, Rawls busca não precisar como fundamento uma teoria "abrangente" do bem, mas mesmo assim ainda ser capaz de fornecer critérios segundo os quais possa ser medida a distribuição dos recursos sociais. Segundo Rawls, a teoria dos bens básicos tem a vantagem de facilitar a medição da igualdade social de oportunidades à medida que, seguindo o princípio da diferença, o que tem de ser simplesmente investigado é qual a quota de bens básicos que os menos favorecidos possuem. "Pode-se, com certa facilidade, verificar o que serve aos interesses dos menos favorecidos" (1971, p. 320; cf. p. 91-5). Naturalmente, essa concepção é menos clara em relação à questão de como identificar o grupo dos menos favorecidos e se os bens básicos de Rawls são suficientes para suas necessidades (Sen, 1985). Grupos como os incapacitados não ficam fora (determinado economicamente) dos piores posicionados (Dworkin, 1981b, p. 339)? Quão grandes são as diferenças de renda permitidas entre os dois extremos? Onde reside o mínimo de autorrespeito a ser assegurado?

Rawls pressupõe que essa questão atinge a implementação e a *aplicação* do princípio da justiça por ele apresentado, mas não o seu cerne. Segundo ele, a teoria dos bens básicos não pode ser mais do que uma tese formal dos bens necessários, enquanto que as questões sobre quais devem ser distribuídos de dada maneira em determinadas sociedades de modo a fazer jus ao princípio da diferença são questões sobre a aplicação concreta em discursos políticos (1982b, p. 163). Segundo a teoria rawlsiana dos "quatro estágios" da fundamentação dos dois princípios – da convenção constituinte até a legislação e a interpretação concreta das leis em tribunais e na administração (1971, § 31) –, os direitos e liberdades iguais do primeiro princípio já são implementados no estágio da convenção constituinte, enquanto que o princípio da justiça social é somente implementado no estágio da legislação e da interpretação judicial (cf. 1982a, p. 210 ss.). Por exemplo, questões como a propriedade dos meios de produção não podem ser decididas tendo em mãos apenas os princípios da justiça, mas sim levando em consideração as "tradições e instituições sociais de um país, seus problemas específicos e circunstâncias históricas" (ibidem, p. 211). Portanto, em última instância, é da responsabilidade dos discursos políticos decidirem em contextos particulares (a) quais bens básicos devem ser distribuídos, (b) de que modo e (c) para quais grupos sociais. O princípio da diferença precisa de uma interpretação e concretização nos discursos de uma comunidade política. Um princípio da justiça *social* pode somente ser discutido, determinado e concretizado nos discursos políticos *de uma sociedade*, nos quais se trate da questão sobre quais direitos sociais cabem aos cidadãos dessa sociedade. E, em tais discursos, a teoria dos bens básicos é um ponto de vista importante – mas como seu objeto, não como seu *a priori*. Com isso, os problemas de aplicação mencionados apontam para problemas de *fundamentação* da teoria de Rawls.

Isso se mostra na resposta de Rawls a Amartya Sen. Segundo ela, a orientação para os bens básicos deve ser uma orientação voltada para as capacidades das pessoas de realizarem certas funções humanas (cf. Sen, 1985; 1993a, p. 81 ss.; 1993b). Uma distribuição igual ou uma medida de fornecimento adequado de bens básicos possivelmente não é justa para pessoas desiguais que podem usar diferentemente esses bens com base em pressupostos desiguais. Isso não atinge a diferença ética entre pessoas e o problema das concepções "dispendiosas" [*kostspieliger*] dos bens, para as quais não existe uma oportunidade igual de desenvolvimento, mas sim se refere a problemas de pessoas incapacitadas, por exemplo: "Uma pessoa menos favorecida obterá menos dos bens primários do que outras, não importa qual seja sua doutrina abrangente" (Sen, 1993a, p. 83). Contra isso, Rawls (1983a, p. 183) afirma que o objetivo da teoria dos bens básicos é assegurar as capacidades fundamentais dos cidadãos para serem membros cooperativos das sociedades. Em casos de doença ou incapacitação, isso significa que são necessárias medidas específicas que restabeleçam essas capacidades ou – como em casos de incapacidades duradouras – para assegurar da melhor maneira possível uma forma de cooperação social. Nesses casos, um "índex suficientemente flexível" (ibidem, p. 185) de bens básicos pode ser estabelecido no "estágio legislativo".

Aqui se mostra que as suposições sobre as "necessidades dos cidadãos" introduzidas na "posição original" só podem ter um caráter provisório: não só a lista de bens básicos pode ser alargada – por exemplo, para bens como tempo livre (ibidem, p. 181 s.) ou saúde – como somente *no interior de um* contexto pode ser determinado o conteúdo e o significado da lista em relação aos "menos favorecidos". Portanto, essa determinação segue o princípio da diferença à medida que somente pode ser considerada como justa uma regulamentação que possa ser justificada frente a esse grupo no sentido de uma pertença igual. Desse modo, os bens básicos são "o melhor padrão disponível para avaliar reivindicações conflitantes que são aceitáveis mutuamente para os cidadãos em geral" (ibidem, p. 188). Com isso, o *próprio* princípio da diferença é contextualizado: como de justificação recíproca entre cidadãos com a pretensão à pertença igual. Por meio dessa interpretação *procedimentalista* é comprovado o conteúdo normativo do princípio da diferença – que a distribuição de bens sociais deve ser justificada frente aos menos favorecidos – *sem* ter de recorrer à construção de uma "posição original" para sua fundamentação. Portanto, torna-se um princípio "político" de justiça social, cujo fundamento reside num conceito de justificação prática entre cidadãos. "Necessidades dos cidadãos" não são primeiramente abstraídas para serem depois contextualizadas num segundo estágio, mas justificadas "politicamente" num contexto de justificação recíproca – conforme um princípio político-discursivo de justificação normativa com o objetivo de realizar a cidadania igual, que vale como padrão qualitativo (que inclui a possibilidade de uma lista de bens sociais básicos ou capacidades básicas a ser concretizada). Portanto, assim como o primeiro princípio da justiça (cf. seção 2.4), o segundo princípio de Rawls também pode ser apreendido numa teoria da justificação recíproca sem perder seu conteúdo central. Com isso, são evitados os problemas da construção de uma "posição original", tanto os mencionados por Sen como outros problemas[24].

---

[24] Cf. Scanlon (1982, p. 120 ss.), que discute problemas adicionais da "posição original" (especificamente em relação à dedução dos princípios da justiça).

Estes trazem à luz as dificuldades da tentativa de fundamentar co-originariamente princípios universais de direitos iguais com um princípio de justiça social que tem pressupostos e implicações substantivas (cf. também a seção 4.2). A heterogeneidade dos bens básicos e sua dependência a diferentes contextos já indica a dificuldade de fundamentar pretensões morais de reconhecimento recíproco num mesmo plano com princípios que somente podem ser justificados no interior de circunstâncias sociais concretas. Os bens básicos são "sociais" em graus diferentes: liberdades básicas não são bens concretos produzidos em comum, mas formam o cerne de direitos subjetivos reconhecidos moralmente; bens materiais são concretos, produzidos socialmente, a serem distribuídos em vista de circunstâncias concretas. A prioridade do primeiro princípio em relação ao segundo (e a distinção entre "elementos constitucionais fundamentais" e "questões básicas da justiça") reflete esse *status* diferenciado de princípios morais e princípios sociais da justiça. A distribuição de bens sociais é justificada com base nas reivindicações fundamentais por direitos iguais e seu "valor" – é realizada no discurso político, e refere-se às pretensões colocadas pelos cidadãos *como* tais *para* os cidadãos de uma comunidade política.

Diante desse pano de fundo, porém, podem ser extraídos da teoria de Rawls três pontos de referência essenciais:

1. O princípio da diferença pode ser interpretado com base num princípio procedimental de *justificação* universal: desigualdades sociais devem ser justificadas frente a grupos sociais que menos se beneficiam da riqueza social.

   Esse princípio segue a concepção de Rawls (cf. cap. 1) de que uma sociedade justa somente aceita "contingências" naturais e sociais "quando servem ao bem comum" (1971, p. 102), e que tratar seres humanos como fim e não meio significa "renunciar àquelas vantagens que não contribuem para melhorar as expectativas de cada um" – quer dizer, que não podem ser justificadas para cada ser humano. Em questões de justiça social, o princípio da justificação universal significa assumir a perspectiva daqueles que são "*worst off*". Eles possuem, como diz Rawls (edição revista da *Teoria da justiça*, p. 131), um "poder de veto": "aqueles que possuem uma maior parcela têm de poder justificá-la perante os que possuem a menor" (sobre isso, cf. Waldron/King, 1988). Circunstâncias sociais, enquanto produzidas socialmente e modificáveis, precisam ser justificadas: portanto, o princípio da pertença igual não implica uma distribuição estrita de renda e riqueza, mas a necessidade de justificar as distribuições desiguais.

2. Uma teoria procedimentalista pode não apenas fornecer argumentos para esse procedimento de justificação universal, mas também pontos de vista e argumentos

substantivos para direitos sociais, pois são necessários para o "valor" igual dos direitos subjetivos de liberdade ou políticos de participação. São direitos para a *realização* dos mesmo e não devem ser separados deles. Impedem que o poder econômico se transforme em poder político e que a desigualdade social leve à exclusão política e social (cf. Baynes, 1992a, p. 159 s.)

3. Por fim, em discursos sobre a justiça trata-se da determinação autorreferenciada de cidadãos sobre o que quer dizer "ser cidadão", ser um membro pleno da comunidade política.

Rawls ressalta corretamente que o bem sob cuja luz têm de ser vistos todos os outros bens básicos é o do *autorrespeito*. As comunidades políticas devem assegurar a possibilidade de que os cidadãos possam reconhecer a si mesmos como membros plenos de uma sociedade e de como tais serem reconhecidos. Trata-se, como Sen diz (1987, p. 17), junto com Adam Smith, "de não se envergonhar de aparecer em público" – isto é, de ter os meios para uma vida que, segundo os padrões da respectiva sociedade, não estigmatize a pessoa. Em cada sociedade, segundo Sen, existem determinadas capacidades que são necessárias para uma vida medianamente "boa" (ibidem, p. 25, 32). Para levar uma vida digna de ser reconhecida numa sociedade "A", podem ser necessários outros recursos materiais do que aqueles necessários numa "B". A "qualidade de vida" se orienta segundo a possibilidade de conduzir uma vida sem exclusão, sem vergonha – uma determinação negativa que deixa em aberto a determinação positiva da vida boa e, por meio da ênfase no reconhecimento universal e básico, exclui as idiossincrasias subjetivas como padrão[25]. Contudo, para interpretar corretamente essa indeterminação numa sociedade são necessários os dois princípios básicos: o da justificação universal e o do valor dos direitos iguais. No conceito de autorrespeito em si mesmo – ou também no de "capacidades" de Sen – não existe um padrão próprio.

Portanto, uma teoria da justiça social tem como cerne a ideia de pertença igual a uma comunidade política. Esse *status* implica determinados direitos e liberdades e os bens necessários para seu exercício. Estes tornam possível desenvolver capacidades que transformam as pessoas em participantes sociais. Porém, saber quais reivindicações a quais bens são justificadas para a realização de quais capacidades é algo que tem de ser justificado reciprocamente (cf. Scanlon, 1993, p. 198). Listas de bens – seja num sentido rawlsiano "fraco", ou no sentido "forte" ou "denso" de

---

[25] Cf. também Williams (1987, p. 101) e Michelman (1975, p. 340). Uma análise sociológica da perda do autorrespeito por meio de um "*status* deficiente" encontra-se em Neckel (1991, p. 218 ss.).

Nussbaum (1990a, 1993) – não colocam pontos de vista "políticos" ou "essencialistas" do bem *a priori* que seriam suficientes *per se* para avaliar as pretensões recíprocas no sentido da justiça social. Questões de justiça social distributiva permanecem dependentes do contexto político no qual se trata da determinação da pertença plena. A ênfase nessa relatividade não implica, porém, nenhum relativismo. E isso de duas maneiras. Primeiro, determinadas pretensões por reconhecimento moral, destacadas por Nussbaum (1993, p. 344), são justificadas em todas as sociedades. Elas pertencem ao reconhecimento dos direitos das *pessoas morais* (cf. capítulo 4) e são afirmadas nos direitos fundamentais. Para além dessas formas de respeito básicas e universalistas que os seres humanos reivindicam como seres humanos, nas questões de justiça social trata-se de determinadas reivindicações por bens sociais que as pessoas reivindicam como *cidadãos*. Elas são respondidas do ponto de vista relativo à sociedade, aos padrões de pertença igual a ela – contudo, também não num sentido relativista[26].

Os três pontos de vista – a necessidade universal de justificação das desigualdades sociais, a necessidade da realização dos direito e a garantia da possibilidade de reconhecimento e autorrespeito – formam o cerne de uma teoria da justiça social simultaneamente universalista e contextualista. Ela se funda em princípios universais de justificação e em direitos que têm implicações substantivas nos contextos políticos. Com isso, o princípio fundamental da cidadania igual é simultaneamente formal e material: formal em relação à participação em discursos políticos sobre a distribuição justa de bens, material em relação às condições para a realização dessa participação e da participação na vida social em geral.

Do mesmo modo, um ideal parecido de "cidadania inclusiva" ("*inclusive citinzenship*"; 1983a, p. 77, 125) está na base da teoria mais substancialista e "comunitarista" da justiça social de Walzer, como será mostrado em seguida. É o ideal de um(a) cidadão(ã) de uma sociedade na qual os bens são distribuídos segundo convicções e princípios *universais* compartilhados, o "valor" da liberdade e dos direitos dos cidadãos é assegurado e onde é possível uma vida no autorrespeito. A teoria de Walzer também concilia princípios universais e sensibilidade ao contexto. Contudo, enquanto Rawls, no exato ponto em que relaciona seus pressupostos

---

[26] Nussbaum não distingue adequadamente o contexto de reconhecimento moral do de reconhecimento político. Uma vez que ela se orienta pelo primeiro, uma lista essencial de capacidades humanas funcionais permanece abstrata e destaca determinadas formas fundamentais de respeito. Porém, se ela for além disso, corre o risco de desconsiderar o índex social dos "bens". Cf. Sen (1993b, p. 47), Bedenken/Scherer (1993).

fundamentais ao contexto concreto e às necessidades "racionais", a saber, em sua concepção dos bens fundamentais, sobrecarrega sua teoria no nível básico com fundamentações que somente são realizadas no discurso político, Walzer, que acentua particularmente essa dimensão política da justiça distributiva, confunde-se quanto à presença de princípios universais de autodeterminação individual e coletiva em sua teoria (o que lhe obriga a uma explicação).

A diferença mais importante, do ponto de vista metodológico, entre Rawls e Walzer reside na crítica deste à tentativa de conceber uma teoria "ideal" da distribuição de bens estabelecidos *a priori*. Rawls formulou-a da seguinte forma: "Queremos descrever um arranjo ideal que possibilite definir um padrão para julgar instituições reais e indicar o que deve ser mantido para justificar desvios desse ideal". Em relação a isso, Walzer considera falso fundamentar uma teoria "ideal" da justiça distributiva numa situação inicial "ideal" a partir de uma teoria "fraca" de bens a serem distribuídos (1983a, p. 5, 29). Pelo contrário, deve começar *no interior* das "convicções compartilhadas" ("*shared understandings*") de uma comunidade política, *na* caverna de Platão. E ela tem de levar em conta o particularismo dessa comunidade desenvolvida historicamente, isto é, o particularismo de suas "esferas da justiça", nas quais a determinados *bens* correspondem concepções do *bem* e que têm de ser distribuídos segundo critérios determinados. "Toda representação substancial da justiça distributiva é uma representação local" (ibidem, p. 314, 442). Contra uma teoria da "igualdade simples", que conhece apenas um princípio único, Walzer afirma uma teoria da "igualdade complexa", que reconhece os "significados compartilhados" das esferas da justiça e se orienta por eles. A teoria retira seus princípios dessas esferas: "Pode-se quase dizer que os bens se distribuem por si mesmos entre as pessoas" (ibidem, p. 7, 31).

A teoria de Walzer procura reconciliar pluralismo e particularismo. Ela reconhece o caráter pluralista das esferas da justiça com base em seus valores e princípios internos, compartilhados coletivamente. Com isso, ele assume uma ideia aristotélica: justiça significa distribuir o igual como tal, isto é, ter um sentido para o que é adequado num contexto. "O justo é algo proporcional" (Aristóteles, 1972, 1131a29). Williams (1969, p. 162 ss.) argumenta também nesse sentido, em favor de uma teoria da justiça distributiva que considere o que está sendo distribuído e seu significado social. E Taylor ressalta:

> deve ser claro [...] que nenhum procedimento baseado num princípio único [*single-consideration procedure*], seja o do utilitarismo ou o de uma teoria da justiça baseada num contrato ideal, pode fazer justiça à diversidade de bens que temos de ponderar juntos no pensamento político normativo (1982, p. 245).

Portanto, essa teoria é *afirmativa* na medida em que segue as convicções tradicionais compartilhadas de uma sociedade. Contudo, ela é *crítica* visto que (a) mantém os limites entre essas esferas e (b) esclarece as convicções compartilhadas no interior das mesmas à luz de seus próprios critérios. O princípio crítico de Walzer (1983a, p. 319) é o de que "cercas boas garantem sociedades justas", uma teoria contra a colonização (ibidem, p. 282) de uma esfera por outra. Mas isso não é tudo: o objetivo dele é reconstruir as "convicções compartilhadas" da comunidade política americana de modo que um "socialismo democrático descentralizado" possa aparecer como o "arranjo apropriado" de suas esferas da justiça (ibidem, p. 318). A sociedade igualitária "esconde-se" (ibidem, p. XIV), ainda, em "nossos conceitos e categorias", mas o teórico atento irá encontrá-la.

Há um subtexto no livro de Walzer que se torna evidente quando se olha para a problemática que reside entre essa intenção afirmativa e crítica de sua teoria. Joshua Cohen caracterizou o problema dele como "dilema comunitarista simples":

> Quando os valores da comunidade são identificados por meio de suas práticas distributivas atuais, então as normas distributivas subsequentemente "derivadas" desses valores não servem como crítica dessas práticas existentes [...]. Por outro lado, quando identificamos valores distantes destas práticas, com o objetivo de avaliar a conformidade delas àqueles valores, que evidência existe de que temos os valores corretos? (1986, p. 1015).

Ou as autocompreensões das esferas têm de ser aceitas *prima facie*, ou existe um significado extraído delas que estava simultaneamente presente e escondido. Contudo, tal extrapolação é ela mesma uma determinada interpretação normativa cuja pretensão de validade, nessas esferas, é coberta apenas parcialmente pelas práticas vigentes da sociedade. Ela pode não ter em seu interior uma "normatividade externa" plena. Dworkin (1985d, p. 218 s.) critica Walzer – que insiste em argumentar de forma imanente – por elaborar, na ausência de "significados realmente compartilhados", uma "teoria platônica das esferas" que Walzer projeta sobre uma determinada sociedade e com isso se ilude em relação ao seu próprio método.

Pode-se mostrar que Walzer somente pode enfrentar o dilema comunitarista (entre imanência sem crítica e transcendência platônica) se retomar os três pontos de vista centrais da teoria de Rawls que foram destacados anteriormente – implícitos em *Esferas da justiça*, porém explícitos num texto mais recente (1993a). Segundo esses critérios, "convicções compartilhadas" somente são pontos de referências legítimos para a teoria normativa na medida em que são realmente *universais*, legitimadas consensualmente e compartilhadas pelos cidadãos individuais a partir da convicção livre. Além disso, são reconstruídas e interpretadas a partir de um princípio abrangente: o da *pertença* igual e plena na comunidade política. Portanto, todas as esferas serão examinadas para saber se elas são propícias a uma vida no *autorrespeito*. Para Walzer (1983a, p. 31), a "pertença" vale como valor mais elevado, o que significa dizer "igualdade de pertencer" (ibidem, p. 84) em todas as esferas relevantes para isso: "o cidadão que desfruta do autorrespeito é uma pessoa autônoma. [...] Ele é autônomo em sua comunidade, como agente livre e responsável, como membro participante. Penso nele segundo *o sujeito ideal da teoria da justiça*" (ibidem, p. 279). Com esse ideal de "cidadania inclusiva", a teoria de Walzer aparece e perpassa todas as esferas. O que lhe permite formular seu próprio ideal de uma sociedade justa e criticar as "convicções compartilhadas" vigentes na sua. É um princípio formal e material *acima* das esferas individuais. Como tal, ele suaviza a tensão (mencionada no início) entre o conceito do pluralismo de esferas com base na concepção compartilhada do bem e a tese do pluralismo ético da comunidade política sem as concepções éticas, na medida em que as esferas da justiça não devem ser entendidas eticamente, mas se apoiam em valores *políticos* "partilháveis".

As onze esferas apresentadas a seguir (a–k) são aquelas distinguidas por Walzer que toma como referência os bens nelas distribuídos segundo determinados critérios – e para as quais uma certa interpretação do que significa "pertencer" a uma comunidade política democrática serve de padrão para sua concepção da distribuição de bens. Porém, isso só vale para aquelas esferas que, segundo Rawls, são parte da "estrutura básica" da sociedade. Portanto, não nas esferas da "amizade e amor" e da "graça divina", por exemplo.

(a) Em relação à questão da pertença a uma comunidade política – o bem mais importante de todas as esferas – mostra-se, particularmente, que a mencionada diluição da tensão entre os dois conceitos de pluralismo não superam inteiramente essa tensão. A ênfase aristotélica de Walzer nas comunidades políticas como "comunidades de caráter", que, tal como as associações ou famílias (ibidem, p. 42) decidem livremente sobre o acesso de outros à sua comunidade, é na verdade constrangida por diferentes pretensões morais. Consequentemente, as comunidades políticas têm somente o direito de defender seus "modos de vida" contra outros que desejam a admissão quando estiverem dispostos a dividir seus "supérfluos" recursos de terra ou riqueza, necessários para uma "vida decente" (ibidem, p. 47), com aqueles que necessitam desses recursos. Uma comunidade política pode ainda se isolar, mas terá de provavelmente se contentar com um território menor ou exportar meios materiais suficientes (contudo, aqui fica em aberto o critério para os recursos "supérfluos"). No entanto, os Estados são obrigados a aceitar pessoas que fogem da repressão, pois "toda vítima do autoritarismo e fanatismo é um companheiro moral de um cidadão liberal" (ibidem, p. 49). Além disso, vale dizer que toda pessoa que foi admitida deve ter direitos iguais de cidadania. Por exemplo, aos trabalhadores temporários [*Gastarbeitern*] não se deve negar direitos políticos. Segundo Walzer, isso corresponde ao "princípio fundamental da justiça política": os destinatários do direito, pessoas de direito que moram e trabalham no país, devem poder ser cidadãos autores do direito (ibidem, p. 60).

Apesar desses constrangimentos do direito de uma comunidade política para regular a imigração, naturalização e a concessão de cidadania segundo padrões de manutenção de suas forma de vida, o aristotelismo de Walzer é questionável principalmente no contexto norte-americano. Em seu artigo "O que significa ser um 'americano'?" (1990d), Walzer critica a concepção "nativista" segundo a qual os EUA teriam um determinado caráter ético-cultural – um argumento usado no passado para argumentar contra o afluxo de grupos religiosos, étnicos e sociais supostamente não assimiláveis (cf. Higham, 1985; Fuchs, 1990). Ao invés disso, Walzer acentua o caráter ética e culturalmente aberto dessa comunidade política e a compreensão formal da cidadania. Isso não significa, porém, que uma comunidade política "multicultural" não tenha nenhum "caráter", mas que a equiparação entre um "modo de vida" político e os planos de vida individuais (Walzer, 1983a, p. 47, 86) não é sustentável – com o que, contudo, fica em aberto a questão complexa por critérios (não éticos) de legitimidade dos constrangimentos de acesso, que não podem ser tratados aqui (cf. Walzer, 1992d; Habermas, 1993, p.179 ss.).

(b) A esfera de "segurança e bem-estar" refere-se à questão da previdência social e sistema de saúde – aqui Walzer considera apropriado o uso do critério distributivo da "necessidade" (1983a, p. 75). *Todos* os cidadãos têm pretensões iguais à previdência e segurança sociais segundo a necessidade. Entretanto, para encontrar argumentos para um Estado de bem-estar social americano, Walzer propõe compreender as relações entre os cidadãos como o "laço moral" de um contrato social cujo significado "mais profundo" é defender "os direitos dos pobres" (ibidem, p. 83) de acordo com o princípio seguinte: "a cada um segundo suas possibilidades (ou seus meios); a cada um segundo suas necessidades reconhecidas socialmente" (ibidem, p. 91). No entanto, não são primeiramente as convicções até agora compartilhadas pela sociedade americana que são decisivas para essa interpretação, mas sim o ideal dos cidadãos com direitos iguais, que se reconhecem e se respeitam.

(c) Assim, na esfera do "dinheiro e das mercadorias", Walzer argumenta a favor de um sistema de "trocas bloqueadas" (ibidem, p. 100) que impede que o "imperialismo do mercado" possa solapar os direitos civis e as esferas política e social, colocando-os sob a égide do "*medium* dinheiro", para falar como Habermas

(1981, v.2, p. 395 ss.). Dinheiro e poder econômico não devem se tornar poderes totalitários que desvalorizem o princípio da cidadania igualitária. Estabelecer corretamente as fronteiras entre o poder econômico e político implica, segundo Walzer, examinar, sob essa premissa, a propriedade dos meios de produção e submetê-la ao controle público (ibidem, p. 122). O "valor" (Rawls) das liberdades civis não deve ser reduzido pelas desigualdades sociais e o poder econômico (cf. especialmente Walzer, 1984, p. 49 s.).

(d) Sobre a esfera dos cargos públicos, Walzer argumenta por um critério de distribuição dos mais bem qualificados. Todavia, vincula-o com a exigência por uma distribuição dos recursos socais em favor de grupos que não têm a possibilidade de se qualificarem apropriadamente. (e) O trabalho árduo deve ser distribuído da forma mais igualitária possível entre os cidadãos, também na forma de um programa geral de "serviços públicos nacionais" (ibidem, p. 175). (f) Também a distribuição do tempo livre tem de seguir princípios de igualdade. (g) Na esfera da educação preenche-se melhor o "ideal de pertença" (ibidem, p. 293) quando todos os futuros cidadãos possuem uma educação escolar de valor igual. Escolas da vizinhança não devem levar a um fortalecimento das desigualdades (ibidem, p. 225). Também aqui o ideal de cidadania democrática serve a Walzer como um padrão normativo, e não as "convicções compartilhadas" da classe média branca americana. (h) Na esfera "das relações familiares e do amor", valem critérios distributivos que seguem os sentimentos e autocompreensões dos indivíduos. (Contudo, com isso ficam em aberto como uma comunidade jurídica pode lidar com práticas de uma minoria cultural que educa suas crianças segundo outras "convicções compartilhadas" e mais ou menos exerce pressão sobre elas.) Assim, a família, segundo Walzer, por um lado deve ser protegida frente aos imperativos do mercado; por outro, entretanto, ela mesma não deve cimentar relações de poder desiguais entre os sexos dentro e fora dessa esfera (ibidem, p. 240 s.; cf. Okin 1988, p. 111 ss.). (i) "A graça divina" é distribuída segundo as convicções dos que creem e de sua religião.

(j) Na discussão da esfera do "reconhecimento", Walzer diferencia (em explícita diferença para com Rawls) entre "autoestima" ("*self-esteem*") e "autorrespeito" ("*self-respect*") (cf. Sachs, 1981). Autoestima é o resultado de um reconhecimento específico por parte dos outros como ser humano com determinadas faculdades e qualidades dignas de estima. O autorrespeito, por sua vez, mede-se não primordialmente pela confirmação por outros como ser humano particular, mas por meio de um "padrão" de dignidade reconhecida universalmente. Este, contudo, não é primeiramente um padrão moral – a dignidade como ser humano em geral – mas o de pertença plena a uma comunidade política (1983a, p. 276 s.). Poder respeitar a si mesmo significa ser reconhecido como membro com igualdade de direitos de uma comunidade política. Portanto, uma comunidade política não pode distribuir "autoestima", mas os direitos e as formas de reconhecimento que possibilitam o autorrespeito como cidadãos. A pertença que o possibilita é colocada em risco pelas exclusões jurídica, política e social.

> O Estado de bem-estar social é uma tentativa [...] de garantir a todos uma pertença efetiva. Mas mesmo quando o faz da melhor maneira possível, satisfazendo necessidades sem rebaixar as pessoas, não pode assegurar que todo os seus cidadãos desenvolvam realmente o autorrespeito; só pode produzir os pressupostos para isso. Este talvez seja *o mais alto fim da justiça distributiva* (ibidem, p. 278).

Por fim, (k) o poder político, o "bem mais perigoso" (ibidem, p. 15), deve ser de alguma forma distribuído institucionalmente de modo a permitir o autogoverno discursivo – "o império das razões" (*"the rule of reasons"*) (ibidem, p. 304). "O que conta é somente a argumentação entre cidadãos" (idem). Os cidadãos têm de ter a possibilidade de serem os coautores do direito, bem como participantes dos discursos políticos entre livres e iguais.

A partir de uma reconstrução da autocompreensão das esferas de justiça, Walzer reivindica ter obtido os princípios da separação das esferas e da sua distribuição internas dos bens que conduzem a um "socialismo democrático descentralizado", no qual cidadãos com direitos iguais controlam o poder político e econômico. Walzer acredita poder fazê-lo evitando "princípios externos ou universais" e formula tautologicamente: "uma dada sociedade é justa quando sua vida substantiva é vivida de uma dada maneira – isto é, de um modo que seja fiel aos significados compartilhados de seus membros" (ibidem, p. 313). Segundo Walzer, isso é uma consequência que resulta da qualidade dos homens como "seres produtores de cultura": a justiça exige *universalmente* que as representações *concretas* da justiça dos habitantes de mundos sociais diferentes sejam respeitadas[27].

A discussão das esferas da justiça apresentada por Walzer mostra, contudo, que ele tem de reconhecer, num sentido formal, vários princípios universais de modo a lhes dar um conteúdo substantivo. São eles: o princípio fundamental da justificação universal e pública de normas que são válidas igualmente para todos os membros de uma comunidade política e o correspondente princípio dos direitos universais e iguais de pertença a uma comunidade democrática de cidadãos que se autorrespeitam. Esses princípios são simultaneamente formais-universais e substantivos-contextuais: eles estabelecem um espaço de validade social das normas

---

[27] Retomarei esses dois conceitos de justiça na seção 4.I.

que deve ser preenchido concretamente. Não está predeterminado como uma comunidade política se compreende e quais decisões políticas ela toma. Todavia, está determinado que sejam tomadas em conjunto e democraticamente[28]. Não está predeterminado o que significa realizar o "valor" dos iguais direitos políticos de pertença, mas está determinado que tal reivindicação funda-se na pertença política. Não está predeterminado o que precisamente ajuda a tornar possível o autorrespeito numa sociedade particular, mas está determinado que é tarefa de uma comunidade política garantir isso por meio da afirmação de direitos.

Walzer subscreve essa interpretação num inventário de sua teoria. Em primeiro lugar, ele acentua a determinação comum – em certa medida já autorizando a crítica – dos critérios de distribuição nas esferas individuais.

> Todas as pessoas, cada homem e cada mulher, são ou supõem-se que sejam participantes iguais em todas as esferas da justiça, tomando parte, como membros, na distribuição do bem-estar, segurança, riqueza, educação, cargos públicos, poder político, e assim por diante – e também participando em debates sobre o que esse participar envolve e como deve ser administrado (1993a, p. 55).

Todas as esferas têm, portanto, um significado eminentemente político. Assim, Walzer enfatiza, em segundo lugar, o objetivo superior de produzir uma "sociedade inclusiva" em todas as esferas e ressalta que a desconsideração dos cidadãos *numa* esfera torna-se um problema político geral, pois com isso é violado o princípio da pertença igual. Essa ênfase na pertença política como princípio fundamental de todas as esferas tem como resultado o *insight* estrutural de que o Estado desempenha um papel específico na conservação da justiça nas e entre as esferas, um papel que Walzer não levou em consideração em *Esferas da justiça*. "A política está presente em todas as esferas distributivas; o Estado não pode ficar alheio ao que acontece nas diferentes esferas da justiça" (ibidem, p. 63). Questões no interior das esferas devem ser reguladas em comum pelos cidadãos, seja na alocação de cargos públicos, questões de política econômica ou de educação.

> E todas essas decisões são, de alguma forma, próximas a um sentido *fundacional*, justificadas e determinadas (parcialmente) por uma compreensão da cidadania. A inclusão começa com a cidadania, que serve como um valor reiterado pela atividade política democrática em *todas* as esferas da justiça (ibidem, p. 64).

A pertença igual é, consequentemente, por assim dizer, o "princípio norteador" formal e material das esferas da justiça social, segundo o qual a pluralidade dos

---

[28] Cf. Gill(1987), Downing/Thigpen (1986), Thigpen/Downing (1987), Warnke (1989b), Galston (1991, p. 51), Buchstein/Schmalz-Bruns (1992).

critérios de distribuição continua existindo. Contudo, esses critérios necessitam de uma justificação *política* – à medida que atingem questões políticas – e eles mesmos não expressam uma linguagem do bem que o teórico poderia auscultar. A linguagem das esferas é a linguagem (diferenciada) dos cidadãos. Com essa revisão (parcial), Walzer firmou claramente sua teoria sobre bases políticas. O *contexto da justiça social* é, portanto, a comunidade política dos cidadãos de igual valor.

Com isso, o princípio de uma teoria da justiça social, desenvolvido em conexão com Rawls e Walzer, amarra argumentos liberais e comunitaristas. A ideia de uma justificação dialógica das relações sociais (cf. também Ackerman, 1980) é afirmada e contextualizada em discursos políticos que levam em conta a particularidade de uma sociedade e a pluralidade dos bens sociais. Princípios *universais* de justificação revelam as implicações *substantivas* do conceito de "cidadania social".

Com relação ao dilema da "substância sem substância", isso significa que os cidadãos, não apenas nos discursos políticos, têm de se compreender como participantes reciprocamente "responsáveis", que assumem a responsabilidade pela regulação e ação políticas, mas também como aqueles que são responsáveis uns com os outros pela garantia da pertença igual. Eles são os destinatários da crítica da exclusão[29]. Com isso, o reconhecimento recíproco como cidadãos não pode ser apreendido nem no sentido ético-comunitarista e nem pode ser explicitado, como numa determinada interpretação das teorias liberais, segundo o ideal de reconhecimento recíproco de pessoas de direito. Mas ele implica: (a) como reflexão sobre o pluralismo das comunidades éticas, tolerância e respeito diante de formas de vida "diferentes", que (b) são protegidas pela salvaguarda recíproca de direitos subjetivos; além disso, inclui (c) o seu reconhecimento como participante com igualdade de direitos em discursos políticos, com o que eles têm de assumir conjuntamente a responsabilidade pelas decisões políticas e suas consequências para os concidadãos, bem como para outras pessoas atingidas. Por fim, o reconhecimento recíproco como cidadãos implica (d) que nenhum concidadão pode ser excluído da pertença plena a uma comunidade política por razões de ordem ética, social ou política e, por isso, são necessários determinados bens sociais para poder ser um membro pleno. As pretensões dos cidadãos por reconhecimento e pela realização de seus direitos subjetivos de liberdade, seus direitos políticos e sociais não estão orientadas por um sistema de valores éticos compartilhado por todos os cidadãos, mas

---

[29] Cf. Karst (1989, p. 10): "A pertença real na comunidade é mais do que um *status* legal e a igualdade real perante a lei pode parecer trivial somente para aqueles que estão assegurados em seus lugares como cidadãos iguais".

orientam-se por aquilo que, numa sociedade, significa ser "cidadão". O *éthos da democracia* consiste na realização dessas dimensões da cidadania.

Esse vínculo proposto entre princípio universal da justificação recíproca e os contextos específicos de autodeterminação ética ou política leva a um outro plano o debate entre liberalismo e comunitarismo, no qual têm de ser esclarecidas diversas questões sistemáticas: no centro delas, está o conceito de razão prática, até agora reivindicado, e os significados de "pessoa moral" e "comunidade moral". E aqui se inserem, novamente, contra-argumentos comunitaristas: podem existir, "para além" dos contextos éticos e político-jurídicos, uma moral universalista e seus conceitos correspondentes de razão, pessoa e comunidade? Essas questões não levam apenas a uma tematização de um quarto contexto de justificação e reconhecimento (o contexto da moral): elas implicam, de um ponto de vista métodico, uma análise sobre a concepção de razão prática que está na base da diferenciação de todos os contextos normativos.

4
UNIVERSALISMO E CONTEXTUALISMO

A controvérsia entre liberais e comunitaristas retorna sempre a um ponto central: a questão da prioridade do bem ou da justiça. Até agora, esse problema emergiu em três planos. Primeiro, em relação à constituição do eu, mais especificamente a partir da questão de Sandel – a saber, se a prioridade dos princípios deontológicos da justiça de Rawls não está fundamentada num conceito de pessoa que ignora o papel constitutivo do bem em relação à identidade do eu e suas relações normativas com os demais. A resposta a isso foi a distinção entre pessoa "ética", constituída comunitariamente e por meio de determinadas concepções do bem, e a "pessoa de direito" abstrata – uma distinção que compreende ambos os conceitos como sendo complementares e não concorrentes.

Num segundo plano, essa distinção foi examinada criticamente e, mais exatamente, a partir da questão sobre se pode haver a possibilidade de uma fundamentação universal de normas jurídicas sem marginalizar ou favorecer determinados concepções do bem e modos de vida. A possibilidade de uma teoria da pessoa de direito como "capa protetora" das identidades éticas e de uma respectiva concepção de direitos subjetivos foi demonstrada na estrutura de uma concepção procedimental de justificação de normas jurídicas. Estas permanecem abertas às reivindicações de pessoas éticas somente quando não estiverem fundamentadas constitutivamente em determinados conceitos do bem. O direito só pode ser sensível a vozes particulares do bem se falar uma linguagem universal ou que possa ser generalizada.

Esse resultado teve de se comprovar num outro plano da discussão: o princípio da justificação universal levou a uma teoria da legitimação política que resgata a pretensão de universalidade do direito, mas, ao mesmo tempo, defrontou-se com as dúvidas liberais sobre a possibilidade da formação social de consensos, com as dúvidas comunitaristas sobre a viabilidade dessa comunidade política sem substância e, por fim, com as dúvidas feministas sobre a possibilidade de uma linguagem realmente universal. A resposta a essas dúvidas e à questão da fundamentação de uma teoria da justiça social foi uma da legitimação universal que evita tanto a concepção liberal mínima quanto a comunitarista maximalista de comunidade política e propõe um conceito diferenciado de cidadania.

Todavia, com isso alcançou-se um ponto no debate no qual os comunitaristas colocam novamente a questão do bem como fundamento da teoria: mesmo que se pudesse mostrar – assim diz a objeção – que é possível fazer a distinção entre pessoa ética, pessoa de direito e cidadão como sendo dimensões do reconhecimento (respectivamente, da justificação normativa de valores e normas), bem como fazer a distinção entre concepções *éticas* do bem (que são formadoras da identidade de uma pessoa ou comunidade) e normas justificadas universalmente, ainda assim o princípio da justificação universal poderia estar fundamentado num *bem moral*, por exemplo, a autodeterminação e liberdade individual desimpedida. De que outro modo o procedimento de justificação universal poderia ter algum sentido, a não ser como explicação desse valor fundamental da liberdade subjetiva? E de que outro modo poderia ser avaliada a validade de normas, a não ser por meio desse valor? Todo procedimentalismo e todo universalismo bebem dessa fonte – uma das fontes a partir das quais a "identidade moderna" cria suas avaliações "fortes" constitutivas e determinantes da identidade (Taylor). Todas as normas do direito e da moral, não importa o quão universal possam ser, estão localizadas num contexto ético-cultural de "nossa" identidade.

Essa objeção leva o debate ao plano de uma reflexão teórico-moral sobre fundamentos. O conceito procedimental de razão prática, segundo o qual somente podem ter validade universal as normas que puderem ser justificadas recíproca e universalmente, pode sobreviver sem um conceito constitutivo do bem? Em que medida ele fica preso a contextos concretos?

Essa última rodada do debate será analisada em quatro passos. Primeiramente, será analisada a dúvida hermenêutica de Walzer sobre uma teoria procedimentalista da moral e da justiça e será discutida sua contraproposta. Será demonstrado que seu princípio do "universalismo reiterativo" é compatível com o da justificação prática, mencionado anteriormente, ou seja, o próprio princípio de Walzer é uma explicação da justificação prática, que vincula, uma com a outra, a autodeterminação individual e coletiva (1).

Da discussão do princípio da justificação universal resulta, no plano moral, um conceito mais amplo de pessoa: o de *pessoa moral*. Ele não a caracteriza em sua identidade ética, como sujeito do direito ou como cidadão, mas sim como ser humano, como "simples" membro da comunidade dos seres humanos. Por um lado, esse conceito é necessário para poder explicar o de "direitos humanos" (o "código moral mínimo", de Walzer). As comunidades políticas devem observar uma forma de reconhecimento básico da pessoa moral em sua autodeterminação e sua constituição jurídica de modo a poder erguer a pretensão de legitimação moral.

Por outro lado, o conceito de pessoa moral aponta para além dessa problemática específica do vínculo entre direito, política e moral. Ele se volta para a questão da justificação da ação moral, que, com certeza, é uma ação num contexto concreto, mas cuja justificação requer razões "compartilhadas" que valem para além dos contextos éticos ou político-jurídicos (por exemplo, para contextos entre "estranhos"). As normas morais se referem à ação tendo como referência as pessoas "em geral", num contexto de humanidade comum – diante de uma e, ao mesmo tempo, todas as pessoas morais individuais.

Num segundo passo, será examinada a proposta rawlsiana de uma teoria "construtivista" (2). A discussão de seu programa de fundamentação para além do realismo e do relativismo coloca-se como tarefa investigar de modo mais preciso o conceito de pessoa moral como "ideia da razão prática" e examinar as suposições "políticas" embutidas nesse conceito. A teoria de Rawls será contrastada com uma concepção alternativa de razão prática, que não apenas entende de outra maneira o conceito de pessoa moral (e explica as já mencionadas diferenças na teoria de Rawls), mas também serve como base universal de diferenciação dos diversos "contextos da justiça". Para isso, recorro às abordagens construtivistas (O'Neill) e teórico-discursivas (especialmente Habermas).

A concepção da razão prática comunicativa – e da pessoa moral explicitada nesse contexto – encontra-se ela mesma exposta às objeções fundamentais de MacIntyre. Segundo ele, não faz sentido defender uma tal concepção de razão que transcenda o contexto e nem um conceito de pessoa "sem lugar". Existem somente padrões de razão imanentes ao contexto, que, contudo, não excluem a possibilidade de comparações racionais. Todavia, a própria teoria de MacIntyre contrai empréstimos do tipo moral, que colocam em xeque sua tese de uma não transcendentalidade dos mundos morais (3).

Taylor não contesta a validade de princípios morais universalistas, mas, em sua opinião, eles próprios estão fundamentados no horizonte de valores da "identidade moderna". Eles se apoiam em bens morais, éticos de ordem superior, por assim dizer, que são os pontos de orientação para a questão moderna sobre a moral. Mesmo onde "nossos" princípios morais ultrapassam os contextos, eles ainda se movem em "nosso" contexto de valores. Nesse caso, porém, precisam ser levados em conta diferentes critérios de validação para aquilo que é válido "para nós" e para o que é "para todos". É em vista disso que o conceito de razão prática de Taylor tem de ser examinado criticamente (4).

4.1 UM UNIVERSALISMO CONTEXTUALISTA

> "Entendes que será o caso de admirar", pergunta Sócrates, "se quem descer dessas coisas divinas às humanas fizer gestos disparatados e parecer muito ridículo, porque seu olhar está ofuscado e ainda não se habituou suficientemente às trevas ambientes, sendo forçado a contender, em tribunais e noutros lugares, acerca das sombras do justo ou das imagens das sombras, e a disputar sobre o assunto, sobre o que supõe ser a própria justiça, diante de quem jamais a viu?" (Platão, 1988, 517e).

Segundo Platão, a Justiça é uma ideia que só é superada pela ideia maior do Bem, que "pela sua dignidade e poder está acima e além do ser" (ibidem, 504 e 509). Participando da ideia divina do Bem, a Justiça é uma ideia eterna e imutável, segundo a qual todas as "configurações locais" podem ser medidas. Em ultima instância, são cópias, sombras da ideia, sem jamais alcançarem sua pureza. É o filósofo quem, numa longa ascensão da caverna de sombras, parte para ver a verdade luminosa e que, ao retornar à caverna, corre o perigo de ser julgado pelos ignorantes como corruptor. Portanto, em vista da *doxa* predominante na caverna, a *epistéme*, o saber filosófico sobre a verdade, deve permanecer sem lugar, *u-topos*.

Essa teoria platônica da relação entre filosofia e verdade, bem como entre política e opinião pública, é confrontada com o ceticismo aristotélico acerca da representação da ideia do bem como "forma sem conteúdo", que nega a pluralidade de bens. "Mesmo que exista algum bem único que seja universalmente predicável dos bens ou capaz de existência separada e independente, é claro que ele não poderia ser realizado nem alcançado pelo homem" (Aristóteles, 1972, 1096b20-35). Por conseguinte, é um empreendimento sem sentido querer medir, segundo um "bem em si mesmo", as concepções do bem e da justiça que desde sempre se referem a comunidades nas quais a vida boa de membros diferentes é realizada de diferentes modos. A justiça é o elemento mediador, nivelador, no meio das relações humanas; é uma virtude prática do correto e do apropriado. "Donde se conclui que a justiça é algo essencialmente humano" (ibidem, 1137a30) – nas palavras de Walzer: "a justiça é relativa ao seu significado social" (1983a, p. 312 e 440).

Entende-se o cerne da teoria aristotélica da justiça como a tese da irredutível *pluralidade* e *do caráter social* dos bens, e reconhece-se que somente uma teoria imanente – isto é, que está *nas* e não *acima* das práticas de uma comunidade política – pode fazer justiça a essa pluralidade de bens, então se torna evidente a preocupação essencial da teoria da justiça de Walzer e de seu método hermenêutico. As especificidades da teoria da justiça distributiva já foram discutidas. No presente contexto, trata-se de examinar as objeções de Walzer às teorias morais universalistas e "abstratas". Aqui, são centrais sua teoria antiplatônica da oposição entre "filosofia" e "democracia" e sua tese da primazia da "caverna" frente às construções teóricas "ideais". Com isso, Walzer se vincula ao clássico problema da filosofia política acerca da relação entre verdade filosófica e realidade social, um problema que se modificou, mas, ao mesmo tempo, persiste ao longo da história da filosofia, desde Platão e Aristóteles, das duas cidades de Santo Agostinho até a crítica de Hegel a Kant e novamente na crítica ao próprio Hegel e às teorias universalistas "fundamentalistas". Em Aristóteles, a crítica se dirige contra o Estado platônico "ideal"; na modernidade, contra as teorias abstratas do contrato social e, na "pós-modernidade", contra todas as teorias que erguem pretensões normativas universalistas para conceberem padrões do bem e da justiça independentes do contexto (cf. Lyotard, 1990; Rorty, 1988). Segundo Walzer, o que é importante é achar uma forma de pensamento político que evite tanto o fundamentalismo das teorias morais realistas quanto o abandono de uma teoria crítica da comunidade[1].

Walzer refere-se ao *topos* da oposição entre verdade e política, como explicitado em Arendt (1985b, p. 263): a verdade filosófica imparcial, no sentido homérico, é solitária e distante da realidade social, enquanto que o jogo comunicativo de opiniões e interesses é discursivo no interior do espaço político, mas permanece no domínio da "opinião". "A verdade é única, mas as pessoas têm várias opiniões; a verdade é eterna, mas as pessoas mudam continuamente suas ideias. Aqui, em sua forma mais simples, está a tensão entre filosofia e democracia" (Walzer, 1981, p. 383; cf. Barber, 1988, p. 9 ss.). O filósofo acredita estar de posse de uma verdade eterna, que somente ele reconhece plenamente, mas que, não obstante, é obrigatória para todos os seres humanos. O filósofo não quer entregar essa verdade ao discurso democrático e, em princípio, aberto; prefere colocar suas normas em discussão numa "situação ideal de fala" (Habermas), numa "posição original" (Rawls) ou numa "espaçonave" (Ackerman) – na verdade, uma discussão limitada e idealizada[2]. As normas que são justificadas dessa maneira estão muito distantes dos contextos das comunidades concretas para poderem reivindicar validade para

---

[1] Sobre isso, cf. Herzog (1985), Shapiro (1990), Warnke (1993).
[2] Cf. Walzer (1981, p. 389; 1983a, p. 5, 29, 30, 63; 1987, p. 19 ss.; 1989a).

elas. São hipóteses abstratas e universais que não fazem justiça à pluralidade e ao caráter social das concepções existentes do bem.

Porém, a crítica de Walzer à prioridade da filosofia frente à democracia, que Barber (1988) e Rorty (1988) formulam de modo semelhante (mas com diferenças importantes), não tem um estatuto metodológico muito claro. Por um lado, Walzer apresenta essa crítica como uma diferenciação entre formas de *crítica social*; por outro, como uma diferenciação entre caminhos da *filosofia moral*. A "boa" crítica social é a "vinculada" ["*connected*"], em contraste com a "desprendida" ["*detached*"], e consequentemente, segundo Walzer, a filosofia moral somente pode ser uma reconstrução das "convicções compartilhadas" de uma comunidade política, mas não uma "visão de lugar algum" [*view from nowhere*] (Nagel) ou uma teoria "*sub specie æternitatis*" (Rawls). Por fim, um outro plano ao qual Walzer igualmente se refere em sua crítica às teorias morais universalistas é o da *teoria democrática* normativa. Segundo sua crítica, abordagens morais abstratas, formais e universalistas são não democráticas, uma vez que são removidas do discurso político. Walzer procura ilustrar isso com o exemplo da "dominação filosófica" da Suprema Corte dos Estados Unidos (1981, p. 387 ss.). Todos os três pontos de vista estão fundamentados numa intuição hermenêutico-normativa comum – a saber, a do respeito pela pluralidade e integridade das comunidades. Pode-se, porém, perguntar se a posição de Walzer é apropriada no interior de cada uma das dimensões da crítica social, teoria moral e teoria democrática; pode-se até mesmo perguntar se é plausível não derivar nenhuma forma específica de filosofia moral da tese de que um crítico social deve falar a linguagem de sua comunidade e estar "vinculado" a ela. Ele está preocupado em convencer uma determinada comunidade da correção de determinadas normas ou ações numa determinada situação. A filosofia moral está preocupada com a questão universal sobre o bem e a justiça. Contudo, como se verificará adiante, uma teoria crítica social "correta" não pode desistir do uso de princípios universais. Além disso, do princípio da teoria democrática de que somente os cidadãos de uma determinada comunidade política decidem, com base em seus valores desenvolvidos historicamente, o que deve valer para sua comunidade, não se pode inferir nem uma forma determinada de crítica social e nem uma filosofia moral. Deve-se fazer a distinção entre três questões: a da fundamentação filosófica de princípios morais, a do melhor caminho da crítica social e a da autodeterminação de uma comunidade política. Somente assim pode-se perceber o vínculo entre elas, que, diferentemente do que acredita Walzer, consiste no fato de que representam contextos diversos do princípio de justificação recíproca e universal.

a. Sobre a relação entre filosofia e democracia

Segundo a concepção de Walzer, a teoria de Rawls é um exemplo de uma tese democrática não democrática: formula uma teoria da justiça para uma comunidade política numa situação abstrata de escolha racional fundada em certas capacidades de pessoas abstratas e em bens básicos abstratos que devem ser distribuídos de modo justo. Todavia, segundo Walzer, os cidadãos de uma comunidade concreta não se perguntam o que indivíduos escolheriam sob condições ideais, mas antes: "o que devemos escolher diante do pano de fundo de nossas concepções do bem e de nossa identidade?". Walzer não apenas crítica Rawls por nivelar a "igualdade complexa", que predomina em uma comunidade política devido à diversidade de bens, em favor de uma "igualdade simples", mas também censura o traço platônico da teoria dele: ela antecipa o discurso dos participantes sobre como e quais bens devem ser distribuídos. Em relação a isso, o saber "político", diferentemente do saber "filosófico", pergunta: "qual é o significado e propósito *dessa* associação? Qual é a estrutura apropriada de *nossa* comunidade e governo?" (1981, p. 393). A teoria política não apenas fala para, mas também em uma determinada comunidade e se envolve em suas particularidades, em seus "significados compartilhados".

Contudo, o próprio Walzer incorpora uma premissa importante em sua teoria das "convicções compartilhadas": que "compartilhar" implica um processo de formação intersubjetiva de práticas e instituições, no qual entram certas condições de reciprocidade.

> Ao argumentar com um outro, interpretamos, revisamos, elaboramos e também questionamos os paradigmas que formam nosso pensamento. Assim, chegamos a alguma concepção de uma sociedade (dita) justa por meio de uma conversação que, na verdade, é restringida pelas restrições ordinárias da vida cotidiana [...] Não há um modelo. O diálogo real é instável e inquieto, uma vez que é, em última instância, mais radical do que a fala ideal (1989a, p. 195).

O "nós" de que fala Walzer é uma "comunidade de interpretação" (1987, p. 115, nota 42) de todos os cidadãos, e o que conta nos discursos políticos é "o domínio das razões [*the rule of reasons*]. Os cidadãos entram no fórum com nada, a não ser seus argumentos" (1983a, p. 304, 430). No discurso de Walzer sobre "convicções compartilhadas" e "diálogos reais" está implícito o princípio da justificação universal de valores e normas universais. Somente esse princípio lhe possibilita uma saída do "dilema comunitarista", como vimos na discussão sobre justiça social (na seção 3.4). São "justos" os critérios distributivos que são compartilhados e compartilháveis, nos quais é assegurado o *status* de pertença igual. Embora com diferenças metodológicas importantes, Walzer compartilha essas premissas normativas com Rawls.

A contextualização do princípio da diferença, que, no sentido dessas premissas, aproxima a teoria de Rawls à de Walzer, não significa sua diluição na imanência de contextos sociais, mas a conservação de seu conteúdo e de determinadas condições universais sob as quais as distribuições podem ser denominadas justas em geral. Essas premissas "filosóficas" da reciprocidade e da igualdade democrática e social não são exteriores à ideia de "democracia", mas imanentes.

Se Walzer tivesse observado a diferença entre uma teoria universalista *kantiana* (interpretada procedimentalmente) e uma *platônica* – a primeira formula princípios universais de autodeterminação individual e coletiva, que têm de ser preenchidos, enquanto que a segunda define valores substantivos obrigatórios –, a oposição entre "filosofia" e "democracia" desmoronaria. Um conceito significativo de democracia não é possível sem os mencionados princípios formais de autodeterminação e igualdade. Especialmente a crítica de Walzer à teoria normativa habermasiana dos pressupostos "ideais" dos discursos concretos confunde-se ao não perceber que esses pressupostos não significam outra coisa do que aquilo que é exigido nos "diálogos reais" para tornar possível um "domínio das boas razões". Os discursos democráticos não se realizam num espaço "ideal", mas somente podem ser denominados "radicais", no sentido dado por Walzer, quando o princípio da justificação universal puder ser reivindicado por todos os membros da comunidade democrática (e decisões podem ser sempre questionadas). Essa exigência "filosófica" é o sentido crítico e normativo da democracia.

b. Sobre o problema da crítica social

Outro problema, que tem alguma familiaridade com a relação adequada dos princípios filosóficos com a práxis democrática, é o da relação entre o crítico de uma sociedade e ela própria. A crítica social é orientada por determinados princípios que se contrapõem à sociedade. Aqui, não se trata de uma teoria da moral e nem da sociedade – mas pode igualmente apoiar-se em uma delas, no sentido de uma "teoria crítica". O interesse do crítico social é fazer com que, numa determinada situação, uma sociedade se mova para reconhecer determinadas normas ou, mais especificamente, para que realize ou permita determinadas ações. O interesse do crítico social é prático. Mas de onde deveriam surgir os princípios do crítico?

A tese central de Walzer de que as sociedades formam unidades, cada uma falando sua linguagem própria com determinados significados sociais, leva-o à concepção de que a "linguagem natural da crítica" tem de ser a do povo (1988, p. 9). Os padrões da crítica devem surgir do universo de discurso de uma comunidade específica e o crítico tem de estar vinculado [*connected*] da forma mais estreita possível com essa comunidade. "Criticamos nossa sociedade tal como criticamos nossos amigos, com base na suposição de que os termos da crítica, as referências morais, são comuns" (ibidem, p. 230). O crítico fala para uma comunidade na linguagem dela; ele a defronta com suas pretensões e sua realidade, sem ele mesmo acreditar que possui a verdade absoluta. Sua crítica é uma crítica imanente. Aqui, existe tanto um argumento *conceitual* quanto um *funcional* (os quais Walzer não distingue claramente um do outro): a crítica somente pode sê-la na medida em que compara ideais sociais e realidades sociais e se serve da linguagem da comunidade particular, pois não pode recorrer a uma outra superior nem a valores transcendentes. Com isso, a crítica apenas pode ser efetiva quando falar a linguagem do povo, quando é autêntica e digna de confiança. O crítico deve ser leal e patriótico em relação à comunidade com um todo; ele tem de, por assim dizer, "estar no coração dela".

Essa teoria parte de pressupostos importantes: uma sociedade deve ter certas convicções universais, às quais o crítico pode recorrer num sentido compreensível universalmente. Essas convicções devem satisfazer certas pretensões morais, que dão ao crítico um peso moral. E, por fim, deve existir a perspectiva de que a sociedade tenha ouvidos abertos ao apelo do crítico. Em resumo: uma sociedade deve oferecer uma possibilidade moralmente aceitável para as preocupações do crítico. Mas o que pode ser uma preocupação moral legítima? Somente aquilo que melhorar sua sociedade? Qual é o motivo, a intenção da crítica social que Walzer tem em vista? É uma intenção que ele define vagamente como "senso moral" (1988, p. 229). O protesto contra a opressão, a exploração, a violência e a crueldade. Consequentemente, para o crítico não se trata apenas de melhorar a sociedade por sua causa, mas em vista das (possíveis) vítimas. Na medida em que Walzer introduz essa premissa moral – a do "valor universal em se opor à opressão" (1988, p. 227) – é plausível, em sua teoria, que para defender as possíveis vítimas de uma comunidade reste ao crítico apenas a opção de apelar única e exclusivamente aos valores dessa comunidade, acreditando que vão ao encontro de sua preocupação moral. Assim, não é o "vínculo" do crítico com sua comunidade que é o critério da qualidade moral da crítica, mas a questão de para quem e em nome de quem o crítico fala, a saber, em nome das *vítimas* da comunidade. O crítico não é, primeiramente, alguém vinculado, mas um crítico "que pode se vincular". Ele vincula seu protesto moral com os contextos ético-políticos nos quais ergue esse protesto. Apela aos valores morais que podem ser justificados moralmente.

Por isso, as objeções de Walzer contra uma crítica universalista não podem ser dirigidas contra o cerne da preocupação crítica – este está, na verdade, pressuposto – mas contra o modo segundo o qual ele é aplicado numa crítica concreta. Isso se torna evidente em sua comparação dos profetas Amós e Jonas. Ambos não se diferenciam quanto ao conteúdo moral da mensagem divina que profetizam, mas Jonas fala aos habitantes de Nínive como um estranho, como um mensageiro de Deus que exige o abandono do caminho da "violência". Amós, em contrapartida, fala aos habitantes de Israel como membro dessa comunidade e seu discurso sobre a justiça divina apela aos valores e práticas que constituem essa comunidade no seu cerne, dirigindo-se a ela de modo diferente de quando fala a outros povos. A esses povos ele só pode, como Jonas, aparecer como representante do "código moral mínimo". Jonas é um "crítico minimalista" (1987, p. 104), enquanto que Amós é um membro da comunidade criticada por ele. Jonas fala em nome de valores universalistas contra a "violência", Amós fala em nome de valores particulares contra a "opressão".

> As regras contra a violência surgem da experiência de relações internacionais bem como de relações internas; as regras contra a opressão surgem somente de relações internas. As primeiras regras regulam nosso contrato com toda humanidade, tanto estrangeiros quanto cidadãos; as segundas, regulam somente nossa vida comum (ibidem, p. 107).

Não obstante, Walzer não pode evitar de enfraquecer essa distinção entre uma perspectiva normativa externa e uma interna, pois mesmo quando o protesto imanente contra a opressão se dirige aos valores e práticas de uma determinada comunidade – e, com isso, é "particularista" (idem) –, não persiste nenhuma dúvida de que o mandamento "não oprimirás os pobres", lembrado por Amós, é uma "lei universal". A única diferença entre a crítica "externa" e "interna" da opressão é que Amós pode falar diferentemente a Israel do que à Síria, "não com as mesmas palavras, imagens, referências" (ibidem, p. 105) – mas ainda com base no mesmo mandamento moral. Deve-se fazer a distinção entre a *validade* moral das normas e a *possibilidade social* de *produzir a vigência* dessas normas, de modo que o crítico possa, ao mesmo tempo, apelar às autocompreensões vigentes.

Segundo a concepção de Walzer da necessidade de a crítica social sempre (a) falar a *linguagem* de uma comunidade particular, decorre que ela também (b) apela aos seus *valores*. Um exemplo paradigmático do crítico "vinculado" de Walzer mostra, contudo, que essa não é uma inferência necessária e não é suficiente para explicar a crítica legítima: trata-se do exemplo do escritor sul-africano Breyten Breytenbach, que apela, na linguagem de seus compatriotas, para que abandonem o sistema do *apartheid* sem negar sua própria identidade como sul-africano. Essa atitude preenche, portanto, a exigência (a). Mas, o que dizer dela (b)? Aqui, mostra-se que

Breytenbach não se refere primeiramente aos "valores compartilhados" pela sociedade branca sul-africana. O padrão de sua crítica deve ser caracterizado somente como oposição à "injustiça" (1988, p. 216): com a defesa da autodeterminação da população negra, do igual tratamento político e jurídico e de uma vida comum mais justa entre negros e brancos. Embora acreditasse nos "esforços" feitos por parte de seu povo para satisfazer tal exigência, estava consciente da sua oposição fundamental à autocompreensão dele. Sua confissão de ser um sul-africano era moral da culpa histórica dessa "sua" sociedade. Isso lhe permitia dizer ao mesmo tempo: "não sou um africano" (ibidem, p. 219). O crítico apresenta uma interpretação da *realidade social* à luz de padrões morais e não primordialmente de uma interpretação de *valores sociais*. O critério prioritário da boa crítica não é o vínculo com a comunidade criticada, mas o vínculo com o sofrimento.

"Em questões de moral, cada argumento é simplesmente um apelo aos significados comuns." (Walzer, 1983a, p. 29, 61) – essa afirmação normativa essencial de Walzer deve ser devidamente modificada. "Significados" compartilhados de maneira linguística ainda não são valores justificados *compartilháveis* – a crítica pode falar uma linguagem particular, mas fala para uma determinada sociedade a favor daqueles que são "oprimidos" por ela, do que se segue que ela somente pode se referir aos "significados compartilhados" que estão de acordo com as exigências morais mínimas de formas básicas de reconhecimento. Além disso, segue-se que os significados "comuns" podem somente ser a base normativa da crítica quando são realmente "comuns" e não excludentes. Valores e práticas sociais são julgados segundo um critério *externo* e um *interno*. O critério externo projeta – na figura de um "código moral mínimo" (1987, p. 34, 56, 107) – normas que devem ser observadas por todas as sociedades; o critério interno prescreve que as relações sociais devem ser justificadas perante todos os membros da sociedade. A "violência" é o desrespeito às pretensões de pessoas morais; a "opressão" é o desrespeito das pretensões de membros de uma comunidade à pertença plena num sentido substantivo. Assim, a crítica continua relacionada aos valores e normas, mas o critério do "compartilhável" se torna o ponto de referência da crítica. A crítica exige uma linguagem "universal" não exclusiva, que permanece sendo a linguagem "densa" de uma comunidade particular, contudo não pode contradizer uma linguagem moral "fraca".

Com isso, relações sociais, práticas e instituições *e* valores e autocompreensões tornam-se criticáveis. A crítica exige razões para as relações sociais existentes e as testa: primeiro, se são aceitáveis moralmente num sentido básico e se são compartilháveis socialmente num sentido universal; e, segundo, se as práticas sociais existentes podem de fato ser legitimadas com base nessas razões. A comunidade de todos os membros permanece a "autoridade efetiva" (ibidem, p. 41) da crítica de valores, bem como de práticas; "convicções compartilhadas" são elas mesmas objeto de discursos de interpretação e de justificação, e não o ponto de partida fixo e inequívoco da crítica. As vítimas da opressão (e a crítica moral) apoiam-se somente *naquelas* ideias da classe dominante (ibidem, p. 52 s.) a partir das quais a supressão dessa dominação pode ser justificada – e se referem a essas ideias porque são as corretas, e não porque são as dominantes (ou as dos dominantes). A crítica imanente permanece "situada" no contexto; ela não exige uma linguagem "pura", mas uma que *todos* os membros de uma comunidade possam falar, e uma que mantenha um padrão mínimo do tipo *moral*. Sem esses momentos da generalidade e da universalidade a crítica imanente não é crítica: relações sociais devem ser fundamentáveis de modo recíproco e universal.

Junto com toda carga substantiva "densa" do conceito de "significados compartilhados", o princípio da justificação permanece sendo o princípio-guia, num sentido interno e externo, sem que esse sentido externo imponha conceitos "estranhos" aos contextos particulares. Com isso, evidencia-se a possibilidade de um vínculo entre universalismo e contextualismo que o próprio Walzer elabora em artigos posteriores – sem, contudo, reconhecer os momentos, mencionados anteriormente, da razão prática como tal[3].

c. Quatro caminhos da filosofia moral

Walzer distingue três caminhos da filosofia moral: o da "descoberta", o da "invenção" e o da "interpretação". O primeiro pressupõe uma realidade criada divinamente e revelada aos homens, isto é, uma realidade moral que se desvela para um "olhar de lugar nenhum" (Nagel), um olhar filosófico livre de toda particularidade. Valores e direitos dados por Deus, objetivos ou naturais não são criados por seres humanos, mas descobertos. Os fatos morais, que são aqui descobertos – Walzer inclui também a concepção moral utilitarista – são válidos universalmente por definição. Não menos universalista, o caminho da "invenção" parte da concepção

---

[3] Segundo Warnke (1993), a compreensão hermenêutica de uma comunidade política exige uma interpretação dialógica comum da "justiça". O conceito de justificação prática pressuposto aqui – e a abertura para vozes até então não ouvidas (ibidem, p. 149) – não pode ser derivado da ideia de aprendizado recíproco como objetivo do diálogo (ibidem, p. 157), mas a partir de um princípio da razão prática (que implica um critério "procedimental" da "boa" interpretação, ibidem, p. 163). A ênfase hermenêutica nos contextos "densos" em contraste com os conceitos morais kantianos "externos" (ibidem, p. 1 ss.) é insuficiente. Ela não faz a diferenciação entre contextos éticos, políticos e morais nos quais questões práticas exigem em cada caso respostas – "razoáveis" – específicas.

de que as normas morais são construídas por seres humanos. Aqui, o objetivo é, com a ajuda de um *"design"*, um experimento mental abstrato, construir normas que podem erguer uma pretensão de validade universal. A teoria de Rawls (mas também a teoria de Ackerman e da ética do discurso de Habermas) é, para isso, paradigmática. Os participantes do experimento mental são eles mesmos idealizados e situados num mundo ideal, no qual projetam uma teoria ideal da sociedade ideal. Eles recomendam às pessoas que vivem em suas próprias moradas particulares a mudarem-se para algum Hotel Hilton, onde todos os quartos são idênticos. Walzer nega que esse tipo de moral possa ter relevância para "nossas próprias casas", que são o ponto de partida e de chegada de todas as questões morais. Todavia, tem consciência de que para os "estrangeiros", que não dispõem de um lar próprio, o problema mais urgente consiste em encontrar proteção em semelhante hotel. Nesse ponto, Walzer é, portanto, obrigado a diferenciar uma moral universalista para os estranhos de uma moral particularista para os nativos.

O argumento dele contra ambos os caminhos, o da descoberta e o da invenção, é hermenêutico: a moral não pode ser encontrada num mundo objetivo ou ideal, ela já está presente quando uma questão moral se põe em geral. As duas primeiras concepções também não podem brotar do círculo hermenêutico: "a reivindicação da interpretação reside simplesmente na seguinte suposição: nem a descoberta e nem a invenção são necessárias, pois já dispomos do que nos prometem fornecer" (1987, p. 29). Os descobridores podem se compreender como o executivo da moral e os inventores como o legislativo, mas a interpretação permanece como judiciário, que dá a última palavra sobre o que vale como moral àqueles que já sempre habitam a casa da moral. Na realidade, a descoberta e a invenção são apenas "interpretações disfarçadas" (ibidem, p. 30), que não conseguem despir a particularidade de suas premissas. A argumentação moral é uma exposição dos princípios e práticas (e a contradição entre ambos) de uma comunidade específica. Para essa interpretação da moral existente, pensada como argumentação entre participantes, não existe um ponto com autoridade final: cada interpretação deve se justificar publicamente perante aqueles para os quais ela deve ser válida. Isso implica que uma interpretação é tanto melhor quanto mais refletir, da forma mais abrangente, os interesses dos participantes dessa comunidade. E, de fato, "na medida em que podemos reconhecer um progresso moral, isso tem menos a ver com a descoberta ou a invenção de novos princípios do que com a inclusão, sob velhos princípios, de homens e mulheres previamente excluídos" (ibidem, p. 37). Mas esse argumento pressupõe que tais princípios permitam essa inclusão e como tais são justificados – o que pode exigir uma reinterpretação moral radical (em contextos intersubjetivos).

Consequentemente, o princípio interno de justificação universal *consensual* afirma que a "caverna" comunitária se oriente pela luz de princípios legítimos. Esse é o primeiro resultado, central na filosofia moral, de uma interpretação consistente das reflexões de Walzer.

O segundo consiste numa reflexão sobre a distinção entre a moral particular nacional e uma universalista estranha, o "código moral mínimo e universal" (1987, p. 34). A moral dos estranhos, a *moral da humanidade*, não está desvinculada, como se estivesse ao lado de uma *moral da comunidade* concreta, mas é sua estrutura formal (ibidem, p. 35). Segundo Walzer, essas normas morais mínimas de reconhecimento de todos os seres humanos como *pessoas morais* não representa nenhuma forma de vida de natureza ético-política, isto é, não prescrevem determinações da pessoa ética, de direito ou do cidadão. Elas assumem diversas formas, mas forma o quadro incondicional da autodeterminação individual no interior da coletiva concreta de uma comunidade.

Portanto, o valor do respeito à integridade de formas de vida coletivas, enfatizado continuamente por Walzer, deve ser complementado por meio dos princípios, de modo que essas formas de vida devem ser, de uma perspectiva interna, justificadas universalmente e, de uma externa, devem reconhecer determinados direitos morais. A autodeterminação coletiva não deve ser uma carga para a individual. Segundo a concepção de Walzer, o mundo moral, portanto, não consiste apenas de morais interiores incompatíveis, mas também de normas que as comunidades devem reconhecer. Essa concepção está fundamentada na intuição de que as pessoas não são apenas pessoas éticas em comunidades locais, pessoas de direito em determinadas comunidades, cidadãos em determinadas comunidades políticas, mas também, e antes de tudo, "estrangeiros", estranhos, que não são nada mais do que "seres humanos". O código moral mínimo pode ser encontrado também, e em particular, por uma "pessoa individual, que se imagina como um estranho, sem vínculos e lar, perdido no mundo" (ibidem, p. 24), na verdade, é a linguagem na qual uma pessoa moral *como ser humano* apela a outros seres humanos. Hannah Arendt apontou enfaticamente para a necessidade de um semelhante Hotel Hilton para pessoas sem-Estado, que perderam a segurança da pertença a uma comunidade política. Em sua reivindicação por um "direito humano único", a saber, o direito de ter direitos que são assegurados politicamente (Arendt, 1949), ela leva em conta a ideia de que os seres humanos, como pessoas morais, precisam de proteção justamente quando perderam a proteção de seu Estado, quando não são mais pessoas de direito. Todavia, os Estados devem não apenas assegurar essa proteção aos estrangeiros, mas devem ter também a obrigação de, pelo menos, garantir aos seus cidadãos os padrões de tal hotel. Os seres humanos têm direitos morais, que porém se tornam direitos concretos e reivindicáveis apenas numa comunidade jurídica.

> Direitos individuais podem muito bem derivar, como estou inclinado a pensar, de nossas ideias sobre personalidade e ação moral, sem referências aos processos políticos e circunstâncias sociais. Mas a vigência dos direitos é outra questão. [...] Direitos somente são passíveis de serem impostos [*enforceable*] no interior de uma comunidade política na qual tenham sido reconhecidos coletivamente, e o processo pelo qual tornam-se reconhecidos é um processo político que exige uma arena política (Walzer, 1980b, p. 226).

Essa concepção dos direitos morais se torna evidente no tratamento que Walzer dá à justiça internacional. Sua teoria da guerra justa e injusta defende, por um lado, o direito de comunidades políticas à autodeterminação de sua "vida comum", mas, por outro lado, fundamenta esse direito num conceito de direitos individuais que ele também apresenta como base para sua teoria da guerra justa (1980b, p. 209). Esses direitos básicos dos Estados no direito internacional – segundo Walzer, os direitos à integridade territorial e à soberania política – "derivam, em última instância, dos direitos dos indivíduos e deles retiram sua força" (1977, p. 53). Na verdade, é o direito à autodeterminação de cada membro de uma comunidade política que é atacado quando a comunidade é atacada, e não o direito da unidade abstrata do Estado. "Os direitos do Estado se apoiam no consentimento de seus membros." (ibidem, p. 54). Isso tem consequências de longo alcance para a legitimidade e as pretensões de soberania de um Estado e para a possibilidade de uma intervenção do exterior, como, por exemplo, no caso de violações graves de direitos humanos[4].

> Direitos individuais [à vida e liberdade] fundamentam nossos juízos mais importantes sobre a guerra. [...] estão, de algum modo, vinculados por nosso senso do que significa ser um ser humano. Se não são naturais, então os inventamos; mas, naturais ou inventados, são uma característica palpável de nosso mundo moderno (ibidem, p. 54).

Essa determinação dos direitos humanos universais mostra que o argumento de Walzer a favor de uma teoria particularista da justiça não pode ser "radicalmente particularista" (1983a, p. XIV) no que se refere a questões morais. Mesmo em *Esferas da justiça* (1983a, p. XV), Walzer observa que entende a concepção dos direitos humanos, que ele colocou na base de seu tratamento da guerra justa, como complementar ao problema da extrapolação das "esferas da justiça" – "a justiça distributiva não é a totalidade da moral, ela nem mesmo cobre a totalidade da justiça" (1992b, p. 291; cf. também o prefácio da edição alemã de 1983a).

---

[4] Não posso, aqui, entrar na discussão sobre a "guerra justa". Cf. especificamente Walzer (1977, p. 90 ss.; 1980b, p. 216 s.) e a introdução à segunda edição (1977/1992, p. XI ss.).

A hermenêutica moral de Walzer não pode evitar fornecer condições *universais* para definir por que e quais formas de comunidade devem ser respeitadas ou criticadas e no que consistem suas pretensões morais sobre seus membros e estrangeiros. Essa consideração leva à sua teoria do "universalismo reiterativo". Ela vincula o universalismo formal e o contextualismo substantivo por meio da ideia de que princípios universais formam uma estrutura moral que é constantemente "reiterada", de diferentes formas, nos contextos das comunidades políticas, de suas autocompreensões, práticas e instituições. Com essa ideia, Walzer abandona a má oposição entre universalismo e contextualismo e alcança um *universalismo contextualista* que permite justamente ver na formalidade e universalidade das normas morais a possibilidade dessa estrutura moral incorporar-se em vários contextos e dar espaço a estes. Por isso, "contextualista" deve ser entendido no sentido de "contextualizado" ou "sensível ao contexto". Essa forma de universalismo observa os limites dos contextos sociais, mas não vê neles os limites da moral como um todo[5]. Aqui, evidencia-se a possibilidade de um *quarto caminho* na filosofia moral, que vincula uns com os outros os três caminhos diferenciados por Walzer.

Ele distingue dois tipos de universalismo. Um universalismo "que protege o direito" [*covering law*], que acredita poder explicar, a partir de uma raiz válida universalmente, princípios de justiça, bem como padrões da vida boa política e individual. Uma fonte de conhecimento moral que descobre todas as formas possíveis de fenômenos morais no mundo. Essas formas fenomênicas não têm direito próprio, são meramente reflexos ou pré-formas da justiça verdadeira. Em contraste, o segundo tipo de universalismo, o "reiterativo", parte de uma pluralidade de fontes morais e formas fenomênicas, que devem ser respeitadas segundo o imperativo universal da tolerância e respeito. Os mundos morais são universos discursivos que não se deixam *reduzir* a uma linguagem, mas *contêm*, no cerne, determinados princípios que têm validade universal. Porém, em contrapartida, essa validade universal ganha vigência apenas de modo particular. "Independência, interioridade, individualismo, autodeterminação, autogoverno, liberdade, autonomia: todos podem ser entendidos como valores universais, mas todos têm implicações particularistas" (1990b, p. 13). A criatividade humana reitera, renova as formas da vida humana no espaço desses valores universais. Com isso, o valor da autodeterminação assume uma posição especial: a tentativa de negá-lo é condenável moralmente, bem como a tentativa de querer estabelecer *a priori* o que deve significar a autodeterminação

---

[5] Portanto, esse conceito – diferente do uso que Ferrara (1988) faz dele em relação a Walzer e MacIntyre – não deve ser entendido em oposição a um "universalismo procedimental".

de um povo ou de um ser humano. "As pessoas devem escolher por si mesmas; cada povo por si mesmo." (ibidem, p. 14) Quanto mais abstrato for entendido o valor universal, tanto mais espaço deixa para sua reiteração substantiva[6]. "As pessoas deveriam ser tratadas de acordo com as suas próprias ideias sobre como deveriam ser tratadas [...]." (ibidem, p. 23)

O princípio superior do universalismo reiterativo consiste no reconhecimento recíproco do outro como "formador moral" [*Moralbildner*] (ibidem, p. 24), como ser autodeterminante em e com uma comunidade. Já em *Esferas da justiça* (como mencionado antes em 3.4), esse princípio aponta para dois conceitos diferentes de justiça em Walzer: uma universal da necessidade moral do respeito pelos contextos culturais produzidos em comum e outra concreta do respeito pelo conteúdo das diversas compreensões sociais do justo. "Passar por cima dessas compreensões significa (sempre) agir injustamente" (1983a, p. 314). O respeito da autonomia de "seres produzidos culturalmente não pode, todavia, referir-se primeiramente ao respeito das comunidades, mas dos indivíduos nela. *Pessoas* têm "direitos de reiteração", como Walzer enfatiza (ainda que de modo mais forte do que em *Esferas da justiça*):

> agimos imoralmente sempre que negamos a outras pessoas a garantia para o que chamarei aqui de *direitos de reiteração*, isto é, o de agir autonomamente e o de formar vínculos de acordo com uma compreensão particular da vida boa. Ou imoralidade é comumente expressa na recusa em reconhecer em outros a ação moral e os poderes criativos *que reivindicamos para nós mesmos* (1990c, p. 535, itálicos de R. F.).

Esse respeito moral pelas pessoas se fundamenta, segundo Walzer, num cerne "reiterativo" de experiências humanas comuns, num mínimo moral de *todos* os contextos comunitários.

Com base em sua pretensão moral "mínima", Walzer considera correta, em sua intenção, a proposta de Hampshire (1983, cap. 6) de partir de uma "estrutura profunda" de normas de justiça da argumentação racional, que está na base de toda linguagem particular encaixada em formas de vida ética. Todavia, levanta a objeção fundamentada antropologicamente de que o conceito mínimo pode ser obtido não de uma estrutura linguística universal profunda, mas a partir de uma interpretação de quais pretensões morais são reconhecidas em diversos contextos culturais e que, portanto, podem levantar uma pretensão justificada de validade

---

[6] Cf. Honneth (1991b); o momento formal do "universalismo reiterativo" é desvalorizado na crítica de Brunkhorst (1992).

universal. Walzer considera possível conceber um conceito de "direito natural mínimo", como propõe Hart (1955, 1972, p. 189-195), mas desconfia, primeiro, da justificação "transcendental" desse código e, segundo, da fixação definitiva de seu conteúdo. Com isso, o universalismo de Walzer permanece hermenêutico. Parte de uma análise das pretensões que são levantadas por pessoas em dificuldades, na necessidade e no sofrimento e que são reconhecidas em diversas culturas humanas. O reconhecimento da "familiaridade" das normas e experiências humanas – e a "extração" de valores universais – é "aditiva e indutiva [...] e, portanto, não exige um ponto de partida externo ou uma perspectiva universal" (Walzer, 1990b, p. 20). O conhecimento de valores universais se apoia na experiência moral. Como se passassem numa peneira, determinados valores "mínimos" são filtrados e abstraídos de uma multiplicidade de práticas culturais "maximalistas", valores que podem erguer uma pretensão de universalidade (cf. 1992c, p. 11). "Embora tenhamos histórias diferentes, temos experiências comuns e, algumas vezes, reações comuns e a partir delas formamos o mínimo moral [...]" (ibidem, p. 12) Segundo Walzer, podemos reconhecer intuitivamente os cartazes demonstrativos sobre os quais estão escritos "verdade" e "justiça", marchamos com elas, por mais estranho que elas e seu país possam nos parecer, mas não existe para nós nenhuma representação realmente não maximalista dessas normas mínimas. Marchamos com os demonstrativos, mas, na verdade, marchamos segundo nosso próprio entendimento dessas palavras. Não existe um esperanto moral, apenas uma multiplicidade de linguagens na base das quais estão experiências humanas comuns. Assim, esclarece-se a explicação de Walzer sobre o código moral mínimo, que pode, na verdade, segundo ele, ser construído filosoficamente, mas que se dá por meio de uma observação das normas que têm "sido aceitas em praticamente todas as comunidades humanas" (1987, p. 34). Exemplos antropológicos "notáveis" podem colocar esse resultado em xeque, mas *nossa* experiência moral aponta para esses valores mínimos[7]. São as experiências *humanas* em todas as culturas que exigem uma concepção de *moral* humana, mas que jamais é encontrada numa forma pura. Nós sentimos com (e como) outros que sofrem opressão e dor, e a partir dessa com-paixão [*Mit-Gefühl*] sublinhamos as mesmas pretensões morais que resultam dessas experiências negativas. Portanto, escreve Hampshire,

---

[7] O estudo dos ik, de Turnbull (1972), é um exemplo antropológico desse tipo. Eles são uma tribo africana cujos membros, de acordo com a descrição de Turnbull, não têm nenhum sentido de obrigação moral ou ética com os outros, nem mesmo com os membros de sua própria família (agradeço a Walzer por essa indicação).

a humanidade é unida no reconhecimento do grande mal que torna a vida dificilmente suportável, e que subdetermina qualquer modo de vida específico e qualquer concepção específica do bem e das virtudes essenciais. A glória da humanidade reside na diversidade e originalidade de suas aspirações positivas e diferentes modos de vida e a única exigência moral universal e positiva é a aplicação da justiça procedimental e a equidade ao tratar os conflitos morais entre eles (1989, p. 107 s.).

Diferente de Hampshire, Walzer não quer restringir o mínimo moral às normas procedimentais. Não apenas estas, que possibilitam a diferença, podem ser qualificadas moralmente, mas também normas e valores demonstram serem comuns: por exemplo, o valor da responsabilidade política, normas de comportamento na guerra, honestidade em trocas recíprocas. Não existem limites procedimentais impostos ao universalismo hermenêutico indutivo (cf. 1992c, p. 11).

Portanto, parece que o quarto caminho na filosofia moral, o do universalismo contextualista, desemboca no terceiro caminho, o da interpretação – só que agora as convicções compartilhadas, não de uma, mas de várias e, em princípio, de todas as culturas, são interpretadas em termos de um cerne comum acerca do qual todos os seres humanos como seres humanos podem se pôr de acordo. O código moral mínimo assegura às pessoas morais uma possibilidade de reivindicar seus direitos morais fundamentais à inviolabilidade da pessoa nos casos em que estes estiverem ameaçados.

Mas, com isso, o critério de pretensões morais justificadas não é suficientemente explicado. As mencionadas experiências negativas de opressão e de injustiça e – usado positivamente – o desejo por uma vida que esteja livre dessas experiências formam, na verdade, o *fundamento* das pretensões morais (e uma linguagem comum dos seres humanos). Contudo, o *critério de validade* dessas pretensões reside em seu caráter de não serem rejeitáveis de modo universal e recíproco. As pretensões morais apelam ao outro (em sua qualidade de ser um ser humano) para reconhecer as pessoas como *seres humanos*, como pessoas morais – isto é, de um modo que nenhum ser humano pode razoavelmente e *reciprocamente* negar, sem lhe negar seu "direito básico à justificação" (ou à "reiteração"), que os seres humanos têm em virtude de sua pertença na *comunidade de seres humanos*. Reconhecer uma pessoa como *pessoa moral*, no sentido kantiano como fim e nunca como meio significa, portanto, reconhecê-la como representativa de uma instância moral da humanidade e significa agir segundo normas que se apoiam em razões *compartilhadas* e que são justificadas, no sentido estrito, na razão prática. É somente desse modo que pode fazer sentido o conceito de Walzer de uma moral universalista como uma "moral humana" que está além de uma fundamentação quase empírica e metafísica e pode ser preenchido com um conteúdo que faz justiça às reivindicações e experiências de pessoas concretas.

Com base nesse conceito de razão, o conceito de pessoa moral não pode ser explicado sem o *direito* e o *critério* de justificação moral. O caminho correto da filosofia moral não é o da interpretação de representações morais dadas (1987, p. 31) de acordo com a questão "o que é correto fazer *para nós?*" (ibidem, p. 33), mas o caminho da justificação recíproca e universal entre pessoas concretas como seres humanos, como membros de *contextos de humanidade* comuns. Que a comunidade de todos os seres humanos é uma "comunidade de justificação" de normas morais não deve ser entendido de um modo abstratamente falso. Não significa que essas pretensões não decorrem de experiências morais e que não são erguidas em contextos concretos, ou que as normas morais "mínimas" não estão ancoradas em uma forma "maximalista" em contextos sociais. Significa, sim, que as comunidades não podem barganhar os padrões "mínimos" de reconhecimento moral e que as pessoas como seres humanos têm um direito à justificação. Normas morais não são normas "que transcendem o contexto" no sentido de que valem apenas para seres "ideais", incorpóreos, mas sim que são válidas para todos, e isso significa que valem para cada pessoa moral *vis-à-vis* cada outro – e merecem essa validade.

Consequentemente, um universalismo contextualista impõe duas restrições morais essenciais aos contextos sociais. Por um lado, a restrição – anteriormente mencionada "interna" – de que uma comunidade apenas pode ter a pretensão à legitimidade e ao respeito por sua integridade quando sua "vida comum" é realmente comum e é reconhecida pelos próprios membros como justificada. Essa restrição não significa – segundo o "universalismo reiterativo" de Walzer – que essa exigência normativa contém implicações substantivas sobre como a comunidade deve viver e compreender a si mesma; ela simplesmente exige que todos os participantes possam se identificar com essa vida comum. Walzer tornou isso claro em sua reflexão crítica sobre o conceito de "significados sociais" como construções no interior de comunidades. Com relação ao reconhecimento das pessoas em contextos sociais, essas construções não são "livres". Os indivíduos podem "anular" construções de si mesmos quando não puderem compartilhá-las.

> Poderíamos dizer, olhando a própria ideia como algo que fizemos, que a construção-social-com-agentes-humanos tem certos implicações morais. Entre estas, está o direito de anulação subjetiva, o direito dos agentes a recusarem qualquer *status* objetivo dado – como produtores, "trabalhadores manuais", escravos ou o que quer que seja (1993c, p. 173).

A segunda limitação significa, em consequência disso, que uma comunidade política (ou ética) não somente tem de ser aprovada por seus membros, mas tem de incorporar determinadas normas morais mínimas, que são merecedoras do reconhecimento da humanidade dos seres humanos como pessoas morais em geral. Esse ponto de vista "externo" decorre do "interno" na medida em que este já exige a observação do "direito subjetivo de anulação". Portanto, ele não é fundamentado "externamente" num sentido abstrato. Ele possibilita uma crítica de "fora", isto é, da perspectiva de um não membro; e implica determinados padrões de tratamento dos "estrangeiros" – uma dimensão que não pode ser ignorada por uma teoria da justiça. A crítica moral da comunidade é justificada, segundo Walzer (em sua teoria da justiça internacional), quando esses critérios mínimos da moral não são assegurados pela comunidade. As habitações da comunidade estão já arranjadas em um estilo particular, mas ninguém pode inadmissivelmente cair abaixo do padrão do Hotel Hilton.

Uma teoria do universalismo contextualista fornece, portanto, uma estrutura formal, na qual as autodeterminações individual e coletiva podem ser reconciliadas. Pelo fato dessa teoria não fazer nenhuma suposição substantiva sobre o bem que vale a pena realizar, ela pode dar espaço para as concepções concretas do bem que os seres humanos herdam ou produzem em comum. A universalidade e a formalidade não destroem os contextos comunitários, elas os tornam possíveis sob condições morais "mínimas". O princípio da justificação universal é um princípio *na* e *acima* da práxis comunitária – não exige que os contextos comunitários sejam reorganizados segundo princípios abstratos, que seriam encontrados numa situação ideal; exige simplesmente que esses contextos sejam aceitos em comum e abertos às reivindicações das pessoas morais feitas a partir de suas experiências negativas. A comunalidade e a humanidade, a moralidade dos nativos e a dos estrangeiros devem ser compatíveis sem que os nativos se tornem estrangeiros um ao outro e sem transformar nativos em estrangeiros. A razão prática não impõe um "esperanto" às pessoas, como Walzer teme, nem impõe uma identidade sem contexto ou uma conversação idealizada. Não implica uma fundamentação substantiva de normas, "externa" e não democrática. Se esses contextos de justificação são suficientemente diferenciados, então a particularidade ética, a autonomia política e o reconhecimento moral não apenas são compatíveis, mas referem-se reciprocamente uns ao outros. O dualismo entre universalidade humana e particularidade social – que, segundo Walzer, é inevitável e leva a diversas concepções da justiça concreta e a uma compreensão comum de determinadas normas básicas da justiça e do conceito de "justiça" – não pode ser explicado de outra maneira a não ser pela diferença entre vários contextos da justiça com base num conceito de justificação prática.

Nessa discussão, ficou evidente a existência de um "contexto" adicional de pessoa e comunidade: o da pessoa moral como membro da comunidade de todos os seres humanos "para além" dos contextos particulares. Em contextos morais, o princípio da razão prática exige uma justificação das ações com base em razões "compartilháveis" em sentido estrito. Essa compreensão de pessoa, de razão e de moral será esclarecida a seguir, na discussão do construtivismo de Rawls, pois a teoria dele também se apoia numa determinada concepção de pessoa moral que, como "ideia da razão prática", serve como base para a fundamentação de princípios da justiça. Como Rawls "faz jus" ao contexto moral e a diferenciação entre diferentes contextos da justiça?

4.2 Construtivismo e razão prática

Diante do pano de fundo da discussão da teoria de Walzer, pode parecer que o Walzer "contextualista" e o Rawls "universalista" trocaram os papéis: agora, é o primeiro que argumenta de modo universalista, enquanto o segundo, se seguirmos a interpretação de Rorty, restringiu sua teoria como sendo "política e não metafísica", "que procura sistematizar os princípios e intuições típicas dos liberais americanos" (Rorty, 1988, p. 101). Que outra coisa se poderia entender da seguinte observação de Rawls?

> [...] uma vez que a justiça como equidade é pensada como uma concepção política da justiça para uma sociedade democrática, procura recorrer somente às ideias intuitivas que estão incorporadas nas instituições políticas de um regime democrático constitucional e nas tradições públicas de sua interpretação (Rawls, 1985, p. 258).

Semelhante argumento, ancorado cultural e historicamente, pode ainda erguer uma pretensão de universalidade quando está fundamentado numa filosofia hegeliana da história na forma da tese de que a cultura política americana (ou "ocidental") representa o ponto normativo final do desenvolvimento político[8]? O que significa a tentativa de Rawls de apresentar uma teoria "razoável" da justiça? Em que sentido: aristotélico, hegeliano ou, afinal, kantiano?

Segundo uma interpretação convencionalista da concepção "política" de Rawls, o ponto crítico do comunitarismo, discutido no capítulo 1, de que o conceito de "pessoa moral" deve ser distinguido do de "pessoa ética" leva a uma concessão (posicionada diferentemente) à crítica comunitarista: a recusa do projeto do atomismo teria sido comprada à custa da pretensão moral universalista da teoria. Ele defende a "posição original", como visto, com a indicação de que ela está fundamentada

---

[8] Cf. Neal (1990), Galston (1991, p. 136), Schwarzenbach (1990, p. 547), Kukathas/Pettit (1990, p. 142 ss.).

num determinado conceito de "pessoa moral" que não pode ser criticado por ter uma concepção problemática da identidade ética das pessoas. É muito mais um conceito de segunda ordem, que se abstrai da identidade ética e serve como fundamento para um fundamentação imparcial e universal de princípios da justiça. Pressupõe as duas capacidades morais, para uma concepção do bem e para um senso de justiça, que são "neutras" diante de determinadas concepções do bem. Esse conceito de pessoa moral, segundo Rawls, está "latente no senso comum" (1980, p. 86). Está implícita na representação dos *cidadãos* livres e iguais de uma sociedade democrática (cf. 1993a, p. 13) e, nessa medida, é uma concepção "política". Como tal, serve como fundamento para uma interpretação "política" dos princípios de justiça no que diz respeito à sua neutralidade frente às doutrinas abrangentes "razoáveis" (cf. capítulo 2) e em relação aos pontos de vista essenciais da justiça social (cf. capítulo 3).

Com essa "politização" da concepção de pessoa, Rawls parece, todavia, relativizar seu conteúdo moral kantiano e se referir unicamente a uma compreensão da "cidadania" que se origina da tradição dos Estados democráticos liberais. Ela é, portanto, apenas uma interpretação possível dessa compreensão, entre outras. Mas, com isso, ele não perdeu sua pretensão de defender a *prioridade* da justiça frente a concepções concorrentes sobre o que é bom "para nós?" Essa questão exige um olhar mais preciso sobre a teoria de Rawls, que mostra em que medida essa interpretação contextualista é inapropriada.

As interpretações convencionalistas do liberalismo político dele podem assumir diversas formas. Segundo uma interpretação política "pragmática", Rawls está preocupado primeiramente com o problema da estabilidade; consequentemente, o "consenso sobreposto" não tem um estatuto moral próprio e deve ser entendido como um consenso mínimo para a manutenção da paz social. Assim, Rawls teria trocado o papel do filósofo pelo do "político" que luta por tal consenso (Raz, 1990, p. 10). Rawls (1989a) rejeitou claramente essa interpretação com a distinção entre dois estágios da teoria: o estágio da fundamentação moral "independente" [*freestanding*] da teoria e o estágio subordinado da explicação sobre a possibilidade da estabilidade social (cf. também 1993a, 133 ss.). Não obstante, conforme a segunda interpretação convencional, a fundamentação "independente" poderia colocar o conceito de pessoa moral no centro da teoria porque reflete "nossa" autocompreensão como membros de uma determinada cultura política (Rorty, 1988). Mas isso é inconciliável com a pretensão de Rawls de fundamentar uma concepção "razoável" que – diante de "outras" concepções do bem que questionam a prioridade da justiça (ou também diante de concepções alternativas da justiça, por exemplo, a utilitarista) – pode apresentar razões melhores do que permite a referência às "nossas" práticas. O critério do "razoável" (diante de doutrinas abrangentes "irrazoáveis") requer uma fundamentação não convencional: só existe *um* conceito de razoável normativamente priorizado.

Mas, segundo uma terceira interpretação, essa fundamentação também poderia, em última instância, estar apoiada no "compromisso fundamental com o ideal político liberal" (Mulhall/Swift, 1992, p. 191; cf. também Giusti, 1994) de uma ordem política justificada "publicamente" entre cidadãos livres e iguais – um ideal de cidadania liberal que desempenha uma dupla função: "é tanto aquilo que leva Rawls a buscar uma concepção da justiça que é justificável publicamente quanto aquilo que ele encontra quando vai à cultura política pública para fazer exatamente isso" (Mulhall/Swift, 1992, p. 190). Com isso, o que forma o ponto de partida normativo não são os ideais pré-dados numa determinada cultura política, mas o próprio ideal normativo – que, por sua vez, somente pode ser justificado como doutrina liberal "abrangente" do bem (ibidem, p. 222 ss.). Porém, essa interpretação contradiz a ênfase de Rawls de que sua ideia fundamental de cooperação social (e as ideias complementares de pessoas livres e iguais e de sociedade bem-ordenada; Rawls, 1993a, p. 14) são ideias da "razão prática" (ibidem, p. 90, 110) que "não podem ser rejeitadas razoavelmente" num sentido *moral*. Somente assim a prioridade dos princípios da justiça sobre as "doutrinas abrangentes" pode ser defendida e um limite "razoável" pode ser estabelecido para essas doutrinas, limite que não pode ele mesmo surgir delas.

Uma teoria da justiça pode afirmar a validade de seus princípios somente no sentido de uma concepção "independente" e "moral" (1993a, p. 11). Ela só mantém seu caráter *deontológico*, que Rawls distingue (1971, p. 30) por meio da prioridade do justo, quando se apoia na razão prática – uma concepção "política", e justamente ela, não pode também renunciar a isso. Por isso, a concepção da "justiça como equidade" não parte de "convicções compartilhadas" contingentes por *serem* mantidas por uma determinada cultura política, mas parte dos conceitos de pessoa e de cooperação social que *devem* ser mantidos por tal cultura – e, na verdade, *de modo necessário*, quando esta ergue a pretensão de querer ser uma cultura democrática que se apoia numa base razoável compartilhável. Sem esses conceitos não existe uma sociedade democrática legítima. São conceitos da razão prática que habitam o princípio fundamental da justificação pública. Uma estrutura básica da sociedade justa e que pode ser justificada publicamente – que expressa a "razão política pública e compartilhada" dos cidadãos (cf. 1993a, p. 9) – deve se apoiar nesses conceitos, uma vez que eles mesmos pertencem à ideia de razão pública. "Podemos dizer, então, que as concepções de sociedade e pessoa, e o papel público dos princípios da justiça, são ideias da razão prática" (ibidem, p. 110).

Que a teoria da justiça "parte" (ibidem, p. 14) das ideias fundamentais de uma cultura política democrática é, portanto, fundamentado no "pano de fundo filosófico do liberalismo político na razão prática" (ibidem, p. XIV) e não num alinhamento mais ou menos convencional da teoria. Que podemos reconstruir o justo a partir de conceitos conhecidos não significa que é correto pelo fato de corresponder aos "nossos" conceitos conhecidos. Rawls torna claro que as ideias e os princípios encontrados numa cultura política democrática são contraditórios e, por isso, devem ser organizados com base em conceitos morais fundamentais "abstratos" (ibidem, p. 9). Com isso, ele sublinha o papel da filosofia política: "voltamos à filosofia política quando nossos significados políticos compartilhados, como diria Walzer, sucumbem, e igualmente quando estamos dilacerados dentro de nós mesmos" (ibidem, p. 44).

Essa interpretação kantiana da nova forma da teoria de Rawls refere-se ao resultado de um processo que vale a pena ser examinado, uma vez que se podem localizar nele os pontos nos quais essa interpretação revela uma tensão, no interior da teoria de Rawls, com outros elementos de sua concepção – com, por exemplo, a sobrecarga político-"substantiva" do conceito de pessoa moral em relação à sua teoria dos bens básicos ou com uma certa "relativização" (pelo menos, terminológica) política "não metafísica" da teoria diante da "verdade" das doutrinas abrangentes. Entre esses dois conceitos do "político" e um terceiro, o sentido político "moral" da prioridade da justiça, a teoria de Rawls apresenta uma heterogeneidade que uma teoria "autônoma" (ibidem, p. 98) deve evitar. Em última instância, apenas uma interpretação kantiana (igualmente "não metafísica") da teoria – que faz claramente a distinção entre normas morais e "doutrinas" éticas (que, não obstante, leva em conta a distinção, ressaltada por Rawls, com o "construtivismo moral" kantiano) – pode manter essa pretensão de autonomia; e isso exige ir além dele em pontos decisivos.

Para mostrar isso, primeiramente, a suposição fundamental de uma teoria deontológica da justiça será extrapolada (a); num segundo momento, serão discutidos os modelos rawlsianos de fundamentação na *Teoria da justiça* e sua modificação nas "Dewey-Lectures" (b); e, terceiro, será examinada sua teoria do construtivismo, reformulada nesse período (c). Por fim, a partir de uma crítica imanente da teoria de Rawls, será formulada uma proposta para interpretar a teoria do construtivismo "político" na direção de uma teoria universalista-contextualista que foi formulada em conexão com Walzer e que será explicitada com a ajuda dos pressupostos da teoria do discurso (d).

a. Teorias deontológicas da justiça

No centro do modelo de uma teoria não metafísica, deontológica, da justiça está a tentativa de reformular o princípio kantiano da autonomia moral, do agir segundo princípios justificados universalmente, tendo em vista fundamentar princípios de justiça para a estrutura básica da sociedade. Trata-se, segundo uma formulação específica de Rawls, de uma "interpretação procedimental da concepção kantiana de autonomia e do imperativo categórico dentro da estrutura de uma teoria empírica" (Rawls, 1971, p. 256). O conceito kantiano de autonomia é destranscendentalizado e procedimentalizado: vale como justificado universalmente aquilo sobre o que pessoas livres e iguais podem concordar em seu interesse mútuo e universal[9]. Com isso, o princípio da razão prática, de que normas universais devem ser justificadas universalmente, deve ser interpretado *recursiva* (O'Neill, 1989, p. 21) e *discursivamente* (Habermas, 1983, p. 67 ss.). Na ausência de um princípio normativo validado metafisicamente, a justificação moral universal somente pode ser localizada num processo de argumentação racional recíproca que, em princípio, permanece aberto. Se as alternativas do realismo moral e do relativismo devem ser igualmente evitadas, então as normas da justiça devem, por assim dizer, "merecer" sua pretensão de validade universal. Nesse contexto, a razão prática exige que possam ser oferecidas razões recíprocas e universais para a validade de uma norma moral. Desse modo, leva-se devidamente em conta a condição de "imparcialidade" que é central para a validade das normas da justiça. Todavia, deve-se distinguir normas básicas da justiça de tipo moral e normas (e decisões) político-jurídicas concretas e determinações da justiça social. As primeiras, como parte da estrutura básica, formam uma moldura para a justificação politicamente autônoma de decisões e normas concretas entre cidadãos com igualdade de direitos. Nem todas as questões de justiça são questões morais que pedem uma resposta universalista (no sentido estrito).

Partindo de Habermas (1991a, p. 11 s.), pode-se explicitar quatro características essenciais de uma teoria moral procedimental kantiana. Primeiro, seu caráter *deontológico*: ela tem em vista a validade categórica de normas que podem ser justificadas universalmente com razões compartilhadas. Essa validade deôntica [*Sollgeltung*] é incondicionada no sentido que implica que ninguém tem boas razões, no sentido normativo, para não aceitar essa validade – o que tem de se comprovar em contextos de justificação. Essas normas respondem à questão sobre a vida comum "correta"

---

[9] Cf. a investigação das teorias de Kant, Rawls e Habermas feita por Baynes (1992a).

das pessoas como pessoas morais e não à questão sobre a vida boa de uma pessoa (ainda que a primeira tenha consequências significativas para a segunda). É contrário à intenção de uma teoria kantiana responder à questão sobre a validade universal de normas com a referência a um bem individual ou coletivo, uma vez que essas concepções do bem entram em conflito com as normas da justiça, que têm de ser justificadas perante *todas* as pessoas e, portanto, para *cada pessoa individual*, como Rawls enfatiza contra o utilitarismo.

Isso pressupõe, segundo, a suposição *cognitivista* de que as questões morais permitem, em princípio, respostas fundamentadas de modo racional e universal. A pretensão de correção das normas morais deve ser entendida no sentido de que seu desempenho não consiste em demonstrar uma correspondência com "fatos" morais válidos objetivamente, mas que a validade racional da moral se funda num consenso fundamentado de modo recíproco e universal entre "seres racionais", livres e iguais – "seres racionais" que, contudo, não são despojados de toda particularidade em favor do inteligível, mas que estão na situação de assumir a perspectiva dos outros. Normas compartilhadas devem ser visíveis universalmente como boas razões. Uma teoria deontológica tem como cerne, portanto, um princípio procedimental de justificação.

Nesse sentido, é uma teoria *procedimentalista* (Habermas a denomina "formalista"). Isso não significa que todas as normas morais têm um caráter procedimental ou formal. Significa que devem ser justificadas de modo universal e recíproco. A reciprocidade intersubjetiva está encaixada na estrutura da justificação de normas: visto que falam por todos, todos têm de falar por meio delas. Por fim, Habermas ressalta o caráter *universalista* de uma tal teoria. A universalidade que está na base da validade de uma norma moral (diferentemente de uma norma político-jurídica) não pode ser restringida a uma determinada universalidade – localizada temporal e espacialmente. A pretensão de valer para *todas* as pessoas morais, deve, em princípio, ser justificada para *cada* pessoa. A comunidade moral dos seres humanos é a comunidade de justificação das normas morais. Isso não implica que só possa haver normas morais num reino dos fins supraempíricos, mas sim que unicamente razões morais legitimam a ação moral (e as normas morais) "aqui e agora" – e que essas razões devem ser compartilhadas por cada pessoa concreta que é seu destinatário, de modo que possa se compreender simultaneamente como autor delas. Razões morais – e o dever de fundamentação – não terminam nos limites dos mundos éticos.

Uma teoria da justiça deve considerar o conteúdo universalista essencial da moral, o que, todavia, não significa que ela molda de modo uniforme normas e valores que valem apenas para uma comunidade política particular (em sua autodeterminação). Esse é o sentido do "universalismo reiterativo" de Walzer, que coloca o próprio reconhecimento das identidades coletivas particulares como uma exigência universal. O respeito à pessoa moral não substitui as dimensões da pertença a uma comunidade ética e política, mas dá vigência a normas morais básicas.

A construção da "posição original" representa a tentativa de Rawls de dar, com a ajuda de suposições "razoáveis", uma forma à exigência de justificação que permita a dedução de princípios substantivos da justiça. Os princípios derivados em tal situação de igualdade são universais e autônomos no sentido de que são escolhidos por todas as pessoas morais como seres racionais livres e iguais sob a exclusão de motivos e interesses heterônomos – o "véu de ignorância" assegura que os interesses de uma pessoa sejam compatíveis com os interesses de todos as pessoas e que a "unanimidade" (Rawls, 1971, p. 263) seja possível. Nas palavras de Hinsch (1992, p. 16): "se resumimos as exigências e condições incorporadas na posição original, podemos afirmar que nela os princípios da justiça, admitidos de modo unânime, são princípios justificáveis universal e publicamente, a favor dos quais podemos argumentar racionalmente *diante de* todas as pessoas, *para* todas as pessoas *e com razões que são as mesmas para todas* as pessoas". A questão central da próxima seção é saber em que medida a teoria de Rawls corresponde a essa caracterização de uma teoria que não apenas é razoável, mas também fundamentada racionalmente [*Vernunftbegründeten*] e como as alterações em seu modelo se apresentam sob essa luz.

b. Equilíbrio reflexivo e razão prática

Segundo Rawls, a força de uma teoria da justiça reside em sua modéstia: somente quando se apoiar em premissas não controversas, compartilhadas da maneira mais universal possível, existe a perspectiva de que seja aceitável de modo razoável. "Idealmente, justificar uma concepção da justiça perante alguém é oferecer-lhe uma prova de seus princípios a partir de premissas que ambos aceitamos, tendo esses princípios, por sua vez, consequências que correspondem aos nossos juízos ponderados" (1971, p. 580-1). Tal justificação não pode se apoiar, como numa teoria "cartesiana" (ibidem, p. 578), em princípios evidentes a partir dos quais um sistema de normas seria derivável. A justificação da teoria é um empreendimento hermenêutico pois tem de corresponder aos juízos morais "ponderados" e "razoáveis", que podem ser confirmados num "equilíbrio reflexivo". Este é um método hermenêutico "socrático" (cf. ibidem, p. 578): para descobrir quais princípios de justiça podem erguer a pretensão de validade fundamentada, eles devem poder ser aceitos por pessoas livres e iguais – e as condições dessa aceitabilidade livre e igual devem ser esclarecidas mutuamente e estabelecidas no equilíbrio reflexivo entre os princípios específicos resultantes e os "nossos" juízos morais.

Por meio de avanços e recuos, às vezes alterando as condições das circunstâncias contratuais, outras vezes modificando nossos juízos e conformando-os aos princípios; suponho que, eventualmente, devemos encontrar uma descrição da situação inicial que tanto expresse as condições razoáveis como também produza princípios que combinem com nossos juízos ponderados *devidamente depurados e ajustados* (ibidem, 1971, p. 20; grifos de R. F.).

Com isso, o "equilíbrio reflexivo" impõe aos candidatos a princípios da justiça que eles não apenas sejam compatíveis com as intuições morais (Rawls, 1971, p. 40-1; cf. Hare, 1975; Feinberg, 1975), com os sentimentos e juízos, mas que também sejam ordenados de modo coerente (Lyons, 1975; Hoerster, 1977). Aqui, a "posição original" assume uma posição mediadora: ela é o *medium* "racionalizante" com o qual os juízos aceitáveis universalmente sobre a equidade e a igualdade podem ser formulados, de modo que dela derivem princípios de justiça substantivos. A partir desse método de harmonizar coerentemente intuições, princípios e condições procedimentais, Rawls espera poder esclarecer o senso de justiça em si mesmo de modo reconstrutivo – na verdade, por meio da conexão com conceitos simples que tornam possível uma "matemática razoavelmente mais sofisticada" (1971, p. 47) ou uma "geometria moral" (ibidem, p. 121) que expõem as implicações desses conceitos. Frequentemente, esses conceitos não estão disponíveis e precisam ser reconstruídos criticamente, como ressalta Rawls:

a cultura política pública pode estar dividida num nível muito profundo [...]. Isso sugere que, se quisermos encontrar uma base para o acordo público, temos de encontrar um meio de organizar ideias e princípios conhecidos em uma concepção de justiça política que os expresse de um modo diferente do anterior (1993a, p. 9).

O pressuposto central de uma teoria da justiça, do qual Rawls parte, é a ideia de que apenas os princípios que podem surgir de uma discussão racional entre os cidadãos afetados por eles podem erguer a pretensão de validade – o que é apoiado pelo vínculo entre autonomia e objetividade: "Portanto, agir autonomamente é agir segundo princípios que aceitaríamos na qualidade de seres racionais livres e iguais e que temos de entender desse modo. Portanto, esses princípios são objetivos." (1971, p. 516) Com isso, a ideia de justificação é reflexiva: uma concepção de justiça é justificada de modo razoável quando está construída sobre o princípio da ação prático-racional segundo normas universais e, com relação às questões de justiça, operacionaliza esse princípio da melhor maneira possível. Esse conceito de autonomia e de razão é, portanto, a base da concepção de justiça. E o modelo de fundamentação de normas, a ser determinado no "equilíbrio reflexivo", tem a tarefa de representar essa base de modo adequado. O modelo de Rawls está agora localizado *entre* uma tradição teórica empírica, baseada no contrato, e uma tradição kantiana, já que o modelo procedimental – que acredita pode ser afirmado em um equilíbrio reflexivo "estreito" (que ordena de modo racional e coerente as convicções de uma pessoa) e num equilíbrio reflexivo "amplo" (que leva em consideração concepções morais alternativas e ponderações normativas substantivas) – é concebido na forma específica da "posição original"[10]. Essa situação inicial ideal vincula suposições racionais e ponderações empíricas a respeito de "bens básicos" necessários com um conceito kantiano de razão prática e de imparcialidade e autonomia dos princípios, que, sem a influência de contingências individuais ou sociais, são válidos para todas as pessoas "racionais e razoáveis". "Uma concepção da justiça é mais razoável do que outra, ou mais justificável, quando pessoas racionais na situação inicial escolheriam seus princípios, ao invés de outros, para o papel da justiça" (1971, p. 17). Assim, Rawls pode caracterizar os princípios da justiça como imperativos categóricos (ibidem, p. 253) que "valem para todas as pessoas como livres e iguais". O princípio procedimental da justificação universal e autônoma está vinculado, num experimento mental hipotético, com determinadas suposições sobre uma escolha "racional" de bens básicos desejáveis subjetivamente. Com isso, esclarece-se a observação de Rawls de que a "posição original" é uma interpretação procedimental do conceito kantiano de autonomia "no interior da estrutura de uma teoria empírica" (ibidem, p. 256)[11].

O duplo caráter da teoria de Rawls, resultante dessa observação, entre conceitos morais kantianos e fortes suposições empíricas, evidencia-se em sua teoria da pessoa moral. Uma suposição básica, que para ele parece ser "razoável e aceitável em geral", é considerar "a igualdade entre os seres humanos como pessoas morais, como criaturas que têm uma concepção do seu bem e que são capazes de um senso de justiça" (1971, p. 19). São "equânimes" [*fair*] os princípios da justiça que melhor refletirem essas qualidades das pessoas e os que forem escolhidos numa "posição original" que expressa da melhor maneira possível a igualdade e liberdade das pessoas. O lado kantiano dessa concepção de pessoa consiste no fato de que nesse conceito de pessoa está implícito um ideal de autonomia, segundo o qual princípios de justiça têm de ser fundamentados sob a exclusão de ponderações e

---

[10] Sobre o equilíbrio reflexivo "estreito" e "amplo", cf. Rawls (1975b), Daniels (1979; 1980).

[11] Sobre Rawls e Kant, cf. Johnson (1974, 1977), Darwall (1980), Höffe (1984), Davidson (1985), Baynes (1992a, cap. 2).

diferenças contingentes entre as pessoas. O lado "racional" desse conceito de pessoa reside na suposição de que elas têm planos de vida que querem realizar da melhor maneira possível. O princípio procedimental fundamental de que os princípios são justificados quando podem ser aceitos racionalmente por esse tipo de pessoas livres e iguais leva Rawls a explicitar esse conceito de pessoa de um ponto de vista kantiano "razoável" e de um ponto de vista empírico "racional", transformando-o em fundamento substantivo da teoria e dos bens básicos a serem distribuídos – no sentido da satisfação de "desejos racionais" (ibidem, p. 93). Em seus textos posteriores à publicação da *Teoria*, Rawls coloca em primeiro plano o papel da concepção de pessoa, que lhe permite essa conexão dos elementos da teoria. Por exemplo, em seu artigo "Uma concepção kantiana de igualdade", ele afirma que "quando plenamente articulada, qualquer concepção de justiça expressa uma de pessoa, das relações entre elas, da estrutura geral e dos fins da cooperação social" (1975d, p. 94).

Nas *Dewey Lectures* sobre o "construtivismo kantiano na teoria moral", a pessoa moral surge mais claramente no primeiro plano, ao passo que se retrai sua fundamentação forte na *natureza* humana racional (como Rawls escreveu na *Teoria da justiça*, 1971, p. 256). Rawls esclarece o cerne de sua concepção construtivista da seguinte maneira: "a ideia orientadora é estabelecer uma conexão adequada entre uma concepção particular de pessoa e os princípios primeiros de justiça, por meio de um procedimento de construção" (1980, p. 82). Segundo Rawls, a partir da perspectiva de um "equilíbrio reflexivo amplo" (ibidem, p. 105) é importante conciliar as perspectivas dos cidadãos de uma sociedade bem-ordenada e as perspectivas das partes na "posição original", de modo que a descrição das partes e das restrições que lhes são impostas conduza a princípios que, segundo "nossa concepção", sejam racionalmente aceitáveis para os cidadãos de uma sociedade bem-ordenada. A "autonomia racional" autointeressada das partes deve fazer jus à "autonomia plena" dos cidadãos "na vida cotidiana", isto é, a "posição original" deve incorporar ambas as "capacidades morais" da pessoa – a de ter uma concepção *racional* do bem e um senso de justiça *razoável*.

Segundo Rawls, uma posição "construtivista" não pretende ser "verdadeira" no sentido do "intuicionismo racional" ou de outra versão do realismo moral. Ela apenas é "razoável" (ibidem, p. 153 s.) pois se apoia num conceito "razoável" de pessoa – mas trata-se de um conceito que mantém a "reflexão crítica" e é o centro de uma concepção de justiça "objetiva", pública. É nesse sentido que deve ser entendida a observação de Rawls de que uma concepção de justiça deve ser a "mais razoável para nós" (ibidem, p. 85). "O construtivismo kantiano afirma que a objetividade moral deve ser entendida em termos de um ponto de vista social adequadamente construído que todos poderiam aceitar. À parte dos procedimentos de construção dos princípios de justiça, não existem fatos morais." (idem). Na verdade, Rawls faz a distinção – em contraste com a *Teoria* – entre uma teoria da natureza humana e uma concepção (menos exigente) de pessoa moral. Aos seus olhos, contudo, essa distinção fortalece a concepção de pessoa moral, pois esta se torna independente das teorias controversas sobre a natureza humana.

> É difícil imaginar realisticamente quaisquer conhecimentos novos que devessem nos convencer de que esses ideais [de pessoa e de sociedade bem-ordenada] não são realizáveis, considerando-se o que já sabemos sobre a natureza geral do mundo, em oposição às nossas circunstâncias sociais e históricas particulares (ibidem, p. 149).

Os ideais básicos de pessoa moral e de sociedade bem-ordenada são "acessíveis ao senso comum de toda pessoa ponderada e reflexiva" (idem). Aqui, torna-se claro que a autolimitação teórica de Rawls busca, na verdade, contornar as pretensões de verdade questionáveis filosófica e cientificamente, para que, contudo, seu conceito de pessoa seja entendido no sentido forte. Que as ideias fundamentais nas quais se apoia sejam imanentes a uma cultura política democrática não significa que sua pretensão de validade esteja limitada *a priori* a essa cultura. Não obstante, o conceito "político" de pessoa moral (como Rawls define em seu texto de 1985) tem um duplo caráter, "kantiano" moral e "político" substantivo.

O último desempenha um papel especial no contexto da explicação de Rawls dos princípios da justiça, em vista de sua função de tornar socialmente possível, num sentido substantivo, o desenvolvimento das duas capacidades morais das pessoas (cf. a discussão na seção 3.4). Assim, os bens básicos são justificados como "meios para todos os fins" de satisfação dos "interesses de ordem superior" das pessoas. Portanto, vários elementos compõem o conceito do "político" e do "razoável": um momento "moral" que se refere à prioridade da justiça e o caráter prático-racional da pessoa moral; um (primeiro) elemento "político" de limitação ao conceito "político" de "cidadãos" e de "cooperação social"; e, por fim, um (segundo) elemento "político" que se refere à suposição sobre determinadas "necessidades dos cidadãos". É diante desse pano de fundo que sua teoria do "construtivismo político" deve ser examinada, que, diferente das *Dewey Lectures*, não é mais entendida como construtivismo *kantiano* na teoria *moral* (1985, p. 256, nota 2; 1993a, p. 90, nota 1). Porém, a isso não está vinculado um afastamento das pretensões de validade da teoria como um todo, mas de determinadas suposições teórico-morais (de Kant, especificamente) e particularmente de doutrinas éticas.

c. Construtivismo político

Nos textos de Rawls escritos desde "Justiça como equidade: uma concepção política, não metafísica" (1985), podem ser estabelecidas importantes modificações adicionais em sua teoria, que levaram a uma reformulação no livro *Liberalismo Político*, cujo título é um programa: Rawls ressalta mais fortemente a pretensão de uma fundamentação não metafísica da teoria e seu caráter "político" num sentido *epistemológico*. A teoria se afasta mais fortemente das concepções éticas do bem e se concentra na tarefa *prático-normativa* de poder se afirmar num "consenso sobreposto" (fundamentado "razoavelmente") de um estado eticamente pluralista. O "político" deve ser entendido nesse duplo sentido prático-epistemológico: uma teoria é política quando evita pretensões de fundamentação questionáveis e quando se refere unicamente à estrutura básica da sociedade.

O motivo essencial para a ênfase de Rawls no caráter "político" da teoria da justiça reside em sua concepção de que ela somente pode alcançar seu objetivo "prático" de ser "a base para um acordo político razoável, informado e voluntário entre cidadãos" (1993a, p. 9) em uma sociedade fragmentada pelo "fato do pluralismo", quando consegue evitar o conflito entre doutrinas éticas. Nesse sentido, nem a *Teoria da justiça* – em sua explicação da estabilidade social por meio da "congruência" do bem e da justiça – nem as *Dewey Lectures* – que ainda eram entendidas como "teoria moral" – eram suficientemente "políticas". A teoria da estrutura básica da sociedade refere-se somente a "questões políticas" e busca um consenso sobreposto político; por isso, "começa" com "ideias fundamentais" que são compartilhadas universalmente e podem fornecer a base para um acordo universal.

Segundo Rawls, a linha entre a justiça e o bem deve ser estabelecida de maneira nova: a teoria da justiça deve ser tolerante diante de uma multiplicidade de concepções éticas e suas pretensões éticas; na verdade, deve ser aceitável "no interior" dessas concepções, a partir de suas perspectivas, manter sua força e estabilidade. Nisso consiste sua modéstia filosófica, a qual, todavia, tem um outro lado. Pois não basta a teoria ter de ser compatível com as concepções éticas e evitar tanto quanto possível colidir com suas pretensões de validade – essa é uma exigência *prática*. O mais importante é que as concepções éticas devem ser compatíveis com a teoria da justiça quando entram em conflito com as pretensões racionais da teoria – essa é uma exigência *moral*. E embora Rawls, em seus textos mais recentes, acentue particularmente a exigência prática, não pode persistir nenhuma dúvida de que a exigência moral tem um peso maior. "O conceito de justiça é independente e anterior ao conceito de bem no sentido que seus princípios limitam as concepções do bem que são admissíveis." (1985, p. 290). A teoria deve ser capaz de fornecer razões *independentes* para dizer até que ponto uma doutrina abrangente é "razoável" e em que consiste a autoridade da teoria da justiça em estabelecer esses limites. Ao contrário da concepção de que a teoria poderia evitar uma forte pretensão de validade moral, torna-se evidente que ela não pode ser ética e nem "política de modo equivocado", como afirma Rawls, mesmo quando pode recorrer a um conceito de pessoa moral que apenas pode ser justificado como "ideia da razão prática". A teoria somente pode defender sua prioridade moral diante das concepções éticas quando ela é mais do que um compromisso racional e menos do que uma doutrina ética, isto é, quando pode ser uma teoria fundamentada moralmente.

Os limites que Rawls estabelece entre doutrinas abrangentes e a teoria "política" da justiça já foram discutidos no capítulo 1, em sua controvérsia com Sandel. O conceito "político" de pessoas livres e iguais, que corresponde ao conceito de cidadãos livres e iguais em sua "identidade pública", é, em vista do "fato do pluralismo razoável" de concepções éticas, o conceito sobre o qual as doutrinas éticas podem concordar num "consenso sobreposto", pelo menos aquelas que pretendem viver segundo seu próprio modo, porém aceitável universalmente, numa sociedade democrática.

Contudo, esse argumento corre o risco de ser "político no sentido equivocado" (1989a, p. 333). O "método de esquiva" das pretensões éticas de verdade, adotado por Rawls, parece enfraquecer a pretensão moral da razão de tal maneira que a teoria se torna contingente (do ponto de vista da lógica da fundamentação) e o "consenso sobreposto" mal pode ser distinguido de um *modus vivendi*, de um compromisso (instável) entre concepções éticas. Em sua resposta a essa crítica, Rawls vê-se forçado (como observamos no início dessa seção) a fazer uma distinção mais clara entre dois estágios da teoria: o da *justificação* como "independente" (1989a, p. 333 s.), com concepção independente baseada nas ideais morais fundamentais de pessoa e sociedade; e o da *estabilidade*, no qual o conceito de consenso sobreposto serve para explicar como a teoria pode ser sustentada por concepções éticas do bem de um modo que é, ele próprio, "moral". Segundo Rawls, o primeiro estágio se apoia na "ideia fundamental" de sociedade como sistema equitativo de cooperação social e nas "duas ideias fundamentais complementares", a de cidadãos como pessoas livres e iguais e a de sociedade bem-ordenada. A universalidade e a neutralidade ética dessas ideias *tornam possível* que sejam reconhecidas por diversas concepções éticas; todavia, a aceitação a partir da perspectiva de cada doutrina ética não *fundamenta* sua validade universal, pois esta repousa no próprio conceito fundamental de razão prática que é "independente" das doutrinas abrangentes e representa a condição formal necessária de uma concepção de justiça justificada "publicamente", de modo recíproco e universal. Por isso, somente um "pluralismo razoável" é compatível com a teoria e leva a um "consenso sobreposto" justificado moralmente. Doutrinas abrangentes "razoáveis" reconhecem, entre seus valores e no que deve valer como universalmente obrigatório para uma comunidade política, o critério prioritário da justificação "razoável" recíproca e universal (cf. seção 2.1).

Com a distinção entre doutrinas abrangentes "razoáveis" e "não razoáveis" (1993a, p. 58 ss.), torna-se claro que elas *podem* aceitar a concepção política da justiça por razões *éticas*; todavia, *devem* aceitá-la por razões *morais*. Uma teoria da justiça pode muito bem ser uma "parte" ou um "módulo" (ibidem, p. 12) de doutrinas éticas e, nesta perspectiva, pode inclusive ser "derivada" delas (1989a, p. 355); porém, essa validade ética para essa doutrina não constitui a validade obrigatória dos princípios de justiça para *todos* os cidadãos. Eles não valem primeiramente por serem incorporados eticamente, mas podem e têm de estar incorporados eticamente porque são justificados de modo recíproco e universal e "não podem ser razoavelmente rejeitados" – sem, e isso é o importante, estarem fundamentados "externa" ou metafisicamente. Eles devem ser justificados com razões compartilhadas e aceitáveis universalmente. Nessa perspectiva, a aplicação de Rawls dos conceitos de "verdade" ética e "razão" política não destaca de modo muito claro que o "consenso sobreposto" é moral, ao qual não está vinculada nenhuma pretensão de validade ética, e, portanto, cuja validade "razoável" não depende do fato de poder ser transformado numa "verdade" ética.

Isso pode ser esclarecido pelo fato de que a prioridade da justiça sobre as doutrinas éticas não pode ser defendida com argumentos éticos – nem com argumentos que derivam da concepção do bem da pessoa que reivindica a justiça ("ajo de modo justo porque está de acordo com minha concepção do bem"), nem com argumentos que apelam para a concepção do bem do destinatário dessa reivindicação ("age de forma justa porque isso é bom para você no sentido de sua concepção ética"). Na verdade, pode-se argumentar efetivamente assim em várias situações, mas isso não explica a justificação da exigência da justiça; a ação justa não é exigida pela busca do bem de uma determinada doutrina ética, mas pela busca do respeito igual pelas reivindicações legítimas e "razoáveis" de todos. A justiça pode ser uma pedra preciosa que, à luz de diferentes doutrinas abrangentes "razoáveis", reflete cores variadas. Porém, seu valor moral não reside nesse reflexo ético.

Se fizermos a distinção entre validade moral e ética, a teoria da justiça pode evitar ser ética ou política no sentido equivocado. Normas morais são incorporáveis eticamente, pois não formam elas mesmas uma doutrina ética própria; porém, as razões que as sustentam são compartilháveis de modo recíproco e universal. Com isso, a pretensão moral da razão fica mais clara do que na definição de Rawls, que usa o conceito de "moral" uma vez no sentido de "ético" e outra no sentido de "moral-razoável" (e "independente") – por exemplo, na ênfase de que a concepção da justiça é uma concepção "moral" da justiça e que é aceita pelas doutrinas abrangentes "por razões morais" com base em suas concepções éticas e também "pelo seu próprio bem" (1987, p. 309 s.). Com isso, uma concepção de justiça é fundamentada moralmente, incorporável eticamente e se refere à estrutura básica política da sociedade.

O capítulo sobre o "construtivismo político" na teoria reformulada de Rawls pode ser lido como um passo na direção de uma fundamentação moral mais forte da teoria, ainda que os fundamentos "razoáveis" da teoria mantenham também seu duplo caráter político-moral. O "construtivismo político" dele e as tentativas de fundamentação na *Teoria da justiça* e nas *Dewey Lectures* têm em comum a tentativa de indicar um caminho entre o realismo moral e o relativismo sem abrir mão de uma pretensão de objetividade moral. O objetivo do construtivismo político, segundo Rawls, consiste em poder apresentar os princípios de justiça como resultado de um procedimento de construção que expressa conceitualmente o princípio de uma justificação moralmente universal, isto é, que partes racionais, sob condições razoáveis, escolham esses princípios. "Esse procedimento, conjeturamos, incorpora todos os requisitos relevantes da razão prática e mostra como os princípios da justiça derivam de princípios da razão prática em união com as concepções de sociedade e pessoa, elas mesmas ideias da razão prática" (1993a, p. 90). Uma teoria da justiça é "autônoma" (ibidem, p. 98) quando seus princípios podem ser derivados dos princípios e ideias da razão prática.

Embora o modelo de Rawls compartilhe com o "construtivismo moral" de Kant a ideia central de fundamentar princípios de justiça por meio de um procedimento de construção que reflete a autonomia das pessoas morais como "razoáveis e racionais" (1989b, p. 97), ele se diferencia de Kant em pontos essenciais. Primeiro, diferentemente da "doutrina moral abrangente" deste, a concepção política da justiça não se refere à vida autônoma das pessoas em geral, mas aos princípios de uma estrutura social básica. Segundo, a "autonomia doutrinal" da concepção política não implica, como no idealismo transcendental de Kant, uma "autonomia constitutiva" (1993a, p. 99), a constituição de todos os valores morais com base na razão prática. Em contraste com a concepção kantiana ou de um "intuicionismo racional", a concepção política, segundo Rawls, permanece neutra – contudo, aceita a concepção kantiana de que as ideias e princípios da razão prática não são deriváveis de outros valores; eles "se auto-originam e se autocertificam" (ibidem, p. 100). Com isso, ela parece mais próxima a Kant do que de outras concepções morais. Terceiro, aos conceitos fundamentais da teoria não correspondem suposições metafísicas sobre o "reino dos fins"; e, quarto, a teoria política não tem em vista uma defesa da unidade da razão (teórica e prática). Seu objetivo é encontrar uma base compartilhável para princípios justos.

Contudo, o que é comum a ambos os procedimentos de construção – o do imperativo categórico e o da "posição original" – é que são de fundamentação racional de princípios com base em princípios e ideias da razão prática[12]. Os princípios e ideias, que constituem esse procedimento, não são eles mesmos construídos, mas reconstruídos [*assembled*]. "Podemos refletir sobre como essas ideias aparecem em nosso pensamento prático e tentar estabelecer uma ordem na qual possam ser relacionadas, das mais simples às mais específicas e complexas" (ibidem, p. 108). Os *princípios* da razão prática são, por conseguinte, encontrados por meio da reflexão sobre o que significa pensar e julgar de modo *racional* e *razoável* e as *ideias* da razão prática, a saber, o conceito de *sociedade* e de *pessoa*, são encontradas numa reflexão sobre o sujeito e o contexto prático desse pensar e julgar. O construtivismo político consiste, portanto, de três passos: (1) a *reconstrução* reflexiva dos princípios e ideias da razão prática; (2) sua aplicação na *exposição* [*lay out*] de um procedimento – a "posição original" – que incorpora esses princípios (do racional e do razoável) e ideias (de pessoa e sociedade); e (3) a *construção* dos princípios de justiça com a ajuda desse procedimento. Apenas o terceiro passo é propriamente o estágio "construtivista": "o próprio procedimento é simplesmente apresentado usando como pontos de partida as concepções básicas de sociedade e de pessoa, os princípios da razão prática e o papel público de uma concepção política da justiça" (ibidem, p. 104).

Esses princípios de justiça podem assumir, por fim, a pretensão de estarem justificados de modo moralmente "autônomo"; podem reivindicar para si uma objetividade que não corresponde ao "ponto de vista impessoal" de Nagel, mas sim a uma perspectiva "a partir de algum lugar" [*from somewhere*] (ibidem, p. 116): a da justificação pública, recíproca e universal entre pessoas razoáveis, livres e iguais. Os princípios da justiça podem ser justificados *por* e *para* cada pessoa razoável. "Dizer que uma convicção política é objetiva é dizer que existem razões especificadas por uma concepção razoável e mutuamente reconhecível [...] suficientes para convencer todas as pessoas razoáveis de que ela assim o é" (ibidem, p. 119).

Os conceitos de pessoa razoável e racional e de cooperação social equitativa, aos quais Rawls se refere na autodescrição da razão (ibidem, p. 96 s.), são "con-

---

[12] Sobre isso, cf. os esclarecimentos comparativos de Rawls (1989b, p. 98 s.; 1993a, p. 103) sobre cada um dos procedimentos de construção.

cepções da razão pratica" no sentido universal; limitam-se, na verdade, às questões "políticas" da justificação moral de uma estrutura básica entre pessoas livres e iguais; todavia, se referem, nessa perspectiva, ao que significa ser moralmente razoável: "caracterizam os agentes que raciocinam e especificam o contexto para os problemas e questões sobre o qual os princípios da razão prática são aplicados" (ibidem, p. 107). Portanto, os princípios da justiça "não podem ser razoavelmente rejeitados" por pessoas "razoáveis" (ibidem, p. 124).

Em comparação com essa fundamentação com base no princípio da justificação recíproca e universal, Rawls assume suposições adicionais em sua teoria que são simultaneamente *mais fortes* e *mais fracas* do que uma teoria que argumenta de modo procedimental. As suposições mais fortes são as que entendem o conceito de pessoa moral de modo substantivo: para a realização de suas capacidades morais são necessários determinados bens básicos, que entram como conteúdo na "posição original", que é ela mesma a forma cristalizada dos princípios do racional e do razoável. Com esses componentes substantivos de sua teoria, Rawls espera que, com isso, sua teoria seja capaz de dizer mais sobre as questões de uma sociedade concreta do que uma teoria procedimentalista, que teria de trazer o conteúdo dos próprios bens básicos para o interior dos discursos de justificação, e isso como objetos e não como premissas. Com isso, a teoria torna-se mais capaz de se vincular aos contextos sociais e ser menos abstrata. Mas Rawls não alcança isso de modo suficiente, como mostra a crítica de Sen, pois o princípio da diferença precisa e permite uma contextualização discursiva mais forte (cf. a seção 3.4).

Mas é justamente por meio desses componentes substantivos que a teoria de Rawls se torna mais fraca do ponto de vista da fundamentação teórica, pois as suposições dependentes do contexto não podem erguer a pretensão de serem justificadas "de modo razoável" da mesma maneira que os conceitos fundamentais da razão prática. Ele está diante de um dilema: ou seus pressupostos são fundamentados racionalmente num sentido estrito ou contêm conceitos substantivos de pertença social. Em ambos os casos a teoria é "política", todavia num sentido mais e noutro menos vinculada ao contexto. Portanto, a "pessoa moral", de um lado, é explicitada por meio de conceitos morais; de outro, interpretada por meio da referência às implicações da "cidadania" segundo um significado mais concreto – por exemplo, com respeito às "necessidades dos cidadãos". Ambos entram na formulação da "posição original". Esse duplo significado do conceito de uma teoria "política" da justiça permanece, por isso, insuperável na teoria de Rawls, porque a "posição original" busca fundamentar *na mesma proporção* – num único passo – princípios de justiça moral *e* social. Os primeiros necessitam de uma fundamentação moral no sentido kantiano, os últimos não podem ser fundamentados sem pressupostos ("políticos") adicionais. Essa tensão entre conceitos kantianos e conceitos mais fortemente empíricos é, como vimos, característica para a teoria de Rawls em suas diversas formulações; em última instância, leva a um duplo sentido de sua concepção "política" e ao instrumento metodológico central da "posição original", que busca vincular *diferentes* contextos práticos. Do ponto vista moral, isso torna a concepção *muito política*; do da autodeterminação democrática e da justiça social, ela *não é suficientemente política*.

Com base na discussão sobre os contextos da justiça desenvolvida até aqui é possível formular uma alternativa que conserve a ideia "construtivista" central de Rawls de fundamentar princípios da justiça por meio de um procedimento da razão prática, sem usar o modelo de uma "posição original", isto é, sem, de um lado, abstrair o conceito procedimental de justificação em uma situação inicial, para, de outro, não ter de compensar essa abstração com o acréscimo de pressupostos concretos. Nessa alternativa, o princípio da justificação recíproca e universal vincula diferentes contextos de justificação intersubjetiva de princípios básicos de direitos iguais (cf. capítulo 2) e de justiça social (cf. capítulo 3) no interior de uma estrutura social básica que é justificada moralmente e forma uma estrutura para processos de autodeterminação coletiva. Isso leva a uma teoria diferenciada que localiza os princípios deontológicos e os pontos de vista substantivos concretos nos respectivos planos de justificação, sem vincular elementos heterogêneos numa situação inicial. Os princípios morais formam o cerne da estrutura básica de liberdades e direitos iguais de uma comunidade democrática politicamente autônoma de cidadãos com integridade e igualdade de direitos, com diferentes identidades éticas.

O conceito de pessoa, que está no centro dessa teoria, deve ser, portanto, diferenciado. "Pessoas morais" e "cidadãos" devem ser mais claramente diferenciados do que na teoria de Rawls: as primeiras são autores e destinatários de normas morais; cidadãos são autores e destinatários (como pessoas de direito), de normas jurídicas. Como tais, reivindicam determinados bens sociais básicos, cuja determinação e distribuição devem ser justificadas reciprocamente em contextos políticos. Uma tal teoria faz jus aos princípios da justiça de Rawls e busca evitar suas dificuldades, discutidas nos seus respectivos níveis. Ela não é primeiramente "fundamentada de modo ideal", como Rawls (1985, p. 272, nota 19) caracteriza sua teoria, mas "fundamentada de modo razoável", no sentido em que deve ser entendido o cerne do construtivismo dele. Isso leva a uma a melhor definição do contexto da moral.

d. Fundamentação moral e razão prática comunicativa

Entre as abordagens kantianas que colocam o princípio da razão prática – segundo o qual as normas morais devem ser justificadas de modo recíproco e universal – no centro de suas reflexões teórico-morais (ao lado do contratualismo de Scanlon, cuja fórmula "que ninguém poderia razoavelmente rejeitar" interpretei no sentido dos critérios de reciprocidade e universalidade; cf. seção 2.1), devem ser particularmente destacadas o construtivismo de O'Neill e a teoria discursiva da moral de Apel e Habermas[13]. O ponto comum dessas teorias é tornar a pretensão de validade de normas morais dependente da sua justificação intersubjetiva num procedimento de fundamentação argumentativa recíproca – sem aplicar o modelo de uma "posição original" e sem recorrer a uma doutrina ética ou metafísica "abrangente".

Onora O'Neill explicita a ideia kantiana da autonomia moral de um modo comunicativo intersubjetivo e a considera fundamentada num conceito não realista e não relativista de razão *recursiva* e *discursiva* (1989, p. 21): uma razão sem respostas substantivas definitivas para questões morais, mas com determinações definitivas sobre o que significa buscar uma resposta normativa para uma questão moral – a saber, num discurso de pessoas morais livres e iguais.

A ideia central, que O'Neill compartilha com a ética do discurso, reside no princípio kantiano de que a *razão* deve produzir seus padrões e princípios a partir de si mesma e que a pretensão dos *princípios da razão* de serem válidos universalmente somente pode ser resgatada na troca pública de argumentos. Kant observa o vínculo interno entre razão e liberdade da crítica (na própria crítica da razão):

> É mesmo sobre essa liberdade que repousa a existência da razão; esta não tem autoridade ditatorial alguma, mas a sua decisão outra coisa não é que o acordo de cidadãos livres, cada um dos quais deve poder exprimir as suas reservas e mesmo exercer seu veto sem impedimentos (1787, A738/B766).

A razão prática é uma razão crítica, *que se justifica*, que aceita os princípios como fundamentados apenas quando são justificados universalmente – no "uso público da razão" (O'Neill, 1989, p. 37) ou na argumentação sem coerção, não distorcida (Habermas) entre pessoas livres e iguais. Aqui está implícito um conceito kantiano de *pessoa moral* livre e igual: pessoas são consideradas como fins ao lhes ser assegurado o direito ("à justificação") de reivindicar razões para as ações que as

---

[13] Cf., além disso, a discussão esclarecedora das teorias construtivistas feita por Barry (1989, p. 255ss., esp. p. 371s.).

atingem – e o dever de justificar-se por meio de razões universais (O'Neill, 1989, p. 113 s. e 127). Justificação moral significa fornecer razões que podem ser sustentadas por *cada* pessoa moral, e isso significa *por todas* elas. Consequentemente, a justificação de normas morais acontece num "debate universal" não restringido (ibidem, p. 37 s.). Portanto, é possível uma reformulação procedimental do imperativo categórico universalista. Essas determinações "ideais" de participação livre e igual em discursos significam, para discursos "reais", que em questões morais *ninguém* pode ser excluído da comunidade de justificação e que têm de permanecer *abertos* para argumentos – mesmo no futuro. "Não pode haver boas razões para aqueles cuja posição social é negada por uma explanação do raciocínio prático para aceitar esse raciocínio" (O'Neill, 1988, p. 705, nota 1). As normas morais sempre devem ser justificadas *em* contextos intersubjetivos, mas devem se apoiar em razões que não terminam em contextos particulares: ao contrário dos valores éticos, normas morais não valem apenas *para nós*. Isso não implica uma comunidade fora do contexto, plenamente transparente, de pessoas ideais irreais: exige apenas reconhecer *cada* uma como pessoa moral com um direito à justificação e respeitar discursivamente esse direito. O princípio de justificação, segundo O'Neill, não tem nenhum pressuposto reivindicado metafisicamente: ele parte da ausência de uma autoridade metafísica da razão, cujos princípios devem, portanto, comprovar-se somente num sentido procedimental, a saber, como princípios que são compartilháveis por uma pluralidade de pessoas (O'Neill, 1989, p. 21). A autoridade da razão deve ser uma autoridade justificada, podendo ser sempre questionada – o autoquestionamento "recursivo" da razão "discursiva" é sua natureza autônoma (cf. O'Neill, 1992). A razão prática se manifesta no *procedimento* de fundamentação de princípios e reflete a *ausência* de fundamentos e valores *últimos*.

> Se o raciocínio tem somente uma fundamentação discursiva e recursiva e não tem justificação transcendental, então mesmo o "princípio supremo da razão prática", o imperativo categórico, não tem uma autoridade maior do que a de um princípio que é capaz de orientar as interações, incluindo a comunicação, de seres cuja coordenação não está assegurada naturalmente. O imperativo categórico coloca exigências essenciais para uma comunidade *possível* (e não real) de seres racionais, separados e livres. (1989, p. 43 s.).

O *princípio supremo da razão* é o da justificação universal, que se origina na reflexão sobre o que significa justificar uma norma que pode reivindicar uma autoridade fundamentada. O'Neill propõe um "construtivismo kantiano" segundo o qual os princípios morais da justiça não são justificados por meio de um consenso hipotético das partes racionais, mas pelo *consentimento possível de agentes reais* (ibidem, p. 217). Isso, por sua vez, significa ser justificados em discursos de legitimação reais, satisfazer determinadas condições procedimentais, de modo que são justamente os desfavorecidos de uma sociedade que têm o direito de reivindicar a condição kantiana de uma universalidade de justificação real. É essencial manter um equilíbrio correto entre princípios abstratos e sua justificação concreta. "Explanações idealizadas da justiça tendem a ignorar as vulnerabilidades reais, e as relativizadas tendem a legitimá-las" (idem).

Entretanto, O'Neill não distingue claramente os contextos normativos nos quais o princípio da justificação universal significa algo *diferente* em cada situação, em que valores ou normas têm de preencher diferentes condições de validade. A "disciplinarização" universalista do pensamento e da ação, proposta por O'Neill, concentrada na dimensão moral – e no conceito de pessoa moral – não leva suficientemente em consideração o sentido normativo próprio da justificação ética de valores, da justificação de direitos subjetivos (no interior do direito), de normas politicamente legítimas e de normas morais. A razão prática não exige uma justificação universal com um sentido igual para diferentes normas e valores, mas uma diferenciação dessas esferas. Em cada um desses contextos, "universalidade" significa algo diferente; as questões normativas e as respostas exigidas são de natureza diferente. Discursos éticos ou políticos devem ser mais claramente distinguidos dos discursos morais – embora O'Neill (1993) observe corretamente que discursos éticos ou políticos também devem admitir a crítica moral.

A não diferenciação de diferentes contextos de justificação prática – e diferentes comunidades de justificação – está vinculada ao fato de que a teoria moral de O'Neill não se funda numa reconstrução teórica argumentativa das condições de desempenho das diferentes pretensões de validade práticas, mas na suposição kantiana de que a pretensão de autoridade da razão de vincular "razoavelmente" unidade e diversidade exige, do ponto de vista prático, uma "justificação pública" de princípios no interior de uma pluralidade de pessoas. A razão prática como a que fundamenta é, certamente, intersubjetiva, mas somente quando é "comunicativa", quando possibilita a comunicação como cooperação entre pessoas morais: a razão prática é a que produz a unidade que "disciplina" a comunicação no sentido moral (O'Neill, p. 1989, p. 47). Quando, no entanto, a análise começa não com a pretensão de autoridade da razão em geral, mas com a de validade prática entre pessoas em particular, que já se referem *internamente* à razões justificadoras, então se torna claro, num sentido fundamental, em que medida a razão prática deve ser entendida como comunicativa. Determinadas condições do "uso público da razão" – na forma de uma *fundamentação* recíproca e universal – estão implícitas na validade normativa e podem ser reconstruídas "recursivamente" por meio das *razões* de validade, que estão na base das normas práticas. "Princípios da comunicação" (ibidem, p. 43) são pressupostos das fundamentações práticas dos "princípios de cooperação" já na forma dos critérios de reciprocidade e universalidade – não na forma de determinadas normas morais. O princípio racional da justificação revela-se como condição comunicativa da possibilidade de normas práticas em geral fundamentadas corretamente – e possibilita, portanto, a diferenciação de diferentes contextos de justificação, de acordo com as necessárias razões de validade.

Ao contrário de O'Neill, a concepção de ética do discurso, proposta por Apel e Habermas, fundamenta de outra maneira o princípio de que uma norma moral somente pode ser justificada de modo argumentativo sob determinadas condições de participação livre e igual nos discursos. Esse princípio é fundamentado por meio de uma análise *pragmática formal* dos pressupostos de desempenho de pretensões de validade morais. Desse modo, o vínculo entre razão prática comunicativa e justificação universal torna-se mais claro: ele reside nas próprias condições de validade de normas morais. No que se segue, analisarei essa abordagem diversificada apenas com o propósito de explicar o princípio de justificação. Aqui, vou me referir preferencialmente à versão habermasiana da ética do discurso, à sua diferenciação entre diversos discursos práticos racionais (Habermas, 1991c; 1992a, p. 196 ss.) no sentido de uma diferenciação entre contextos de justificação (e comunidades de justificação) que pode ser vinculada de maneira modificada num modelo teórico discursivo.

A teoria discursiva da moral busca reconstruir, por meio de uma teoria da argumentação, o "*fato* da razão" de Kant, para reformular o conceito moral de autonomia de modo intersubjetivo-procedimental e possibilitar uma "construção" de normas, para usar o conceito de Rawls, que evita o problema de uma situação contratual hipotética, bem como não abandona a pretensão de validade universal dessas normas. Os estágios dessa teoria consistem, segundo Habermas, numa *reconstrução* dos pressupostos argumentativos da fundamentação de normas que leva à formulação do *princípio do discurso*, que, como *princípio da moral* ou da *democracia* (cf. Habermas, 1992a, p. 135 ss.), serve para fundamentar *normas* (em cada caso distinto) sob condições de argumentação mútua e não coercitiva. Consequentemente, o procedimento de fundamentação de normas não se apoia em suposições sobre as qualidades das pessoas morais, mas na reflexão sobre as condições de justificação de normas orientadoras da ação, válidas universalmente. Habermas propôs o conceito de "situação ideal de fala" (Habermas, 1972, p. 177) para caracterizar as qualidades formais que os discursos devem apresentar para que possam ser gerados consensos racionais. Essas são condições de possibilidades iguais dos participantes dos discursos de introduzirem temas e pontos de vista neles, isto é, de erguer ou problematizar pretensões de validade (cf. Habermas, 1983, p. 99). Todavia, nem o conceito de "comunidade ideal de comunicação" – segundo Apel, o auditório pressuposto necessariamente em pretensões de validade – nem o de situação ideal de fala devem ser hipostasiados em projeções concretas de vida social; eles nada mais são do que pressupostos contrafáticos (Habermas, 1980, p. 538 s.) que mantêm abertos, em princípio, os discursos reais e consensos fáticos para possíveis razões e contrarrazões e para uma participação irrestrita. Uma reconstrução pragmático-formal das condições do desempenho fundamentado de (diversas) pretensões de validade busca, portanto, desvelar os pressupostos dos discursos teóricos e práticos, segundo os quais argumentos podem ser entendidos e aceitos como fundamentados. Aqui não posso ir muito além nas implicações, em termos de teoria da verdade e da fundamentação, dessas teorias abrangentes da comunicação e da argumentação[14].

No que se segue, limito-me – e também a tese teórico-discursiva da qual parto se limita a isso – ao problema central para uma teoria moral, a saber, quais os pressupostos pragmáticos existentes para a fundamentação de normas *práticas*. Trata-se somente de reconstruir a lógica da justificação de pretensões de validade práticas obrigatórias; isto é, as condições sob as quais normas ou valores podem ser considerados como fundamentados em contextos de justificação. Essa interpretação do modelo teórico discursivo tem como objetivo uma análise "recursiva" pragmático-formal das condições de fundamentação de normas e valores nas respectivas comunidades de justificação, nas quais essas razões devem ser válidas. Investiga as pretensões de validade normativa segundo as razões e as condições de validade. A validade prática fundamentada deve ser vista como "situada" em contextos de justificação. Essa interpretação possibilita uma análise diferenciada das condições de validade normativa em *diferentes* contextos, segundo a qual nem todas as pretensões de validade de valores ou normas devem ser fundamentáveis no interior de uma "comunidade de comunicação ideal" ou de justificação universal. A validade de valores éticos deve ser fundamentada ética e autonomamente por pessoas para e por si mesmas como membros de comunidades "constitutivas"; normas jurídicas exigem uma fundamentação autônoma, recíproca e universal no interior de uma comunidade política (para possibilitar a autonomia jurídica); por fim, normas morais devem se apoiar em razões que devem ser justificadas moral e autonomamente no sentido de uma transcendência em relação aos contextos particulares.

---

[14] Sobre isso, cf. Habermas (1972; 1976; 1981, v.1, p. 369 ss.; 1988a,b); Apel (1973; 1976; 1987).

Pessoas são autores e destinatários de normas práticas em todos esses contextos; e essa complexidade normativa exige uma análise diferenciada da validade. Isso deve ser mostrado, inicialmente, para as normas morais; a partir daí, o princípio da justificação pode ser transposto para outros planos.

Normas morais são formuladas na forma de proposições deônticas [*Sollsätze*] categoriais: "não se deve matar ninguém". Essa proposição pode ser também formulada de outro modo: "Nenhuma pessoa deve matar outra", ou "todos os seres humanos são obrigados moralmente a não matar outros". A pretensão de validade categórica implica uma incondicional, na medida em que essas proposições deônticas reivindicam que não existem razões legítimas contra a sua validade; valem como não passíveis de serem rejeitadas razoavelmente. Essa pretensão deve poder ser defendida. Como reivindicam serem válidas para *todos*, devem ser defendidas para todos com as mesmas razões, de modo que as pessoas possam se entender simultaneamente como autores e destinatários dessas normas. Normas morais devem ser justificadas reciprocamente, para serem exigíveis reciprocamente; e, consequentemente, sua validade só pode ser questionada por razões que põem em dúvida essa reciprocidade. Um questionamento da norma ergue, por assim dizer, uma pretensão de universalidade negativa (sobre o que *não* deve valer *universalmente*, isto é, o que não pode ser aceito universalmente), que deve ser levantada e defendida em discursos sobre a fundamentação de uma norma, nos quais não podem ser evitadas pretensões positivas sobre o que deve valer universalmente.

Segundo Habermas (1983, p. 75), para a fundamentação de normas é necessário um discurso universal sob condições que permitam somente "a coerção do melhor argumento": "normas válidas devem *merecer* o reconhecimento por parte de *todos* os concernidos". Portanto, elas devem satisfazer o princípio de universalização (U) introduzido como uma regra de argumentação para discursos morais: "que as consequências e efeitos colaterais, que (previsivelmente) resultarem para a satisfação dos interesses de *cada* um dos indivíduos do fato de ser ela *universalmente* seguida, possam ser aceitos por *todos* os concernidos (e preferidos a todas as consequências das possibilidades alternativas e conhecidas de regulação)" (Habermas, 1983, p. 75 s.). Contra a proposta de Tugendhat de fazer com que a validade de uma norma moral como "igualmente boa para todos" remonte ao fato de uma pessoa ter ou não razões para se "submeter" a uma norma (Tugendhat, 1984, p. 85), Habermas objeta que essa proposta perde o caráter cognitivo e discursivo da fundamentação moral (Habermas, 1983, p. 78 ss.). As razões que, de acordo com Tugendhat, caracterizam a obrigatoriedade recíproca, não são compartilhadas, e o aspecto comunicativo da fundamentação "não é cognitivo, mas voluntarista"

(Tugendhat, 1984, p. 123). Ao contrário disso, a validade de uma norma moral depende de razões que podem ser justificadas recíproca e universalmente por pessoas perante *outras*, e, como tais, são razões que podem ser consideradas como universais – e, portanto, também individualmente aceitáveis por cada pessoa – que se tornam a base para ações justificadas, motivadas moralmente. Razões deontológicas são compartilhadas universalmente, reconhecidas intersubjetivamente – "razões que podemos compartilhar" (Korsgaard, 1993). Razões morais são simultaneamente universais e individuais, pois não se autojustificam, mas são justificadas *entre* pessoas; como razões compartilháveis, são as que justificam e orientam ações, e motivam para agir moralmente a partir do conhecimento [*Einsicht*] (em sua correção)[15]. A ação moral somente pode ser justificada com tais razões. O princípio da universalização moral deve ser entendido como o do discurso.

> Ao invés de prescrever como válida para todos os outros uma máxima que eu gostaria que fosse uma lei universal, devo submeter minha máxima a todos os outros com o propósito de testar discursivamente sua pretensão de universalidade. O peso desloca-se daquilo que cada um pode querer sem contradição como uma lei universal para aquilo que todos querem de comum acordo reconhecer como tal (McCarthy, 1980, p. 371).

Com isso, o princípio da universalização não é entendido nem da perspectiva da primeira pessoa do singular (cf. Singer, 1975; Hare, 1963, 1981) nem da perspectiva "impessoal" de uma terceira do singular (Nagel, 1986; de um ponto de vista consequencialista, cf. Wiggins, 1987), mas da perspectiva da primeira pessoa do plural que, em princípio, é irrestrita e, em relação à segunda do singular, deve ser construída discursivamente. Normas morais erguem uma pretensão de validade universal – que deve ser analisada sistematicamente – que pode ser desempenhada universalmente somente sob determinadas condições – que devem ser determinadas com a ajuda de uma análise pragmática (cf. Rehg, 1991). O princípio da ética do discurso (D) afirma: "só podem reclamar validade as normas que encontrem (ou possam encontrar) o assentimento de todos os concernidos enquanto participantes de um discurso prático" (Habermas, 1983, p. 103; também 1992a, p. 138).

A discussão de Mackie sobre os estágios da universalização esclarece as dificuldades de uma universalização subjetiva e não intersubjetiva de máximas. A regra de ouro "não faças aos outros aquilo não queres que te façam", não exclui a universalização daquelas normas que parecem aceitáveis para, por exemplo, o fanático consequente de Hare (1963, cap. 9), mas que, todavia, não podem ser

---

[15] Na seção 5.2 retorno à questão da relação entre razões morais e éticas que se coloca aqui.

justificadas *recíproca* e *universalmente*, já que os interesses das possíveis vítimas são avaliadas somente da perspectiva própria idiossincrática[16]. Segundo Mackie, por outro lado, a exigência de uma troca de perspectivas, que universaliza não apenas a perspectiva própria, mas adota a de outros – e, na verdade, plenamente, sem colorações próprias – sugere a dúvida sobre se, afinal, podem existir princípios que correspondam a essa exigência. Por isso, Mackie (1977, p. 118) propõe um princípio mais modesto: "devemos reduzir nossas exigências e não procurar princípios que não podem ser irrestritamente endossados por cada ponto de vista, mas procurar aqueles que representam um compromisso aceitável entre diferentes pontos de vista reais". Contudo, a questão sobre como explicitar o que é "aceitável" nos leva de volta ao critério procedimental da justificação universal: quando é próprio falar de uma norma justificada universalmente é algo que somente pode ser estabelecido com base num acordo universal, que, por sua vez, apenas é "aceitável" quando todos os potenciais concernidos podem entrar em acordo sobre essa norma. E, ao contrário da concepção de Mackie, não é possível imaginar esse acordo como sendo um compromisso. A validade normativa de normas morais não admite diversas razões para sua validade, pois isso significaria que as pessoas poderiam ter as suas próprias para seguir a norma – ou para não observá-la em certas situações, isto é, para não consentir com ela. Mas isso não é conciliável com a validade normativa de normas contra as quais não existem boas razões – ou seja, normas que, na medida em que existem tais razões, são questionadas em sua validade. Por isso, a ação moral pode ser exigida legitimamente, uma vez que não é necessário um compromisso prévio. Além disso, quando se distingue a validade das normas morais das jurídicas (que não se apoiam estritamente em razões compartilhadas e exigem somente ações em conformidade com o direito) e dos valores éticos ("para mim"), torna-se claro que a moral não implica abandonar toda dependência ao contexto de valores e normas e que ela representa apenas uma dimensão do mundo prático.

A "razão comunicativa" (Habermas, 1992a, p. 18) deve ser entendida como a "que fundamenta", que se orienta por pretensões de validade em geral; e, em vista da diferenciação entre contextos práticos, a "razão prática" pode ser concebida como a capacidade de oferecer razões "corretas" nos contextos apropriados. Aqui, podem ser observados diferentes modos de justificação, como ainda será mostrado (seção 5.2). Valores e normas práticas erguem pretensões de validade em determinados contextos e devem ser justificados em seus respectivos modos – enquanto que normas univer-

---

[16] Isso vai de encontro à exigência de reciprocidade; e o critério de universalidade exclui o caso de o destinatário da norma aceitar a não reciprocidade e essa aceitação ser válida como justificação moral.

sais, sejam morais ou jurídicas, devem ser sempre justificadas de modo recíproco e universal (de modo mais ou menos estrito) no interior das respectivas comunidades de justificação. *Um* princípio de justificação diferencia-se, portanto, em vista de *diferentes* contextos práticos; não é um princípio da razão "abstrata" ou "externa", "distante do contexto", de modo que um ou outro deste é tornado absoluto. Para um modelo teórico discursivo, que mantém essa diferenciação em vista, segue-se que os conceitos "comunidade de comunicação" e "boas razões" devem ser diferenciados segundo a distinção entre as pretensões de validade em vista das diferentes comunidades de justificação. As pretensões de validade, como pontos de partida da análise pragmático-formal, são, de diferentes modos, pretensões de validade "vinculadas ao contexto" ou "transcendentes ao contexto". As pessoas erguem pretensões de validade recíprocas com membros de diferentes contextos comunitários: não apenas como membros de uma comunidade moral abrangente.

No contexto presente da discussão sobre questões morais, é importante entender o princípio da justificação como reconstruído de modo "recursivo" e "pragmático-formal", segundo o qual as pretensões de validade moral devem ser justificadas de modo recíproco e universal numa comunidade de pessoas morais que não pode ser limitada. Essa ideia de uma "comunidade de justificação ilimitada" não significa que não existem normas morais até que seja alcançado um consenso ilimitado de todas as pessoas possíveis; significa, sim, que as normas morais devem ser fundamentadas, em princípio, perante cada pessoa que tenha um direito de veto – e, certamente, na base do critério da reciprocidade e da universalidade. Aqui reside o significado do "respeito" às pessoas morais como seres racionais. Ninguém deve ser excluído da comunidade de autores e destinatários da moral – uma pertença que protege e obriga igualmente a todos.

Nessa perspectiva, o conceito de "razão" é inevitável, ainda que seja difícil: a justificação adequada de normas (legitimadoras da ação) deve ser uma "razoável"; e a ação moralmente autônoma assim também o é num sentido prático quando se apoia em razões justificáveis. Vale destacar as seguintes qualidades desse conceito de razão:

1. Razão [*reason*] está vinculada de modo imanente com razões [*reasons*] que não são pré-dadas substantivamente, mas que devem se comprovar como razoáveis. É justamente a ausência de razões "últimas" e "absolutas" que exige e possibilita "construções sem fundamentos" (O'Neill, 1992, p. 291) – "sem andaimes", para usar um conceito de Hannah Arendt. A razão é crítica no sentido kantiano, visto que se volta recursivamente sobre si mesma e questiona seus próprios padrões; depende de uma forma de justificação na qual seus destinatários também são

seus autores. O que vale como razoável-universal deve ser fundamentável de modo universal. O empreendimento da razão é (auto)crítico.

2. Segundo a representação clássica, a razão produz uma unidade fundamentada sob a multiplicidade de fenômenos no mundo. Produzi-la no sentido prático significa criar uma "identidade racional" (Adorno) sob uma pluralidade de pessoas "não idênticas": uma unidade fundamentada e não repressiva. Com isso, pessoas e comunidades particulares não são subordinadas a conceitos universais "ruins", mas é assegurado que a universalidade existente (mais ou menos abrangente) não seja imune à crítica. A "unidade da razão" é reconciliável com "a multiplicidade de suas vozes" (Habermas, 1988d). Ela mesma não fala uma linguagem sem contexto e livre do mundo; exige a qualidade de ser fundamentada [*Begründbarkeit*] também em linguagens "densas", pelo menos num sentido moral "mínimo". Essa qualidade de ser fundamentada, como pode ser enfatizado com Walzer, ainda não constitui uma linguagem "densa"; ela forma uma base comum para o entendimento moral recíproco, que representa o vínculo entre pessoas respeitadas moralmente, justamente quando as linguagens "densas" não permitem nenhum entendimento.

Os critérios da justificação recíproca e universal destacam a ideia de uma fundamentação moral "razoável", que não subsume o "outro concreto" (Benhabib, 1992b) sob uma falsa universalidade. Quando as normas devem ser fundamentadas reciprocamente perante cada pessoa individual e, ao mesmo tempo, universalmente perante todos possíveis, então *uma* forma de justificação e respeito morais implica um momento duplo particular-universal, que leva Wingert (1993) a falar de duas "formas fundamentais de respeito moral" (ibidem, p. 179 ss.): o "solidário", em relação a indivíduos como insubstituíveis [*unvertretbar*] e o "justo", de membros com igualdade de direitos numa "forma de vida comunicativa" comum[17]. A fundamentação moral exige das pessoas uma "dupla troca de perspectivas": com o "outro concreto" e com "terceiros" como representantes da comunidade moral (ibidem, p. 252 ss.). Nesse sentido, segundo Wingert, as razões morais podem ser compartilhadas moralmente. Todavia, pode-se objetar que quando razões compartilhadas são entendidas como justificadas de modo recíproco *e* universal, a ideia de justiça (moral)

---

[17] Cf. também os conceitos de "solidariedade" e "justiça" em Habermas (1991a, p. 16; 1991b, p. 70). Ali a "justiça" se refere ao respeito igual de indivíduos "insubstituíveis" e a "solidariedade" ao reconhecimento do outro como membro de uma comunidade compartilhada, que, contudo, é ampliada num sentido moral universalista e, com isso, perde seus pontos particularistas.

não pode ser atribuída somente a um lado – o da universalidade – de modo que precise da "solidariedade" para corrigir uma universalidade estereotipada (ibidem, p. 190 s.). Na medida em que a "justiça" exige o respeito igual de todos, ela implica já a possibilidade de um veto recíproco e não merece o nome de "justiça" quando sua universalidade não puder ser justificada reciprocamente e precisar da "solidariedade" como seu "outro"[18]. Ainda será mostrado em que medida a inseparabilidade do respeito das pessoas como *indivíduos* e como *membros* de uma comunidade em vista de diferentes "comunidades de reconhecimento" leva a quatro formas de reconhecimento (seção 5.3).

No plano moral, a "universalidade" deve ser sempre entendida de modo "reflexivo", e não "subsumido" (cf. Kant, 1790, AXXIV). A possibilidade de objeções recíprocas lhe é constitutiva. Mas não deve ser entendida apenas de maneira horizontal. Como já vimos, os diferentes contextos se corrigem mutuamente: pessoas éticas questionam conceitos jurídicos universais, as morais questionam valores éticos. Elas são sempre membros de diferentes contextos, que fornecem uma multiplicidade de possibilidades de conflito e crítica (cf. seção 5.2).

3. Por fim, destaca-se um terceiro momento do conceito de razão prática: seu caráter transcendente do contexto e sempre imanente a ele. As pretensões de validade moral excedem os contextos "locais" dos quais surgem. Os problemas morais aparecem de modo contingente, porém não permitem respostas contingentes. Diferentemente dos valores éticos ou das normas jurídicas, as normas morais não são "razoáveis" apenas quando valem "para nós" e, por isso, não podem ser exigidas, com boas razões, dos "outros", ou justificadas perante eles. Mesmo quando a razão é localizada "internamente", ela preserva uma pretensão universal, como destaca Putnam: "a razão é, nesse sentido, tanto imanente (não se encontra fora das instituições e jogos de linguagem concretos) quanto transcendente (uma ideia reguladora que usamos para criticar a con-

---

[18] Quando são diferenciados diversos contextos da justiça (não entendidos num sentido estreito de justiça moral), a "solidariedade" pode significar algo diferente, mas se refere primeiramente ao reconhecimento entre pessoas como "membros" de comunidades: (a) na solidariedade ética (algo como a família), (b) na "equidade" jurídica em vista de casos especiais (como indica Habermas, 1991b, p. 77), (c) na solidariedade social entre cidadãos e (d) na ação moral altruísta; (o conceito de solidariedade é especialmente apropriado no primeiro e terceiro casos, em que se faz referência a comunidades particulares, e nos outros planos pode-se falar de "equidade" e de "altruísmo"). Em algumas dessas perspectivas, a "solidariedade" pertence à justiça (b e c); em outros, ela vai além dela, como no sentido dos atos superrogatórios (d) ou pode entrar em conflito com a justiça (a), por exemplo, no caso de um tratamento privilegiado da comunidade ética própria.

duta de todas as atividades e instituições)" (Putnam, 1987, p. 228; cf. também Habermas, 1988d). Também nessa perspectiva, a "razão" permanece sendo um conceito crítico; ela não fala uma linguagem "platônica", mas uma linguagem da crítica – a linguagem daqueles que exigem uma fundamentação.

Em resumo, devem ser diferenciados três planos no interior da estrutura da fundamentação teórico-discursiva da moral aqui proposta. *Primeiro*, a *reconstrução* recursiva e pragmático-formal do princípio da justificação prática racional; *segundo*, a *fundamentação* recíproca e universal das respectivas normas práticas em diferentes comunidades de justificação; por fim, a *ação* fundamentada de pessoas segundo normas justificadas com base no conhecimento *razoável* do caráter bem fundamentado dessas normas – o que deve se comprovar em contextos de ação particulares (disso se segue que a concepção de razões justificadas não fala a favor de uma separação estrita entre a fundamentação de normas e ação fundamentada; sobre isso, cf. a seção 5.2). Na diferenciação desses três planos, deve-se observar que a questão da fundamentação moral não deve ser entendida como a questão "por que devo ser moral?", que já pressupõe um determinado conceito de moral; ela é muito mais a questão "o que significa ser moral?" e exige uma resposta diferenciada no que se refere a um princípio que torna possível a fundamentação substantiva de normas que justificam ações morais. Dizer que as razões morais, enquanto compartilhadas, são também "minhas" razões não significa que elas devam ser explicitadas *somente* como "minhas", portanto, como as que apenas são razões morais quando podem me motivar (com razões boas para mim)[19]. Elas devem ser razões intersubjetivas que justificam ações.

A reconstrução recursivo-reflexiva e pragmático-formal do princípio da razão justificadora, proposta no primeiro plano, apoia-se, como visto, na suposição de que a "autoridade" da razão prática não pode recorrer a razões últimas ou valores substantivos "externos", a partir dos quais as normas morais poderiam ser derivadas, e que elas, portanto, devem ser capazes de justificar suas pretensões de validade normativa recíproca e universal sob aquelas condições de validade da mesma natureza. Contudo, essa reconstrução não pode ser mais do que uma autorreconstrução da razão (com determinados meios) e, como tal, não pode reivindicar uma autoridade absoluta ou de "uma fundamentação última", no sentido dado por Apel (1988, p. 110), mas uma autoridade "recursiva", fundamentada da melhor maneira possível em relação ao seu objeto: a validade "razoável" de normas. O

---

[19] Sobre isso, cf. a concepção relativa ao sujeito de razões morais em Gosepath (1993, p. 323, 340) e Williams (1981c).

princípio implícito na pretensão de validade e de fundamentação de proposições morais deônticas – o princípio de que as normas universais devem ser justificadas de modo recíproco e universal – é uma condição "incontornável" do conceito de validade moral – e, com isso, um pressuposto necessário da ação fundamentada, moralmente responsável: a que pessoas autônomas práticas-razoáveis podem esperar ou exigir dos outros.

Retornando ao ponto de partida dessa discussão, um olhar para as diferenças em relação à teoria de Rawls mostra quais as vantagens que uma teoria fundada no princípio da justificação têm perante sua concepção do construtivismo e quais paralelos persistem entre as duas.

a. A teoria fundada no princípio da justificação trilha um caminho entre o realismo e o relativismo sem renunciar à pretensão de validade de um princípio moral universalista que fundamenta a prioridade da justiça e não recorre a uma "doutrina abrangente".

b. Apoia-se num conceito procedimental de razão sem introduzir um conceito substantivo de pessoa como fundamento, que não pode ser justificado exclusivamente a partir das suposições da razão prática. Portanto, preenche a pretensão de "neutralidade de justificação" e a prioridade de direitos e liberdades iguais (cf. capítulo 2).

c. Por meio desse passo na abstração, pode formular princípios de autonomia pessoal e política que levam a uma teoria não restringida de legitimação política e a uma concepção substantiva de justiça social (cf. capítulo 3).

Por isso, uma tal teoria, fundamentada de modo "abstrato", não deve renunciar a concretizações, pois a estrutura básica definida por ela representa uma moldura no qual as pessoas são reconhecidas intersubjetivamente de diferentes modos: como pessoas éticas em sua autodeterminação ética da vida boa; como pessoas de direito em sua pretensão de "respeito e consideração igual" (Dworkin); como cidadãos politicamente autônomos e com igualdade de direitos em uma comunidade política; e, por fim, como pessoas morais, como seres humanos "em geral". A teoria apresentada aqui vincula um conceito procedimental de justificação normativa com esse espectro de relações de reconhecimento e diversas comunidades[20].

---

[20] O conceito de um contexto moral da comunidade abrangente dos seres humanos aponta para um problema adicional: o da justiça internacional. Examinarei o problema dos direitos humanos brevemente e de modo muito geral na seção 4.1; as questões mais amplas sobre uma "sociedade mundial" democrática (para a qual apontam Apel, 1993, p. 163 ss.; e Wellmer, 1993b, p. 72 ss.) e sobre a justiça distributiva entre Estados não pode ser tratado adequadamente aqui (cf. em

Essa teoria, contudo, defronta-se com duas objeções comunitaristas fundamentais às teorias deontológicas da justiça. A primeira é a crítica de MacIntyre à ideia de que é possível defender um conceito universalista – e, aos seus olhos, "sem contexto" – de pessoa moral e de razão prática. A segunda é a tese de Taylor de que uma teoria universalista deve estar ela mesma fundamentada em um bem "transcendente". Mais uma vez, é reforçada a "prioridade do bem" frente à da justiça deontológica: o bem que é sempre e somente delimitado comunitariamente (MacIntyre) ou fundamentado na identidade moderna (Taylor).

4.3 Qual pessoa? Qual razão?

Em todos os quatro planos da discussão do debate entre liberalismo e comunitarismo, a crítica de MacIntyre às teorias deontológicas da justiça assume a posição mais consistente de crítica ao liberalismo, vinculando uma determinada concepção de identidade pessoal (cf. capítulo 1) com uma crítica à neutralidade ética dos princípios do direito (capítulo 2), uma defesa de uma "eticidade substantiva" da comunidade política (capítulo 3) e, por fim, uma teoria da razão prática e da racionalidade de tradições. Em todos esse planos, a teoria de MacIntyre alimenta-se de uma única fonte: a concepção de que as pessoas desenvolvem suas autocompreensões, suas concepções do bem e do justo e sua capacidade para julgarem normativamente apenas *nos* contextos de uma determinada comunidade, uma determinada tradição. Os conceitos de *pessoa, moral* e *razão* não podem ser separados dos horizontes substantivos de uma forma de vida, um *éthos*. Do mesmo modo como não existe uma pessoa "impessoal" descontextualizada, também não existe uma moral neutra ou imparcial e nenhuma razão para além do contexto.

Como Taylor, MacIntyre está convencido de que a modernidade se alimenta de uma "multiplicidade de fontes morais" (MacIntyre, 1985, p. 24) que, em sua diversidade, leva a uma fragmentação da consciência moderna, uma "mistura desarmoniosa de fragmentos desordenados" (idem). Mas, diferentemente de Taylor, MacIntyre não acredita que essa dispersão possa ser "superada" numa síntese que

---

geral O'Neill, 1991; Thompson, 1992). Particularmente interessante nesse contexto é a tentativa de Rawls (1993b) de estender a concepção política da justiça – com a ajuda do modelo de uma "posição original" entre Estados – a questões de direito internacional. Essa concepção contém, por um lado, direitos humanos "politicamente neutros" (ibidem, p. 69) que, segundo Rawls, podem ser aceitos não apenas por Estados liberais (cuja fundamentação moral, contudo, permanece aberta); todavia, por outro lado, não inclui (ao contrário da interpretação de Beitz, 1979, e Pogge, 1989) nenhum "princípio da diferença" para a justiça distributiva entre Estados.

siga o rastro dessas fontes morais. Sua teoria é a de um hegelianismo negativo na medida em que a cisão, a fragmentação do *éthos* unitário de bens pessoais, da autocompreensão comunitária e da imagem metafísica-teológica do mundo não pode mais ser revertida. A modernidade se caracteriza por uma concorrência de tradições incompatíveis de "investigações morais" (*moral enquiry*), cuja forma central, a da crença "enciclopédica" e "liberal" na razão humana unitária e na moral universal, em sua pretensão absoluta, primeiro, esconde a sua própria concepção do bem – seu individualismo – (1984, p. 4) e, segundo, é a pior, a mais degenerada forma de questionamento moral imaginável.

> O que para o tipo de prática e investigação morais antiga e medieval, que o tomismo incorporava, era uma condição excepcional do indivíduo despojado e isolado, torna-se, com a modernidade, a condição do ser humano como tal (1990, p. 193).

No que se segue, tentarei compreender a crítica de MacIntyre à própria concepção moral moderna numa argumentação – de acordo com seu ideal de questionamento moral (ibidem, p. 129) – que visa mostrar que seu *monismo ético* em relação ao vínculo entre pessoa, moralidade e razão contém problemas que surgem quando esses termos são medidos segundo seu próprio padrão, como o próprio MacIntyre exige de uma crítica racional. A argumentação começa com sua crítica à tentativa de uma fundamentação moral que acredita poder renunciar a um conceito de *télos* humano (MacIntyre, 2007), e prossegue com a tentativa de formular uma teoria que, primeiro, mostra que é possível formular um juízo racional entre tradições sem recorrer a padrões de racionalidade que vão além das tradições e, segundo, possibilita conceber um conceito de *télos* humano simultaneamente imanente e transcendente ao contexto (1988). Isso leva MacIntyre de uma posição aristotélica inicial a uma tomista: esta lhe aparece como a única tradição que satisfaz a exigência da possibilidade de uma comparação dialético-racional com outras tradições e a exigência de unidade de pessoa, comunidade e tradição, bem como o vínculo entre conceitos teleológicos prático-imanentes e prático-transcendentes. O tomismo é a tradição que se orienta entre a ilusão da "enciclopédia" de uma razão neutra frente ao contexto e a concepção contextualista-perspectivista da "genealogia" e é o único que realmente merece o nome de "tradição" (1990).

No curso dessa narrativa, mostra-se, porém, que MacIntyre coloca exigências universais de racionalidade a tradições que não podem ser "superadas" no interior de uma tradição. Ele tem de reconhecer o princípio da justificação do ponto de vista prático e hermenêutico; tradições devem se apoiar "interna" e "externamente" em razões que respondem adequadamente a questões práticas sem poder definir de forma abrangente o que significa "adequadamente" tanto em questões de orientação ética quanto em questões morais. A contratese à concepção de MacIntyre de que a razão prática deve ser compreendida como reflexão ética imanente ao contexto de uma tradição não quer dizer, porém, que as normas morais devam ser justificadas racionalmente no sentido de que pessoas "racionais", sem qualquer particularidade social e tendo somente o conhecimento de seus interesses egoístas, poderiam dar seu assentimento a elas (como acrescenta MacIntyre, 1983, p. 450; 1984, p. 88 s.). A contratese afirma que, com base no princípio de compreender as pessoas sempre no contexto, devem ser distinguidos contextos diferentes nos quais são colocadas questões da vida boa, sobre direitos iguais, obrigações políticas e normas morais. Nesses contextos, para cada situação devem ser dadas respostas *diferentes* para as respectivas questões normativas. As pessoas vivem num universo ético, mas também em universos jurídicos e políticos e *num* universo moral – e a concepção tomista de que todos eles encontram-se em harmonia não é mais sustentável, de modo que o próprio tomista tem de reconhecer a pluralidade de tradições e impor determinadas obrigações de racionalidade às tradições, obrigações que respeitam tanto a autodeterminação ética das pessoas como também sua reivindicação por respeito moral.

A "narrativa" de MacIntyre se compreende como uma tentativa de descrever, sob uma determinada perspectiva ética, a história da cultura ocidental em três estágios. Trata-se de uma história de decadência moral. Num primeiro nível histórico e reflexivo-moral existiam autênticos padrões morais objetivos, que estavam incorporados numa unidade de teoria e práxis – num *éthos*. Num segundo nível, essa unidade se rompeu na tentativa de procurar fundamentar esses padrões morais de uma outra maneira – uma tentativa que levou a uma "catástrofe moral" pois as premissas centrais do primeiro nível foram abandonadas. Por fim, como consequência dessa catástrofe, o terceiro nível consiste numa situação em que os remanescentes das concepções originárias de moral coexistem um ao lado do outro em concepções incompatíveis, e a crença numa fundamentação moral objetiva dá lugar ao relativismo. Segundo MacIntyre, a ética aristotélica, tal como ela se desenvolveu em relação à ética homérica e platônica e foi vinculada à filosofia medieval por meio de Santo Tomás de Aquino e Santo Agostinho, representa o primeiro nível do desenvolvimento moral, no qual a narrativa da vida individual ainda estava amarrada à de uma comunidade e suas práticas, ao solo de uma tradição valiosa, e os bens inerentes dessas práticas e tradições forneciam os padrões com os quais a vida virtuosa tinha sentido e proporção. O segundo nível é representado pelo esclarecimento (contudo, as raízes remontam até o nominalismo), que libertou os seres humanos desse contexto comunitário e metafísico-religioso e, com isso, despojou as pessoas de seu *télos* imanente à práxis (visto aristotelicamente) e transcendente à práxis (visto do ponto de vista tomista-agostiniano) e assumiu a tentativa de fundamentar a moral com base numa razão descontextualizada de pessoas despojadas de todas as particularidades. A ausência de substância fez com que essa tentativa falhasse e resultasse numa miscelânea de destroços de concepções morais passadas, a partir da qual uma cultura "emotivista" existente considera que, para essas pessoas desprendidas, não pode existir nenhuma obrigação moral em geral. O eu se vê diante da escolha existencial de criar a si mesmo. Para MacIntyre, Nietzsche é o filósofo que diagnosticou adequadamente essa situação.

MacIntyre está preocupado apenas em mostrar que, em vista da falência do projeto do esclarecimento em produzir uma fundamentação autônoma da moral, resta somente a questão de saber se aceitamos a consequência de Nietzsche ou procuramos um caminho que apresente a ética aristotélica como sendo racionalmente superior – como uma concepção que supera as fraquezas internas da moral do esclarecimento, bem como as da concepção emotivista, de um modo que possa explicar e resolver seus problemas. *After Virtue* apenas representa o inicio dessa tentativa, na qual são apresentadas a falência do esclarecimento e a contraposição aristotélica. Somente *Whose Justice? Wich Rationality?* fornece a concepção fundamental da superioridade moral e completa da ética aristotélica com o direito natural tomista universalista. Por fim, *Three Rivals Versions of Moral Enquire* mostra como a tradição tomista é superior ao tipo enciclopédico e genealógico de reflexão moral.

Todas essas tentativas têm como fundamento uma determinada teoria da identidade pessoal que tem como pressuposto que o eu só pode realmente encontrar a si mesmo quando não está desvinculado "racionalmente" (como em Kant ou Rawls) ou "emotivamente" (como em Nietzsche ou Sartre) das tradições e comunidade éticas e suas concepções do bem. Uma vida é plena de sentido apenas como narrativa individual no interior de uma coletiva, ela mesma parte de uma tradição metafísica. Os três componentes centrais de uma vida boa, porque virtuosa, são a ordenação narrativa de uma vida (como "busca pelo bem"), seu ser incorporado nas práticas sociais de uma comunidade (na qual existem bens "internos" que levam ao bem comum) e a pertença a uma tradição moral, que fornece valores absolutos, um "*télos* último" (cf. 1985, p. 250 s., 292). A vida boa consiste na busca pelo bem para *mim*, para minha *comunidade* e para os seres humanos *em geral*. Naturalmente, até mesmo a terceira busca só é imaginável no interior de uma tradição, no interior de um contexto ético.

Todavia, essas três dimensões da vida boa, virtuosa, exigem uma observação mais precisa. Em sua definição *formal* da vida boa (a), em sua definição *universalista não exclusiva* da comunidade como "projeto comum" (b) e em sua formulação *universalista* do *télos* superior ou da "lei moral" (c), elas põem em jogo três pontos de vista que refletem os conteúdos centrais da concepção moral moderna que MacIntyre combate.

a. Segundo ele, a vida de um ser humano deve ser representada como uma narrativa, uma história da qual se é "coautor" à medida que a história da comunidade na qual se vive é também narrada – uma restrição que, todavia, não se desvia do fato de que a história da vida própria é sem sentido quando não se concebe a si mesmo como autor, o que significa assumir a responsabilidade pelas ações passadas, presentes e futuras. Para MacIntyre, responder por si mesmo é o "caráter" (1985, p. 289) de uma pessoa. De acordo com a concepção clássica de MacIntyre, uma história é sem sentido quando não puder ser narrada com continuidade, quando não está claro que a vida própria tem uma *direção*, um *télos*. Este alimenta-se de duas fontes: os bens internos de uma práxis comunitária e a busca por um bem superior que transcende os outros. A unidade narrativa da vida é uma busca (*quest*) pelo bem no interior de uma comunidade e no interior do papel atribuído ao indivíduo e pelo bem para todos os seres humanos em geral. Todavia, MacIntyre define como formais e deixa em aberto ambas as determinações do *télos*. No que se refere à busca pelo bem comunitário, observa: "uma virtude é uma qualidade humana adquirida cuja posse e exercício tende a nos capacitar para alcançar aqueles bens que são internos às práticas e cuja ausência nos impede efetivamente de alcançar tais bens"(1985, p. 255 s.). E ainda que MacIntyre considere as três virtudes centrais justiça, coragem e honestidade como sendo constitutivas para toda práxis social, não deixa dúvidas de que essa concepção de virtude está de acordo com uma pluralidade de comunidades e concepções do bem. Mais ainda, contra a "biologia metafísica" de Aristóteles e o "caráter a-histórico de sua compreensão da natureza humana" (1985, p. 214), MacIntyre enfatiza que não apenas determinadas pessoas estão em condições de viver uma vida virtuosa, mas todos os seres humanos que são parte de uma comunidade. Essa concepção tem consequências para seu conceito de comunidade.

b. As pessoas adquirem sua identidade graças à comunidade na qual cresceram e aprenderam o que significa fazer o bem, ter deveres e ser responsável. Como membros dessa comunidade, da qual recebemos os "papéis" que devemos "desempenhar" no seu interior – sem que deixe qualquer escolha –, somos o que somos. Em sua discussão sobre a virtude em *After Virtue*, (e em seu ensaio sobre o patriotismo, 1984), MacIntyre compreende a *pólis* como contexto normativo essencial formador da identidade, entendida no sentido aristotélico como "vínculo de amizade" (1985, p. 155). Mas, diferente de Aristóteles, MacIntyre não limita esse vínculo aos cidadãos gregos masculinos livres, mas o estende a "todos": a comunidade política é constitutiva para um conceito de virtude imanente à práxis somente quando providencia a todos os membros uma identidade que seja aceitável *para eles* (1985, p. 213 s.); deve ser realmente um "projeto comum", compartilhado por todos, com o objetivo de "produzir algum bem reconhecido como o bem compartilhado por todos aqueles engajados nesse projeto (1985, p. 203; cf. Bernstein, 1986a); com isso, sua concepção do político está mais próxima do republicanismo moderno (cf. Pocock, 1975) do que de uma teoria clássica da *pólis*.

c. Finalmente, MacIntyre não pode deixar de reconhecer a possibilidade das práticas de uma comunidade serem "simplesmente ruins" (1985, p. 267). Assim, observa "que uma moralidade das virtudes requer como contrapartida uma concepção de lei moral" (ibidem, p. 268). As interpretações do bem imanentes à práxis não são suficientes, por si mesmas, para poder julgar essas práticas. MacIntyre não vê, naturalmente, qualquer possibilidade de fundamentar essa lei moral universal num sentido kantiano; esta é vinculada a um conceito do bem como "*télos* último", que ultrapassa as comunidades. Da constituição comunitária do eu não se pode concluir "que o eu tem de aceitar as *limitações* morais da particularidade daquelas formas de comunidade. Começar sem tais particularidades morais significa não partir de lugar algum; mas a busca pelo bem, pelo universal, consiste justamente em ir para além dessas particularidades" (1985, p. 295).

Desse modo, MacIntyre vê duas possibilidades para criticar a comunidade própria: a de uma crítica imanente e a de um apelo a uma lei moral universal (cf. 1984, p. 97 s.). Essa última aponta para um problema na sua discussão do patriotismo (cf. seção 3.3): MacIntyre destaca corretamente que somente os membros de uma nação que se identificam (de um determinado modo) com seu passado podem se sentir responsáveis pelos seus "crimes" (1984, p. 99), mas ele não consegue explicar, com premissas puramente contextualistas, no que exatamente consiste um "crime", por exemplo, um que, em nome de determinados valores de uma comunidade, foi cometido contra os não membros desta.

Duas características da teoria de MacIntyre impedem que a sua ideia de lei moral universal conduza à consequência de uma concepção moral universalista para além do contexto. Por um lado, está sua convicção de que mesmo as normas que reivindicam validade universal podem ser pensadas como tendo sentido somente no interior de uma "tradição", que está, com certeza, incorporada numa comunidade, mas que vai além dela segundo seu conteúdo. E, por outro lado, essa é sua concepção de que não pode haver normas morais que não sirvam como um *télos* da vida boa. Seu monismo ético tem como consequência, portanto, que o *"télos* final" da vida boa individual está vinculado como uma "lei moral" que, em seu conteúdo universal, é ela mesma parte de uma tradição e vale como o fim supremo dos esforços humanos. Esse vínculo leva MacIntyre, em escritos posteriores a *After Virtue*, a passar de Aristóteles para Tomás de Aquino. Somente na tradição tomista ele vê salvaguardados os três componentes da vida boa: a ética, a política e a teologia, isto é, a busca individual pelo bem no sentido comunitário e universal.

> A ética, tanto na prática grega quanto no pensamento aristotélico, era parte da política; a compreensão das virtudes morais e intelectuais, tanto nas práticas medievais como no pensamento tomístico, era parte da teologia. Separar a ética de seu lugar em ambos é já distorcê-la (1990, p. 191).

Segundo MacIntyre, não existe lugar para uma moral independente, ao lado da unidade de ética, política e teologia, como tentaram fundamentar Kant ou Sidgwick. Mostra-se, porém, que MacIntyre tenta fundamentar a plausibilidade de sua tese ao colocar no lugar da moral uma ética *formal*, uma política *não exclusiva* e uma teologia *moralmente* substantiva. Essa conclusão é completada por meio da demonstração de que não apenas acrescenta essas suposições adicionais em sua teoria, como também que sua própria tese da superioridade *racional* da tradição tomista-aristotélica está baseada num conceito de racionalidade que é constituído procedimentalmente e confirma, num plano hermenêutico, que MacIntyre tem de relativizar o estreitamento ético de seus conceitos de pessoa, de moral e de razão. Para isso, é necessário olhar mais de perto a sua concepção de racionalidade.

After Virtue expressa a tese de que a tradição aristotélica pode ser defendida, de um modo pleno de sentido, contra outras tradições. Para isso, é necessário um determinado conceito de comparação racional, que apenas é fornecido em *Whose Justice? Wich Rationality?* Com base nessa concepção de racionalidade, *After Virtue* aparece como o diagnóstico de uma "crise epistemológica" das concepções modernas de moral, como diagnóstico da falência dessas concepções. Em que consiste esse diagnóstico e qual o fundamento do fracasso do esclarecimento? MacIntyre oferece essencialmente dois argumentos: um histórico e outro conceitual. O argumento histórico afirma que a pretensão do esclarecimento em conceber uma moral que poderia ser igualmente plausível e válida para todos os seres racionais deve ser considerada como um fracasso, pois, pelo contrário, essa tentativa conduziu a uma cultura fragmentária de muitas morais e racionalidades e ao perspectivismo emotivo que, por fim, recusa completamente os padrões de racionalidade.

> A melhor evidencia de que não existem tais princípios constitutivos da moralidade é que nenhuma versão deles tem sido capaz de conseguir o assentimento de todos, ou de alguma coisa parecida com todos os membros dessa distinta subclasse de pessoas racionais, os filósofos morais modernos, para não falar de todas as pessoas racionais (1983, p. 451; cf. 1988, p. 334; 1990, p. 189).

MacIntyre está tão seguro do fracasso do esclarecimento que apenas de passagem dirige argumentos contra Kant (sobre isso, cf. O'Neill, 1989, cap. 8) e Gewirth, para documentar esse fracasso com riqueza de exemplos. A controvérsia com teorias deontológicas (ou também utilitaristas) lhe é, portanto, muito menos importante do que o debate com teorias desenvolvidas na esteira de Nietzsche, pois estas ao menos viram o fracasso do esclarecimento (ainda que não o tenham diagnosticado corretamente). Seu argumento histórico, todavia, não é suficiente (cf. Frankena, 1983), pois se a mera divergência em relação aos princípios kantianos ou utilitaristas em nossa cultura é uma prova para o fracasso dessas abordagens, então o colapso da tradição tomista e sua perda de significado cultural seria também um argumento suficiente contra ela. Nesse caso, o relativismo e emotivismo, que MacIntyre considera como dominantes em nossa cultura, ficariam necessariamente com a última palavra. Seus argumentos contra os direitos naturais de indivíduos também poderiam ser aplicados contra o direito natural tomista?

> A melhor razão para afirmar tão bruscamente que não existe algo como direitos é exatamente a mesma para afirmar que não existem bruxas e unicórnios: falharam todas as tentativas de dar boas razões para acreditar que *existem* tais direitos (1985, p. 98).

MacIntyre tem de recorrer a um argumento conceitual para explicar por que o conceito de esclarecimento *teve de* falhar e em que medida as alternativas relativistas são insuficientes: a vida humana é sem sentido na ausência de um *télos* que oriente os seres humanos para um fim pelo qual lutam de modo a mostrar que são dignos desse fim.

> Temos, portanto, um esquema tripartite no qual a natureza-humana-como-ela-é (a natureza humana em um estado ingênuo) é inicialmente discrepante e discordante dos preceitos da ética e precisa ser transformada pela instrução da razão prática e da experiência em uma natureza-humana-como-poderia-ser-se-realizasse-seu-*télos* (1985, p. 77).

Esses três elementos se referem um ao outro e não devem ser separados. Mas foi exatamente isso que a moral moderna fez: ela cortou o plano do *télos* e manteve a natureza humana informe, bem como os princípios da ética. Sua tentativa de manter ambos relacionados um ao outro, sem o elemento do *télos*, necessariamente falhou. Os princípios éticos foram despojados de seus contextos metafísicos-comunitários e, por conseguinte, a ética teve de se decidir entre uma referência empirista aos fundamentos de uma natureza humana amoral (ou decaída) e uma ética de princípios dessubstancializada. Toda ética não teológica deve permanecer fragmentária e, no fim, acaba levando ao relativismo. Ela não consegue dar a *orientação* necessária à vida humana e social. "O ser humano individual é uma unidade na qual a orientação do diferentes aspectos de sua existência espiritual e social deve ser organizada hierarquicamente num modo de vida unificado" (1990, p. 143). A concepção de comparação racional de MacIntyre – e sua conclusão dessa comparação – deve ser entendida a partir dessa tese forte sobre a integridade do eu e deve poder ser medida a partir dessa tese. Como a superioridade de uma tradição pode ser fundamentada e no que consiste a superioridade da tradição tomista?

Whose Justice? Wich Rationality? nega que existam padrões de racionalidade transcendentes ao contexto que determinam em que consistem os padrões do bem e do justo: só existem racionalidades e justiças. Entretanto, segundo MacIntyre é prematura a consequência relativista de que não existe nenhuma possibilidade de comparação racional (1988, p. 9 s.; 1990, p. 5). Em sua concepção, MacIntyre busca encontrar um caminho entre a falsa suposição de uma linguagem e uma razão neutras, transcendentes ao contexto, e a tese de universos éticos radicalmente separados uns dos outros.

Cada forma de investigação moral constitutiva da tradição e constituída pela tradição desenvolve-se em três estágios.

> Um primeiro, no qual as crenças relevantes, textos e autoridades ainda não são postos em questão; um segundo, no qual inadequações de vários tipos têm sido identificadas, mas não solucionadas; e um terceiro, no qual respostas àquelas inadequações são o resultado de um conjunto de reformulações, reavaliações e novas formulações e avaliações, designadas para solucionar as inadequações e superar as limitações (1988, p. 355).

É somente no terceiro estágio que uma tradição se estabelece e se forma num universo ético – com uma "linguagem corrente" [*language-in-use*] própria e única, com seus próprios padrões de racionalidade e justiça. A pretensão de verdade de uma tal tradição é absoluta, mas deve sempre se comprovar reiteradamente num "teste dialético" diante dos membros dessa tradição (ibidem, p. 360). Assim, uma tradição contém seus próprios padrões de racionalidade a partir dos quais são levantados argumentos. Todavia, a tradição deve satisfazer um padrão de racionalidade *abrangente* de segunda ordem, que MacIntyre não caracteriza como tal: deve ser justificada universalmente perante seus membros. "Somente aqueles cuja tradição lhes permite a possibilidade de questionar sua hegemonia pode ter autorização racional para afirmá-la" (ibidem, p. 388).

Tal tradição pode chegar ao ponto de fornecer respostas insuficientes, da perspectiva de seus próprios padrões, para os problemas. MacIntyre chama isso de "crise epistemológica": um problema é reconhecido, mas não a possibilidade de resolvê-lo. Uma tal crise somente pode ser superada por uma inovação conceitual que deve satisfazer três critérios. Primeiro, deve resolver o problema; segundo, deve poder explicar por que não foi possível resolvê-lo com os antigos instrumentos conceituais; e, terceiro, deve estar em condições de estabelecer uma continuidade entre os antigos e os novos conceitos (ibidem, p. 362). Claro, pode acontecer que uma crise epistemológica se mostre insolúvel para uma tradição, de modo que todos os instrumentos conceituais disponíveis sejam insuficientes. Nesse caso, o "encontro" (*encounter*) com uma tradição diferente pode fazer com que os padrões dessa segunda prática linguística (*language-in-use*) que vincula a tradição e que devem ser aprendidos como "segunda linguagem principal" sejam reconhecidos como aqueles que fornecem os meios que, à luz dos padrões da primeira linguagem, resolvem e explicam a crise epistemológica. Essa nova explicação, porém, não pode preencher o terceiro critério, o da continuidade. Com isso, os membros da primeira tradição são forçados a reconhecer a racionalidade superior da segunda (ibidem, p. 364 s.).

Para poder tornar esse resultado plausível, MacIntyre deve delimitar a tese da intraduzibilidade de duas tradições. Ela não significa que os universos éticos formam unidades completamente enclausuradas, mas que as linguagens estão incorporadas em formas de vida e, consequentemente, somente podem ser aprendidas à medida que, por assim dizer, são vivenciadas nesse contexto – assim como fazem os antropólogos quando se tornam membros de uma comunidade estranha (ibidem, p. 374). Essa vivência possibilita o conhecimento da intraduzibilidade: somente com o conhecimento de duas tradições diferentes é possível ver quais conhecimentos de uma tradição não são acessíveis a uma outra. Isso não significa que essa diferença possa ser traduzida em uma linguagem geral neutra, internacional – o que não entra incondicionalmente em contradição com a própria abordagem de MacIntyre, pois esta não afirma que todas as vantagens de uma tradição, por exemplo, o tomismo, podem ser representadas numa linguagem universalmente compreensível, ainda que ele considere a si mesmo como sendo um antropólogo que teria aprendido uma linguagem e sistema de pensamento estranho (1990, p. 43). A diferença central em relação a uma hermenêutica como aquela proposta por Gadamer consiste no fato de que o teste dialógico não leva apenas a uma fusão e a uma expansão de horizontes, no aprendizado de outras tradições (segundo McCarthy, 1989), mas no fato de que o indivíduo, em vista das diferenças intransponíveis, tem de *decidir* entre as duas tradições a serem aprendidas. Essa decisão pode se apoiar ou numa redescoberta dos valores de uma determinada tradição que "já sempre" reconhecemos, sem perceber essa tradição em sua totalidade ou viver nela (MacIntyre, 1988, p. 394), ou ela se assemelha a uma "conversão" na qual a pessoa se move de uma situação de alienação ética para uma nova tradição e autocompreensão (ibidem, p. 396). Todavia, segundo MacIntyre, o que é típico das sociedades modernas é o eu fragmentado, que vive com várias meias convicções, sem ordená-las de forma coerente no sentido de uma tradição.

Contudo, MacIntyre oferece uma explicação insuficiente sobre como os membros de uma tradição podem "ir ao encontro" de uma outra. Pois se as tradições forem realmente tão drasticamente diferentes (inclusive em modos de pensamento; 1988, p. 381) então permanece obscuro como os membros da tradição "A", que estava intacta antes da crise epistemológica, poderiam saber que a "B" tem os recursos apropriados para a solução da crise. Reconhecê-los pressupõe que a tradição "B" já tenha sido aprendida como "segunda linguagem principal" – porém, não havia nenhum motivo para fazê-lo antes da crise na tradição "A". Pessoas éticas não são antropólogos: segundo MacIntyre, se são membros de uma tradição, conhecem apenas a sua própria e, para poderem reconhecer outra como sendo superior, já devem conhecê-la. Mas, para estarem motivadas a aprendê-la e conhecê-la por dentro, já devem saber que ela é superior. Com isso, para a aceitação da nova tradição não ser um salto no desconhecido, já deve ser conhecida – isto é, como uma segunda linguagem principal que foi aprendida quando a tradição original ainda estava intacta. Consequentemente, a "conversão" pressupõe-se a si mesma para estar motivada. Não está claro o discurso de MacIntyre de que os membros de uma tradição que se encontra em crise "agora alcançam ou já alcançaram uma compreensão das crenças e modos de vida de sua outra tradição estranha" (1988, p. 364). Mas, numa outra passagem, argumenta:

> Primeiro, o começo de uma crise epistemológica, uma ruptura sistemática da pesquisa em face de certo conjunto de problemas intratáveis no interior de um determinado sistema de crença, pode, quando reconhecida, fornecer boas razões para procurar fora alguma alternativa racionalmente diferente; e, segundo, nunca pode ser excluída a possibilidade de aprender a entender de modo imaginativo o ponto de vista incomensurável a partir de dentro antes que ele possa ser assumido intelectualmente. É por meio de tais usos da imaginação que alguém pode se tornar um habitante de outra

cultura estranha e, ao fazê-lo, reconhecer como aspectos significantes da sua própria, os quais até agora não estavam sendo vistos, podem ser descobertos e caracterizados a partir daquele ponto de vista da outra cultura (1990, p. 120).

Nessa citação, MacIntyre retoma a tese forte de que a compreensão de uma outra tradição somente é possível por meio de sua vivência: acha possível que se pode imaginar essa aceitação. O salto no novo só não é no desconhecido quando este não é tão novo assim: quando já é passível de ser conhecido.

Isso pressupõe a possibilidade de compreender simultaneamente duas tradições e, com base nos mesmos problemas e na mesma identidade pessoal, compará-las como respostas a uma e mesma questão (cf. Habermas, 1991d, p. 216 s.). MacIntyre não pode contestar essa possibilidade hermenêutica, pois no fim a nova tradição é considerada já como uma resposta aos problemas da antiga. Se a nova fosse completamente diferente da antiga, não poderia fornecer respostas a esses problemas e não poderia também assegurar que as pessoas, depois de reconhecer a nova resposta, ainda estariam em condições de contar sua história de vida como uma narrativa. A aprendizagem de uma outra tradição pode, na verdade, tornar explícitas manchas cegas nela própria ou expor diferenças conceituais que são difíceis de mediar. Contudo, são conhecimentos que emergem novamente no interior de uma identidade e de um determinado tipo de questionamento; para responder a tais questões, é necessário estabelecer uma continuidade entre o antigo e o novo, que tenha o caráter de acrescentar alguma coisa a ser aprendida (uma reorientação radical, como uma fundamentada, também é uma forma de continuidade). Uma pessoa deve poder integrar de forma coerente novas respostas aos seus problemas: deve poder se identificar com as novas respostas como pessoa que é e foi.

A concepção ética unilateral da racionalidade das tradições, de MacIntyre, contradiz, portanto, sua própria concepção ética de pessoa. Não consegue deixar de aceitar uma racionalidade hermenêutica do reconhecimento recíproco de modo a não defender a tese da clausura dos universos éticos que põe em questão a continuidade do eu – uma continuidade que se mantém *entre* tradições, com o que também o monismo da concepção de pessoa se torna relativo. Essa racionalidade hermenêutica é de segunda ordem: ela não afirma quais padrões do bem de primeira ordem estão justificados, mas afirma que as tradições somente podem sê-las por passarem no "teste dialético" (1988, p. 358), ao se justificarem racionalmente com boas razões diante de seus próprios membros e diante de outras tradições. Mesmo quando existem padrões diferentes em tradições diferentes, ainda assim existe uma racionalidade hermenêutica de segunda ordem que afirma que elas devem justificar suas pretensões com boas razões. Pois tradições éticas não podem prescindir de indivíduos que possam se identificar com elas. Seu critério de validade reside na questão de saber se "ele ou ela se encontram mais justificados e responsáveis pela tradição" (ibidem, p. 398). O conceito de racionalidade de segunda ordem de MacIntyre – que tem a ver com a racionalidade da comparação racional-dialética entre as tradições – é ele próprio normativo (cf. Kelly, 1989, p. 87) e *contexto-transcendente*: ele estabelece critérios de tipo formal que as tradições têm de preencher no momento em que se erguem à pretensão a uma fundamentação racional. Esse conceito não fixa *quais* critérios os sujeitos reconhecem eticamente; estabelece somente que o que conta são as razões – que convencem, em vez de persuadirem (1990, p. 1690, "por meio da argumentação, ao invés do uso do poder" (1983, p. 451). Esse resultado corresponde à discussão de *After Virtue*, na qual se mostra que MacIntyre reivindica determinados princípios de segunda ordem que vão além do contexto, tais como uma definição formal do bem, a concepção de comunidade como um projeto não exclusivo e o "direito moral" universal. Esses princípios são condições práticas de racionalidade que, segundo MacIntyre, uma tradição deve preencher para ser aceitável. Com isso, ele mesmo é forçado a propor uma separação entre princípios formais de segunda ordem e conteúdos ético-substantivos do bem: tanto no sentido hermenêutico como no sentido prático.

Three Rivals Versions of Moral Enquire pode ser lido como a resposta de MacIntyre a esse resultado: como a tentativa de distinguir, com o tomismo, uma tradição que absorve mais uma vez esses princípios hermenêuticos e práticos de segunda ordem numa tradição e num conceito de racionalidade ética. Para ele, trata-se de mostrar que uma posição tomista (agora válida unicamente como "tradição"), que absorveu os momentos aristotélicos e agostinianos, é superior às duas teorias presentes em nossa cultura: a "enciclopédia" universalista e a "genealogia" relativista. O tomismo é a única tradição que incorpora substantivamente a integridade e continuidade do eu e o teste dialético de racionalidade. A racionalidade procedimental deste e as normas morais do "direito moral" são igualmente preservados no tomismo, assim como a vida individual e comunitária é reunida na unidade substancial de uma tradição com concepções do bem imanentes ao contexto (Aristóteles) e transcendentes ao contexto (Agostinho). A "investigação moral" no sentido tomista implica essa unidade entre pessoa, moral e razão num *éthos*. As narrativas da vida individual, da comunidade e da tradição estão indissoluvelmente vinculadas (1990, p. 129). Somente a tradição tomista fornece uma *orientação* significativa – prática e ao mesmo tempo supratemporal – às questões humanas.

Sem alguma crença racionalmente justificada, sem algum conhecimento genuíno daquela bondade perfeita em relação a qual a alma, solitária, encontra o bem último – aquela bondade divina cuja referência, nos termos platônicos de Santo Agostinho, permite ao solitário descobrir a unidade subjacente e ordenar o espectro de usos e aplicações do conceito de bem – a alma encontraria a si mesma orientada além de todos os bens finitos, incapaz de se satisfazer com esses bens e, não obstante, capaz de encontrar nada além deles para satisfazê-la" (ibidem, p. 137-8).

O resultado seria uma alma sem finalidade e ordem, uma "alma hobbesiana". (ibidem, p. 143). A enciclopédia falha em sua concepção de uma moral sem *télos*, e a genealogia, em sua concepção de um eu descontínuo sem ele. A genealogia pretendeu desmentir a pretensão de verdade enciclopédica como sendo a expressão da vontade de poder, mas não pode deixar de reconhecer a "metafísica da interpretação" (ibidem, p. 46), isto é, não pode evitar ela mesma de levantar pretensões de verdade temporalmente contínuas, para as quais o autor deve ser "capaz de responder" (ibidem, p. 208). O genealógico deve tirar sua máscara. "A função da genealogia de nos emancipar da ilusão e da autoilusão exige, portanto, a identidade e a continuidade do eu que foi iludido e do eu que é e deve ser." (ibidem, p. 214). A observação de Nietzsche, "temo que não nos desvencilharemos de Deus porque ainda acreditamos na gramática [...]" (*Crepúsculo dos deuses*, cap. 3, nota 5; MacIntyre, 1990, p. 67), é apreendida por MacIntyre: ser autor de um texto – como também de uma vida – significa responder por ele, cuidar de sua própria identidade pessoal e ser *responsável* por sua posição (mesmo quando a modificamos); isto é, fornecer razões para sua posição. Os padrões de racionalidade da comunicação responsável são necessariamente pressupostos – "fornecer-razões, aceitar-razões e rejeitar-razões, à luz das quais o genealogista e seu leitor ou leitora podem apresentar-se um ao outro na questão" (ibidem, p. 45).

No entanto, a oposição do tomismo de Macintyre à enciclopédia e à genealogia é problemática sob duas perspectivas (somente levando em conta o conteúdo da teoria moral). Primeiro, ele não consegue demonstrar o vínculo entre a "orientação" de uma vida individual e um conceito religioso de *télos* superior: não existe um vínculo necessário entre a autorrealização ética e a verdade de um bem superior. Segundo, não leva em conta a "responsabilidade" que um ator deve assumir em relação a um outro no sentido moral; aqui, não é suficiente justificar-se por meio da referência às convicções "no interior de minha comunidade".

Sobre o primeiro ponto. A tese de MacIntyre de que a existência narrativa de uma pessoa somente está "orientada" e em condições de integrar de modo significativo bens finitos e imanentes quando sua existência espiritual é situada sob um fim supremo, um "*summum bonum*", não faz justiça à sua própria tese da intersubjetividade da identidade pessoal. A unidade de uma história de vida, cujo autor não é somente o sujeito, mas também é escrita em coautoria com os demais, exige uma integração de seu eu (que não exclui revisões radicais) que vincula entre si passado, presente e futuro; todavia, uma transcendência ético-religiosa dos contextos de existência social não é necessária para realizar essa integração. A imagem de seu eu, segundo a qual um sujeito se compreende e projeta, desenvolve-se em vista de necessidades e possibilidades no interior do contexto no qual seu eu vive e como tal é reconhecido. A antecipação de uma forma de identidade reconhecida que ainda não se possui e que transcende os contextos sociais existentes é, naturalmente, sempre possível, mas ela, primeiro, se alimenta do "teor" que a vida social oferece e, segundo, como observa Mead, ela é, em última instância, novamente uma antecipação de uma outra comunidade "superior" a partir da qual se interpreta sua história de vida (cf. Mead, 1973, p. 319; Habermas, 1988c, p. 233). Essa pode ser uma transcendência ao contexto motivada religiosamente (Mead, 1973, p. 322), mas não precisa sê-la: os ideais de vida e os valores que são escolhidos por um sujeito como sendo os mais elevados não precisam necessariamente apontar para a uma verdade supratemporal de seu eu; a vinculação necessária entre verdade *ética* de uma vida e a *religiosa* do "*summum bonum*" não existe. Isso o próprio MacIntyre reconhece no momento em que define o bem formalmente e o deixa ao encargo do autoconhecimento do sujeito – no qual ele não fala como um *partisan*.

Sobre o segundo ponto. Ele define sua concepção de responsabilidade moral da seguinte maneira: "Assim, parte de ser a única e mesma pessoa por meio de sua vida corpórea é ser continuamente passível de ter de justificar minhas ações, atitudes e crenças aos outros no interior de minha comunidade" (ibidem, p. 197). Contudo, MacIntyre somente pode transpor esse conceito de responsabilidade à responsabilidade moral ao conceber "minha comunidade" no sentido tomístico de uma na qual o direito natural divino e as leis dela coincidem (ibidem, p. 192 s.). A verdade ética dessa comunidade é, portanto, moralmente válida – isto é, para todas as pessoas – somente porque é religiosa universal atemporal (ibidem, p. 200 s.). Todavia, isso não esclarece como as afirmações que são válidas segundo esses padrões comunitários do bem e da justiça podem também valer para as pessoas – isto é, no sentido de que podem ser justificados a elas e que elas devem observá-los – aquelas que não são membros dessa comunidade. Nesse caso, a "lei moral" tomista deve poder valer também *para (e em relação a)* aqueles que não pertencem a essa tradição. O tomista deve poder justificar suas ações diante de não tomistas que são atingidos por essas ações – ele deve ser "responsivo". Em relação às questões sobre a justificação de suas ações que atingem os não tomistas, o tomista não pode responder por meio da referência à sua concepção do bem, mas por meio de razões que sejam aceitáveis para os outros tanto quanto para si: com razões morais recíprocas. A diferença entre a justificação de ações no interior de um "mundo" ético e as pessoas que pertencem a mundos éticos diferentes não pode ser superada na perspectiva ética de *uma* tradição. Razões morais têm de ser "encontradas". Elas têm origem em contextos éticos diferentes. Esses contextos representam o ponto de partida, mas não o de chegada do processo de "fornecer-razões" e "aceitar-razões" num contexto moral comum. A própria "metafísica" da argumentação de MacIntyre reflete a necessidade da suposição de uma racionalidade *formal* de segunda ordem (do fundamentado) frente à racionalidade *substantiva* do estoque de razões que está inicialmente disponível às pessoas, mas que pode ser expandido num processo de entendimento. Aqui é importante observar que a fundamentação moral não pressupõe uma linguagem "pura" da moral, mas o processo de encontrar uma comum (um vocabulário mínimo) que – isso deve também ser enfatizado – não tem a tarefa de fazer com que os mundos éticos diferentes coincidam inteiramente, mas que exige somente normas compartilhadas em questões morais de conduta interpessoal.

A concepção ética de pessoa, moral e razão de MacIntyre não consegue contestar o critério de racionalidade da justificação "dialógica", nem do ponto de vista hermenêutico, nem do prático. No que se referem aos seus membros, as tradições éticas se apoiam em boas razões com as quais eles devem poder se identificar. Isto é, a tradição ética procura desempenhar sua pretensão de verdade numa forma "cooperativa" e compreender esse processo como um processo aberto dialeticamente – também em relação a outras tradições. À abertura ética "interna" corresponde uma abertura moral "externa" – uma abertura para razões.

Portanto, se nos perguntamos, junto com MacIntyre, sobre uma concepção adequada de *pessoa, moral* e *razão*, mostra-se que da necessidade de compreender alguém sempre como membro de uma comunidade e tradição éticas não se segue que se possa descrever somente com conceitos de *uma* tradição ética a relação que as pessoas éticas tem com sua comunidade e tradição, com outras comunidades e tradições e com aqueles de outros grupos. Considerar pessoa, moral e razão *em* contextos significa observar os contextos diferentes nos quais as pessoas se relacionam consigo mesmas e com outras. Se se conceitua uma moral que observa os diferentes contextos das questões normativas, torna-se incorreta a crítica de que ela é um "fenômeno perigoso" pelo fato de substituir os vínculos e valores concretos por normas "impessoais": pois a moral somente adquirirá validade onde os vínculos e valores éticos não forem suficientes para reconhecer as pretensões legítimas de pessoas morais. MacIntyre não leva em conta essa dimensão da moral.

A esse resultado pode-se opor uma última contraobjeção: a própria teoria dos contextos da justiça não se apoia numa teoria multidimensional do bem que se desenvolveu na modernidade e que não é "passível de ser contornada" no sentido de que não podemos contestar esses valores correndo o risco de perdermos nossa identidade se o fizermos? Tal é a concepção de Charles Taylor.

4.4 Universalismo ético e identidade moderna

A obra de Taylor representa uma tentativa grandiosa de "superar" a concorrência entre o bem e a justiça num patamar superior em benefício da prioridade do bem. Isso não significa que os princípios dos direitos subjetivos e do respeito universal encontram seus "limites" nas concepções do bem vinculadas a tradições (como tentaram mostrar MacIntyre e Sandel), mas que são determinados bens "transcendentes" (Taylor, 1986, p. 128), que, como parte do horizonte de valores dos sujeitos modernos, exigem o respeito pela dignidade da pessoa. Consequentemente, Taylor não procura contrapor um *bem ético* – um ideal de vida boa – aos princípios liberais. Para ele, trata-se muito mais de defender, num plano superior da lógica de fundamentação, *bens morais* que exigem o respeito a uma pluralidade de concepções éticas do bem. Segundo ele, nesse plano as concepções procedimentais de moral apresentam duas falhas graves. Primeiro, desconsideram que elas mesmas se fundam em determinadas concepções do bem incontornáveis e, portanto, são contraditórias em sua reflexão sobre a fundamentação. "São apanhadas numa estranha contradição pragmática, por meio da qual os bens que as motivam levam-nas a negar ou desnaturar todos esses bens." (Taylor, 1989a, p. 88) Segundo, desconsideram que se apoiam apenas numa parte dos valores ético-morais que são determinantes para a identidade dos sujeitos modernos. Assim, tornam absoluto o domínio dos direitos e das obrigações recíprocas como se este constituísse o todo da experiência moral e suprimem outros domínios do bem que atingem as questões sobre a autocompreensão das pessoas concretas e sua incorporação em horizontes de "diferenças qualitativas". Segundo Taylor, somente uma perspectiva que abre hermeneuticamente essa dimensão das "avaliações fortes" está em condições de esclarecer a força obrigatória dos valores. "Articular nossas diferenças qualitativas é exibir o ponto de vista de nossas ações morais. Explicar de modo mais pleno e rico o significado dessa ação para nós, precisamente sobre aquilo em que consiste sua bondade ou maldade, seu ser obrigatória ou proibida." (ibidem, p. 80) Portanto, a concepção moral procedimental é ela própria uma parte do "mal-estar na modernidade": é uma razão prática que se *esquece do contexto* e que procura fundamentar princípios morais isolada de concepções do bem subjetivas, intersubjetivas e "transcendentais". O debate com a teoria de Taylor nos leva de volta ao nosso ponto de partida: a tese comunitarista do vínculo contextual entre pessoa, moral e razão. A contratese de que pode ser desenvolvida uma concepção de justiça que, justamente por se apoiar num conceito procedimental de razão prática, é compatível com os contextos das identidades individuais e coletivas, deve se comprovar mais uma vez no diálogo com a posição de Taylor.

As semelhanças e diferenças entre o diagnóstico comum de Taylor e MacIntyre, a saber, de que "o projeto do iluminismo de justificar uma moralidade secular independente fracassou" (Taylor, 1986, p. 130), são importantes para a questão dos contextos nos quais devem ser situados a pessoa, a moral e a razão em contraste com a moral do Iluminismo.

Junto com MacIntyre, Taylor defende a tese de que o ponto de partida da reflexão na teoria ético-moral não deve ser a "identidade desengajada" atomística (1985a, p. 7), mas sim a concepção do "sujeito situado" (1979a, p. 167 s.), cuja unidade narrativa da vida deve ser vista no interior do horizonte da narrativa de uma comunidade e de determinados valores determinantes da identidade (cf. a discussão no capítulo 1). Essa concepção hermenêutica da pessoa ética é a premissa central da crítica metodológica de Taylor ao objetivismo neutro nas ciências do homem, bem como da sua crítica às concepções morais deontológicas (e utilitaristas) e, finalmente, de sua própria crítica à modernidade. Porém, diferentemente de MacIntyre, Taylor não acredita que a unidade narrativa da história de vida individual pressupõe um "*télos* superior" que a modernidade não pode mais fornecer. Segundo ele, os valores que formam o horizonte da modernidade são suficientes para uma vida significativa. No entanto, devem ser "desvelados" e articulados em seu conteúdo pleno.

Em relação à crítica dos direitos subjetivos e da moral formal, MacIntyre e Taylor concordam que esses direitos se orientam por um conceito de liberdade negativa que ignora o pertencimento ético valorativo das pessoas a uma comunidade política (1979b, p. 205 ss.) e esquiva-se do conhecimento de que são modos específicos de existência comunitária que permitem poder definir a liberdade num sentido qualitativo (1979c). Contudo, diferentemente de MacIntyre, Taylor não acredita que a modernidade não mais seja capaz de fornecer uma forma de eticidade que possa estabelecer o vínculo de uma identidade não alienante entre indivíduo e coletividade. Junto com Hegel, ele está ciente de que uma "eticidade pós-industrial" (1979a, p. 125 ss.) não pode evitar se apoiar no princípio da liberdade subjetiva (num sentido não atomista).

Diante do pano de fundo dessa concepção de pessoa e de comunidade, Taylor, junto com MacIntyre, critica a concepção procedimental da razão prática. Ser "razoável" num sentido prático moral significa poder fornecer razões para a validade de valores e normas, mas essas razões emergem de um determinado horizonte de valores e devem fornecer a "melhor descrição" desses valores, com os quais um indivíduo pode se identificar à luz da interpretação de seu eu. Segundo MacIntyre (1988, p. 398), a validade racional das tradições morais é definida de acordo "com quais desses modos rivais de entender a moral ele ou ela se veem mais adequadamente explicados e descritos". Taylor propõe o princípio da "melhor descrição" (1989a, p. 38) como princípio da razão prática: os argumentos a favor da validade de determinados bens devem estar ligados à autocompreensão narrativa de sujeitos, e de modo que esses, por meio da assunção desses valores, se compreendam melhor do que antes (cf. Taylor, 1993b). Uma pessoa deve ser "movida" internamente por esses valores para poder assumí-los (1989a, p. 72 s.). Não existem "razões básicas" definitivas para valores ou normas; todas as razões devem ser compatíveis com as "discriminações qualitativas" (ibidem, p. 77) de um sentido da vida que se forma nos contextos de valores abrangentes. Argumentos só são inteligíveis no interior desses contextos: eles possuem "sentido", significado para mim, na medida em que contribuem para o "sentido", significado da minha vida. Diferentemente de MacIntyre, Taylor não parte de uma fragmentação incontornável do horizonte moderno de valores que somente possibilita uma identidade "orientada" para além das convicções modernas. Ele também vê a dispersão das "fontes morais" (MacIntyre, 1985, p. 24; Taylor, 1989a) da modernidade como o resultado do fracasso do Iluminismo. Em contrapartida, acredita na possibilidade de uma "reconciliação" (1989a, p. 106). Seu holismo hermenêutico não lhe permite considerar insuperável a bifurcação da modernidade no campo do instrumentalismo "naturalista" e do atomismo, e do "expressivismo" romântico. Já em seu livro sobre Hegel (1975), Taylor achava que a tentativa fracassada do filósofo de produzir uma síntese dessas duas correntes da modernidade apontou, apesar disso, para o caminho de uma reconciliação necessária desses momentos cindidos da sociedade moderna por meio da concepção de uma "subjetividade situada".

O impulso mais forte de Taylor se orienta contra a concepção de um sujeito teórica e praticamente racional, que vê a si mesmo, os outros sujeitos e o mundo como objetos, e se compreende separado de contextos já sempre estruturados linguisticamente de modo intersubjetivo e valorativo. Uma tal concepção de subjetividade não compreende o que significa *identidade*. Ter (melhor: ser) uma identidade significa mover-se num horizonte no qual as relações com os outros e a relação com o mundo já estão sempre mediadas numa linguagem que o abre, na qual as identidades subjetiva, coletiva e ético-"transcendental", formam um todo – ainda que formem também um campo de tensão. A identidade moderna – e isso quer dizer a de cada sujeito moderno e a da própria modernidade, o "espírito" da modernidade – está cindida na medida em que os sujeitos não estão conscientes da totalidade de suas relações éticas com o mundo, e que exilaram sua busca romântica para o domínio "privado", compreendendo a natureza como objeto e a si mesmos como sujeitos distanciados. A tentativa de Taylor consiste em articular essas cisões e, com isso, trazê-las mais perto de uma reconciliação. Sua obra é "uma tentativa de descobrir bens escondidos por meio de uma rearticulação – e, desse modo, tornar esses bens novamente poderosos, trazer novamente o ar de volta aos pulmões quase atrofiados do espírito" (1989a, p. 520).

Para compreender a ética do bem de Taylor baseada na hermenêutica transcendental da identidade moderna e sua concepção de filosofia moral é necessário certificar-se dos traços fundamentais de sua concepção de pessoa. O ponto de partida para essa concepção é formado pela análise heideggeriana do *Dasein* como uma existência "em cujo ser se trata desse ser" (*Ser e tempo*, §4), que já sempre tem uma compreensão do seu ser e de seu mundo, que pode questionar, mas não pode trazer seu ser inteiramente "diante de si": o *Dasein* já está sempre no mundo e este determina o horizonte que lhe permite primeiramente questionar. A reflexão hermenêutica não é uma autorrelação ou uma auto-observação possível segundo o esquema sujeito-objeto, mas uma *autointerpretação*-de-si-mesmo. De acordo com Taylor, o ser humano é um "animal que se autointerpreta" (1977b) e toda abertura de seu eu e do mundo permanece provisória e limitada dentro de um horizonte histórico. A "subjetividade referida à situação" denota precisamente esse caráter mundano do sujeito, que tem somente um acesso interpretativo a si mesmo – quer dizer, a si mesmo como sujeito particular temporal, corpóreo, histórico e ético no interior do horizonte de determinados pressupostos de fundo e de um mundo que aparece "desvelado" linguisticamente, porém nunca aparece sob uma luz clara e cristalina. São especificamente quatro as dimensões centrais nessa concepção de pessoa: a do ser humano como ser ético-valorativo (a); comunitário (b); linguístico (c) e histórico-temporal (d).

a. Taylor segue a distinção de Frankfurt (1971) entre desejos de primeira e de segunda-ordem: os seres humanos não possuem simplesmente determinados desejos e necessidades, mas também a capacidade de examiná-los reflexivamente à luz de desejos "superiores" e assumir a responsabilidade por eles. Segundo Taylor, essa valorização reflexiva pode ser entendida numa versão mais fraca e mais forte. Uma pessoa pode examinar e valorizar seus desejos e necessidades segundo critérios de conveniência e conforto, mas também vê-los à luz de valores éticos qualitativos mais substantivos que admitem gradações – tais valores distinguem o que é nobre do vulgar, o bom do mau. As primeiras são chamadas por Taylor de "avaliações fracas" e as segundas de "avaliações fortes" (Taylor, 1977a; cf. também a discussão no capítulo 1). Avaliações fortes são – diferentemente do que acredita o utilitarismo – as ponderações que orientam propriamente as ações das pessoas, pois estão indissociavelmente vinculadas com as suas autointerpretações: constituem a estrutura para nos compreendermos como um certo tipo de pessoa.

Por ser uma interpretação do seu eu, a "avaliação forte" não é, todavia, uma "escolha radical", como prevê o existencialismo. Valores formam um horizonte em que a pessoa já sempre se compreende, em que não pode ser inteiramente transcendido sem correr o risco de se perder a identidade. Isso não significa, certamente, que a pessoa está sempre consciente desses valores; na verdade, pode ser que fique ciente de sua validade ou caráter problemático por meio de sua articulação. Quanto "mais profundo" uma pessoa questionar suas avaliações fortes, tanto maior é a possibilidade de que uma convicção até agora considerada correta, pode se revelar, sob uma nova avaliação, como algo que não mais corresponde à "essência" da identidade ética. Portanto, a questão pode ser sempre posta: devo reavaliar minhas avaliações mais básicas? Realmente entendi o que é essencial para minha identidade? Defini corretamente o que senti como sendo o modo de vida mais elevado? (Taylor, 1977a, p. 44). A "reflexão profunda" (ibidem, p. 48) que se origina da questão "o que nós realmente somos?" (1977b, p. 68) deve surgir sem uma "medida fixa" (1977a, p. 42): em última instância, o critério sobre se determinadas avaliações fortes pertencem à "essência" de uma identidade deve permanecer ao encargo da pessoa que as integra de modo significativo na vida e se responsabiliza por elas. Ter uma identidade "forte" significa, consequentemente, não apenas ter um "estilo pessoal", mas também estar "profundamente" de acordo consigo mesmo e com suas ações e se responsabilizar por elas, isto é, ser capaz de responder convictamente à questão sobre seu eu. Portanto, segundo Taylor, a liberdade não pode ser entendia negativamente como a ausência de obstáculos externos à ação. Uma pessoa só pode ser livre quando estiver "realmente" de acordo conscientemente com suas ações. De acordo com um conceito de liberdade positiva como "realização" (1979c, p. 125), a liberdade consiste na realização de necessidades "autênticas" com base em "distinções qualitativas". Pode ser, segundo Taylor, que nós mesmos nem sempre saibamos melhor o que "realmente" queremos, e que precisemos da ajuda dos outros para sermos livres. Todavia, ele não está disposto a derivar daí consequências políticas do tipo que atribua essa autoridade a uma instância exterior à pessoa – nesse sentido, seu conceito "positivo" de liberdade não muda nada no conceito "negativo" de liberdade jurídico-política que Berlin (1969b) defende exatamente nesse sentido. Fica evidente, como já mostramos (cf. capítulos 1 e 2), que esses conceitos de liberdade estão situados em planos diferentes (pois também Berlin não contesta que uma pessoa pode aprender dos outros algo sobre seus interesses "verdadeiros"; 1969b, p. 133 s.). Liberdade ética e jurídica são conceitos que pertencem a dimensões diferentes de "ser uma pessoa", dimensões que não necessariamente colidem uma com a outra.

b. Que as avaliações fortes da pessoa não são suas "projeções", mas são autointerpretações orientadas pelos valores do "nobre" e do "bom", indica que o mundo no qual esses valores valem é um mundo compartilhado: as pessoas, como afirma Hegel, já são sempre reconhecidas como determinadas pessoas no interior de um contexto. "A comunidade é também constitutiva para o indivíduo no sentido de que as autointerpretações que o definem são derivadas do intercâmbio que a comunidade realiza" (Taylor, 1985a, p. 8). Valores são sempre "nossos" valores, e "minha" identidade se constitui por meio de formas dialógicas de reconhecimento ético que possibilitam a formação de uma identidade no interior de uma comunidade e permitem compreender a si mesmo e aos outros no interior de horizontes éticos comuns. O "espaço moral" no qual uma pessoa se encontra e descobre a si mesma é sempre um "espaço público" (1989a, p. 35); sem o reconhecimento ético por parte de outros, baseado em valores comuns, não é possível o desenvolvimento de uma identidade estável e autorrespeitada. Indivíduo e comunidade estão vinculados por "avaliações fortes" – identidade individual e coletiva formam uma unidade; a esta é ela própria produzida linguisticamente: "avaliações fortes" expressam um mundo, um horizonte comum de sentido e de significado, que se "abre" para os participantes apenas na articulação desses sentidos. O espaço moral-público é o de uma comunidade linguística; pessoas existem em "redes de interlocução" (1989a, p. 36).

c. Para Taylor, é central a concepção desse vínculo entre identidade ética, comunidade e linguagem, que remonta à teoria da força "expressiva" desta, elaborada por Herder, Humboldt e Hamann. A linguagem não é meramente um *medium* designativo, mas um que abre um mundo comum. Por meio da articulação linguística do bem e do direito, os sujeitos tornam-se conscientes da força desses valores; apenas numa linguagem avaliativa eles têm a experiência do que consideram "profundamente" correto, de como podem interpretar seus sentimentos e pensamentos. A linguagem é a substância da autointerpretação, ela "constitui" o pensar (1978, p. 229). No diálogo interno a uma comunidade linguística não se expressa uma "essência" pré-existente (por isso o conceito romântico do "expressivismo" é equivocado): "o que se torna manifesto não é exclusivamente, nem principalmente, o eu, mas um mundo. [...] Nesse tipo de expressão, nos responsabilizamos pelo modo como as coisas são, ao invés de simplesmente expressar nossos sentimentos" (ibidem, p. 238 s.). A linguagem desvela (no sentido heideggeriano; 1980, p. 84) um mundo ético subjetivo e comunitário; ela é o *medium* pelo qual esse mundo se torna consciente ao indivíduo e, ao mesmo tempo, é configurado por ele. Assim, a ênfase não está no momento "expressivo", mas no momento de abertura do mundo.

> Portanto, três coisas acontecem na linguagem: a realização de articulações e, portanto, a produção da consciência explícita; a colocação das coisas no espaço público e, portanto, a constituição do espaço público; e a elaboração de distinções que são fundamentais para as preocupações humanas e, portanto, nos abrem para essas preocupações (ibidem, p. 74).

d. O mundo comum desvelado linguisticamente é histórico; e as pessoas que nele se encontram são seres temporais: possuem um passado que devem conectar, no presente, com uma projeção de seu futuro com base na linguagem que está à sua disposição (na medida em que se pode falar de uma linguagem que está "à disposição"). As pessoas têm de se entender numa "história de vida", numa "narrativa", como diz Taylor junto com MacIntyre (e Ricoeur): "para ter um senso do que somos, temos de ter uma noção de como nos tornamos o que somos e para onde estamos indo" (1989a, p. 47). Contra a concepção lockeana do "eu pontual" [*punctual self*] (cf. Parfit, 1984), Taylor parte, junto com MacIntyre, da compreensão da vida como um "questionamento", como uma busca pelo bem que dá sentido e orientação à vida. A interpretação do seu eu não é possível sem essa dimensão narrativa: o futuro deve "redimir" o passado (1989a, p. 51), deve atribuir-lhe, na busca do tempo perdido, um sentido dentro de um todo. A temporalidade da existência aponta consequentemente para essa dimensão narrativa da busca pelo bem, que, por sua vez, tem lugar no interior de uma comunidade histórica. O horizonte das "avaliações fortes" não prescreve um *télos* superior para a vida, mas coloca os recursos – as fontes – do sentido do qual se extrai toda vida.

Dessa concepção de pessoa e das quatro dimensões da existência ética, comunitária, linguística e temporal seguem-se consequências teóricas abrangentes na obra de Taylor – em vários planos. O "naturalismo" desconhece essas dimensões individualmente e em seu contexto. Disso resulta (a) uma concepção atomista de pessoa como "um sujeito que apenas avalia fracamente" (1977a, p. 21), que desconhece diferenças qualitativas e compreende a si mesmo como sujeito com meras "preferências"; (b) uma concepção instrumental e exterior de comunidade, um conceito negativo de liberdade e uma concepção do "estado de necessidade e do estado do entendimento", falando em termos hegelianos; (c) uma concepção designativa da linguagem, que a compreende como um instrumento exterior e não leva em consideração seu caráter de abertura do mundo; (d) por fim, o esquecimento da historicidade da questão do bem e da continuidade da vida. Assim, o naturalismo não consegue colocar adequadamente a questão do bem, e isso se reflete, por sua vez, na concepção empobrecida da moral do utilitarismo e do procedimentalismo, cuja falha central consiste em não apreender "por dentro" as "avaliações fortes" das pessoas e, ao invés disso, limitar-se às relações externas e adotar um conceito parcial de razão de tipo formal.

A crítica de Taylor ao atomismo não se move apenas nesses diferentes planos teóricos, mas também num plano explicativo *metateórico*. Não apenas crítica o naturalismo e lhe contrapõe uma teoria alternativa, mas mostra como o próprio naturalismo se desenvolveu a partir de uma concepção parcial das "avaliações fortes" da modernidade. O naturalismo não consegue, evidentemente, apreender sua própria gênese, pois isso pressupõe poder penetrar hermeneuticamente nas "fontes" do desenvolvimento da identidade moderna, o que lhe é, todavia, vedado. Assim, a metacrítica de Taylor "redime" também o naturalismo de sua cegueira pois lhe mostra de quais "avaliações fortes" ele se origina e quais ele reprime. Com isso, Taylor relaciona sua concepção de pessoa a um plano maior da gênese de todas as possíveis teorias sobre isso: como o eu é concebido é um resultado do modo como o eu se desenvolveu e se compreendeu na modernidade. Sua teoria não mais se move na mesma órbita das demais concorrentes da pessoa e da moral: ela mesma pretende explicar histórica e conceitualmente essas teorias. Sua metanarrativa mostra como ocorreu um desenvolvimento unilateral que levou a consequências problemáticas nas teorias da pessoa, da liberdade, da linguagem e também na práxis das sociedades modernas. A reconstrução que Taylor faz da "identidade moderna" combina Hegel e Max Weber: a racionalização da modernidade é descrita como um processo de cisão e a articulação desse processo apela aos sujeitos modernos a reencontrar as suas fontes.

As fontes do self não representa apenas uma teoria do eu e das "avaliações fortes", é também uma tentativa de produzir a sua de acordo com uma "articulação" que desvela o mundo comum da modernidade e sua "cisão" e o traz à consciência. Mas isso não quer dizer que o horizonte de valores éticos que Taylor considera determinante de nossa identidade deve ser vinculado a uma determinada comunidade ou época, mas ao desenvolvimento da cultura moderna ocidental como um todo. O "eu", cujas "fontes" são explicitadas, não é, portanto, um determinado eu biográfico, mas o "eu moderno" [*moderne Selbst*]; com isso, a hermenêutica se desloca de uma hermenêutica da pessoa para uma do espírito moderno – um super eu, cujas avaliações fortes devem encontrar uma unidade. Não mais na forma de um espírito absoluto que toma consciência de si mesmo, mas na respectiva forma de sujeitos individuais da modernidade. As premissas ontológicas e da filosofia da história hegelianas são *refletidas* hermeneuticamente por Taylor – e assim surge a questão central de saber qual o status epistemológico da teoria do bem dele (cf. Nussbaum, 1990b, p. 33 s.; Habermas, 1991d, p. 183). Para quem vale essa metanarrativa e quais são as condições de sua validade quando o "espírito" da modernidade se dissolve nos espíritos da sociedade moderna?

Taylor responde a essa questão com uma interpretação *transcendental hermenêutica* de sua teoria da pessoa: a reconstrução do bem da modernidade traz à luz as "condições transcendentais" (ibidem, p. 32, 38 s.) incontornáveis (*inescapable*, 1989a, p. 31) da identidade moderna, isto é, os valores sem os quais os sujeitos modernos não podem se compreender na totalidade de suas concepções do bem. Nesse sentido, os "hiperbens" da modernidade são uma "estrutura", um espaço moral que é tão real para "nós" quanto um fato moral pode ser, que não pode ser reconhecido pelos meios fornecidos pelas ciências naturais: "aquilo a que não se pode deixar de recorrer na vida é real; ou é o mais próximo à realidade que se pode apreender presentemente" (1989a, p. 59). As proposições antirrealistas de Mackie (1977) de que os conceitos morais são "projeções" são contestadas por Taylor não apenas no sentido de que esses conceitos se desenvolveram historicamente e, com isso, são "herdados", mas também no de que não podem ser simplesmente questionados, já que constituem o universo do sentido possível. "Que melhor medida de realidade possuímos nos assuntos humanos do que aqueles termos a partir dos quais a reflexão crítica e a correção posterior dos erros que podemos detectar formam o melhor sentido para nossas vidas?" (1989a, p. 57, cf. p. 257 e 1991a, p. 242).

Essa teoria de, por assim dizer, um "realismo hermenêutico" pode alicerçar sua pretensão forte de validade da objetividade dos valores éticos apenas no sentido de que fornece "a melhor descrição" (ibidem, p. 58), a mais bem sucedida articulação dos "hiperbens" da modernidade – que expõe as contradições, remedia confusões e formula valores de tal importância em "nossa" concepção dos valores, e isso significa, na concepção de cada sujeito modernos individual, que nos sentimos "em transição" (1989a, p. 72; 1993b, p. 224 s.). Uma razão prática *hermenêutica* formula valores com os quais os indivíduos *podem* se reconhecer, enquanto que uma *transcendental*, por sua vez, deve poder formular princípios com os quais os indivíduos *têm de* se identificar (enquanto "condições transcendentais" de sua identidade). A teoria de Taylor oscila entre esses dois polos: ela escava os bens transcendentais que constituem a modernidade, mas não pode levantar nenhuma pretensão de validade transcendental para essa escavação. Ele rejeita o modelo "externo" de razão prática (1989a, p. 75), que fornece "razões básicas" objetivas para normas; mas seu modelo interno hermenêutico que orienta suas razões para "minha existência" é indeciso em relação à força de reconciliação que a teoria atribui a si mesma. Pois, por um lado, ela depende do assentimento de seus destinatários; por outro, ela sabe que a cultura moderna está sob o domínio de um naturalismo parcialmente cego, e que, portanto, o autoconhecimento necessário está obstruído; ela já tem preparada, para seu crítico, uma explicação. A reconciliação da modernidade consigo mesma é, segundo Taylor, uma tarefa difícil:

> Temos de buscar um caminho no qual nossas mais fortes aspirações em direção aos hiperbens não exija o preço de uma automutilação. Acredito que tal reconciliação é possível; mas sua condição essencial é que nos capacitemos a reconhecer os bens aos quais não podemos deixar de manter obediência em sua amplitude plena (ibidem, p. 107).

Segundo ele, devemos diferenciar três planos para que possamos falar de bens. Primeiro, o plano da vida boa individual, a narrativa biográfica, dentro da qual a pessoa procura configurar sua vida de modo significativo. O segundo plano consiste em determinados "bens vitais" a cuja luz as pessoas avaliam sua vida e suas ações como sendo boas. Tais "hiperbens", como liberdade, altruísmo ou justiça universal (ibidem, p. 101) não brilham certamente numa lua clara e uniforme: eles podem entrar em conflito uns com os outros. Isso aponta para o terceiro plano fundamental dos "bens constitutivos" (ibidem, p. 93), a partir dos quais até mesmo os próprios "bens vitais" retiram seu poder e seu significado último. Eles são "as fontes morais" que constituem a "estrutura" dos bens concretos possíveis. Representam o fundamento último para a autoidentificação das pessoas, o sentido último do seu ser próprio no mundo. A modernidade é caracterizada por uma riqueza e um conflito de "hiperbens" que se originam de três "fontes morais" essenciais: a crença na criação divina e na totalidade do mundo, a força da razão do sujeito autônomo e a riqueza e bondade da natureza. "A cultura moral moderna possui fontes múltiplas; pode ser esquematizada como um espaço no qual alguém pode-se mover em três direções. Existem duas fronteiras independentes e a fundação teísta original. O fato de as direções serem múltiplas contribui para nosso senso de incerteza." (ibidem, p. 317, cf. p. 495). A cultura moderna surge dessas três fontes; mas os sujeitos modernos se veem, na maioria das vezes, sob uma luz parcial emitida por uma dessas fontes. Diante desse pano de fundo, Taylor desenvolve agora, numa apresentação complexa e rica, a gênese da identidade moderna e um diagnóstico dos problemas e conflitos no interior dela (ibidem, cap. 25) que não posso examinar aqui em detalhes (cf. discussão de sua análise social na seção 3.2, principalmente junto com Taylor, 1981) – e, com isso, também não poderei examinar a questão sobre se o modo de um discurso subjetivante de *uma* identidade moderna abrangente é justificado (cf. Steinfath, 1991). No presente contexto, importam primeiramente as implicações em termos de teoria moral da abordagem de Taylor.

Suas *fontes do self* levanta a pretensão de fornecer a "melhor descrição" das "avaliações fortes" que são incontornáveis para a identidade da modernidade – e, com isso, para cada sujeito moderno. A pretensão de validade dessa narrativa, dessa história da gênese dos "hiperbens" modernos, é explicitada por Taylor tanto de forma forte (com a indicação das "condições transcendentais") quanto de forma fraca (hermenêutica): "um hiperbem somente pode ser defendido por meio de uma certa leitura de sua gênese" (ibidem, p. 73). Segundo essa perspectiva hermenêutica, o poder de convencimento da narrativa depende, em última instância, de seus destinatários – ao contrário de uma reconstrução "transcendental" de bens "reais". "Somente posso convencê-lo da minha descrição do bem se falar para você, seja ao articular o que fundamenta suas intuições morais existentes ou talvez por minha descrição, mover você até o ponto de torná-la sua própria" (ibidem, p. 77). Taylor considera apenas uma forma de razão prática como sendo significativa e possível: aquela que consegue fornecer razões para "mover" uma pessoa à revisão de sua autocompreensão. Ele parte do caso paradigmático em que a razão prática como argumentação já tem a forma de convencer uma pessoa das "avaliações fortes" que já são sempre aceitas – sob o critério de que possam se "identificar" com esses valores. Mas uma vez que Taylor opõe essa forma de razão prática ética à uma forma de razão "externa", ele desconsidera, do ponto de vista teórico moral, a possibilidade de uma concepção não transcendental de razão prática moral que também pode ser localizada "internamente" nos contextos intersubjetivos, mas que tem o propósito de fundamentar moralmente normas e não valores eticamente. Ele concentra-se na questão do bem ético de uma pessoa em vista de sua identidade e, portanto, na argumentação ética em torno do bem dela, a quem são sugeridos e recomendados determinados valores. O desvelamento hermenêutico reconstrutivo de determinados "hiperbens", que é o modelo de Taylor para a descoberta das fontes da modernidade, desconhece a diferença entre os "bens" que uma pessoa deve reconhecer porque, ao fazê-lo, alcança uma melhor compreensão de si mesma, e aqueles que devem ser reconhecidos porque são exigidos para o bem de outras pessoas, e isso com base em razões universais e recíprocas que não podem ser rejeitadas. Enquanto que do ponto de vista ético a razão prática sugere valores que uma pessoa *pode* aceitar sendo a pessoa que é, do da moral a razão prática exige uma ação com base em normas justificadas, que uma pessoa *deve* reconhecer. Ela não fala em nome de princípios "externos", mas traz reciprocamente à validade as pretensões de outras pessoas; ela permanece endereçada a elas "*ad hominem*" (Taylor, 1993b), mas tem um objetivo diferente daquele voltado para a resposta da questão sobre a vida boa[21].

Taylor diferencia três eixos no pensamento moral: o respeito em relação às pessoas e a questão das obrigações em relação a elas; a questão da autocompreensão própria da vida boa (em geral e para si em particular); e a questão da dignidade própria, o que significa ser estimado (ou digno de ser estima) numa determinada sociedade (1989a, p. 15). Segundo ele, esses três complexos não podem ser separados segundo os critérios da ética e da moral. Todas as três encontram suas respostas nas "avaliações fortes" de uma comunidade desenvolvida historicamente. O primeiro complexo assume, contudo, uma posição especial, pois pertence aos "hiperbens" incontestáveis da modernidade a norma de que *todos* os seres humanos devem ser respeitados, independente de qual possa ser sua origem ou cor da pele – e de quais concepções do bem possam ter. Nesse caso, seria "profundamente errado e infundado definir fronteiras que não incluíssem toda raça humana" (ibidem, p. 6 s.). Consequentemente, esse "hiperbem" do respeito moral não conhece nenhum limite: "nós" acreditamos que ele vale "para todos" e não apenas no interior da cultura da modernidade, mas também em sociedades em que viúvas são queimadas e seres humanos são sacrificados (ibidem, p. 67). Esse bem do respeito universal assume uma importância especial: nós não apenas o temos como um bem que deve orientar nossas ações em relação a cada ser humano, mas também como um bem que deve orientar a ação de todos em geral.

Taylor se vale dessa norma universal contra o "racista" (1989a, p. 7) ou o "nazista" (1993b): em tais argumentações, é importante, primeiro, recorrer a premissas que são também reconhecidas por aquela pessoa (nesse caso, uma versão da

---

[21] Sobre isso, cf. a crítica de Tugendhat (1992c) à concepção de pessoa de Taylor (1977a).

proibição de matar) e, segundo, mostrar que a limitação desse princípio que a pessoa concernida aceita não é sustentável do ponto de vista argumentativo. Portanto, a razão prática significa expor as contradições ou confusões na concepção de uma pessoa ou apontar para pontos de vista que até então ela havia desconsiderado (1993b, p. 225). Aqui não é possível um apelo a algum critério absoluto: parte-se de onde a pessoa está. Mas mesmo onde não existe explicitamente um ponto de partida comum é possível movê-la para uma posição que, em comparação com a anterior, é "mais racional" e pode ser julgada retrospectivamente como a melhor segundo critérios imanentes e aspectos formais como a coerência e ausência de contradições. O progresso consiste num "passo redutor de erros". Com isso, Taylor se vincula à concepção de MacIntyre de uma comparação racional e uma "transição" mais fundamentada entre tradições (cf. a seção 4.3).

Mas aqui se torna clara a necessidade de fazer uma distinção entre uma razão prática ética da "melhor descrição" e uma argumentação prática moral que exige a reciprocidade e a universalidade. Em ambos os casos, só existem critérios "internos" para uma posição "mais racional", mas são diferenciáveis: num caso, trata-se de uma melhor autocompreensão de uma pessoa "A"; em outro, que esta considere as pretensões morais de "B", "C", "D" etc. Por isso, em contextos éticos, a razão apela para a autocompreensão de uma pessoa porque parece estar vivendo erroneamente sua própria vida; em contextos morais, porque age de modo incorreto. O que não puder razoavelmente rejeitar (*"what he cannot lucidly repudiate"*; 1993b, p. 209) são, por um lado, valores que devem ser reconhecidos para o bem da própria identidade e, por outro lado, são normas que não podem ser rejeitadas recíproca e universalmente, não importa qual identidade ética elas possam ter. Não se pode esclarecer de outra maneira por que "nós" exigimos esse bem – o respeito moral em relação à *cada* pessoa como um "fim" (1989a, p. 6; 1993b, p. 227) – de *cada* pessoa, se pertence ou não à sua concepção do bem. Nesse sentido, é um bem "categórico" – que não é um ético entre outros, o qual serviria como base para "avaliações fortes", mas o bem "moral" único – que obriga num sentido universalista e, portanto, não caracteriza um valor ético, mas um *direito* moral.

Em contextos éticos, as pessoas fornecem aos outros razões para o reconhecimento de valores que servem ao propósito de fazer com que os outros encontrem um modo de vida melhor *para eles*; num sentido ampliado, esse é o modelo para toda a teoria de Taylor, que recomenda aos membros da identidade ética da modernidade determinados "hiperbens" a partir dos quais aprendem a se compreender melhor. Com isso, a "passagem" de uma autocompreensão para uma outra é motivada de modo ético-racional. Por outro lado, em contextos morais as questões sobre ação justificada *em relação aos outros* devem ser respondidas com razões morais, que têm de ser compartilhadas *intersubjetivamente*. Aqui, a "passagem" de uma forma de ação para outra é fundamentada de modo moral-racional. Questões morais referem-se, certamente, a pessoas individuais, mas não podem ser respondidas apenas com razões válidas "para eles". Estruturalmente, elas são intersubjetivas, mas de um modo diferente do que as questões éticas; ambas são respondidas "conjuntamente" em contextos comunitários, mas segundo modos diferentes; em questões éticas, a "última instância" para essa resposta reside na pessoa que tem sua vida para viver; em questões morais, essa instância situa-se "entre" pessoas – em princípio, sem uma delimitação da comunidade. Expressando isso negativamente, quando alguém se priva de razões eticamente boas, paga o preço de uma autocompreensão deficiente; quando ignora razões morais, o preço é o desrespeito pelos outros[22]. Isso não significa que nas argumentações morais não se apela à autocompreensão das pessoas e se procura convencê-la diante desse pando de fundo – as razões pelas quais se pede uma transformação de sua atitude e de determinado modo de ação são, porém, diferentes.

Uma concepção diferenciada das relações entre ética e moral não pode ser, portanto, entendida – como Taylor (1991a, p. 224) responde às objeções relacionadas a isso, feitas por Kymlicka (1991a, p. 173 ss.) – como defesa de princípios universais que são "cegos" quanto às questões da vida boa, pois a moral apenas teria validade quando pessoas ou práticas sociais fossem cegas diante das pretensões morais individuais. Mas é justamente uma moral "procedimental" – quando seu caráter moral não é erroneamente reificado – é sensível às vozes de cada pessoa, que não podem ser sacrificadas numa linguagem "densa".

Entre o conceito ético "interno" de razão prática, de Taylor, e o conceito "externo" por ele criticado – que parte do fato de que existem "razões básicas" substanciais para as normas que valem como que acima das cabeças dos concernidos – cabe colocar um conceito de razão prática imanente e transcendente ao contexto, que escape da crítica de Taylor ao naturalismo; que opera intersubjetivamente, mas que com isso não reduza o ponto de vista moral da universalidade e da imparcialidade à perspectiva ética da primeira pessoa. Essa teoria da moral não organiza "tudo em torno de um princípio" (Taylor, 1989a, p. 76) que prescreve leis abstratas e suprime valores éticos, como teme Taylor, junto com Williams (1985, p. 174 ss.): razões morais são justificadas *internamente* de modo recíproco e universal. Portanto,

---

[22] A réplica de Taylor às objeções de Löw-Beer (1991) mostra que aquele subestima a diferença entre validade ética e moral, já que apreende o princípio da justificação moral recíproca como um "bem" da formação dialógica da identidade que deve ser reconhecido *eticamente* para o bem da identidade *própria* (1991a, p. 252 s.).

a tese de Williams deve ser simultaneamente aceita e modificada: "a deliberação prática em todo caso se dá na primeira pessoa e esta não é derivada ou naturalmente substituída por *qualquer um*" (1985, p. 68). Isso vale tanto para questões éticas quanto para morais; mas as razões que são boas nos contextos morais devem ser distinguidas: questões desta natureza não devem ser respondidas na "primeira pessoa", como as éticas. "Minhas" razões devem primeiro ser provadas como boas do ponto de vista moral; e isso pressupõe uma mudança discursiva de perspectiva. A moralidade não desvaloriza ou substitui as "distinções qualitativas" das pessoas; mas ela exige que elas se relativizem em vista das pretensões morais de outro uma vez que se trata de problemas morais intersubjetivos (e não de questões éticas que as pessoas têm de responder diante do pano de fundo dos valores determinantes da identidade). As pessoas existem, de fato, num "espaço de questões" (Taylor, 1989a, p. 29) – mas estas colocam-se para elas (ou lhes são postas) em diferentes perspectivas e exigem respostas diferentes. Uma teoria dos diferentes contextos práticos faz jus a essa complexidade do mundo normativo. Ela evita as alternativas falsas entre uma compreensão unilateral da moral "kantiana" "pura" e, do mesmo modo, evita uma absolutização unilateral da perspectiva ética (volto a isso na seção 5.2).

Uma possível objeção adicional deve ser considerada. De acordo com essa compreensão, a moral não permanece sendo uma forma sem conteúdo quando não é preenchida por aquilo que importa à moral em primeiro lugar: o *bem* de cada pessoa simetricamente? A moral procedimental "sensível" não era assim determinada? Portanto, ela não pode ser nem *explicada* e nem *fundamentada* sem uma concepção *formal* do bem, mínima e não determinada qualitativamente – enquanto "possibilidade" de uma vida pessoal livre para a qual é necessário um "espaço". Segundo Seel, essa compreensão formal do bem forma o cerne material da moral: "a prioridade do bem compreendido formalmente caracteriza uma prioridade *conceitual*; a do justo, entendido como critério, define um primado *normativo*" (Seel, 1993, p. 232)[23]. A ação moral não é, portanto, "preferencial" pelo bem próprio de cada um, e a fundamentação moral procura por razões compartilháveis; mas à própria ideia de justificação moral está subjacente um conceito do bem que não apenas a explicita (por isso a prioridade conceitual), mas também faz com que o caráter obrigatório da moral – em que são exigidas razões compartilhadas em geral – repouse na aceitação da universalidade desse bem "não relativo" e no conhecimento de sua necessidade para cada pessoa (1993, p. 234). Disso se segue também, de

---

[23] Cf. também Seel (1991a, p. 358 ss., 1991b). Agradeço a Martin Seel por sua réplica crítica sobre esse ponto.

um certo modo, o primado normativo desse conceito de bem, que por si mesmo pressiona à superação dos limites particulares da comunidade moral[24].

Segundo essa concepção, a moral não se refere à vida boa individual, mas à *de todos de modo igual*. À moral não corresponde uma determinada concepção (substantiva) do bem, mas a possibilidade universal de uma vida autônoma dentro de limites morais: o bem moralmente relevante é o universal e formal. Mas disso não se segue uma prioridade conceitual do bem, pois ele já é definido moralmente em sua formalidade e universalidade: o bem de uma existência pessoal livre é determinado por meio dos critérios de reciprocidade e universalidade como "bem moral", cujo respeito e concessão não podem ser negados a nenhuma pessoa com boas razões. A determinação formal, universal e "não relativa" desse bem pressupõe conceitualmente os critérios do "justo", e não o contrário. A prioridade conceitual e normativa da moral são inseparáveis: o bem – seja compreendido de modo "forte" ou "fraco" – somente adquire validade por meio do que é justificado de modo universal e recíproco como base das pretensões morais. Assim, evidencia-se em que medida o *direito* a esse bem não pode ser limitado a uma determinada comunidade. Ele tem uma prioridade normativa sobre as concepções concorrentes do bem.

Na medida em que a moral é explicitada – por meio de determinados conceitos do bem individual ou social –, ela impõe a essa explicação determinados critérios universalizantes e formalizantes: de reciprocidade e de universalidade, que são prescritos a toda validade moral de normas e à sua fundamentação "razoável" "entre" pessoas. Na ausência de "bens últimos", o cerne de uma moral "sem andaimes" consiste nessa "incondicionalidade" autocrítica recursiva da razão. O princípio da justificação universal, por meio de seu caráter procedimental, faz jus às concepções substantivas do bem das pessoas nas comunidades sem se apoiar numa teoria do bem: em vista de questões de autodeterminação, direitos iguais, autonomia política e integridade moral, refere-se aos respectivos contextos, que são preenchidos concretamente, por pessoas éticas fundadas em sua identidade, por pessoas de direito no respeito mútuo da autonomia pessoal, por cidadãos em sua autodeterminação política e por pessoas morais em seu respeito mútuo. A razão prática da "moralidade" não suprime nenhum conteúdo "ético", mas formula princípios que tornam possível conjuntamente a autodeterminação individual e coletiva. Nessa visão complexa dos diferentes contextos das questões práticas e do reconhecimento recíproco reside a possibilidade de um vínculo entre universalismo e contextualismo.

---

[24] Sobre isso, cf. Tugendhat (1984, p. 165 ss.) e Wellmer (1986, p. 139 ss.).

5
CONTEXTOS DA JUSTIÇA

A partir da reconstrução da crítica comunitarista às teorias liberais e deontológicas nos quatro domínios de problemas – a constituição do *eu*, a neutralidade do direito, o *éthos* da democracia e a concepção da teoria moral universalista – evidenciou-se que, *numa* perspectiva horizontal igual, a crítica e contracrítica em cada área do debate permitem possibilidades de mediação que levam a redefinições dos conceitos de pessoa de direito, cidadania ou de uma moral universalista, mediação na qual argumentos de ambos os lados são "suprassumidos" [*aufgehoben*]. Simultaneamente, mostrou-se que essa mediação torna necessária uma explicação dos diferentes conceitos de pessoa, de comunidade e dos valores ou normas, não suficientemente diferenciados no debate. Esses conceitos, por sua vez, devem ser mediados numa perspectiva vertical. Perspectiva essa que torna clara a tese da teoria dos "contextos da justiça", desenvolvida na passagem pelos respectivos problemas, tese que afirma que aos quatro planos do debate correspondem quatro conceitos diferentes de pessoa e de comunidade, os quais estão, certamente, vinculados entre si, mas que não podem ser reduzidos uns aos outros. Eles formam quatro "contextos" de reconhecimento recíproco – como pessoa ética, pessoa do direito, cidadão(ã) com plenos direitos, pessoa moral – que correspondem a diferentes modos de justificação normativa de valores e de normas em diferentes "comunidades de justificação". A análise do debate entre teorias deontológico-liberais "que se esquecem dos contextos" e teorias comunitaristas "obcecadas pelo contexto" levou, com isso, a uma diferenciação de quatro contextos normativos nos quais as pessoas estão "situadas".

A perspectiva vertical contribui para desfazer determinados equívocos no debate, mas nem ela nem a perspectiva horizontal podem pretender trazer todos os argumentos para uma síntese abrangente. Ela permite a possibilidade de reunir os dois lados – a "eticidade" e a "moralidade", o bem e a justiça – de modo a vincular o reconhecimento da identidade ética e de formas de vida coletivas, bem como as determinações substantivas da justiça social, com a validade dos direitos subjetivos, procedimentos discursivos e princípios morais universais por meio de *um* conceito de razão prática comunicativa e levando em consideração *diferentes* contextos normativos. Isso deve ser integrado numa teoria da justiça abrangente, complexa e, contudo, "autônoma". Portanto, princípios de justiça são aqueles que são justificados de modo *universal* e imparcial na medida em que correspondem, de maneira apropriada, aos interesses, necessidades e valores *concretos* daqueles atingidos por eles. De acordo com esses princípios, a identidade *ética* das pessoas é reconhecida e protegida *juridicamente numa* sociedade e, na verdade, por meio do direito estatuído de modo *político* autônomo no interior de uma comunidade política de membros com plenos direitos – direito esse que possui um conteúdo *moral* em seu cerne, que respeita a integridade das pessoas morais. A tese de que todos os princípios da justiça possuem um vínculo com o contexto deve ser, portanto, relacionada com a diversidade dos contextos – de tipo ético-substantivo até moral-universalista – nos quais as pessoas são membros (de modo normativamente substantivo) de comunidades, mas de comunidades muito diferentes. E a partir dessa constituição múltipla de mundos normativos seguem-se modos diversos de reconhecimento recíproco e de justificação normativa. Esse novo modo de redesenhar o mapa da teoria da justiça aqui proposto exige a vinculação dessas dimensões em *uma* estrutura básica da sociedade *justificada*. Nisso consiste o ideal de uma sociedade justa.

No que se segue, um resumo dos argumentos essenciais tanto do plano horizontal quanto do vertical deve tornar explícito em que se fundamenta a pretensão de poder formular, com essa teoria, uma posição mediadora para além de comunitarismo e liberalismo (1). Em seguida, os "contextos da justiça" serão analisados do ponto de vista teórico-moral como "contextos de justificação" (2) e explicitados de acordo com seu conteúdo em termos de teoria do reconhecimento como "contextos de reconhecimento" (3).

5.1 A JUSTIÇA E O BEM

Da discussão da crítica de Sandel a Rawls deriva-se, como vimos, não apenas a diferença entre pessoa ética e do direito, mas também a diferença mais fundamental entre diferentes modos de justificação dos valores éticos e daquelas normas que erguem uma pretensão de validade universal – sejam estas normas jurídicas ou morais. É justamente o modo de justificação recíproca e universal de normas universais – esta é a tese – que torna possível fazer jus à preocupação comunitarista com o reconhecimento das identidades éticas particulares, tanto comunitárias quanto "diferentes" (às quais as feministas atribuem um valor especial). Por isso, é uma *falácia comunitarista* inferir a impossibilidade de quaisquer princípios morais ou jurídicos deontológicos a partir da tese da constituição intersubjetiva do *eu*. Essa falácia não leva em consideração a diferença entre diversos conceitos de pessoa e de relações de reconhecimento; não leva em conta que a oposição dicotômica entre a "justiça" e o "bem" é insuficiente. No interior dos contextos da justiça devem ser diferenciados conceitos diversos do bem individual, coletivo ou "formal"-moral que têm primazia onde se trata de questões éticas; contudo, em contextos nos quais as convicções éticas compartilhadas não produzem respostas convincentes, são necessárias normas que possam ser justificadas de outro modo (igualmente) intersubjetivo. Somente ali começa a questão da justiça.

A crítica de Sandel ao *eu* liberal "desvinculado" parte da tese de que um conceito atomístico de pessoa está no fundamento da construção rawlsiana da "posição original", o qual forma a base de sua teoria da prioridade da justiça frente ao bem. Para ele, isso significa que os princípios liberais do direito (e, simultaneamente, os deontológicos da moral) e o conceito de pessoa do direito estão fundados naquela teoria ontológica do *eu*. Todavia, essa tese não é justa nem com a teoria de Rawls em particular e nem com a fundamentação de princípios universais em geral. O plano ao qual o conceito de "pessoa moral" deste se refere é o da estrutura básica de uma sociedade eticamente pluralista, que é igualmente justa para todos; limita-se à "identidade pública" das pessoas como as do direito. Aqui, elas valem como iguais entre iguais, têm direitos e obrigações tanto como Saulo quanto como Paulo. Rawls também fala de uma "identidade institucional" de uma pessoa. Por conseguinte, esta se diferencia da identidade ética das pessoas como seres "únicos", individuados biograficamente. Deve-se fazer a distinção conceitual entre pessoa ética e do direito para poder entender o vínculo complexo entre ambos os conceitos. Direitos subjetivos à autonomia pessoal possibilitam à pessoa ética desenvolver suas concepções do bem sob condições de autodeterminação e equidade. Portanto, a autodeterminação jurídico-autônoma é – como liberdade de ação – formal e não deve ser entendida no sentido ontológico. Os direitos de liberdade individuais não implicam planos de vida individualísticos. A justificação das normas jurídicas não se apoia num determinado conceito de autonomia pessoal como se fosse um "ideal" ético da vida autodeterminada – como teorias comunitaristas e "ético-liberais" assumem igualmente, mas com valorizações diferenciadas. Antes, a diferença entre ambas as esferas reside muito mais no modo diferenciado de validação de normas universais e valores éticos: estes valem para os sujeitos diante do pano de fundo de sua identidade, devem poder ser aceitos como valores próprios; em contraste, as normas jurídicas erguem uma pretensão de universalidade obrigatória e, com isso, devem se apoiar em razões universalmente justificáveis, e não em determinados valores. Somente assim o direito pode fazer justiça às identidades éticas diferenciadas e valer como fundamentado *universalmente*. O direito não é a expressão de uma determinada forma de vida de "*selves* liberais" a ser produzida e mantida – mas, como vai se mostrar, é a expressão de uma comunidade política autônoma de cidadãos.

A diferenciação entre a pessoa ética e a do direito vai passo a passo com uma separação entre as comunidades éticas e a jurídica (estatal). No interior dessa última domina uma forma de reconhecimento universal e igual, como pessoas do direito, que não considera a identidade concreta da pessoa. Aos olhos liberais, o fato de a comunidade jurídica não ser ética, com a qual a identidade da pessoa está estreitamente fundida, não é uma perda, mas um ganho, pois é justamente por isso que é possível uma pluralidade de comunidades éticas no interior de um Estado. Nesse sentido, a liberdade de ação jurídica "negativa" e a liberdade ética "positiva" de autorrealização não se excluem, mas se condicionam reciprocamente: o direito é a *capa protetora* da identidade ética. Ser reconhecido como pessoa do direito significa estar protegido em sua identidade ética sob uma lei da liberdade universal e igual. Para ser considerado como uma capa protetora nesse sentido, o direito deve ser eticamente "neutro" em seu modo de validação, a fim de que ele mesmo não prescreva determinados "valores" como bens superiores que não podem ser justificados de modo recíproco e universal. Não obstante, esse modo de justificação pressupõe, por parte das pessoas éticas "razoáveis", a capacidade e a disposição para reconhecer os limites da universalidade e da reciprocidade e para relativizar suas concepções do bem diante das pretensões legítimas de outras pessoas. Elas não precisam reduzir sua "verdade" ética a uma mera "convicção", mas precisam sim respeitar reciprocamente os direitos iguais dos outros a terem uma identidade ética. O limite que separa as esferas éticas e jurídicas não deve ser entendido no sentido de um *a priori* ou de uma dicotomia: o direito pode – principalmente em relação a questões (amorais) que não caem sob o critério "estrito" da neutralidade – assumir conteúdos éticos quando forem justificáveis. Contudo, em questões que atingem a identidade ética de pessoas de modo moralmente relevante, é exigida *reciprocamente* uma autorrelativização ética: a limitação de uma forma de vida não pode ser justificada com razões desta natureza, mas somente com razões morais. As pessoas têm um direito recíproco a essa proteção.

Com isso, direitos subjetivos são mútuos, não contestáveis, a respeito da integridade pessoal. Nesse caráter não contestável reside seu cerne moral, que não é justificado eticamente ou segundo o direito natural, mas intersubjetivamente e que deve ser juridicamente determinado e institucionalizado. Para evitar uma falácia no que se refere às relações ente ética e direito, deve-se considerar o seguinte. Primeiro, de acordo com essa concepção (procedimental) do direito, nem o conceito de pessoa ética, nem o de pessoa do direito, podem ser entendidos "atomisticamente"; o primeiro encontra-se "situado" em comunidades "constitutivas"; o último, no reconhecimento recíproco de membros iguais de uma comunidade de direitos e obrigações. Segundo, como uma capa protetora, o direito é uma reflexão da fragilidade de identidades éticas e não impõe a estas uma identidade pré-formada – e, com isso, ele formula uma pretensão mais elevada. Apenas um direito que não fala ele mesmo uma linguagem ética particular, a qual as minorias teriam de se submeter, pode satisfazer essa pretensão: um direito fundamentado eticamente não faz justiça às identidades éticas. O direito não é "neutro" no sentido de que a observação dos limites da reciprocidade e da universalidade não estabelece limites a determinadas concepções do "bem" que, por exemplo, erguem a validade da autonomia ética das minorias contra a da maioria. Portanto, o direito não é modesto eticamente. É "neutro" visto que esses limites não estão eles mesmos fundamentados em valores éticos. Assim, terceiro, a "neutralidade" deve ser entendida no sentido do princípio da justificação universal (e de determinados critérios) e não como "neutralidade de consequências" ou como "neutralização" dos discursos políticos.

Essa teoria da neutralidade ética do direito é um padrão crítico para todas as relações jurídicas nas quais, sob a pretensão da neutralidade e da "cegueira diante da cor ou do gênero", concepções particulares do bem migram para a determinação do que deve ser reconhecido juridicamente, excluindo, com isso, "outras" identidades. Assim, a teoria feminista, junto com os comunitaristas, critica a falsa pretensão da pessoa do direito de ser universal quando, na verdade, é individualista e "masculina". Contudo, ela se afasta da crítica comunitarista, na qual essas determinadas concepções da vida boa comunitária são absolutizadas. Aqui se mostra que se pode inferir – criticamente, mas com isso não afirmativamente – uma fundamentação ética do direito a partir de um efeito "não neutro" do direito. O que importa é que a autodeterminação ética (por exemplo, também de minorias culturais) não seja impedida por meio de normas jurídicas excludentes. E somente um direito que ergue a aspiração de ser justificado universal e reciprocamente pode se abrir para as pretensões de reconhecimento até então excluídas – contudo, as de reconhecimento *igual* de pessoas particulares por meio do direito: o *status* da pessoa do direito permanece um *status* de igualdade. A neutralidade não implica um tratamento igual cego às diferenças, mas um reconhecimento com igualdade de direitos. Porque a vida é particular, enquanto o direito deve ser universal, igual para todos e igualmente sensível. Em suma, somente como fundamentado universal e reciprocamente o direito é, por um lado, inclusivo e leva em consideração a diferença e, por outro, justificado de um modo que legitima seu caráter obrigatório e exigente.

Essa conexão entre contextos éticos e jurídicos exige uma ampliação da perspectiva em direção ao contexto da cidadania comum e da legitimação democrática do direito no interior de uma comunidade política. A pretensão universal do direito deve ser desempenhada e legitimada nos discursos políticos – *num* consenso dos cidadãos que são autores e não meros destinatários do direito. Diferentemente de uma concepção jusnaturalista do cerne moral da pessoa do direito – que, por assim dizer, se espelha no direito positivo – esse cerne deve ele próprio ser justificado e determinado concretamente de modo universal e recíproco numa comunidade jurídica. Mais do que isso, as normas jurídicas não precisam apenas ser justificadas e afirmadas institucionalmente, mas também *realizadas* na práxis política e social no interior de uma comunidade política, práxis na qual os cidadãos se compreendem como membros de uma comunidade e se concedem os pressupostos necessários para a autonomia pessoal e política. As pessoas do direito são, como indivíduos, responsáveis *diante* do direito; os cidadãos são em comum responsáveis *pelo* direito. *Os cidadãos* criam e realizam o direito no qual *pessoas éticas* (particulares) são reconhecidas como *pessoas do direito* (iguais). As autonomias ética, jurídica e política formam um vínculo interno.

A questão acerca do significado da "cidadania" e da "comunidade política" abrem um *round* adicional na crítica comunitarista ao liberalismo: mesmo quando se admite, numa perspectiva prática e teórica fundacional, que a "pessoa ética" e a "pessoa do direito" pertencem a dois planos normativos diferentes, e mesmo quando a pretensão de universalidade do direito não exclui identidades éticas, mas as protege, ainda permanece a questão sobre a "eticidade" que uma "multidão" de pessoas do direito pode criar, que é eticamente pluralista e cujos membros têm iguais direitos. A comunidade política não tem de ser uma comunidade ética? O liberalismo pode realizar a promessa de uma "união social de uniões sociais" somente quando puder contar com uma solidariedade comunitária que respeita e realiza normas universais?

Para a conceitualização de termos como "cidadão", "comunidade política" e "legitimação" do lado comunitarista, a pertença ética a comunidades forma o modelo; do lado liberal, a pessoa do direito e a comunidade jurídica – mas ambos os pontos de vista não alcançam o objetivo. Diante do pano de fundo da discussão dos modelos liberais (*modus vivendi* e *overlapping consensus*) de legitimação política e de comunidade, de sua crítica por parte das abordagens comunitaristas substantivas e participativas, e do debate com as teorias da sociedade civil e da "democracia deliberativa", pode-se formular uma concepção alternativa na qual a integração política não é entendida de modo ético, mas na qual os cidadãos se concebem como parte de um todo político pelo qual são conjuntamente responsáveis. A comunidade política é menos do que uma ética, mas é mais do que uma cujo fim é proteger os direitos subjetivos. A solidariedade entre os cidadãos não se apoia em valores éticos comuns, mas consiste no seu reconhecimento recíproco como concidadãos com o direito (realmente efetivo) à pertença plena, isto é, à proteção da exclusão jurídica, política e social.

Uma teoria do reconhecimento político como (a) pessoa ética "diferente", (b) pessoa do direito com igualdade de direitos, (c) "coautor" do direito e (d) concidadão com o direito ao "valor" da autonomia pessoal e política é uma resposta ao dilema da "substância sem substância" de não vincular a cidadania a determinações e elementos ético-culturais (étnicas, religiosas etc.) comuns e, contudo, ainda poder explicar a integração política e a solidariedade social "substantivas". Num sentido político, a responsabilidade tem um significado discursivo, que se refere à solidariedade: os cidadãos respondem e são responsáveis uns com os outros e com sua coletividade como um todo. Nesse sentido, pode-se falar de "virtudes políticas". Falar de uma identidade política pressupõe que os cidadãos possam se identificar com sua comunidade política de modo que esta possa reconhecê-los nos pontos de vista anteriormente mencionados. Assim, eles podem se ver representados adequadamente na autocompreensão e nas instituições da comunidade política, considerando-se "parte" dela. Essa identidade nasceu historicamente das experiências comuns e dos conflitos, e permanece o objeto de interpretações políticas; ela não é uma substância fixa bem como não é completamente desprovida desta. Em contraste com a tese de que uma comunidade política precisa de uma identidade ético-cultural de integração e reconhecimento recíproco, uma comunidade política desta natureza somente pode ser integrativa num sentido abrangente quando ela *não* absolutiza politicamente uma determinada tradição ético-cultural. Somente então todas as pessoas podem valer como concidadãos dotados dos mesmos direitos e a comunidade política pode ser considerada um "bem" comum.

Em relação à questão da legitimação política, isso significa que os discursos políticos devam ser compreendidos como autoesclarecimento ético de um macrossujeito abrangente ou como a fusão das perspectivas particulares *numa* vontade comum de todos os "cidadãos" virtuosos, ou que os discursos estejam limitados a tais questões, que num sentido política e moralmente limitado são "públicas". Ao contrário da concepção de alguns liberais, a distinção entre valores éticos e normas morais não se traduz de modo unidimensional numa separação entre "privado" e "público": questões sobre relações sociais desiguais e sobre a discriminação de identidades éticas são de justiça. Essa ampliação de temas, por outro lado, não transforma os discursos políticos em éticos de autodescobrimento. Neles há de ser descoberta uma linguagem comum pública dos cidadãos para dar validade social a argumentos racionais, que seja aberta à crítica e, ao mesmo tempo, comum e vinculante. Segundo a teoria da "democracia deliberativa", a pretensão de legitimação democrática apoia-se na universalidade fundamentada de acordos e compromissos que é (e sempre tem de ser) produzida discursivamente por meio de procedimentos de argumentação recíproca. Esses procedimentos não excluem nem temas nem participantes; eles tornam possível uma "razão pública", cujo conteúdo concreto é averiguado politicamente e em comum.

Portanto, com base no resultado do primeiro dos dois *rounds* do debate, a discussão da crítica comunitarista à teoria liberal da cidadania, da comunidade política e da legitimação levou a um conceito diferenciado de cidadania que assimila os dois conceitos de pessoa previamente mencionados e acrescenta elementos essenciais. As dimensões da pessoa ética, do direito e do cidadão estão vinculadas conceitualmente por meio da pretensão de legitimação do direito; a formação de uma identidade ética pessoal autônoma pressupõe a proteção do direito e, com isso, determinadas possibilidades de participação políticas e sociais, que, por sua vez, exigem o pleno pertencimento a uma comunidade política. A autonomia ética, jurídica e política não devem ser usadas *numa* falsa oposição: a autodeterminação ética, a liberdade jurídica de ação e a participação e responsabilidade políticas são reconciliáveis para além do atomismo individualista e do monismo social (o que não significa que não possam entrar em conflito). Também nesse plano, o princípio da justificação universal e as exigências de reconhecimento das identidades particulares (sejam identidades individuais ou coletivas) se complementam. Uma "república procedimental" (Sandel) não se fundamenta na concepção de um "*eu* desvinculado".

Com isso, chegamos ao último estágio do debate, no qual a prioridade do bem é mais uma vez afirmado num plano superior: também os princípios dos direitos iguais e os procedimentos de justificação universal se apoiam, em última instância, num conceito de bem que está vinculado ao contexto (seja uma comunidade política ou uma cultura). Não pode haver um conceito de razão prática – e uma moral universalista – que esteja "acima" de contextos particulares "densos".

A resposta a essas objeções leva, por um lado, à tematização de um quarto contexto ampliado de justificação de normas: o moral de fundamentação de *normas morais* estritamente universais entre pessoas como pessoas morais e membros da comunidade moral de *todos* os seres humanos. Por outro lado, leva a uma "recuperação" metodológica, teórico-moral, e a uma justificação do princípio da razão prática segundo o qual valores ou normas práticas devem ser fundamentados nos respectivos contextos aos quais se referem suas pretensões de validade. Portanto, uma concepção de razão prática que é sensível ao contexto, porém não é contextualista.

A dimensão da norma moral, da justificação moral e do reconhecimento moral é desconsiderada pela teoria comunitarista, que compreende o conceito de "contexto" de forma muito estreita e não observa adequadamente o "contexto universal" da humanidade. As pessoas não são apenas pessoas éticas, pessoas do direito ou cidadãos com seus respectivos direitos e deveres, elas são também, como seres humanos, pessoas morais que possuem determinados direitos e deveres de reconhecimento para com, em princípio, "cada" pessoa – direitos que o conceito concreto de pessoa do direito deve ter em seu cerne. Apenas aqui se revela o sentido específico de uma moral categoricamente vinculante e de uma *autonomia moral* (como um quarto conceito de autonomia).

É importante perceber que nem o conceito procedimental de razão prática – que se expressa em diferentes contextos de justificação normativos – nem o imperativo do respeito moral e da justificação universal são abstratos de modo falso. Normas morais protegem as pessoas concretas somente onde o contexto da humanidade comum existe como base normativa, e à obrigação do respeito moral corresponde a obrigação de justificar de modo universal e recíproco a ação moral segundo normas com pretensão de validade universais – uma obrigação que surge da "situação" intersubjetiva comunicativa do ser humano comum. A autonomia moral não pressupõe nenhum reino "puro" da obrigação moral, mas uma ação segundo razões compartilháveis, intersubjetivas e justificadas reciprocamente. Além do mais, normas morais não substituem valores éticos ou normas políticas, mas entram em concorrência com eles somente quando se tornam moralmente questionáveis, isto é, quando negam o reconhecimento básico das pessoas. O princípio da justificação universal é transcendente ao contexto não no sentido de que viola os contextos de autodeterminação individual e coletiva, mas porque caracteriza um padrão mínimo no interior do qual a autodeterminação é "reiterada" (Walzer). Os princípios morais do respeito à dignidade humana e do reconhecimento da obrigação de justificar universalmente normas válidas universalmente concedem às pessoas morais como seres humanos o conforto mínimo de um Hotel Hilton, sem reduzir a esse padrão as eticidades concretas das comunidades políticas.

A teoria de Rawls – como teoria kantiana – se apoia no princípio da justificação universal; seu conceito de razão prática é explicitado, num plano mais fundamental, com ajuda das "ideias" da razão, de pessoa moral e cooperação social. Essas ideias servem para a fundamentação tanto dos princípios morais de direitos iguais como também para os princípios substantivos da justiça social (para os quais são necessárias determinadas suposições adicionais); nessa tarefa dupla está o fundamento para o duplo caráter moral-político da teoria de Rawls. Assim, em relação à pretensão de prioridade deontológica dos princípios "razoáveis", sua teoria é, por um lado, muito política pois vincula determinados pressupostos substantivos ao seu conceito de pessoa; por outro lado, não é suficientemente política uma vez que, em questões de legitimação política e de justiça social, não considera como centrais o contexto da autonomia política e da determinação concreta da pertença política plena.

Um construtivismo teórico-discursivo, formulado – em conexão com O'Neill e a ética do discurso – como uma alternativa a Rawls, argumenta, pelo contrário, por uma versão recursiva e discursiva da razão prática: na ausência de verdades objetivas, moralmente transcendentes, não podemos, e não devemos, desistir da pretensão de validade moral pois esta é entendida como pretensão "razoável" que não pode ser rejeitada com razões universais e recíprocas. A razão prática é fundamentada comunicativamente, autoquestionadora – ela exige (recursivamente) razões sobre as quais a validade de determinados valores ou normas se apoia nos contextos (e comunidades) nos quais reivindicam serem válidos. Assim, *um* princípio da justificação prática racional se refere a *diferentes* modos e contextos de justificação.

Os conceitos de pessoa moral e comunidade explicados com base nessa concepção de razão (com referência ao contexto da moralidade) não são, como critica Macintyre, uma ilusão por suas qualidades transcendentes ao contexto e não estão eles próprios ancorados n*um* conceito "liberal" de bem, nem são, como uma tal ilusão, alheios ao contexto. Segundo MacIntyre, as pessoas só podem ser pensadas como pessoas éticas no interior de universos éticos que são incompatíveis entre si. Contudo, ele mesmo é forçado a relativizar seu conceito ético-monista de pessoa para fazer jus à capacidade delas de poderem ser membros conscientes de duas tradições; mais do que isso, ele tem de impor certas exigências morais aos contextos éticos, que (internamente) impeçam a exclusão e (externamente) permitam a concepção de uma "lei moral" universal; por fim, emprega um conceito dialógico-formal de razão como justificação destinada a indivíduos – uma racionalidade de "segunda ordem" (validade fundamentada) que é imposta a outra de "primeira ordem" (sem predeterminar suas razões em termos de conteúdo).

A defesa de Taylor da prioridade do bem sobre o justo reconhece a diferenciação das esferas normativas e a ideia de uma moral universalista, mas a vê fundamentada nos "bens transcendentais" da identidade moderna, nas "avaliações fortes" que valem no interior do horizonte de valores da modernidade e somente podem reivindicar sua pretensão de validade universal tendo esse horizonte como pano de fundo. É um sinal do esquecimento do *eu* e do contexto da modernidade ter como ponto de partida um conceito universal e abstrato de razão moral ao qual não corresponde nenhuma concepção do bem e que pode proceder sem apelar a tais concepções do bem que podem ser aceitas ou deveriam ser codeterminantes da identidade de pessoas particulares? Nessa questão aparece o problema essencial de uma teoria que faz a validade moral de normas depender de valores éticos e que desconsidera a diferença decisiva entre uma forma ética e uma moral de razão prática. Diferentemente da primeira, a segunda não tem como objetivo primeiro ajudar os destinatários, por meio de juízos, a encontrar uma vida melhor, mas fazer valer as razões que o destinatário deve reconhecer e assumir para poder justificar suas ações àquelas pessoas afetadas por elas. Essa forma de razão prática não é menos intersubjetiva do que a forma ética e, portanto, evita a crítica de Taylor à concepção de uma razão que acreditaria poder fornecer "razões básicas" que ignoram os contextos intersubjetivos. Somente os tipos de razões e sua validade são diferentes nos contextos éticos e morais: valores éticos valem para um indivíduo com base em sua autocompreensão na medida em que ele os assume como "importantes" *para si*; normas morais valem intersubjetivamente como aquelas que não podem ser razoavelmente rejeitadas *diante dos outros*.

A passagem pelos quatro planos da crítica comunitarista às teorias liberais deontológicas mostrou que, da tese de que as pessoas devem ser sempre vistas como membros "situados" em contextos comunitários concretos, não se pode deduzir que questões do justo, do autogoverno democrático e da moral não podem ser reduzidas a contextos éticos. Por outro lado, mostrou-se que os conceitos de pessoa do direito, cidadão e pessoa moral, colocados ao lado do de pessoa ética, devem ser formulados de modo que a abstração que necessariamente acompanha esse conceitos esteja sempre relacionada à possibilidade de proteção e de reconhecimento das identidades concretas e reflita as condições de realização do "justo" nas comunidades. Nesse sentido, a crítica comunitarista é um importante corretivo das teorias liberais.

À distinção analítica entre as esferas normativas, que se segue da discussão dos planos em que as posições comunitaristas e liberais se confrontam, corresponde uma teoria multidimensional do reconhecimento das pessoas em comunidades fundamentada num conceito intersubjetivo de razão prática. Seu princípio – de que valores e normas devem ser justificados no respectivo contexto em que reivindicam validade – não contradiz a contextualidade dos valores éticos, das normas jurídicas, dos discursos políticos e da justificação moral justamente pelo fato de que, em todos esses planos, são pessoas concretas que apresentam pretensões de validade e as fundamentam em diferentes "comunidades de justificação" (cf. a próxima seção). A "prioridade da razão prática" implica uma compreensão diferenciada dos contextos nos quais as questões práticas devem ser respondidas conforme a prioridade do bem ético, dos direitos subjetivos iguais, do que pode ser legitimado politicamente ou a prioridade do que é correto moralmente – assim como uma compreensão de como esses pontos de vista estão vinculados, não devendo essa diferenciação ser entendida no sentido de uma disjunção. Somente essa diferenciação permite ver em que medida direito, democracia e moral podem fazer "justiça" ao "bem" (em seus diversos significados).

Uma teoria da *justiça* não deve tornar absoluta uma dessas dimensões e formar as outras a partir dela; a justiça mantém os limites entre essas esferas ao assegurar a identidade ética, os direitos iguais, a pertença política e o respeito moral segundo normas justificadas universalmente. A justiça reconhece a pessoa ética como a que necessita de proteção em comunidades éticas, e lhe garante liberdades e direitos universais de autonomia pessoal e política sob o padrão mínimo do respeito moral. Nesse sentido, pode-se falar de uma estrutura básica da sociedade justificada "autonomamente". O que significa concretamente tal reconhecimento da pessoa em sua identidade ética, como pessoa do direito ou cidadão ao mesmo tempo específico e igual é algo que fica ao encargo dos contextos das comunidades éticas e políticas. Mas *que elas tenham de ser* reconhecidas como tais é uma exigência da justiça. A pessoa que está no centro de uma teoria da justiça não é exclusivamente pessoa ética, pessoa do direito, cidadão ou pessoa moral; ela é simultaneamente tudo isso de modo diverso: é autônoma ética, jurídica, política e moralmente. Portanto, nessa concepção os diferentes conceitos de pessoa e liberdade política – que as teorias liberais e comunitaristas acentuam de modos diversos – são "suprassumidos" [*aufgehoben*].

O resultado desse debate deve ser examinado mais detalhadamente. A análise teórico-moral desses quatro contextos normativos e conceitos de autonomia, obtidos por meio da discussão dos diferentes níveis de problemas de uma teoria da justiça, tem a tarefa de esclarecer como os mesmos podem ser sistematicamente diferenciados e reunidos. Essa análise sistemática será complementada por uma perspectiva da teoria do reconhecimento.

5.2 Contextos da justificação

Do ponto de vista normativo, as pessoas estão "situadas" em contextos diferentes: são membros de comunidades diferentes (éticas, jurídicas, políticas e morais), nas quais se defrontam com questões práticas que têm de ser respondidas com boas razões no interior das mesmas. Por isso, uma teoria moral deve começar em contextos práticos intersubjetivos para reconstruir os modos diferentes de validação e justificação segundo os quais as pessoas "autônomas" agem "corretamente". Uma investigação mais precisa dessas esferas normativas mostrará em que sentido nelas pode-se falar de "justificação". Essa análise é o ponto de partida para a discussão de conflitos normativos possíveis no interior – e entre esses contextos – e para uma concepção detalhada do conceito de autonomia. Contudo, primeiramente tratarei de algumas objeções e problemas fundamentalmente teórico-morais que compõem o pano de fundo diante do qual surge de forma mais clara o caráter da concepção proposta.

a. Problemas da teoria moral

Poder-se-ia objetar, por exemplo, que a ideia de diferentes esferas de questões e respostas práticas leva a uma fragmentação do *eu* e do mundo normativo que não permite mais a representação de uma integração dessas esferas, ou que a separação de diferentes questões, particularmente entre ética e moral, absolutiza o domínio moral em relação à identidade ética das pessoas. Esse ponto permite duas alternativas. De acordo com a primeira, as próprias questões morais devem ser respondias somente com uma base ética "para mim" e não universalmente no sentido estrito; conforme a segunda, embora as questões éticas e morais possam ser diferenciadas, a moral deve, contudo, estar ela própria ancorada no "ser ético do *eu*". Com isso, não se questiona, em princípio, a ideia de uma comunidade moral abrangente e de normas universalistas – entretanto, a obrigação moral é apreendida, em última instância, como ética. Discutirei o problema da fragmentação do mundo normativo *num* debate com Thomas Nagel (e sua proposta de integração); examinarei a crítica ética da moral a partir das objeções de Bernard Williams às teorias deontológicas e o ancoramento ético da moral tendo como referência Ernst Tugendhat. Esses problemas abrangem todos os três estágios da fundamentação moral, discutidos na seção 4.2, segundo os quais a *ação* moral deve ser justificada conforme *normas* que, por sua vez, são fundamentadas "razoavelmente" conforme o *princípio* de justificação recíproca e universal. Quais conceitos de razões ou normas estão pressupostos nessa concepção e o que significa ter de agir "razoavelmente"?

1. Sob o título "The Fragmentation of Value" [A fragmentação de valores], Nagel (1979, p. 128 ss.) analisa cinco valores diferentes que podem entrar em conflito uns com os outros quando uma pessoa se coloca a questão sobre o que ela deve fazer. Diferencia "obrigações específicas" (como um membro da família, por exemplo), os direitos de outros, considerações de utilidade geral, valores perfeccionistas que valem a pena perseguir em si mesmos (por exemplo, a arte) e, por fim, objetivos e "comprometimentos" pessoais. Nagel duvida que exista uma escala de valores em que possam ser todos ordenados segundo uma sequência; e nem os fins pessoais e relativos ao sujeito nem os valores objetivos e "impessoais" (de tipo utilitarista ou perfeccionista) possuem prioridade absoluta em todas as questões práticas.

> Os seres humanos estão sujeitos a pretensões morais e outras motivacionais de tipos bem diferentes. Isto porque são criaturas complexas que podem ver o mundo de várias perspectivas – individual, relacional, impessoal, ideal etc. – e cada perspectiva apresenta um conjunto diferente de pretensões (ibidem, p. 134).

É uma pergunta do juízo prático saber qual ponto de vista é apropriado em qual contexto[1].

Com isso, Nagel relativiza sua concepção desenvolvida em *A possibilidade do altruísmo* (1970), segundo a qual *somente* "razões objetivas" são boas, justificadoras da ação. "Quando alguém age por uma razão, deve ser *possível* considerar a si mesmo como agindo por uma razão objetiva e promovendo um fim objetivamente valioso" (1970, p.96 s.). As pessoas devem ser capazes de adotar um ponto de vista "impessoal" ou "suprapessoal" em relação a suas próprias ações de modo que suas razões possam sê-las para as pessoas *em geral*, ou seja, promover valores objetivos. Apesar da sua relativização parcial quanto às razões subjetivas, essa concepção forma o centro da teoria de Nagel: a justificação moral exige o recurso a valores objetivos que devem ser realizados da melhor maneira possível – e aqui se mostra o caráter consequencialista dessa concepção. Razões morais pressupõem a *objetividade* e *realidade* desses valores (ibidem, p. 95; 1986, p. 138 ss.).

---

[1] Sobre a heterogeneidade dos pontos de vista morais, cf. também as teorias de Hampshire (1983) e Larmore (1987, cap. 6).

O caráter problemático dessa concepção, que exclui a dimensão intersubjetiva das razões justificadoras, mostra-se na tentativa de Nagel, em *A visão de lugar nenhum* (1986), de vincular o ponto de vista moral objetivo e subjetivo. Nesse livro, defende a possibilidade de um ponto de vista "objetivo" da pessoa que observa a si mesma e as situações de decisão moral a partir "de fora". "A questão básica da razão prática, da qual a ética parte, não é 'o que devo fazer?', mas 'o que essa pessoa deve fazer?'" (ibidem, p.141). O juízo objetivo de alguém que pondera a partir da perspectiva do observador pressupõe uma objetividade de valores que responde à questão sobre o justo e o bom afastado de toda particularidade. "Razões neutras em relação ao agente" são as que valem para cada pessoa sem considerar sua identidade concreta e caracterizam valores incondicionais que devem ser promovidos. "Razões relativas ao agente", por outro lado, valem para uma pessoa como a que ela é. Três tipos de razões relativas colocam em dúvida a hegemonia das razões neutras: "razões da autonomia" (objetivos pessoais), "razões deontológicas" (o que se deve fazer aos outros) e "razões de obrigações" especiais em relação a uma comunidade específica (ibidem, p.165). Mesmo contrárias às razões "objetivas" para determinadas ações, essas razões podem ser boas para agir de modo diferente: as que surgem da situação particular do indivíduo e de suas relações específicas com os outros. Também aqui Nagel não procura estabelecer, entre essas razões, uma hierarquia que ordenaria todas as questões práticas. A tarefa moral consiste em integrar da melhor maneira possível os pontos de partida pessoais e "suprapessoais". O mundo normativo é tão complexo que podem emergir conflitos entre o que é bom para mim e o que é correto universalmente, e, contrário à objeção de Williams (1985) à teoria kantiana (com a qual Nagel concorda em relação ao utilitarismo; 1986, p. 205), o ponto de vista moral-objetivo exige das pessoas uma autorrelativização: a capacidade de se observar "de fora" (ibidem, p. 198) é uma capacidade humana básica, sem a qual as pessoas não conseguem aceitar a si próprias como pessoas morais. Essa capacidade continua a ser sua qualidade moral central.

Contudo, uma vez que Nagel assume que a adoção da perspectiva de uma terceira pessoa sobre si mesmo é a única possibilidade de evitar um estreitamento da razão prática à perspectiva ética da primeira pessoa – e da necessidade de razões "objetivas" deduz a existência de valores objetivos que são fundamentais para a moral –, as "razões deontológicas", tal como os valores éticos, lhe aparecem como "relativas ao agente", o que de modo algum explica a pretensão universalista e obrigatória dessas razões. Para explicar isso, Nagel teria de abandonar a dicotomia entre razões (e valores) subjetivas e objetivas e aceitar as razões *intersubjetivas* como base para ações justificadas *entre* pessoas. Para poderem tornar efetiva sua pretensão universalista e racional, as razões que valem entre pessoas devem se fundamentar não em valores "objetivos realistas", mas devem ser "construídas" – *compartilhadas* – intersubjetivamente (Korsgaard, 1993, p. 28 e 32; Darwall, 1983, p. 140 ss.). Sua objetividade não repousa em sua realidade "externa", mas consiste em serem justificadas de modo recíproco e universal no sentido estrito. Assim, essas razões resguardam uma validade "independente" das motivações subjetivas e são "para cada um", o que interessa particularmente a Nagel (1970, p. 85; 1986, p. 144), sem que correspondam a uma realidade transcendente que teria de ser "descoberta". Portanto, por um lado, Korsgaard (1993, p. 51) argumenta, junto com Nagel, a favor de uma diferenciação entre razões (ou motivos) normativamente universais e subjetivas; por outro lado, argumenta contra o objetivismo deste:

> [...] pergunte a si mesmo: o que é uma razão? Ela não é apenas uma consideração a partir da qual você de fato age, mas a partir da qual você deveria agir; não é apenas um motivo, mas uma pretensão normativa que exerce autoridade sobre outras pessoas e sobre você mesmo em outras situações. Dizer que você tem uma razão é dizer alguma coisa *relacional*, alguma coisa que implica a existência de outro, pelo menos de um outro *eu*. Mostra que você tem uma reivindicação sobre o outro, ou reconhece a reivindicação dele sobre você. Pois reivindicações normativas não são reivindicações de um mundo metafísico de valores sobre nós: são reivindicações que fazemos sobre nós mesmos e uns com os outros (Korsgaard, 1993, p. 51).

Essa concepção da construção prático-intersubjetiva de valores comuns por meio da argumentação recíproca contradiz a concepção de valores morais objetivos e, portanto, a possibilidade de concepções morais consequencialistas segundo as quais ações são justificadas na medida em que promovem da melhor maneira possível um bem capaz de ser definido de forma independente. Boas razões devem ser situadas em contextos intersubjetivos nos quais as ações devem ser justificadas diante e em relação aos outros.

A tese de Nagel da fragmentação dos valores deve ser reinterpretada sob essa luz. Essa fragmentação não reflete a heterogeneidade dos valores subjetivos e objetivos, segundo a qual razões "relativas ao agente" não são, certamente, vistas como "inferiores". Contudo, sempre estão em concorrência com os valores objetivos e têm de se justificar diante deles. Pelo contrário, a complexidade do mundo normativo corresponde a diferentes questões que se colocam às pessoas em diversos contextos comunitários. Portanto, questões de "obrigações específicas", fins pessoais e valores perfeccionistas, culturais, são aquelas que se colocam às pessoas como membros de comunidades éticas e de uma determinada cultura. Devem ser respondidas diante do pano de fundo de convicções compartilhadas e da identidade própria como parte de uma coletiva – e, por fim, quanto às obrigações e propósitos éticos, devem ser respondidas autonomamente, no sentido ético, por cada pessoa ética como aquilo que "para ela" determina sua vida. Nessa estrutura, "valores últimos" também são valores éticos que são estimados em comum num sentido forte e, como tais, são "valiosos" (por exemplo, os da arte). Em contraste, as questões de utilidade geral surgem, na maioria das vezes, em contextos políticos, dificilmente em reflexões éticas sobre quais decisões contribuem para a vida boa própria de alguém. Contudo, elas devem ser respondidas e justificadas universalmente – e isso é um argumento moral – em consideração aos direitos das pessoas, sejam direitos jurídico-positivos ou morais. Questões morais, isto é, aquelas nas quais as pessoas colocam reivindicações morais às outras pessoas, somente podem ser respondidas com razões estritamente compartilhadas; são "objetivas" já que não podem ser razoavelmente rejeitadas (de modo recíproco e universal). Os critérios de reciprocidade e universalidade são essenciais para "o ponto de vista comum" da moral; somente eles explicam o que significa falar de razões "compartilhadas".

O mundo normativo não se desintegra numa multiplicidade heterogênea de esferas de valor incompatíveis, mas também não está ordenado de forma linear num sentido único. Existe a possibilidade de conflitos tanto *no interior dos* quanto *entre os* contextos práticos (cf. Nagel, 1979, p. 134). Uma interpretação intersubjetiva de todas as esferas de questões práticas sobre o que é bom "para mim", o que é exigido pelo direito, o que é politicamente justificado "para nós" e o que é moralmente correto "para todos" não assume que as respostas que possam ser dadas nesses planos e particularmente entre eles tenham de estar necessariamente em acordo entre si. Todavia, a interpretação intersubjetiva assume que podem e devem estar em acordo entre si. A integração "autônoma" dos diferentes contextos práticos e das obrigações que as pessoas têm reciprocamente como membros de comunidades diferentes é uma tarefa prática cuja possibilidade não é nem garantida por meio de uma objetividade de valores compatíveis nem inviabilizada por meio da incompatibilidade de diferentes valores válidos objetivamente[2]. No interior do mundo normativo não existe uma harmonia preestabelecida e nem razões em princípio para o fracasso da tentativa de uma pessoa encontrar, no interior dos *diferentes* contextos *de um* mundo compartilhado intersubjetivamente, respostas compatíveis umas com as outras para questões diferentes. Todavia, sem dúvida que os conflitos no interior desses contextos bem como entre eles são graves, talvez

---

[2] Sobre a incompatibilidade de diferentes valores, cf. Berlin (1969a, p. LI ss.; 1992), Williams (1981d,e).

"trágicos", nos quais boas razões podem justificar ações que se excluem mutuamente. A diversidade dos contextos permite, certamente, uma análise desses conflitos e dos critérios formais que as "boas" respostas às questões práticas devem satisfazer, mas o conceito de autonomia perderia seu sentido se, mais do que essa análise, fosse possível e pudessem ser identificados critérios substantivos para a "única solução correta" dos problemas práticos como um todo.

Com base na concepção de diferentes contextos de justificação e do critério das razões "compartilháveis" em relação às questões morais, é possível destacar – junto com Nagel, contra um estreitamento ético da razão prática à primeira pessoa – que as razões morais são as que justificam a ação que "vão além" da primeira pessoa, mas esse ir além deve ser entendido de modo intersubjetivo, e não objetivamente. Portanto, a fundamentação moral não exige que a perspectiva própria seja objetivada "de fora", mas que seja expandida discursivamente em direção aos outros. Com isso, as razões morais possuem um caráter "independente" dos motivos subjetivos pois são razões *entre* pessoas. Contudo, permanecem razões "subjetivas" uma vez que são representadas "por mim" para outras pessoas. Sua intersubjetividade reside para além da alternativa entre objetivismo e subjetivismo. Portanto, a razão prática continua referida à "primeira pessoa" (Williams, 1985, p. 68) e os atores concretos continuam insubstituíveis e não se dissolvem *num* "todo mundo". Isso significa que, segundo os diferentes contextos, as questões práticas se colocam para mim e que as razões uso para respondê-las devem ser "minhas" razões de modo a ter algo para me motivar a agir moralmente, mas que no contexto moral – *diferentemente* do que em contextos éticos – não são sempre boas razões morais por serem "minhas" razões. As questões morais se colocam de modo diferentes das questões éticas: não como de orientação para a vida boa própria de cada um, mas como pretensões de pessoas sobre mim que devem ser respondidas reciprocamente. O caráter intersubjetivo das razões morais é incontornável e não pode ser reduzido à perspectiva ética do bem "para mim".

2. Com isso, essa concepção de razão prática pode responder às seguintes objeções levantadas por Bernard Williams e Martha Nussbaum às teorias deontológicas. Ela não adota (a) nenhum *transcendentalismo moral*, segundo o qual a moral consistiria em normas justificadas "externamente", "puras", que corresponderiam a um mundo de valores sem conflito, para além das "contingências" da vida (segundo Williams, 1981b; 1985, p. 195s.; Nussbaum, 1986, p.4, 290 ss.). Nenhum *eu* "inteligível" ou "sem características" (Williams, 1981b; 1985, p. 195 s.; Nussbaum, 1986, p. 4, 290 ss.) pode ser, fora da caverna de Platão e no interior do "reinos dos fins" de Kant, o legislador de normas morais para além de todos os

contextos particulares (deixo em aberto se Kant deve ser entendido desse modo). A fundamentação moral, tal como a reflexão ética (que Williams e Nussbaum adotam como modelo da razão prática), permanece "vinculada ao contexto". Contudo, a fundamentação moral apenas exige razões estritamente universais e recíprocas, que são "razoáveis" *num* sentido intersubjetivo, e não no "transcendental". Bem como a validade das normas morais se fundamenta nessa pretensão de universalidade e de racionalidade, e não no pressuposto metafísico de uma esfera de valor pura. Justamente porque as normas morais têm de poder mostrar concretamente sua validade e permanecem dependentes de justificação, elas não são construções abstratas, distantes do contexto, que decorrem do sonho de uma comunidade racional isolada (segundo Williams, 1985, p. 197).

Essa concepção de razão prática (b) não argumenta a favor de um *imperialismo moral* segundo o qual as normas morais espalham a autonomia das pessoas em outras esferas e que as questões do bem devam ser respondidas somente segundo os critérios do consentimento universal. Uma moral "impessoal" não substitui o lugar das relações pessoais, como temem Williams (1981a) e MacIntyre (1982). Questões éticas permanecem como tal, quer sejam respondidas coletiva ou individualmente. Nenhuma moral tira a responsabilidade das pessoas éticas por seu bem e por suas relações com os outros no interior de suas comunidades "constitutivas". Questões éticas permanecem como tal no interior de uma pluralidade de valores éticos; nesse sentido, devemos concordar como Williams e Nussbaum quando apontam para os limites do juízo ético sobre o bem: "nós sabemos que o mundo não foi feito por nós, ou nós para o mundo, que nossa história não é narrada com propósito útil e que não existe uma posição fora do mundo ou fora da história da qual poderíamos ter a esperança de legitimar nossas atividades" (Williams, 1992, p. 166). Todas as questões práticas permanecem questões inseridas em contextos, sem respostas definitivas; contudo, algumas – questões morais ou políticas – devem ser respondidas em comum porque surgem desta forma. A autorrelativização ética exigida em questões morais não significa um abandono da identidade ética por meio de indivíduos "descontextualizados" (e nenhuma auto-objetivação), mas uma consequência da inevitável relação relativizadora do *eu* com os outros, que possuem igualmente uma identidade própria.

Como dito, a tese da possibilidade do conflito entre valores éticos concorrentes e daquele entre valores éticos e normas morais não significa, primeiro, que estão excluídas soluções razoáveis para tais e, segundo, que os conflitos éticos de uma pessoa e os morais entre as pessoas devam ser respondidos do mesmo modo contingente. Por exemplo, um sucesso ético específico (imprevisto e fortuito) –, como o de uma pessoa em sua vida ao criar valores artísticos – não representa uma justificação *moral* para a violação de pretensões legítimas de outras pessoas e não tampouco pode servir de compensação. As decisões éticas, como destaca Williams, devem ser de fato julgadas frequentemente de forma retrospectiva com base em seu resultado. Contudo, disso não se segue nenhuma legitimação moral das ações que levaram a esse resultado[3]. As decisões éticas – por exemplo, na vida familiar ou na vida como artista – cabem às pessoas "para si" (ainda que com outras); mas aquelas acerca da vida familiar devem ser respondidas moralmente em consideração às consequências para os outros. Não existem valores "superiores" que superam essa responsabilidade. As pessoas éticas são sempre também pessoas morais que não podem deixar de alcançar determinados critérios de justificação recíproca e universal em relação àqueles afetados por suas ações quando agem como pessoas práticas razoáveis. Isso não pressupõe abandonar a perspectiva ética própria, mas sua ampliação moral para razões que os outros podem validar – não em relação a como devo viver, mas com referência ao tipo de conduta que posso justificar a eles. Para avaliar se, nessa justificação, uma vida para a arte como "valor" pode sobrepujar outros pontos de vista morais, pressupõe o ponto de vista "excêntrico" e fora do contexto que se atribui à moral deontológica. Avaliar desta forma é "uma ideia em demasia" [*on thought too many*], como Williams destacou em outro lugar (1981a, p. 18). Aqui ele argumenta corretamente que o ponto de vista moral seria problemático se exigisse que, *numa* situação na qual somente uma pessoa poderia ser resgatada do perigo, refletíssemos "imparcialmente" se seria justificado, dentre todas as pessoas que se encontram em perigo, salvar sua própria esposa. Contudo, aqui não se coloca um caso que está "para além de toda justificação", pois aqui se dispõe do ponto de vista ético que acrescenta algo ao moral e não o contradiz. Se o fizesse, isto é, se em benefício de meu trabalho artístico ou em favor de uma pessoa que me é próxima, não ajudo alguém que está com uma necessidade imediata, eu claramente perderia uma ideia em demasia, ou melhor, de menos.

Por fim, a teoria proposta aqui não defende (c) um *purismo moral*: a ação moral autônoma segundo razões que devem ser justificadas de modo recíproco e

---

[3] Cf. o exemplo de Williams (1981b) do pintor Gauguin e seu problema de ter de decidir entre as necessidades de sua própria família e o trabalho artístico. Williams (1981b, p. 23 s.; 38 s.) defende (cautelosamente) a tese de que a decisão pela arte pode ser considerada como justificada retrospectivamente, mesmo no sentido moral (apesar de "custo moral sério" não definido de forma específica). Cf, também Wolf (1993) e Menke (1993b) que de modo diferente apontam para as relações entre questões éticas e morais, mas que não explicitam propriamente o critério das razões morais, compartilhadas de forma recíproca e universal.

universal não pressupõe motivos "puros" tais que as razões motivadoras da ação não sejam as minhas próprias refletidas, que correspondem ao meu desejo de agir moralmente. Esse problema da relação entre as razões normativas que justificam a ação e as subjetivas que motivam a ação está no centro do debate entre teorias "externalistas" e "internalistas". Frequentemente, esses conceitos são aplicados de modos diferentes, o que não posso discutir aqui[4]. Num sentido geral, as teorias internalistas afirmam que as razões práticas para uma pessoa agir de determinado modo têm de ser razões que motivem a pessoa a agir desse modo. Boas razões devem motivar à ação a pessoa que as reconhece. As teorias externalistas, pelo contrário, pressupõem que é possível reconhecer as razões como justificadas, mas não estar, com isso, motivado a agir. Uma razão mais ampla, por assim dizer, deve ser adicionada para agir deste modo. Contudo, é difícil representar uma tal razão, pois se deve motivar à ação moral (e não apenas conforme a moral), a ação deve estar baseada no juízo [*Einsicht*] sobre o estar-fundamentado da ação. Evidentemente, tudo aqui depende do conceito de "juízo": o internalismo mostra que as razões morais são capazes de motivar a ação quando são julgadas internamente (Nagel, 1970, p. 64; Korsgaard, 1986, p. 11), enquanto que o externalismo mostra que um "amoralista" (Brink, 1989, p. 46) pode muito bem julgar internamente, o que significa ser moral, mas pode não estar motivado a agir como tal. Evidentemente, "julgar" no primeiro sentido é diferente do que no segundo: naquele, trata-se de um juízo moral; neste, de um juízo sobre a moral, que não é um juízo moral. O conceito de "juízo moral" significa que uma pessoa age moralmente ao agir de acordo com razões que podem ser justificadas de modo recíproco e universal. Ela julga essas razões como sendo mais bem fundamentadas e está disposta e capaz de agir segundo elas, desde que não haja boas razões para agir contra as mesmas. "Razões" são, portanto, *intersubjetivas*: entre pessoas e, portanto, "independentes" normativamente e válidas como as mais bem fundamentadas, e são "subjetivas" para todas as pessoas individuais que são simultaneamente autores e destinatários de pretensões de validade moral – as razões entre pessoas morais são aquelas *para*, *de* e *entre* pessoas morais.

O internalismo acentua o lado "subjetivo" dessas razões que motivam a ação; o externalismo acentua sua validade que justifica de modo independente a ação. Portanto, é significativo fazer a distinção entre as razões que *explicam* uma ação e aquelas

---

[4] Discussões recentes e elucidativas podem ser encontradas em Nagel (1970, p. 7 ss.), Williams (1981c), Darwall (1983, p. 51 ss.), Korsgaard (1986), Brink (1989, p. 37 ss.), Gosepath (1992, p. 228 ss.).

que a *justificam*; razões que uma pessoa tem para fazer algo e as que justificam essa ação (cf. Nagel, 1970, p. 15; Darwall, 1983, p. 28 s., p. 80 s.). Ora, em ações morais – e é isto que as caracteriza – esses planos devem coincidir: uma ação moral deve estar motivada moralmente, senão ela é conforme a moral, mas não o é moralmente. Ela assim o é quando o fundamento a partir do qual uma pessoa age de acordo com certas razões consiste no fato de que estas são justificadas moralmente. Esse é o cerne de uma ação autônoma, moralmente razoável – que pode ser, consequentemente, explicada sem um conceito metafísico de liberdade. Uma ação bem fundamentada no sentido moral é aquela segundo razões que não podem ser rejeitadas de modo recíproco e universal: as normativamente "independentes", que motivam subjetivamente por meio do juízo, que não correspondem a verdades estabelecidas "externamente" nem se fundamentam em sanções "externas", mas que são justificadas e avaliadas no contexto intersubjetivo entre e por meio de pessoas.

Contudo, teorias internalistas são frequentemente defendidas *numa* versão específica. De acordo com uma interpretação de Hume, se tomamos como base um conceito de racionalidade segundo o qual a ação "razoável" é uma ação que, com base nos fins de uma pessoa (fundamentados em desejos ou crenças), melhor realiza esses fins, então as boas razões devem ser entendidas exclusivamente *em relação* com esses fins (e desejos e crenças) que a pessoa tem. Com isso, as razões que justificam a ação são parte de uma "constituição motivacional" (Gosepath, 1992, p. 229) ou da "disposição motivacional subjetiva" (Williams, 1981c, p. 102) de uma pessoa. Por isso, podem ser somente razões que motivam "internamente", que causam a ação ao mesmo tempo em que a explicam e a justificam – em relação aos objetivos que a pessoa tem, evidentemente. A razão não "gera" razões a não ser que esteja vinculada com os desejos e objetivos que uma pessoa tem enquanto a pessoa que ela é. Ela certamente não é a "escrava das paixões", numa compreensão estreita de "paixões", mas tal concepção assume, com Hume (1739, p. 457), o seguinte: "uma vez que a moral tem, portanto, uma influência sobre as ações e afecções, segue-se que não podem ser dirigidas pela razão; pois esta sozinha, como já o demonstramos, nunca pode ter uma tal influência". Para ser efetiva, a razão permanece dependente dos motivos e valores da pessoa. As razões práticas somente podem sê-las para as pessoas que as podem afirmar.

Essa concepção, porém, reduz as questões práticas a questões éticas: a fundamentação prática é sempre "para mim e apenas para mim"[5]. O fundamento

---

[5] Aqui não pretendo avaliar se essa forma de reflexão racional não reduz também as questões éticas.

para isso reside *numa* determinada concepção de racionalidade prática e da força motivacional das razões racionais. A partir da condição de que, para guiar a ação, as razões devem ser razões subjetivas, conclui-se que somente as que "se ajustam" à "disposição motivacional" de uma pessoa podem ser *boas* razões. Consequentemente, só existem razões subjetivas, hipotéticas, para a ação e, por conseguinte, as normas de ação podem ser "fundamentadas" somente nesse sentido. Essa, porém, não é uma inferência justificada. Pois o fato de que boas razões justificadas podem motivar apenas quando elas são *ajuizadas internamente* não significa que apenas aquelas "adequadas" subjetivamente possam ser apreciadas ou sejam as únicas boas *moralmente*. As razões morais não podem ser reduzidas aos desejos das pessoas: a ação moral é somente justificada quando a reflexão prática, indo além dos objetivos próprios, se pergunta pelas razões que *outros* podem apresentar *de modo razoável* para uma possível ação (e que não posso razoavelmente rejeitar). E essa reflexão é uma faculdade da razão prática que, diferentemente de uma reflexão racional com respeito a fins, não se pergunta apenas pelos meios para alcançar os objetivos próprios ou – num sentido ampliado – pelos objetivos que sejam lucrativos, mas pelas ações que podem ser justificadas intersubjetivamente. Pois as razões que são boas do ponto de vista moral têm de poder responder à questão "por que você faz isto?" de um modo que não apenas explique a ação, mas também a legitime.

A *disposição* para responder as questões morais por meio de razões que não podem ser razoavelmente rejeitadas e a *capacidade* de formar juízos que motivem a ação com base nas mesmas podem ser vistas, num sentido mais amplo, como parte da "disposição motivacional" de uma pessoa – entretanto, somente quando o conceito de "desejo", que, segundo as teorias empiricistas, é o único que motiva a ação, incluir o "desejo razoável" (não entendido no sentido racional com respeito a fins) "de encontrar e concordar com princípios que ninguém que tenha esse desejo possa razoavelmente rejeitar" (Scanlon, 1982, p. 111). Assim, Rawls (1993a, p. 82 ss.) faz a distinção entre os "desejos objeto-dependentes" de perseguir determinados objetivos, os "desejos princípio-dependentes" de agir segundo determinados princípios formais-racionais ou razoáveis (no sentido moral)[6] e, por fim, os "desejos concepção-dependentes" segundo os quais uma pessoa está motivada a agir conforme um determinado ideal político de cidadãos livres e iguais. Do ponto de vista moral, o desejo "dependente de princípios" é decisivo para agir segundo

---

[6] Cf. a distinção kantiana de Rawls entre "racional" e "razoável", que foi discutida nas seções 1.2 e 4.2.

razões capazes de consentimento universal e recíproco; e este não é um desejo, entendido no sentido empírico ou ético, para realizar "meus" objetivos, mas uma faculdade da razão, segundo a qual razões "razoáveis" motivam pessoas "razoáveis" à ação "razoável" sem que essas razões tenham que ser "traduzidas" em desejos empíricos racionais com respeito a um fim (Korsgaard, 1986, p. 21 ss.). A razão prática é a faculdade e a disposição para agir de forma fundamentada; a razão prática é uma razão fundamentada *em* contextos intersubjetivos. Só assim pode-se diferenciar a ação moral da ação conforme a moral e explicar em que medida podemos *exigir* das pessoas que ajam segundo razões justificadas (ou poder repreendê-las por não terem agido assim). Boas ações são – no sentido moral, não ético – razões "para mim" (e, com isso, motivam "internamente") e, ao mesmo tempo, razões "entre nós" (e com isso devem ser julgadas "externamente", sendo válidas normativamente). Essas razões não guiam "automaticamente" a ação; concorrem com outros interesses e eventuais obrigações especiais. Contudo, orientam a ação na medida em que uma pessoa estiver disposta a – e for capaz de – agir com base num juízo moral.

O ceticismo em relação à razão prático-moral alimenta-se de um determinado conceito de razão prática e de desejos "motivadores" que, devido à alternativa muito estreita entre fundamentações morais subjetivo-relativas e objetivas, desconsidera a intersubjetividade da moral. Por isso, do fato de que um "dever" implica um "poder" não se pode deduzir que o "dever" deve ser reduzido a um "querer (poder)". Pois como a expressão "dever implica poder" faz sentido (o que não posso investigar aqui), ela refere-se à relação entre o que deve ser feito e a possibilidade de agir assim sob circunstancias contingentes dadas no mundo. Não se refere, portanto, a um dever que apenas é obrigatório quando lhe corresponde um querer (cf. Larmore, 1987, p. 85 ss.). Assim, obrigações morais *categóricas* não pressupõem que uma pessoa renuncie aos seus interesses, objetivos e motivos éticos, mas que em questões morais (e somente nelas) a ação seja conforme a normas que possam ser fundamentadas recíproca e universalmente no sentido estrito. Essas razões são tanto razões suas quanto razões universais. Como tais, possuem uma validade categórica – e isso significa que não podem ser contestadas de modo significativo por nenhuma pessoa – cujo sentido moral consiste em incluir cada pessoa moral na "comunidade de justificação" das normas morais.

Essa compreensão intersubjetiva da validade e da motivação morais pressupõe uma ação com base em motivos e razões que não são "empiricamente incondicionais" no sentido de que todo agente moral tenha de se abstrair de todas as condições empíricas e interesses ou sentimentos sobre si mesmo ou em relação a outras pessoas. Como também não deve ser entendida segundo a determinação kantiana da "pura vontade"[7]: a incondicionalidade da ação moral autônoma, segundo a concepção aqui proposta, deve ser entendida intersubjetivamente e não metafisicamente. Ela significa que o que é decisivo na avaliação das questões morais não são os motivos éticos autorreferenciados ou mesmo os interesses egoístas, mas as razões que podem ser justificadas de modo recíproco e universal *aos outros*. A "liberdade" em relação às condições empíricas consiste nessa reciprocidade e universalidade da justificação entre pessoas morais que se reconhecem e se respeitam como seres mutuamente responsáveis, bem como vulneráveis, que precisam de proteção. A moral reside nos *critérios* das razões que justificam as ações, não em suas *fontes* "puras" no sentido metafísico.

3. Contudo, persiste uma objeção possível: certamente, é correto distinguir as questões morais das questões éticas e entender o conteúdo das questões morais nos termos do imperativo categórico de Kant, mas sua própria fundamentação (isto é, a fundamentação do princípio de justificação) não reside num conceito "enfático" de razão prática, mas, novamente, nas condições éticas de ser um *eu* – isto é, nas condições universais de ser um *eu* como membro de uma comunidade moral. Esta é a objeção de Tugendhat (1993a, p. 80 e 45)[8].

Tugendhat procura fundamentar uma concepção kantiana de moral sem recorrer a um conceito de razão prática. Tenta demonstrar que tal concepção é superior às teorias concorrentes e que é a explicação mais plausível da identidade moral das pessoas. Em seu conceito de "ser humano bom", que internalizou o dever moral à luz da sanção interna da vergonha moral (ibidem, p. 56 ss.), moral e ética estão vinculadas. Com isso, ele procura evitar tanto a posição contratualista – segundo a qual as normas somente podem ser seguidas em função de sanções externas – quanto a tese forte, segundo a qual o ser moral é uma condição necessária e inevitável de ser um *eu*. Não obstante, uma fundamentação moral somente pode acontecer, segundo Tugendhat, quando o vínculo interno entre *justificação* moral e *reconhecimento* social for adequadamente considerado.

Seu conceito de "fundamentação" da concepção moral tem dois significados essenciais. De um lado, começa como uma determinada ideia de moral segundo a

---

[7] Cf. a interpretação de Kant feita por Hill (1992a,b) em contraste com a de Harman (1977, cap.6).

[8] No que se segue, refiro-me primeiramente à apresentação de Tugendhat de sua teoria em suas *Lições sobre ética* (1993a). Sobre suas "Três conferências sobre problemas da ética" (1984, p.53-131) e as "Retratações" (1984, p.132-76) que se seguem a elas, cf. especialmente Wolf (1984); sobre esses textos e modificações adicionais (Tugendhat, 1986, 1992 a, 1992b), cf. as críticas de Habermas (1991d, p. 146 ss.) e Wingert (1993, p. 242 ss.).

qual as normas morais devem poder ser exigidas e aceitas universalmente no sentido estrito – o que exclui não apenas as fundamentações tradicionais ou religiosas, mas também outras que veem a moral com base na compaixão, no contrato ou na utilidade geral. As expressões valorativas "gramaticamente absolutas" do "bem moral" e o "uso incondicional" do *ter de* ou "dever" moral (ibidem, p. 37 e 40) impõem aos candidatos para uma possível explicação dessas expressões condições que, em última instância, só uma moral kantiana pode preencher. Contudo, por outro lado, as *razões* para essa moral defrontam-se com uma dimensão adicional de justificação: têm de poder fornecer os *motivos* (ibidem, p. 29 e 85) em cuja base as pessoas estão dispostas a seguir essa moral, isto é, para se autocompreenderem como pessoas moralmente "boas". O uso "gramaticamente absoluto" do "bem" é, segundo Tugendhat, atributivo, que se refere ao "ser bom" das pessoas. Aqui reside um vínculo entre o que deve ser moral e o querer subjetivo: um querer ser bom de uma pessoa. E, ao mesmo tempo, reside aqui um ponto essencial, pois os argumentos e pretensões morais sobre uma pessoa não podem se referir a algo correto moralmente no sentido independente, mas podem apelar unicamente à autocompreensão daquelas que se compreendem moralmente. Com isso, o *ter de* moral é duplamente relativizado: pressupõe uma sanção interna sobre a não observância e, esta, por sua vez, pressupõe um "ato de vontade" de querer ser moral (ibidem, p. 60). A alternativa, entendida sob premissas empiristas, entre um *ter de* "absoluto", que seria entendido em termos quase religiosos, e um *ter de* que apenas é um dever enquanto querer subjetivo faz com que Tugendhat desconsidere o sentido independente, mas não absoluto, do que deve ser moralmente, enquanto aquilo que não pode ser *recíproca* e razoavelmente rejeitado e, com isso, pode ser exigível.

Essa fundamentação hipotética[9] do ser moral tem consequências problemáticas para sua tentativa de demonstrar a teoria kantiana, em termos de conteúdo, como conceito moral plausível – e para explicar melhor o dever moral – do que as concepções alternativas. Como a validade *normativa* da moral depende (e permanece dependente) da vontade para se entender de um determinado modo, os argumentos a favor da moral em geral e do ser moral em particular permanecem orientados ao "bem-estar" e à reflexão "prudente" de uma pessoa (que age) (Tugendhat, 1993a, p. 89). Isso, porém, significaria que, em última instância, a ação moral é comandada pela busca do bem *próprio* e, com isso, não pode ser *exigida* reciprocamente de uma pessoa. Aqui, mostra-se que a validade (subjetiva) da moral "para" uma pessoa

---

[9] Cf. Tudgendhat (1993a, p. 46, 60 e 89) e as referências a Foot (1972) e Williams (1985).

deve ser diferenciada da validade (normativa) "diante" de uma pessoa: a moral não vale somente quando alguém já aceitou a sanção vinculada com sua violação (de modo que, caso não a tenha aceitado, teríamos de aconselhá-la acerca de seu próprio bem para entender a si mesma de tal modo que se envergonhe com determinadas ações); antes, é válida justamente porque uma pessoa não age somente "para si", mas *tem de* considerar, em sua ação, as pretensões *dos outros* possíveis atingidos. Este *ter de* não deve ser reduzido a uma sanção transcendental última que nos force a sermos morais, nem depende de uma sanção internalizada de prejuízo da minha autocompreensão. O conceito de sanção desempenha um papel apenas na questão da observância ou inobservância de normas morais, mas não sobre *por que* alguém deveria reconhecer moralmente os outros e *quais* ações são permitidas ou proibidas e devem ser impostas com sanções. Estas – indignação e, respectivamente, vergonha – *decorrem* da violação do que é correto moralmente, e, portanto, essa validade não pode depender da existência (e aceitação prévia) de determinadas sanções (cf. também Habermas, 1991d, p. 151). Esse vínculo interno entre validade e sanção (Tugendhat, 1993a, p. 95) é uma herança do contratualismo que torna a obrigação moral dependente de um ato de vontade prévio e não consegue fornecer nenhuma razão normativa do por que esse ato é *imperativo*, a saber, para o bem-estar dos outros e não para o seu próprio. Uma determinada ação deveria ser acompanhada por sanções por ser imoral; ela não é imperativa moralmente por ter como consequência sanções (internas ou internas). É preciso notar que isso não significa que a ação moral (diferentemente daquela conforme ao direito) não se apoia em motivos morais internos e não está vinculada internamente com acusações de culpa por parte de outros e de si mesmo (no "diálogo consigo mesmo" representado pela consciência)[10]. Deve-se respeitar a si mesmo como pessoa moral, poder "olhar a si mesmo no rosto" – porém, o respeito aos outros não é comandado pelo querer do próprio rosto. Isso significa uma "instrumentalização" do outro (Wingert, 1993, p. 248), o que é incompatível com uma moral do respeito igual. As sanções são mais ou menos justificadas ou "razoáveis" – e para essa avaliação são necessários padrões morais "independentes" sobre o que é justo e imperativo, e não primeiramente com relação a *pessoas*, mas com relação a *normas* que justificam a ação.

Por um lado, Tugendhat entende a validade moral como sendo relativa ao que é "bom para mim" (1993a, p. 90); por outro lado, sua crítica básica às teorias morais alternativas é a de que elas projetam essa condição. Assim, critica a

---

[10] Cf. Arendt (1978, p. 191): "A consciência é a antecipação de seus pares que te esperam quando você retorna para casa".

restrição da obrigação moral que acompanha a ética da compaixão por recorrer a um "sentimento" que, segundo ele, não é universalizável no sentido moral. A ética da compaixão não conhece "conceito comum de ser bom" (ibidem, p. 183). Em contraste, o contratualismo não conhece nenhum "sentido moral" em geral; não fundamenta as obrigações num sentido propriamente moral, é mais uma "quase-moral" daquilo que é vantajoso para as pessoas, mas não obrigatório: "o que é fundamentado é um ser bom relativo para cada um" (ibidem, p. 77). Isso não leva a uma ideia compartilhada do ser bom, segundo a qual a ação de cada pessoa "boa" corresponde ao imperativo categórico. "Quando digo que minhas razões para levantar determinadas pretensões morais (que isto ou aquilo é ruim/bom) consistem no fato de ser do meu interesse levantar tais pretensões (é bom para mim), então, ao fazê-lo, refuto-as." (1993b, p. 45). Segundo essa citação, razões morais não podem ser somente "minhas". Isso, contudo, contradiz as consequências de sua própria concepção.

Ora, as razões que são boas razões (para agir) *no interior* da moral kantiana não estão situadas no mesmo nível que as que apontam para essa moral *em geral*, pois as últimas precedem as primeiras, segundo Tugendhat. A moral tem de cair num solo subjetivo frutífero. Entretanto, com isso o querer permanece uma companhia constante do dever moral (1993a, p. 62), de modo que ambos os planos se interpenetram. Pois a autonomia significa, segundo ele, no sentido da liberdade de ação, que as pessoas podem se decidir a favor ou contra a moral (ibidem, p. 97, 160). As pessoas morais, por conseguinte, nunca internalizam a moral ao ponto de privá-las da autonomia. Elas não *têm de* se entender moralmente de modo incondicional. Com isso, a reflexão prática fundamental continua a ser: se for "bom para mim", deve ser "bom" – uma decisão que é a favor ou contra uma conduta sancionada, a favor ou contra uma "consciência". Contudo, essa concepção voluntarista do "querer ter uma consciência" (como poder-se-ia dizer parafraseando Heidegger), a "adoção de uma consciência", não faz jus ao caráter involuntário desta que "se manifesta", querendo ou não. Todavia, essa questão não é central, mesmo quando não se pode decidir pela "formação" (ibidem, p. 60) da consciência, uma vez que ela se manifesta, fica ao encargo da pessoa seguir esse "chamado". Mais importante é que qualquer que seja a identidade social que alguém tenha ou deseja ter, ele é, como pessoa moral, o destinatário de pretensões de validade levantadas por outros e o autor de pretensões endereçadas a outros. Disso não se segue que a pessoa se "sinta necessariamente forçada" a responder a essas pretensões e de determinado modo (ou a fundamentar suas próprias pretensões). Daí se segue, contudo, que a ausência desse sentimento – ou do querer se compreender moralmente – não invalida os critérios de uma resposta "razoável", fundamentada moralmente e exigida reciprocamente (e exigível) a essas pretensões.

O vínculo entre ética e moral no conceito de "ser humano bom" é questionável num outro sentido: que relação existe entre a "autoestima" e o "respeito" moral dos outros e pelos outros? A tese do vínculo imanente entre a moralidade e a "identidade do eu" afirma que o ser estimado "como ser humano" em geral e não como ser humano em particular com determinadas qualidade e capacidades é essencial para o sentimento de autoestima e para ser capaz de afirmar-se a si mesmo (1993a, p. 59, 311)[11]. Todavia, é importante (cf. Tugendhat, 1984, p. 137; Wolf, 1984, p. 100 s.) fazer a distinção entre ser eticamente estimado como ser humano "valioso" e o respeito moral como pessoa moral e, respectivamente, considerar o *sentimento de autoestima* como dependente do fato de uma pessoa ser ou não ser estimada e valorizada como membro individual de uma comunidade ética com base em valores compartilhados. Em contrapartida, o respeito moral dos e pelos outros corresponde ao *autorrespeito* das pessoas em serem moralmente autônomas. O respeito moral é, ao mesmo tempo, mais "estreito" e mais abrangente do que a forma de reconhecimento que constitui o sentimento de autoestima: refere-se ao respeito a todos os seres humanos como tal. Todavia, a ideia de "querer ser afirmado" na forma de um querer ser aprovado por um observador moral imparcial (Tugendhat, 1993a, p. 311) oscila entre uma avaliação ética e uma moral do ser humano considerado "bom". Pois, de um lado, essa forma de reconhecimento, para poder explicar substantivamente a autoestima, tem de ser entendida como aquele no interior de uma comunidade particular e estar relacionada com as normas sociais da mesma – a um significado *específico* de "bom" (ibidem, p. 58) como membro dessa comunidade; de outro lado, para ser moral no sentido de uma "moral do respeito universal" (ibidem, p. 345), tem de estar relacionada com a comunidade moral ilimitada de todos os seres humanos (ibidem, p. 83 s.). Mas então o "querer pertencer" uma determinada sociedade não pode mais ser o motivo para a ação moral que pode exigir que se vá além de uma sociedade particular e criticá-la. A estima social e o autorrespeito moral se separariam e a pessoa poderia se ver reconhecida aos olhos de uma comunidade "mais abrangente", como diz Mead (voltarei a isso na seção 5.3). Isso não significa que o querer ser reconhecido socialmente, mas sim o autorrespeito moral, é o que motiva a ação segundo normas que deixam para trás toda particularidade social, como diz Tugendhat (ibidem, p. 315). Não

---

[11] Sobre isso, cf. Wildt (1982, 1992a), Tugendhat (1979, p.272 ss.; 1984, p.135 ss.), e criticamente Wolf (1984, p.213 ss.).

seria o "valor", mas a "dignidade" moral (no sentido kantiano; cf. Vlastos, 1984) do ser humano que o tornaria autor e destinatário da moral. Assim, a comunidade social do reconhecimento tornou-se uma comunidade moral de justificação.

Desse modo, somente no interior de pressupostos kantianos Tugendhat consegue argumentar conceitualmente a favor de um alargamento da comunidade moral em direção a todos os seres humanos. Não consegue fazê-lo com base numa teoria do reconhecimento. Que a limitação da comunidade, e não sua universalização, precisa ser fundamentada (1992a, p. 330) corresponde ao princípio da justificação universal e recíproca segundo o qual uma norma moral tem de considerar "todos igualmente" (1993a, p. 317) e, portanto, de acordo com sua pretensão de validade, não admite nenhuma limitação. Normas morais, com isso, não se distinguem primeiramente de outras normas a partir de um conceito de sanção, mas a partir dos critérios da universalidade e reciprocidade estritas. Essas normas *correspondem* a uma forma determinada de autorrespeito, mas não têm de ser *fundamentadas* numa teoria do reconhecimento. Quando se trata da moral, temos de vincular de modo correto a justificação e o reconhecimento. O fato de que são necessárias determinadas condições (subjetivas e sociais) para uma pessoa se compreender moralmente e agir moralmente não leva a uma relatividade subjetiva ou social da validade moral. Assumir isso implica cair numa "falácia genética", como Tugendhat critica em outro lugar (ibidem, p. 202). Como será visto, uma teoria dos contextos de justificação está em condições de estar vinculada com uma análise diferenciada das relações de reconhecimento; a fundamentação da moral não se apoia em determinadas suposições antropológicas ou teorético-identitárias. A questão moral fundamental não é "quem quero ser?", mas "o que posso justificar moralmente?". Que as pessoas possam ser capazes de conciliar suas ações com sua imagem (ética) de si mesmas, não significa que possam justificar moralmente suas ações tendo como base apenas essa imagem e seus valores e ideais centrais.

O princípio da razão, que procede "recursivamente" a partir da ausência de fundamentos "últimos" e da inevitabilidade de pretensões morais entre pessoas, não está "fincado em nós como um *tem de ser* absoluto" (ibidem, p. 97). A razão prática é uma faculdade de oferecer razões, avaliá-las e agir de acordo com elas; é a que atribuímos a pessoas responsáveis moralmente e à qual apelamos – e temos de apelar – quando se trata de questões sobre ações que atingem os outros. Respeitar pessoas morais significa reconhecê-las como autoras e destinatárias de pretensões de validade – considerá-las como responsáveis moralmente e assumir responsabilidade diante delas. Ser moral deste modo é uma *tarefa* de pessoas morais, que não é assumida por nenhuma razão objetiva anônima, que fala e age por meio delas.

Agora, vale a pena observar mais detalhadamente como, de acordo com a teoria intersubjetiva aqui apresentada, podem-se distinguir diferentes contextos de justificação, assim como diferentes valores e normas com diferentes modos de validação que remetem para diferentes "comunidades de justificação". Isso, por sua vez, leva a uma teoria complexa das obrigações práticas e a uma teoria de quatro formas de ação *autônoma*, fundamentada e autorresponsável como pessoa ética, pessoa do direito, cidadão e pessoa moral. A partir disso, pode-se discutir mais precisamente alguns dos pontos mencionados anteriormente – por exemplo, a questão dos conflitos normativos.

b. Justificação prática e autonomia

Para "situar" o conceito de autonomia em contextos intersubjetivos e diferenciá-lo em quatro dimensões, pressupõe-se um conceito comum prévio. Segundo esse conceito, as pessoas como agentes são, no sentido prático, seres "autônomos" autodeterminantes quando agem de forma consciente e *fundamentada*. Como tais, são responsáveis por suas ações: podem ser questionadas acerca das razões pelas quais agiram. Como pessoas responsáveis, são aquelas "que se justificam" e esperamos que tenham considerado suas razões para agir, sendo capazes de justificá-las. Nesse sentido, as pessoas autônomas são razoáveis em termos de razão prática: possuem razões para agirem que podem ser justificadas para elas mesmas e comunicadas e defendidas diante de outras, de modo que essas razões – sob circunstâncias (que ainda devem ser determinadas) – possam ser compartilhadas.

Mas sob quais circunstâncias "minhas" razões têm de ser "universais"? Entender a ação autônoma nesse sentido de uma ação fundamentada não contradiz o sentido da autodeterminação? Uma diferenciação dos "contextos da autonomia" tem de responder a essa questão e mostrar em quais questões práticas as respostas autônomas têm de se apoiar em razões que uma pessoa tem de poder justificar para si mesma, com outros ou diante de outros – e quais outros. Assim, pode-se distinguir formas diferentes de liberdade "positiva" e "negativa"[12], que já foram discutidas nos capítulos anteriores: a *autonomia ética* das pessoas em relação à sua vida (boa) (e a validade de valores éticos); a *autonomia jurídico-pessoal* das pessoas

---

[12] Por exemplo, em Berlin (1969b), ao lado de sua defesa da autonomia pessoal, que, ao ser assegurada juridicamente, fornece um espaço de livre definido negativamente, pode-se encontrar diversas determinações "positivas" da autonomia em relação à autorrealização ética (Mill), autonomia política (Rousseau) e ação moral (Kant), as quais devem ser vinculadas no interior da estrutura básica da sociedade, como tentarei mostrar.

do direito (como destinatárias do direito); a *autonomia política* do cidadão (como autores do direito) e a *autonomia moral* das pessoas como autoras e destinatárias de normas morais. À autorrealização ética, à liberdade pessoal de ação, à autolegislação política e à autodeterminação moral correspondem, como será visto, diferentes dimensões da justificação da responsabilidade prática. Nenhum desses conceitos de autonomia pode levantar a pretensão de ser o único representante dela. É necessário diferenciá-los para evitar falsas oposições e para ver como podem ser compatibilizados e como podem entrar em conflito uns com os outros. A tarefa construtiva da integração dessas formas de autonomia é exigida num duplo sentido: cada pessoa tem de realizá-la "autonomamente" para si e no interior da estrutura básica da sociedade elas têm de ser vinculadas de modo que uma dimensão não seja sacrificada em nome das outras. Nisso consiste seu significado para uma teoria da justiça.

Pessoas "autônomas" se colocam as questões "o que devo fazer?" ou "o que é bom ou justo para mim/nós/todos?" em diferentes contextos. E essas questões pedem respostas que possam ser justificadas nas respectivas comunidades nas quais as pessoas como indivíduos são membros (de modos diferentes). Uma concepção teórico-discursiva da autonomia e da validade normativa tem de diferenciar esses contextos para mostrar quais questões práticas pressupõem quais formas de universalização para serem respondidas e não remeter as questões práticas conjuntamente a uma comunidade de justificação "ilimitada". Se seguirmos a lógica da justificação de valores ou normas que legitimam a ação, na qual se reconstrói os contextos de justificação em que são levantadas pretensões de validade, então emerge a perspectiva de uma teoria intersubjetiva que não é nem particularista nem universalista no sentido equivocado. Uma teoria que avalia as coisas desse modo, que faz a distinção entre diferentes comunidades de justificação mais ou menos abrangentes, não assume uma separação estrita dos domínios das esferas de valor (cf. anteriormente a discussão com Nagel). Apenas investiga quais os critérios que valores e normas têm de preencher para serem considerados válidos em contextos determinados. Além disso, tem de observar o momento "subjetivo" irredutível, especialmente nos problemas éticos da "minha" vida (boa) – acentuado por Williams – e a liberdade de ação das pessoas do direito. Aqui também devem se fazer a distinção entre questões de validade e de gênese, só que agora não a favor de uma validade moral "incondicional", mas (por exemplo) em vista da autorresponsabilidade ética da vida própria: também quando as questões éticas se colocam para mim como membro de comunidades éticas e resultam desse contexto, as decisões éticas, "em última instância", têm de ser respondidas por mim.

A análise dos diferentes modos de validação se concentrará nas dimensões de validade de valores e normas. Aqui me restrinjo aos pontos sistemáticos essenciais que retomam conceitos e argumentos dos capítulos sobre ética, direito, democracia e moral desenvolvidos até aqui. Essa análise da justificação prática e da autonomia será complementada e completada na seção seguinte com a investigação das diferentes formas de reconhecimento. A despeito de sua complementaridade, as perspectivas da justificação e do reconhecimento têm de ser diferenciadas metodologicamente. Por um lado, as pretensões de validade de valores e normas estão, certamente, vinculadas de modo complexo com as pretensões de reconhecimento normativo das pessoas. Por exemplo, as pessoas éticas são reconhecidas e estimadas diante do pano de fundo de valores éticos compartilhados em comum; e respeitar alguém como pessoa moral significa reconhecê-la como autora e destinatária de pretensões de validade desta natureza. Mas, por outro lado, as pretensões morais erguidas entre pessoas não são de *per se* pretensões ao reconhecimento da identidade das pessoas (cf. Habermas, 1988c, p. 230); podem ter conteúdos e objetivos diferentes e apenas indiretamente atingir as estruturas de reconhecimento – mesmo quando, por exemplo, em questões normativas de tipo jurídico-político se trata frequentemente sobre o que significa reconhecer as pessoas como cidadãos plenos, com igualdade de direitos. A orientação metodologicamente prioritária pelos critérios de validação de valores ou normas permite uma análise diferenciada dos contextos diferentes da justiça, aos quais correspondem, ao mesmo tempo, formas de reconhecimento igualmente relevantes. Por fim, o que é decisivo é que essa orientação possibilita uma explicação mais precisa sobre quais reivindicações por reconhecimento – como pretensões sobre outros – precisam e podem ser justificadas reciprocamente em qual sentido. Os critérios a isso referidos – que são necessariamente formais, mas não "descontextualizados" – não podem ser retirados unicamente de uma teoria do reconhecimento.

1. Ética

Questões éticas são aquelas da vida boa de uma pessoa como membro de comunidades éticas particulares, com cujas histórias a biografia singular ("própria"), a narrativa do *eu* – seu passado, presente e futuro – está vinculada. Porém, "vinculada" não significa "idêntica", mesmo quando a identidade de uma comunidade é constitutiva (parcialmente) para a de uma pessoa. Uma identidade constituída comunitariamente também pode se modificar, mas não pode cair para fora do contexto. Não existe uma escolha radical do *eu*, mas existe uma escolha de conduta para consigo mesmo e com os outros. Aqui é importante falar de comunidades éticas no plural: ser simultaneamente parte de uma relação amorosa, de uma família, de comunidades como comunidades religiosas ou étnicas, exige uma capacidade ético-integrativa de pessoas eticamente autônomas. Não existe apenas *uma* "comunidade constitutiva" que determina plenamente a identidade de uma pessoa. A constituição intersubjetiva não exclui, portanto, a autonomia ética e esta, por sua vez, é uma autonomia *em* comunidades. As pessoas éticas se definem conscientemente por meio da pertença a comunidades que incorporam determinados valores e nas quais as pessoas possuem determinados papéis que reconhecem, por si mesmas, como sendo parte delas mesmas. Questões éticas dizem respeito a quem e o que sou, quem me tornei e o que pretendo ser, como a pessoa que "agora" sou. São questões sobre a orientação que tenho em "meu" mundo, que não é uma orientação apenas "minha", mas também do mundo dos outros. Questões éticas são aquelas de orientação que uma pessoa tem de *responder para si com os outros*, mas ela sozinha é *responsável* por elas.

Nenhuma comunidade tira das pessoas eticamente autônomas a responsabilidade pelos objetivos e valores que definem suas vidas. À medida que são eticamente autônomas, as pessoas estão em condições de dar razões para seus planos de vida, bem como para "formar, revisar e persegui-los racionalmente" (Rawls). Isso não implica que vão perseguir linearmente, por toda vida, um plano de vida detalhado, pré-ordenado, ou um *télos* último (ou "superior" no sentido metafísico). Sua "narrativa" biográfica (MacIntyre), da qual são coautores, desenvolve-se segundo uma "trama" à qual a pessoa procura atribuir um "sentido" temporal; essa narrativa inclui a coautoria de outros, a influência do acaso e rupturas que têm de ser harmonizadas retrospectiva e prospectivamente por meio da interpretação. Entender a vida própria e vivê-la de modo significativo é uma tarefa hermenêutica constante para as pessoas que não "possuem" sua identidade num sentido "atomista", mas a qual pertencem mais do que a qualquer outra.

O que é justificado do ponto de vista ético? Duas coisas: no plano *subjetivo* justifico "minha" decisão vital para mim mesmo e diante daqueles que pertencem ao cerne da minha identidade; eles importam para mim, pois me dizem como me veem – quem sou para eles. Com eles compartilho um mundo ético específico que forma a estrutura para as "avaliações fortes" (Taylor), sem as quais não consigo me compreender. Por fim, esses outros, contudo, não tomam as minhas decisões vitais para mim; tenho de poder me identificar com tudo o que pertence à minha identidade. Eu ainda tenho de poder dizer "eu" para mim. Por conseguinte, a justificação ética significa também: tenho de ser capaz de me olhar e de me explicar. Eu me justifico para mim mesmo e diante dos demais – dos valores que são importantes para nós – mas eles *somente* são importantes porque cada pessoa individual os considera como tal: sua validade não tem uma força categórica. A diferença central entre validade – e argumentação – ética e moral consiste no fato de que, na argumentação ética, uma pessoa somente pode ser *aconselhada* ou recomendada a considerar determinados valores como sendo importantes (cf. a seção 4.4). Com isso, não são formuladas proposições morais deônticas que erguem uma pretensão de validade recíproca e universal que não pode ser rejeitada – mesmo quando os "valores" que, por exemplo, um amigo me aconselha, sejam "verdades transcendentes" que reivindicam uma universalidade. Esses valores só se tornam uma verdade ética para minha vida quando me identifico com eles, me compreendo por meio deles. Valores éticos valem como respostas justificadas para as questões sobre a vida boa somente quando estiverem ancoradas na autocompreensão de uma pessoa e forem um componente de sua identidade qualitativa.

Num ponto de vista *relativo à comunidade*, a justifica ética significa que uma comunidade, que representa uma comunidade de identificação para os indivíduos, procura responder a questão do bom "para nós" com base numa autocompreensão comum. Numa comunidade constituída por meio de valores éticos, seus membros têm de encontrar respostas comuns às questões práticas que decorrem de novos problemas, sem romper com a continuidade da autocompreensão. Justificação significa, então, que *nós* definimos em comum como nos compreendemos, o que é compatível com nossa identidade. Contudo, em última instância, esta é também uma questão que está voltada para a autocompreensão do indivíduo: a saber, como ele se compreende como membro dessa comunidade ética. Aqui, a tese da constituição intersubjetiva do *eu* não deve levar à concepção de que as próprias comunidades éticas sejam sujeitos que refletem independentemente e decidem pelos seus membros. A justificação ética comunitária permanece também dependente das pessoas eticamente autônomas. A identidade coletiva de uma comunidade ética e a identidade individual dos membros estão, portanto, interconectadas em ambos os lados: respostas às questões éticas têm de se conciliar com ambas as dimensões, mas, em última instância, têm de ser respondidas individualmente. Também aqui importa superar a alternativa entre atomismo e monismo social e compreender corretamente o fenômeno da intersubjetividade: pessoas autônomas são constituídas intersubjetivamente e sua autonomia é exercida "com" os outros, porém permanecem autônomas. Somente como tais elas podem ser estimadas como indivíduos em comunidades, ser reconhecidas e se autocompreender.

O modo de validade dos valores éticos é simultaneamente subjetivo e comunitário: um valor é válido quando for determinante da identidade para mim como parte de uma comunidade ética. As razões que fundamentam sua validade são as que apelam diretamente para minha autocompreensão como pessoa que sou – nas relações comunitárias que são constitutivas para minha identidade. Não possa observar "de fora" essas relações, mas posso criticá-las "de dentro". Não consigo colocar e responder as questões éticas a não ser por meio da referência àquilo com que me identifico. Esse modo de validade quer dizer: *isto é bom para mim* como a pessoa que fui, sou e quero ser. Um valor é justificado porque confere *sentido* à minha vida, contribui para minha *vida boa*. Esse sentido se revela a mim por meio dos outros, mas tem para mim um significado especial que ultrapassa aquele que tem para os outros. O bem para uma pessoa o é para o que ela é sozinha – lhe proporciona um lugar no mundo histórico e comunitário. Do mesmo modo que a comunidade ética não é uma comunidade universal abrangente, a linguagem da ética também não é universal. Proposições éticas definem valores como "bons" e desses valores derivam determinadas virtudes, disposições e modos de ação que encontram seu lugar somente no interior de uma práxis social, na narrativa de uma comunidade.

Valores éticos obrigam pessoas éticas como membros de comunidades nas quais essas pessoas se "sentem" obrigadas, de modo que, se não seguissem suas obrigações éticas em relação à família, amigos e assim por diante, sentiriam sua vida como algo deficiente. O sentimento de autoestima que se constitui nas relações éticas seria violado quando não se vive de acordo com as expectativas éticas que são depositadas em nós (cf. a seção 5.3). Essas obrigações, como já mencionamos, não são impostas por meio de uma resolução livre no sentido de "desprendido"; de certo modo, "crescemos" com elas, contudo as assumimos de modo consciente. Somos obrigados no núcleo mais interior de nosso *eu*: não seríamos o que somos e queremos ser se não agíssemos conforme o modo ético exigido. Os problemas que surgem quando expectativas éticas diferentes entram em conflito *num*a pessoa – por exemplo, como membro da família e como amigo – devem ser respondidas, portanto, com base na autocompreensão própria, quando questões morais não estão envolvidas. Aqui, uma pessoa se pergunta sobre o que é importante "realmente" para si, mesmo quando essa busca por uma autocompreensão "mais profunda" e por avaliações "fortes" não deve ser entendida no sentido de uma autotransparência, na qual se descobre um "núcleo" próprio. O *eu* "autêntico", "verdadeiro", é, como diz Taylor (1992b, p. 66) sempre também uma *criação* interpretativa de seu *eu*, que incorpora as convenções sociais dominantes e as interpretações dos papéis até então vividos. Nessa criação, contudo, não pode ser descartado o "horizonte de significado" de uma linguagem ético-cultural, nem os vínculos existentes com os outros e as disposições afetivas, hábitos e qualidades de caráter de uma pessoa. Fazer-lhes "justiça" é tarefa da autorrelação "autêntica" de uma pessoa que pode "ser fiel a si mesma". É uma tese muito forte afirmar, como o faz Taylor (1992b), que esse horizonte de valores pré-dado à reflexão ética é um horizonte de valores incontornáveis de uma "ordem mais abrangente" (ibidem, p. 89) que transcende os esforços humanos (ibidem, p. 35 e 41), de modo que, em última análise, retira de nós a disposição de determinar o que para nos é "realmente" importante. A autonomia ética consiste, dito de modo geral, na escolha do bem e em cada sociedade ou cultura existem determinados padrões valorativos para dizer o que vale como "bem". Contudo, esses padrões não podem reivindicar um caráter objetivo no sentido de que uma vida tem de ser (mas, certamente, pode ser) necessariamente ser "ruim" eticamente ou alienada quando não corresponder totalmente ou em parte a esses valores (o que, por sua vez, é uma questão de interpretação)[13]. Pois os padrões valorativos do bem são, primeiro, modificáveis e, segundo, o horizonte de valores das sociedades modernas é em si mesmo pluralista e fonte de valores incomensuráveis. O fato de que a decisão ética autônoma emerge em contextos de valores compartilhados e depende da afirmação valorativa dos outros é compatível com uma pluralidade de comunidades éticas e interpretações de valores – pluralidade que não pode mais ser organizada numa linguagem de valores abrangente e sintetizadora (seja numa sociedade ou no interior de uma cultura) e que seja eticamente *obrigatória* para as pessoas.

Em questões éticas, portanto, as comunidades éticas são de justificação e, por um lado, em questões de autocompreensão comum, são uma coletividade integrada por meio de valores compartilhados: a resposta a um problema do que é bom "para nós" tem de ser dada em comum e tem de poder estabilizar a identidade coletiva existente – ou a comunidade ética deixa de ser uma tal comunidade. Por outro lado, em questões do que é bom "para mim" – que tem de ser respondidas conjuntamente com as questões do que é bom "para nós" – as comunidades éticas são também comunidades de justificação: as razões com base nas quais decido conduzir minha vida como dotada de sentido e valiosa não são apenas, em sua gênese dependentes dos outros com os quais compartilho minha vida (em diferentes graus), mas também no que se refere a sua validade, embora num sentido mediato: os outros têm de poder considerar aquelas razões como "estimáveis". *Quem* são esses outros que possuem a

---

[13] Cf. a discussão de Raz (1986, cap. 14 e 15) sobre a autonomia ética pessoal, que é "valiosa" enquanto escolha consciente e independente do bem no interior de uma estrutura (pluralista) de valores socioculturais (cf. seção 2.2).

"autoridade" para julgar minhas razões éticas como boas ou ruins é ela mesma uma questão ética. Aqui, diferente do que em questões morais, não está prescrita de antemão uma audiência específica; pode ser uma pessoa ou um amigo ou uma outra comunidade ética particular (e, frequentemente, uma combinação dessas). Pessoas éticas dependem da confirmação por meio de outros que, com base na identidade da pessoa envolvida – e não com base em valores externos – podem julgar se tal pessoa age significativamente. Os outros são componentes da vida dessa pessoa. Contudo, isso pressupõe que a pessoa considera esses outros como eticamente "significantes" e se compreende como membro dessa comunidade ética. Quando se trata de questões sobre o bem, não existem razões "últimas" capazes de nos conduzir para fora dessa reciprocidade hermenêutica. A própria pessoa, como nenhuma outra, tem de poder viver com as razões que considera justificadas eticamente para si e para os outros.

Com isso, as pessoas podem ser chamadas de *autônomas eticamente* quando estiverem em condição de responder de forma significativa e fundamentada às questões sobre seu bem com base *num*a reflexão sobre sua identidade constituída em comunidade e com base em valores. Agem segundo "desejos de segunda ordem" (Frankfurt, 1971) que consideram valiosos – por exemplo, como uma parte de "doutrinas abrangentes" (Rawls). Identificam-se conscientemente com tais valores porque os consideram valiosos, não porque "não podem agir de outro modo". As decisões éticas são "razoáveis" quando conferem sentido à vida *de uma pessoa*, isto é, quando conduzem o passado, o presente e o futuro da pessoa e seus vínculos e papéis – relações com o mundo em geral – a uma unidade narrativa que não precisa estar orientada pra um *télos* futuro a ser alcançado linearmente; nem precisa ser sem rupturas, na medida em que estas possam ser identificadas como modificações radicais *numa* vida (cf. Honneth, 1993b, p. 159 s.). De um ponto de vista geral, esse sentido tem de ser inteligível *para os outros* para que uma pessoa possa considerá-lo como significativo; de um ponto de vista particular, tem de ser aceitável e valioso para as comunidades que "constituem" a identidade da pessoa e são reconhecidas por ela como uma "autoridade" ética. Pelo menos nesse nível, uma linguagem ética "densa" tem de ser inteligível e as razões éticas têm de ser "compartilhadas". Nesse sentido, estão abertas à crítica[14], às quais a pessoa autônoma tem de poder responder, mesmo quando permanece a "autoridade última" da vida pela qual é responsável.

---

[14] Sobre a relação entre autonomia ética e crítica, cf. Anderson (1994, p. 117 s.) e Cooke (1994). Contudo, em sua compreensão da "responsividade", Cooke coloca uma condição à pessoa autônoma que é fundamentada moralmente.

2. Direito

Como indivíduos, as pessoas do direito também são membros normativamente responsáveis de uma comunidade, mas de um modo diferente do das pessoas éticas: seja como Saulo ou Paulo, uma pessoa é membro da comunidade jurídica e uma pessoa do direito; deve seguir a lei e, como tal, tem determinados direitos. Os valores éticos são válidos em relação à particularidade de uma pessoa; as normas jurídicas, por usa vez, têm validade em relação às suas qualidades de ser uma "pessoa" em geral. Elas valem em geral e de forma obrigatória. Não são constitutivas da identidade, mas constituem uma estrutura "externa" de "liberdade negativa" que, ao mesmo tempo, possibilita e limita, na forma de uma "capa protetora", a liberdade positiva de autorrealização. As pessoas do direito não precisam se identificar com essas normas, mas têm de se adaptar a elas: são as normas do respeito mútuo que as pessoas têm de se atribuir recíproca e obrigatoriamente para possibilitar a cooperação social com uma certeza jurídica.

Normas jurídicas, porém, não são justificadas para e por meio de pessoas do direito. Essa é uma tarefa da legislação que, se o direito quiser fazer valer sua pretensão de ser válido universalmente – e isto significa para cada pessoa como destinatário do direito – tem de ser uma justificação universal por meio dos cidadãos como autores do direito. A "norma fundamental" (Kelsen) ou a "regra secundária" (Hart) do direito, que lhe confere uma legitimidade universal, tem de satisfazer essa exigência (qualquer que seja sua forma concreta). "No modo de validação do direito, a facticidade da *imposição* do direito pelo Estado interliga-se com a força, que fundamenta a legitimidade, de um procedimento de *estabelecimento* do direito que tem a pretensão de ser racional porque assegura a liberdade" (Habermas, 1992a, p. 46). É uma exigência da razão prática sobre a validade do direito que os sujeitos do direito, como cidadãos políticos, sejam autores do direito e que a justificação universal tenha de ser assegurada no procedimento de estabelecimento do direito. A "pessoa do direito" e o "cidadão" remetem-se, portanto, um ao outro, mas devem ser diferenciados de um ponto de vista normativo: somente nas democracias o conceito de pessoa do direito está vinculado ao de "cidadão pleno" e mesmo nelas existem pessoas que são sujeitos do direito, mas que não são cidadãos plenos de direitos (aos quais, como membros permanentes de uma comunidade jurídica, não deveriam ser negados os direitos de participação política). Os cidadãos são responsáveis *pelo* direito, enquanto que as pessoas do direito são responsáveis *diante* do direito. No plano da pessoa do direito, "justificação" significa que as pessoas têm de justificar suas *ações*, e com a referência à "legalidade" dessas ações conforme o direito vigente. Aqui, a referência à sua própria concepção do bem, ao politicamente correto ou ao que é permitido moralmente não vale como fundamento: só vale a referência ao direito. Obrigação jurídica significa assumir a responsabilidade por sua própria ação conforme ao direito vigente. As normas jurídicas referem-se à ação "externa" e deixam os motivos da ação (conforme ao direito) ao encargo do agente. O direito é uma estrutura "coercitiva": para agir juridicamente a coerção é apoiada por sanções externas, não internas. Contudo, pressupõe uma "consciência do direito" no sentido de um respeito diante dos outros enquanto pessoas do direito com direitos iguais.

A *autonomia jurídica pessoal* caracteriza, portanto, a liberdade de ação assegurada juridicamente das pessoas para serem atores autorresponsáveis, responsivos em diferentes esferas sociais reguladas e estabilizadas por meio do direito. Enquanto uma pessoa se move, nesse sentido, no interior da estrutura jurídica, ela não deve *nenhuma* justificação para suas ações. Nisso consiste o momento "liberador" desse conceito de autonomia. Todavia, o direito exige de uma pessoa do direito que respeite a personalidade jurídica de todos e, com isso, o direito igual a uma identidade "própria". Portanto, esse conceito "negativo" de autonomia não *prescreve* o que significa ser autônomo num sentido "positivo"; define um *direito* à autonomia positiva (cf. Hill, 1991b, p. 48). A "razoabilidade" exigida da pessoa do direito não é, contudo, desprovida de uma pretensão normativa: a autonomia jurídica não apenas pressupõe o respeito e a tolerância mútuas e as obrigações recíprocas, mas também a capacidade de ser responsivo e a responsabilidade pelas ações próprias.

O conceito de pessoa do direito tem três dimensões: "moral", "política" e "ética". A *moral* inclui o conteúdo da proteção do direito natural da dignidade humana, na qual são atribuídos direitos fundamentais às pessoas do direito, que elas têm de assegurar umas para as outras. Direitos à autonomia pessoal são os que podem ser justificados com argumentos recíprocos e universais. Nesse sentido, o reconhecimento de direitos fundamentais – formulados positiva e juridicamente – ao respeito da integridade das pessoas é uma exigência moral (cf. a seção 2.4). A dimensão *política* inclui o conteúdo da contrateoria positivista de que o direito tem de ser o direito positivo de uma comunidade e não pode ser entendido como a cópia de direitos naturais. Não obstante, isso não alivia o direito da exigência procedimental normativa de apoiar sua pretensão de validade fática num modo de justificação universal – um procedimento de deliberação e de estabelecimento do direito. Por conseguinte, o direito tem uma dimensão *ética* não pelo fato de pressupor e incorporar determinados valores *a priori*, mas pelo fato de pretensões éticas, necessidades e interesses dos cidadãos entrarem no procedimento de estabelecimento do direito, à medida que se puderem ser justificadas com razões universais e se referirem à normas universais. Por não estar de antemão preso a valores, o direito procedimental permanece aberto para as reivindicações particulares de tratamento dos cidadãos como iguais. Günther (1988, esp. p. 309 ss.) mostrou em que medida a pretensão procedimental de imparcialidade do direito se estende à aplicação discursiva do direito, sensível ao contexto e imparcial.

As normas jurídicas são justificadas universalmente de um modo diferente das morais, a saber, como normas positivas jurídicas de uma comunidade jurídica *limitada* politicamente (e não de uma comunidade universal de todas as pessoas morais), que pode, por sua vez, abranger uma pluralidade de comunidades éticas. Isso abre um espectro de conflitos possíveis entre, de um lado, as normas jurídicas, de outro, os valores éticos, objetivos políticos e normas morais. A validade de uma norma jurídica ("isto é permitido/proibido juridicamente") pode colidir com uma convicção ética ("isso não posso conciliar com minhas crenças"), com um objetivo político ("isto deveria ser regulado de outro modo") ou uma norma moral ("isto ninguém pode exigir"). As pessoas do direito têm a obrigação de obedecer ao direito e de assumir a responsabilidade por suas transgressões. E, neste caso, é possível que uma pessoa apele para razões éticas, políticas ou morais (e a obrigações que, aos seus olhos, são normativamente superiores) para justificar a violação de suas obrigações jurídicas. Este é um problema que é inevitável para pessoas que existem igualmente em todos os quatro contextos normativos, sem que as formas de comunidade e obrigações sejam idênticas. As pessoas não renunciam às suas identidades como pessoas éticas, como cidadãos ou pessoas morais ao entrarem numa comunidade jurídica; permanecem encobertas por essas obrigações e responsabilidades. Os sistemas de direito preveem diferentes determinações sobre como proceder em conflitos normativos (cf. Greenawalt, 1987, parte IV). Com isso, tocamos em questões de desobediência civil e da objeção de consciência, que têm de ser diferenciadas quanto aos seus motivos e propósitos[15]. Razões éticas para recusar-se a seguir o direito referem-se aos valores que são constitutivos para a identidade ética de uma pessoa – por exemplo, convicções religiosas – e apelam para que a comunidade jurídica reconheça não a verdade dessas razões, mas sua importância existencial para as pessoas que as reivindicam. Essa é uma reivindicação de reconhecimento da diferença, mas que, todavia, é pelo reconhecimento igual na medida em que se apela a um juízo universal sobre a irrazoabilidade recíproca de uma determinada lei. Essa irrazoabilidade consiste no fato de que abandonar a

---

[15] Sobre questões de desobediência civil, cf. Walzer (1970), Rawls (1971, § 55 ss.), Dworkin (1977b, 1985a), Habermas (1985), Rödel/Dubiel/Frankenberg (1989, p. 22 ss.).

convicção ética, que está implícito na obediência do direito, significa abandonar a identidade própria. Em tal caso, uma comunidade jurídica deve perguntar se essa pretensão ética pode ser reconhecida ou rejeitada a partir de razões morais (e não apenas a partir de ponderações políticas). O reconhecimento de exceções religiosamente motivadas do serviço militar é um exemplo.

Casos desse tipo têm de ser diferenciados da resistência politicamente fundamentada ao direito (desobediência civil). Aqui, os cidadãos apelam, junto aos seus concidadãos como autores do direito, para que se modifiquem determinadas leis porque discriminam arbitrariamente uma parte dos cidadãos – isto é, elas não podem ser mantidas com argumentos universais. Mesmo quando se trata aqui de uma comunidade ética (por exemplo, uma minoria étnica ou um grupo ou forma de vida socialmente discriminada) isso não constitui uma fundamentação ética da resistência, pois não se argumenta com razões desta natureza, mas com as políticas, isto é, com princípios, padrões e práticas que valem numa comunidade política, mas que são formuladas ou aplicadas unilateralmente. Aqui, a pretensão de universalidade e legitimidade do direito vigente é questionada. Nos Estados de direito democráticos, tais objeções apontam para deficiências nos procedimentos de estabelecimento do direito que não apresentam essa universalidade – assim, a resistência é a demanda pela realização do princípio democrático da legislação universal (cf. Maus, 1992). Por isso, tal oposição deve surgir nos discursos políticos e não, num sentido mais estreito, nos discursos de aplicação do direito. Mas, mesmo no caso em que um direito universal ganha validade somente de modo particular (seja no executivo ou no judiciário) – por exemplo, quando a discriminação racional é praticada por instituições estatais mesmo quando é proibida legalmente – a resistência contra a práxis do direito é justificada politicamente.

Por fim, pode haver uma resistência ao direito motivada moralmente (uma forma mais ampla de desobediência civil): aqui, as pessoas não falam primeiramente como pessoas éticas baseadas em "seus" valores, mas como membros da comunidade dos seres humanos. Não são reivindicados valores éticos ou princípios políticos de tratamento igual, mas imperativos morais que não podem ser violados por uma comunidade jurídica, seja em relação aos seus próprios cidadãos ou "estranhos", seja também em relação às gerações seguintes. As pessoas morais falam, então, em nome dos sem fala ou dos sem nome, as vítimas das decisões jurídicas, que, por exemplo, vão de encontro aos interesses fundamentais da humanidade numa perspectiva mais ampla. Em tais casos, o direito tem de ponderar sobre como avaliar a ruptura da lei levando em consideração os motivos; a comunidade política, em contraste, tem de se perguntar se essas objeções não acabam tornando efetivas normas morais que não podem ser preteridas por nenhuma comunidade política. Questões sobre energia nuclear e armas de destruição em massa são de responsabilidade de longo prazo; questões mais imediatas são aquelas que, por exemplo, atingem a observância dos direitos humanos no interior de um sistema do direito.

3. Cidadania e democracia

Como membros plenos de uma comunidade política, os cidadãos são pessoas com direitos individuais negativos, políticos e sociais. Como cidadãos, as pessoas não são apenas destinatários, mas também autores do direito – Maus (1992, p. 216) fala da "união pessoal do *bourgeois* e do *cidadão*" na explicação da cidadania soberana. Isso certamente não significa que esta não seja um *status* garantido juridicamente ou que existe uma obrigação jurídica para os cidadãos agirem politicamente. Todavia, significa que existe uma diferença entre, de um lado, uma pessoa ser responsável *pelo* direito como cidadão junto com todos os outros e, de outro lado, uma pessoa ser responsável *diante* do direito como pessoa do direito. Em comparação com a autonomia ética ou moral, essas duas dimensões da autonomia estão vinculadas de um modo especial: aqui os conceitos de destinatário e autor das normas são diferenciados no interior *de uma* comunidade (uma vez que existe a mencionada união pessoal). Isso aponta para o vínculo interno entre direito e democracia e dos conceitos de pessoa do direito e de cidadania. Enquanto aqueles que como pessoas do direito são obrigadas a assumir a responsabilidade por suas ações na estrutura do direito e a se justificarem, como cidadãos elas têm de justificar reciprocamente as próprias normas jurídicas sob as quais vivem. Como cidadãos, não apenas assumem a responsabilidade pela ação própria, mas pela comunidade política – isso é o que significa a *autonomia política*. Em discursos deste tipo, cidadãos politicamente autônomos devem boas razões a todos aqueles que pertencem a essa comunidade política. A responsabilidade política significa, como parte da comunidade, assumir a responsabilidade diante dos próprios concidadãos e "justificar-se" em discursos, isto é, encontrar uma linguagem comum. Além disso, a responsabilidade política tem uma dimensão a mais: pelas ações que os membros da comunidade assumem conjuntamente diante de terceiros (donde tem de ser distinguidos, numa perspectiva temporalmente diferenciada, diferentes níveis de responsabilidade indireta).

Os cidadãos não se autocompreendem apenas como pessoas do direito que vivem numa comunidade jurídica, mas também como membros de um projeto político-histórico ao qual se sentem obrigados na medida em que este expressa determinados princípios que consideram dignos de serem defendidos – diante de si mesmos, de seus concidadãos e de terceiros. Isso não significa que a "nação" seja uma comunidade ética – mas é uma identidade política coletiva, a autocompreensão de uma comunidade particular mesmo quando, no seu núcleo, estiver fundada em princípios morais de reconhecimento mútuo e os incorpora num contexto concreto. A comunidade política é um bem comunitário que não é pré-dado, mas pelo qual todos os cidadãos são encarregados – e a inclusão de todos os cidadãos é o padrão pelo qual tem de ser medida a pretensão de ser de uma "comunidade". Uma comunidade política se mantém ou cai com essa pretensão.

A pretensão de validade de uma norma política ("isso deve valer para essa comunidade política porque é do seu interesse geral") só pode ser desempenhada discursivamente. A universalidade da norma tem de se comprovar antes que possa ser uma norma jurídica. Somente essa universalidade discursiva pode sustentar a pretensão de legitimidade do direito e obrigar *politicamente* os cidadãos. Pode-se, então, esperar deles que sigam o direito como sendo o *seu* direito e não apenas como o vigente. Obrigações políticas são obrigações autoimpostas (cf. Pateman, 1985, cap. 8). No plano da cidadania e da democracia, a "justificação" refere-se, portanto, prioritariamente à justificação recíproca de normas que devem valer universalmente para essa comunidade política: à autolegislação dos cidadãos.

As comunidades políticas – como as de pessoas que são sempre também morais – têm obrigações morais de respeitar moralmente as outras pessoas e as comunidades que não pertencem à comunidade política. Isso se relaciona com as normas de justiça internacional que colocam determinadas exigências para o ordenamento jurídico de uma comunidade política – por exemplo, as questões sobre direito de asilo. Esse é um dos que as comunidades políticas têm de conceder às pessoas morais quando essas pessoas perdem o mínimo de proteção legal que uma pessoa precisa para defesa de sua integridade moral. Aqui, os interesses da universalidade política defrontam-se com os limites estabelecidos pela universalidade moral de todos os seres humanos. Segundo Rawls (1971, p. 114), a obrigação de "ajudar a um outro quando está necessitado ou em perigo" é uma "obrigação natural" das pessoas morais.

4. Moral

Isso nos leva à discussão da particularidade das questões morais. Aqui a questão "o que devo fazer?" não se coloca primeiramente como aquela sobre quem sou ou o que é bom para mim, ou sobre o que o direito exige, ou sobre o que é do interesse geral de todos os cidadãos, mas como aquela sobre o que é *moralmente* justificado, como se deve agir "como ser humano". O que vale moralmente tem de valer para todas as pessoas morais como seres humanos. Toda pessoa moral tem diante de *todas* (e isto quer dizer: *cada uma*) as pessoas morais a obrigação de defender, com razões, as normas orientadoras da ação que considera justificadas, razões que não podem ser rejeitadas recíproca (por indivíduos "concretos") e universalmente (por todos os membros da comunidade moral. Como tais, são razões que são universalmente "compartilháveis". A *autonomia moral* significa, portanto, agir segundo normas que valem universalmente num sentido moralmente irrestrito. Não são contestáveis com boas razões; sua validade é incondicional, categórica e universal. Essa formulação discursiva procedimental do conceito kantiano de autonomia não exige, contudo, que as pessoas morais se abstenham de agir moralmente até que a universalidade estrita da validade tenha sido estabelecida "de uma vez por todas"; simplesmente exige que as normas que afirmam "isso vale para todos os seres humanos" possam sustentar essa pretensão de validade diante de todos – e isto quer dizer, em relação a cada pessoa concreta diante de um problema moral. A validade moral que não pode ser razoavelmente rejeitada é uma pretensão universal que não está acima das cabeças das pessoas, mas corresponde à necessidade do reconhecimento moral básico delas como aquelas para quem temos de nos justificar reciprocamente. Que nas questões morais a comunidade de todos os seres humanos seja uma comunidade de justificação não tem um sentido equivocadamente abstrato, mas o significado moral concreto de que ninguém pode ser excluído dessa comunidade e que razões morais boas têm de poder ser comprovadas a todo o momento como razões morais. Pessoas autônomas moralmente respeitam a si e aos outros como autores e destinatários de pretensões morais; responsabilidade moral significa reconhecer o direito de cada pessoa à justificação recíproca. Como membro da comunidade moral, cada pessoa é uma "autoridade" moral.

Portanto, não existe uma oposição entre a fundamentação de normas e a justificação de ações, segundo a qual a primeira seria adequada ao contexto de legitimação do direito e a última, ao contexto de máximas moralmente universalizáveis em situações. Nem existe a necessidade de assumir uma separação estrita entre fundamentação e aplicação de normas no interior da moral[16]. A justificação autônoma das ações morais em contextos se apoia no fato de que as razões recíprocas

---

[16] No que se segue, refiro-me aos argumentos – sem entrar em detalhes – desenvolvidos por Wellmer (1986, p. 60 ss.) contra o modelo teórico-discursivo de fundamentação de normas morais e a resposta a Wellmer dada por Günther (1988, p. 23 ss.) e Habermas (1991d, p. 137 ss.), que argumentam por uma distinção entre discursos de fundamentação e aplicação. Em relação a isso, cf. os argumentos de Wingert (1993, p. 123 ss.) a favor da consideração de aspectos "pessoais" e "intersubjetivos locais" na fundamentação de normas.

e universais apontam para a correção de uma ação: o momento de reciprocidade preenche aqui a função moral de observar o direito de veto das pessoas morais como indivíduos "concretos", enquanto o momento da universalidade garante justamente a universalidade das razões que justificam a ação e vincula a aceitabilidade recíproca de determinados *modos de ação* com *normas* universais, de modo que as boas razões têm de considerar, em princípio, o direito de veto normativo de *todas* as pessoas morais possíveis. A pretensão de justificação moral de uma ação implica a pretensão de que possa ser justificada à luz de normas justificadas moralmente: com base em razões validades universalmente, e não de forma restrita. Essas razões que indicam as ações morais têm de ser, *ao mesmo tempo*, razões de normas morais universais. O que é exigido (e fundamentável) moralmente deve corresponder a uma proposição deôntica fundamentada e formulada de modo universal. Mesmo quando a justificação de uma ação moral sob circunstâncias possa parecer uma questão entre duas ou mais pessoas concretas, as razões que justificam *moralmente* uma ação – e não apenas como compromisso ou arranjo – não o são. As ações que pretendem ser moralmente justificadas, não apenas não podem violar as normas morais, como também têm de ser "plenamente" justificáveis com base nelas mesmas, capazes de resistir às possíveis objeções morais.

Assim, como a justificação de ações não pode ser separada da questão da justificação de normas, a fundamentação e a aplicação de normas também não podem sê-las estritamente – se tivermos em mente os critérios de universalidade e reciprocidade. As mesmas razões que valem como a base de normas morais que não podem ser rejeitadas razoavelmente têm de poder justificar *concretamente* as ações morais. Normas que orientam a ação e que justificam a ação apoiam sua pretensão de validade em razões que, em situações de ação, devem poder ser justificáveis não apenas universalmente, mas também concreta e reciprocamente. Portanto, a base de validade de uma norma já traz em si mesma os critérios para uma aplicação não rigorosa que procura evitar consequências não fundamentáveis – que contradizem a própria validade fundamentada da norma. No contexto de justificação moral, são testadas razões que justificam *igualmente* normas e ações: são fundamentais os *critérios* que justificam as ações morais normativamente e as normas como legitimadoras da ação. As razões amarram a fundamentação e a aplicação no conceito de justificação. Ver esse vínculo entre ações, razões e normas significa entender a validade moral como sendo nem muito concreta – somente orientada pela reciprocidade restrita – nem muito abstrata – orientada primeiramente pela generalidade universal. A universalidade de uma norma não é uma "má universalidade"; a justificação moral exige o respeito a todos e a cada pessoa como autora e destinatária de pretensões de validade. A universalidade moral é uma universalidade "reflexiva", que não "subsume". Nesse sentido, a autonomia moral – de pessoas razoáveis e que se justificam – exige um juízo moral, que busca justificar concretamente o moralmente correto justamente devido a sua pretensão de universalidade.

Em sua interpretação do conceito kantiano do "modo de pensar ampliado", Hannah Arendt destacou que, como parte do *sensus communis*, o juízo moral compreende um momento sensível ao contexto e outro transcendente ao contexto. Segundo Kant, a universalidade do juízo pressupõe que nosso pensar não apenas seja "livre de pré-juízos" e "consequente", mas também opere "sob o ponto de vista da universalidade" (Kant, 1790, §40). No decorrer de sua discussão do caso Eichmann, Arendt aproximou-se da problemática do juízo, a saber, a exigência feita a uma pessoa para julgar moralmente numa situação na qual os "costumes" ou as leis de uma comunidade política exigem dessa pessoa o cumprimento de obrigações e leis imorais.

> O que exigimos nesse processo, em que os réus cometeram crimes "legais", é que os seres humanos sejam capazes de diferenciar o correto e o errado, mesmo quando tudo o que os pode guiar é seu próprio juízo, que, além disso, pode entrar completamente em divergência com o que têm de considerar como a opinião unânime de todos aqueles ao redor deles (Arendt, 1983, p. 294 s.).

A definição kantiana do juízo reflexionante parece ser útil aqui: em consideração do concreto, chegar a um conceito universal. Mas a tentativa de Arendt de explicar o juízo como uma atividade política comum entre cidadãos não estava adequada à problemática Eichmann, tampouco foi adequada à representação de que somente o observador dos eventos históricos poderia *ex post* pronunciar um juízo válido universalmente[17]. Também não foi adequada a tentativa de distinguir normativamente "o pensar" como diálogo consigo mesmo e como uma resposta à instância da consciência e, por conseguinte, acentuar a incapacidade de pensar criticamente de Eichmann (Arendt, 1971). Pois havia a necessidade de um "corrimão" num mundo *sem* padrões éticos confiáveis, uma necessidade de reflexão moral que tornasse efetivas as vozes das vítimas condenadas ao silêncio e à invisibilidade pública. A explicação de Kant do *senso communis*, que todos os seres humanos

---

[17] Cf. sobre a primeira problemática, Arendt (1985a, cf. também a seção 3.3) e, sobre a segunda, Arendt (1982). Sobre esta última questão, cf. as interpretações diferentes de Beiner (1982), Bernstein (1986b), Benhabib (1987), Wellmer (1983c), Passerin d'Entrèves (1994, cap. 3), que, contudo, não discutem como central a problemática do juízo moral "solitário" como ator – a questão que emerge por si mesma neste contexto.

possuem enquanto seres humanos, como uma "faculdade de ajuizamento que, em sua reflexão, leva em consideração em pensamento (*a priori*) o modo de representação de *qualquer outro*, como que para ater o seu juízo à *razão humana inteira*..." (Kant, 1790, B 157; grifos meus) – e, portanto, a ideia de um "modo de pensar ampliado" que assume a perspectiva de todas as possíveis vítimas da ação – parece, para Arendt, indicar o que é propriamente "humano" na capacidade de julgar.

> É em virtude dessa ideia de humanidade, presente em cada homem singular, que os homens são humanos e podem ser considerados civilizados ou humanos na medida em que essa ideia se torna o princípio não apenas de nosso juízos, mas também de nossas ações (Arendt, 1982, p. 75; 1978, p. 271).

Um "crime contra a humanidade" é um "crime (moral) contra o gênero humano": a negação da obrigação moral de reconhecer cada ser humano em sua integridade moral como um representante da humanidade em geral e considerá-lo como uma instância diante da qual temos de nos justificar. Julgar moralmente significa considerar, como ser humano, outros seres humanos como membros de uma comunidade abrangente de todos os seres humanos e ter diante de cada um, aqui e agora, uma atitude que pode ser justificada com razões. Esse é o sentido do juízo "reflexionante" que não subsume o particular sob o universal, mas que fornece ao particular a autoridade de exigir razões justificadas universalmente para os modos de ação. A oposição entre uma *phronesis* sensível ao contexto e um juízo universalista leva aqui ao erro: justamente no momento transcendente dos padrões sociais concretos reside o momento moral do respeito de outras pessoas concretas, com as quais sabemos que estamos vinculadas no interior de um "contexto de ser humano" comum[18]. O universalismo moral é, assim entendido, uma universalismo fundamentado, não decretado.

O problema do juízo moral aponta para a questão mais fundamental – que deve ser tratada no final, quando forem considerados *todos* os quatro contextos da justificação – de como é possível uma teoria coerente do juízo prático diante da pluralidade de esferas normativas. Para isso, é essencial fazer a distinção entre o juízo *em* uma das dimensões mencionadas e *entre* elas. As pessoas têm de pode julgar em que esfera uma questão prática se coloca e o que significa, nessa esfera, encontrar uma resposta que pode reivindicar validade. Aqui, os juízos no contexto e os juízos entre os contextos estão vinculados de modo complexo uns com os outros, pois muitas questões práticas são problemáticas porque representam conflitos entre esses domínios.

---

[18] A esse juízo pertence a sensibilidade (ou empatia), bem como o momento cognitivo de não restringir os destinatários do respeito moral a um grupo particular de outros.

Assim, é importante perguntar em que consiste uma resposta justificada às questões práticas, isto é, quem tem poder de aceitá-la e em que consiste uma resposta suficiente. À questão "o que devo fazer?" existem respostas éticas ("faça isso porque poderá se identificar melhor com isso e se justificar para si mesmo como pessoa que você é ou quer ser"), bem como jurídicas ("faça isso porque é lícito"), políticas ("faça isso porque leva ao interesse geral") e morais ("faça isso porque é moralmente imperativo"). É evidente que todas essas dimensões se juntam num *caso ideal*; todavia, em casos não ideais é importante poder decidir que tipo de resposta é *exigida* por uma questão prática. Essa exigência é intersubjetiva: são os outros que exigem uma resposta à questão "por que você faz isso?". Aquele ou aquela que age tem de se perguntar (e é perguntado) como ele ou ela pode se justificar. Embora o juízo seja uma faculdade subjetiva, ele mesmo é uma forma de justificação intersubjetiva. Mas os outros não podem aliviar as pessoas que agem da questão de como decidir entre as pretensões de comunidades de justificação diferentes. Nisso consiste o momento irredutível da *autonomia* das pessoas. Em relação aos problemas que afetam as esferas diferentes, elas precisam, *primeiro*, perguntar, por exemplo, quais obrigações éticas, jurídicas ou morais devem ser seguidas e, *segundo*, como essas obrigações podem ser ponderadas uma em relação à outra. Primeiro, a pessoa tem de saber quais as obrigações que colidem e então perguntar qual dimensão é a mais fundamental. Creonte diz: "quem preza um amigo mais do que a própria pátria, esse merece desprezo!" (Sófocles, 1944, versos 181-83), e Antígona, por sua vez, diz o contrário: "Não me parece que seu decreto tenha força suficiente para conferir a um mortal o poder de infringir as leis divinas, que não foram escritas, mas que são irrevogáveis" (ibidem, versos 453-55). A "tragédia" que acompanha a desintegração da unidade política e ética da Grécia (que Hegel destaca na *Fenomenologia do espírito*)[19] não pode ser "superada" pelas distinções propostas. Mas essa proposta permite, contudo, uma perspectiva diferenciada dos conflitos práticos no interior de e entre os contextos individuais de justificação. Mostra que as pessoas são *simultaneamente* membros (pelo menos a maioria) de comunidades éticas, de uma comunidade jurídica e de uma comunidade política (normalmente, as duas últimas coincidem) e, por fim, de uma comunidade moral abrangente de todos os seres humanos. Dessa pertença simultânea resulta a possibilidade de criticar uma dessas comunidades à luz da outra. Essa análise mostra, por fim, quais são os *critérios* segundo os quais têm de ser respondidas as questões práticas nos contextos diferentes, isto é, quais razões são – no sentido formal – boas razões que podem ser justificadas.

---

[19] Hegel (1807, p. 327 ss.), cf. também Nussbaum (1986, cap. 3), Menke (1991).

Com isso, é possível ter uma visão diferenciada do problema central da controvérsia entre liberalismo e comunitarismo, a saber, o da *prioridade* do bom ou do justo: nas questões morais, "domina" a prioridade do que é justo moralmente; nas éticas, a prioridade do que é bom. Para as morais, não pode ser dada uma resposta ética, ou seja, cada resposta tem de ser justificada de um certo modo. Por conseguinte, nas esferas do direito e da democracia, o bem e a justiça têm um determinado lugar; contudo, aqui, de um lado, têm prioridade os direitos iguais e, de outro, aquilo que pode ser justificado em geral. Em nenhum destes contextos é desconsiderada a intersubjetividade do *eu* "situado" e seus vínculos comunitários – nem mesmo onde é afirmada a prioridade da moral.

Sobre esse pano de fundo, temos de diferenciar em duas perspectivas a tese da fragmentação normativa, trágica do mundo prático – segundo a qual não existe uma "fórmula" abrangente (Berlin, 1969b, p. 169) para a ordenação dos valores ou não existe nenhum ponto de vista externo que nos "reconcilie" com o mundo (Williams, 1993, p. 162 ss.). Primeiro, muitas questões práticas podem ser definidas de tal modo que pertençam justificadamente a um contexto e não fiquem entre eles. Mesmo então, especialmente em questões sobre o bem, o mundo de valores possíveis é pluralista e "não ordenado", num sentido metafísico. E é possível que uma pessoa esteja diante da decisão para a qual existam boas razões (ou mesmo ruins) para ambas as alternativas. As decisões não são "trágicas" porque os seres humanos estão condenados a ter de escolher a partir de uma totalidade de valores "objetivos" (e incompatíveis) – uma tese que decorre de um legado metafísico de valores – mas porque estão obrigados, num certo sentido, a terem de renunciar a uma parte da identidade que tinham até agora. Isso certamente não exclui uma boa solução "relativa" a um conflito ético (que poderia retrospectivamente se revelar como a "única decisão correta").

Segundo, os conflitos entre esferas normativas (cf. o conflito de Antígona) não são necessariamente conflitos insolúveis no sentido de que não admitem uma resposta "correta" (num sentido não objetivista). Assim, as ponderações éticas ou políticas que não estiverem elas próprias vinculadas com obrigações morais não podem fornecer "boas razões" para não agir moralmente. Num conflito entre vínculos éticos e obrigações morais (cf. anteriormente a discussão do exemplo de Williams), uma combinação entre pontos de vista éticos e morais (no exemplo em questão: ajudar uma pessoa que está próxima) – em vez de outro ponto de vista moral (ajudar a um estranho) sob determinadas circunstâncias (quando se pode ajudar apenas uma pessoa) – representa uma boa razão para agir de acordo com as ponderações éticas; mas valores desta natureza (por exemplo, a arte) não podem ser colocados acima da responsabilidade moral diante de outros. Quando a decisão por "minha" vida boa restringe a vida dos outros de um modo que não pode ser justificado reciprocamente, essa decisão se torna uma questão moral, não primeiramente ética e, portanto, requer a consideração de critérios morais. Com decisões éticas, uma pessoa tem de ela própria "poder viver" com elas; mas com suas decisões morais, aquelas pessoas morais concernidas têm de também poder viver com elas. A *pluralidade* de valores éticos não é um argumento contra a possibilidade *de uma* moral, mas a favor dela: para a base justificada da vida comum entre pessoas diferentes eticamente. Por conseguinte, entre os planos diferentes podem existir oposições *práticas* que tornam impossível para uma pessoa, numa situação, reconhecer ou fazer "o que é certo". Contudo, é muito forte a tese de que há uma oposição *conceitual* e, portanto, necessária, entre esses planos (cf. anteriormente a discussão de Nagel). O que se "atribui" a si mesmo, às pessoas "próximas" a si mesmo, ou a outros em geral, não pode ser definido com uma forma geral, nem é indeterminado em princípio.

Uma teoria do mundo normativo pode somente caracterizar as dimensões da responsabilidade e os critérios – formais – das boas razões que as pessoas têm de considerar; não pode pré-definir *como* elas devem fazê-lo especificamente. Nessa abertura, reside o espaço para as pessoas se "determinarem" elas próprias no mundo normativo. Contudo, esse mundo não se desintegra em domínios de valores irreconciliáveis: o ideal da teoria permanece sendo o das pessoas autônomas em *todos* os contextos[20]. Como membros de diferentes comunidades de justificação, a tarefa prática central que se coloca para as pessoas (ou que elas se colocam reciprocamente) permanece sendo a do vínculo autônomo da responsabilidade ética, jurídica, política e moral em relação a si mesmo e a outros. Uma tal pessoa poderia ser denominada autônoma e responsável num sentido abrangente, e razoável num sentido prático. A esse conceito exigente de uma pessoa responsável corresponde o conceito de uma sociedade responsável que torna possível essa existência prática (e é ela mesma possibilitada por ela).

A tarefa da integração de esferas diferentes de autonomia se coloca, portanto, de modos diversos tanto para os indivíduos em particular como para a estrutura básica da sociedade como um todo. No que se refere aos indivíduos, deve-se ressaltar que a exigência feita às pessoas de integrar a autonomia ética, jurídica, política e moral é ela própria uma exigência normativa. As pessoas podem ser autônomas

---

[20] Sobre isso, cf. a diferenciação dos vários conceitos de autonomia (com exceção da política) que devem ser integrados em Hill (1991a, b) e Honneth (1993b).

eticamente (ou juridicamente) sem se autocompreenderem como pessoas morais responsáveis moralmente ou como cidadãos responsáveis politicamente; mesmo quando, sob condições sociais de reciprocidade, deve-se assumir que as pessoas vejam sua vida boa vinculada, num sentido abrangente, com o reconhecimento pelos e por meio dos outros, a unidade do bom e do justo é algo que sempre tem de ser estabelecido e exigido reciprocamente, e ela própria não se impõe eticamente em nome de um bem "mais profundo" ou "superior".

No que se refere à integração de contextos diferentes no interior da estrutura básica da sociedade, isso nos leva à questão da *justiça*: os princípios desta protegem a autonomia ética por meio de direitos à autodeterminação pessoal; além disso, representam princípios procedimentais e direitos políticos à autodeterminação política de cidadãos, bem como princípios de justiça social que ajudam a realizar a liberdade pessoal e política. Ao lado disso, têm de satisfazer critérios morais de reconhecimento das pessoas. Uma concepção de justiça é ela própria "autônoma" e justificada como concepção da razão prática se combinar esses contextos da justiça. Uma tal teoria está para além da questão da prioridade do que é bom eticamente ou do que é justo moralmente; ela harmoniza a prioridade da razão, bem como uma perspectiva intersubjetivista sobre os "contextos" de pessoas e comunidades nos quais se pode falar com sentido (e criticamente) sobre a prioridade do bom, dos direitos individuais, do que é justificado de modo geral ou do que é justo moralmente.

Naturalmente, uma tal teoria da justiça harmoniza esses contextos como "contextos de reconhecimento". A partir da explicação teórica moral da questão da justificação como vista a partir da perspectiva *performática* de pessoas que têm de resgatar pretensões de validade diante e dentro das comunidades segue-se que, nesses níveis, as pessoas são *reconhecidas* como membros de comunidades (diferentes), reconhecem a si mesmos e aos outros. Por conseguinte, a análise das diferentes comunidades de justificação – que se funda num conceito de razão prática justificadora – aponta para diferentes relações de reconhecimento. Contudo, sua análise não tem uma importância teórica fundamentadora, mas explicativa; complementa e explica a ideia de contextos normativos e mostra os fenômenos do reconhecimento e especialmente os fenômenos da ausência de reconhecimento, para os quais uma teoria da justiça tem de ter um sensor conceitual.

5.3 Contextos do reconhecimento

Não tanto pela diversidade de modos em que é usado nos escritos desde o *Sistema da eticidade* (1802) até o sistema maduro da *Enciclopédia* (1830), o conceito hegeliano de reconhecimento – e especialmente a ideia de luta por reconhecimento – tem sido objeto de interpretações numerosas que tentaram tornar esse conceito, central para a filosofia prática de Hegel, fértil para reflexões sobre teorias da subjetividade, da moralidade e da sociedade, bem como sobre a filosofia da história. Derivado do conceito de "desafio" [*Aufforderung*], Hegel vincula a ideia da autorrelação mediada por outros com a doutrina do estado de natureza e o surgimento do direito a partir da luta por pretensões subjetivas, luta que pode ser resolvida somente no estado de direito [*Rechtszustand*] de reconhecimento recíproco de sujeitos com igualdade de direitos, em cuja base se desenvolve formas ampliadas de reconhecimento político e social[21]. Nessa teoria reside o cerne da ideia de reconhecimento: a autocompreensão qualitativa de um sujeito desenvolve-se por meio do reconhecimento (e a afirmação) por parte de outros sujeitos, que, por sua vez, pressupõe reconhecer esses sujeitos como iguais. Toda subjetividade é "constitutivamente" relacionada com a intersubjetividade recíproca – bem como a níveis diferentes das relações do *eu* com outros.

Como demonstrou Axel Honneth (1992a, parte I), a "intuição original de Hegel" (Habermas, 1967, p. 790) – que explica a formação de formas éticas de universalidade e de autoconsciência por meio do reconhecimento mútuo de e pelas pessoas – leva, nos primeiros escritos (especialmente o *Sistema da eticidade* e o primeiro esboço para a *Realphilosophie* de Jena 1803-1804), à teoria de uma mediação dialética entre a individualidade e a universalidade em diferentes níveis de relações intersubjetivas (amor, direito e eticidade); embora com o segundo esboço da *Realphilosophie* (1805/6) os níveis de reconhecimento intersubjetivo sejam determinados já como "momentos" no interior do movimento abrangente de retorno a si mesmo do espírito absoluto (como Hegel realiza, finalmente, na *Fenomenologia do espírito* de 1807). Isso, por sua vez, faz com que a intersubjetividade da consciência ética universal seja reinterpretada em direção à universalidade substantiva objetiva do espírito, como Hegel o faz na filosofia do direito. Por meio desse passo de substancialização do espírito objetivo e da mediação completa da subjetividade e objetividade no espírito absoluto, Hegel "reprime" a ideia de uma constituição intersubjetiva, aberta e interminável da "consciência universal".

Esse é um passo cheio de consequências, como se mostra no debate entre liberalismo e comunitarismo. Pois a formulação de Hegel da alternativa na concepção de eticidade – "de que ou se parte da substancialidade ou se procede atomisticamente e se ascende da individualidade como fundamento", na qual a última opção seria "sem espírito" (Hegel, 1821, § 156, adendo) – leva à dicotomia entre atomismo

---

[21] Cf. Siep (1974, 1992); Wildt (1982, 1992b).

e substancialismo, que parece não permitir uma opção de mediação: a saber, uma concepção de intersubjetividade que permite visualizar formas diferentes de comunidade nas quais as pessoas são simultaneamente indivíduos independentes, autônomos, e membros "situados" da comunidade. A "relação constitutiva" entre identidade individual e coletiva deve ser compreendida *reciprocamente* e não unilateral ou substantivamente. A crítica ao atomismo na teoria moral e na da comunidade política não está condenada a um monismo intersubjetivista (a comunidade); é precisamente o conceito de intersubjetividade (com ou contra Hegel) que dispõe da possibilidade de vincular a reciprocidade e universalidade com o reconhecimento não opressor da individualidade – de reconciliar identidade e diferença sem absolutizar um dos lados. O ponto essencial consiste na mediação não redutora e no desenvolvimento dinâmico da "individualização e socialização", como Habermas (1988c) formulou, seguindo Mead, que, em sua teoria do "interacionismo simbólico", buscou explicar a constituição intersubjetiva (não unidimensional) do *eu* a partir do reconhecimento mediado linguisticamente por meio de outros sujeitos (cf. Honneth, 1992a, cap. 4). No que se segue, essa teoria não deve ser discutida em relação às dimensões múltiplas da problemática do reconhecimento em Hegel (e para além dele). Trata-se, antes, de mostrar que o conceito de reconhecimento permite interpretar os "contextos de justificação" como "contextos de reconhecimento", com o que se torna possível uma visão diferenciada de diversas *autorrelações* práticas (o reconhecimento de seu *eu*) que correspondem às relações de *ser reconhecido* por outros e de *reconhecê-los* nos respectivos níveis. Essa análise permite distinguir, numa perspectiva intersubjetiva, formas diferentes de individualidade e vínculos comunitários.

No debate entre liberalismo e comunitarismo mostrou-se, em diferentes lugares, que o conceito de reconhecimento fornece possibilidades conceituais para fazer uma mediação significativa entre ambas as posições. Por exemplo, tendo em vista a crítica de Sandel ao "*eu* desvinculado" torna-se evidente que a alternativa do "*eu* constituído" não consegue explicar adequadamente a possibilidade de uma reflexão distanciadora e da individualidade insubstituível, pois fica presa a uma compreensão unilateral da constituição do *eu*. Todavia, a constituição intersubjetiva e o reconhecimento ético não excluem a autonomia ética. Inclusive também no segundo nível, o do direito, mostra-se que o reconhecimento das pessoas como pessoas éticas e como membros de comunidades éticas tem de ser distinguido do reconhecimento das pessoas como pessoas do direito, mas que, todavia, o reconhecimento ético é protegido juridicamente. Terceiro, o significado da "cidadania" *num*a sociedade pluralista pode ser explicado com base nas dimensões diferenciadas do reconhecimento da diferença ética e da igualdade jurídica, política e social. Aqui, especialmente em conexão com a justiça social, o "bem básico" (segundo Rawls) do autorrespeito de membros plenos da comunidade política desempenha um papel central. Por fim, demonstrou-se como necessário considerar uma quarta dimensão do reconhecimento recíproco: o reconhecimento como pessoa moral, para além da pertença a qualquer comunidade particular. Portanto, "reconhecimento" significa: reconhecimento recíproco como *indivíduos* e como *seres comunitários* em todas essas esferas que estão vinculadas entre si, mas que não podem ser misturadas umas com as outras. Quando se leva a sério a tese comunitarista da constituição intersubjetiva – ou mais genericamente, do caráter situado – do eu e da referência comunitária do direito, da democracia e da moral, então todas as tentativas de entender de modo unidimensional a "intersubjetividade" ou a "comunidade" tornam-se caducas.

A perspectiva da teoria do reconhecimento mostra o enraizamento dos conceitos da teoria da justiça na vida social e subjetiva. Essa expansão metodológica de perspectivas vai ao encontro da exigência de Shklar (1992) de que uma teoria da justiça – e em especial uma teoria dos "contextos" da justiça – tem de poder considerar adequadamente os fenômenos e experiências (subjetivas ou coletivas) de *injustiça*. Aplicado de forma positiva, isso significa que tem de tornar claro quais as formas de reconhecimento que uma sociedade justa tem de assegurar.

A interpretação de Honneth da luta pelo reconhecimento, conectada com o jovem Hegel e Mead, é a tentativa mais abrangente para distinguir os diferentes planos de reconhecimento recíproco, que se desenvolvem numa dialética de conflitos em torno do reconhecimento assegurado reciprocamente de pretensões de autonomia e de individualidade. Esses planos correspondem – numa perspectiva positiva – a diferentes autorrelações e – numa perspectiva negativa – a diferentes experiências de reconhecimento negado, que impulsionam cada plano alcançado para além de si mesmo em lutas pelo reconhecimento de direitos iguais e da individualidade única. Nessa perspectiva, é possível distinguir as esferas do *amor*, do reconhecimento recíproco como pessoas do *direito* e o reconhecimento *solidário* da individualidade, com base nas quais se constitui a autoconfiança, o autorrespeito e a autovalorização (ou a autoestima) (Honneth, 1992a, cap. 5; 1990, p. 1051). A esses modos de reconhecimento positivo (e de autorreconhecimento) correspondem modos de desrespeito das pretensões de identidade: o desrespeito da integridade amorosa ou da integridade jurídica da pessoa ou dos valores de sua forma de vida. Por isso, um conceito reformulado de "eticidade" deve considerar tanto direitos universais quanto formas de reconhecimento solidário das identidades particulares à luz de valores compartilhados, de modo que "um sujeito pode assegurar-se do significado social de suas capacidades individuais" (1992a, p. 140). Por conseguinte, a sociedade como um todo é a instância para a qual se orientam as reivindicações de reconhecimento (valorização) dos valores de uma vida individual em sua particularidade. Um forma ética de reconhecimento tem a tarefa de vincular a abertura dos horizontes da autonomia pessoal possível com a existência de um horizonte particular e limitado de valores compartilhados, no interior do qual cada pessoa pode se avaliar como pessoa valiosa e particular em sua vida escolhida.

A diferenciação entre (auto)respeito e (auto)estima, que está no centro da distinção de Honneth entre "direito" e "solidariedade", já foi mencionada anteriormente (seção 5.2). Ela define uma diferença importante no que se refere ao que significa reconhecer uma pessoa num sentido igual, universal e atribuído a todos e reconhecer alguém como indivíduo com capacidades particulares. Respeitam-se todas as pessoas de modo igual (e sem gradações) porque são pessoas; todavia, estima-se uma de determinado modo porque ela é uma "personalidade" que incorpora determinados valores que se consideram dignos de estima (cf. Spelman, 1977-1978). Estimar uma pessoa como o que ela é significa, evidentemente, não apenas uma incorporação particular de um valor que me parece essencial para um bom caráter, mas também que a própria pessoa aceita esse valor e se autocompreende segundo ele. Seu sentimento desse valor – sua autoestima – tem de ser constituído por meio do próprio. A distinção de Sachs (1981) entre autorrespeito e autoestima vincula o primeiro às qualidades que se tem em comum com todos os seres humanos. Portanto, não se pode ter autorrespeito em demasia, mas falta de autorrespeito – que pode levar à autorrenúncia. No entanto, pode-se estar mais ou menos convicto sobre o valor próprio; muita autoestima significa sobrevalorizar-se, enquanto que pouca autoestima implica subestimar suas atividades e capacidades próprias. Segundo Darwall (1977), pode-se respectivamente distinguir entre uma forma de "respeito como reconhecimento" [*recognition respect*] que se deve a uma pessoa como tal e que é, portanto, exigido moralmente, e uma forma de "respeito como avaliação" [*appraisal respect*], que é uma avaliação positiva das qualidades de caráter de uma pessoa. "A distinção entre respeito como avaliação e como reconhecimento pelas pessoas capacita-nos a ver que não há dilema algum em pensar simultaneamente que as pessoas têm direito ao respeito justamente em virtude de serem como tal e que merecem mais ou menos respeito em virtude de suas características individuais" (1977, p. 46; cf. também 1983, p. 150). Aqui, mostra-se que concepções como a de MacIntyre, de que uma pessoa pode conceber a si mesma somente como pessoa ética e somente como tal pode ser reconhecida, desconhecem as dimensões de outras formas de reconhecimento.

Na questão acerca da determinação dos contextos de estima recíproca e do respeito das pessoas, a diferença metodológica entre a teoria de Honneth das três formas de reconhecimento como condições necessárias para a autorrealização bem sucedida – que, tomadas em conjunto, formam o conceito de uma forma pós-tradicional de eticidade – e a teoria dos contextos da justiça – que correspondem a diferentes contextos de justificação prática de valores ou normas – leva, contudo, a diferenças de conteúdo. A distinção metódica aponta mais uma vez para o problema básico da controvérsia entre teorias morais deontológicas na tradição kantiana e abordagens comunitaristas próximas a Hegel. Uma teoria que se funda num conceito de razão prática que define, do ponto de vista teórico da validade, um modo procedimental de justificação de normas, pode levar algo mais em contra do que apenas normas universais, isto é, as condições de autorrealização das pessoas como um todo e não apenas sua autonomia como pessoas morais? O modelo de Honneth de um conceito de eticidade, sobre o qual se apoia uma teoria formal da vida boa e "bem sucedida" (cf. 1992a, p. 275 ss.) evita, de um lado, por meio da definição formal do bem, a prescrição normativa de determinados valores de uma tradição e comunidade particulares; todavia, de outro lado, alia-se à crítica ao caráter unilateral e incompleto das concepções deontológicas. A teoria tem de extrair seus conceitos e padrões normativos a partir de dentro, das experiências (especialmente negativas) dos indivíduos concretos; somente assim – com o auxílio das teorias empíricas – pode-se desenvolver um sensor para as "condições sociais sob as quais os sujeitos humanos podem chegar a uma atitude positiva diante de si mesmos" (1992a, p. 271).

A teoria dos diferentes "contextos da justiça" se contrapõe a essa crítica às teorias deontológicas, pois mostra em que medida uma distinção adequada – não limitada à dimensão da moralidade – dos conceitos de pessoa, comunidade e autonomia correspondem a uma análise dos modos de justificação de valores e normas. Com isso, são identificadas condições de justificação que não são cegas às reivindicações e necessidades concretas das pessoas: nos contextos diferentes, a justificação de normas universais está sempre relacionada com as reivindicações de pessoas concretas, por exemplo, na questão da legitimidade do direito e especificamente na questão da justiça social. A diferenciação normativa de conceitos diferentes de pessoa e comunidade corresponde, por assim dizer, a diferentes "relações práticas de justificação", que não devem ser entendidas como sendo abstratas de modo equivocado: são os contextos nos quais as pessoas exigem *razões* para as relações de não reconhecimento existentes. Com isso, são também especialmente contextos de conflitos sociais em torno da justiça, que podem ser descritos apenas parcialmente com os conceitos de lutas por reconhecimento – por exemplo, no sentido básico como pessoa moral ou no contexto político como cidadão com igualdade de direitos. Contudo, para ser relevante para a teoria social, essa descrição depende de teorias empíricas.

No entanto, o ponto metódico central é que essa análise das relações de reconhecimento tem o caráter de uma explicação, descrição e complementação mais extensa dos conceitos de pessoa e de comunidade da teoria da justiça aqui proposta; eles não têm a função de uma fundamentação desses conceitos. São conceitos talhados para (o contexto das) questões de justiça e, portanto, não têm em vista centralmente uma teoria do reconhecimento universal e abrangente – desenvolvida numa perspectiva genética – ou uma "teoria formal do bem", no sentido da concepção de Honneth. Uma tal teoria das estruturas invariáveis de ser um *eu* não podem incorporar os encargos normativos da justificação de uma teoria da *justiça* por duas razões essenciais: por excluir concepções substantivas como sendo prescritivas e vinculantes *a priori*, ela não consegue explicar nem os critérios sobre *quais* pretensões relevantes para a justiça que pessoas levantam contra outras pessoas ou comunidades (por exemplo, em contextos diversos de justiça social ou moral) são justificadas, nem explicar o caráter *universalmente* (e não eticamente) obrigatório de normas da justiça sem recorrer à ideia de justificação "razoável", recíproca e universal. Sem o conceito de justificação prática, o *sensor* conceitual para reivindicações de reconhecimento não pode ser vinculado aos *critérios* para sua avaliação. Como representa a base para reivindicações por justiça, o bem tem de se mostrar "razoável" (cf. as seções 4.4, 5.2); numa teoria da justiça, o conceito de justificação tem de ter uma primazia metodológica.

Diante do pano de fundo dessa diferença metodológica, surgem duas diferenças de conteúdo importantes no que se refere às questões da justiça. A primeira refere-se ao contexto do "respeito"; a segunda, ao contexto de "estima" das pessoas.

Embora as sociedades "pós-tradicionais", das quais Honneth parte, sejam caracterizadas por estruturas *jurídicas* que incorporam, no seu cerne, princípios *morais* universalistas, é possível fazer a distinção entre o respeito [*Respekt*] das pessoas do direito e o respeito moral [*Achtung*] das pessoas morais. Aqui a terminologia não é central, ainda que a palavra *Respekt* seja mais adequada para o reconhecimento distanciado das pessoas do direito e a palavra *Achtung*, no sentido kantiano, expresse o reconhecimento moral de pessoas que são autoras e destinatárias de pretensões morais de validade. O reconhecimento das pessoas como respeito moral à sua "autonomia individual" (Honnet, 1992a, p. 177, 184 s.) deve, portanto, ser distinguido conforme se trata de respeitar a autonomia moral de um indivíduo ou a autonomia jurídica pessoal. No primeiro caso, o respeito é moralmente imperativo e exige que a pessoa seja também respeitada como "autoridade" moral, mesmo quando não exista *nenhum* direito reivindicável que imponha esse respeito moral; no segundo caso, o respeito é imperativo segundo os padrões do direito vigente e respeita-se a "responsividade" da pessoa, no sentido de sua liberdade de ação definida "negativamente". No primeiro caso, espera-se da pessoa que ela se mostre "digna" de sua autonomia moral; no segundo caso, deixa-se ao encargo da pessoa respeitada como ela vive sua vida e como preenche o espaço livre assegurado pelo direito. Por fim, o autorrespeito constituído pelo respeito mútuo é, por um lado, o autorrespeito de uma pessoa que é respeitada moralmente e que respeita os outros moralmente e, por outro lado, o autorrespeito de uma pessoa que tem direitos reivindicáveis em relação aos outros e pode exercê-los (cf. Honneth, 1992a, p.194; Feinberg, 1980; Wildt, 1992b). A isso correspondem diferentes autorrelações e relações com os outros (voltarei a esse ponto).

Pessoas autônomas são sempre membros normativos tanto de uma comunidade concreta quanto daquela abrangente de todos os seres humanos. Isso está relacionado com a interpretação do conceito de "Eu" [*I*] em Mead (que pode ser interpretada de diferentes modos; cf. Honneth, 1992a, p.139), segundo a qual o conceito de "Eu" não caracteriza apenas a criatividade espontânea do *eu* que extrapola o "Mim" [*Me*] constituído comunitariamente, mas também a instância propriamente moral para criticar uma comunidade existente por meio da orientação a uma comunidade "superior" e "mais abrangente" (Mead, 1973, p. 210 e 243): "um homem deve manter seu autorrespeito, e pode ser que tenha de flutuar diante de toda comunidade para preservar seu autorrespeito. Mas ele o faz do ponto de vista do que considera como uma sociedade mais superior e melhor do que a que existe" (Mead, 1973, p. 440; também p. 319 s.). Nessa reflexão sobre "a república mais abrangente dos seres racionais" (1987, p. 414), sobre a comunidade de todos os seres humanos, que ultrapassa as comunidades éticas ou político-jurídicas, repousa a especificidade da autonomia moral (cf. Habermas, 1988c, p. 224 s.) e o autorrespeito da pessoa moral.

A segunda distinção refere-se à questão da estima "solidária" e da "autocertificação ética" (Honneth, 1990, p. 1051) das pessoas à luz dos valores gerais compartilhados por uma sociedade "que permitem que as capacidades e realizações de cada um apareçam como significativas para uma práxis comum" (1992a, p. 209 s.; cf. 1993a). Segundo essa concepção, o sentimento de valor próprio se constitui na avaliação do significado da contribuição de uma pessoa à comunidade, contribuição que é reconhecida por todos como única, valiosa e irrecusável. A comunidade toma parte, de modo afetivo, na vida do indivíduo. Isso pressupõe que a sociedade pós-tradicional se integra normativamente a partir de um horizonte comum de "avaliações fortes" e representações de objetivos compartilhados eticamente: em última instância, a partir de uma concepção particular do bem que, nesse contexto, não pode ser definida formalmente. Essa suposição forte transformaria a comunidade política numa comunidade ética, ainda que universal – da qual o sistema de direitos subjetivos de pessoas autônomas não poderia permanecer intacto. Com isso, todavia, uma sociedade eticamente pluralista não faria justiça às formas de vida diferentes e, como destaca Honneth, não permitiria que o horizonte de valores social e comum fosse entendido como algo aberto em princípio. Com isso, introduz-se uma "tensão insuperável" nesse conceito de reconhecimento ético: o horizonte comum de valores éticos tem de ser abstrato o suficiente para não prescrever uma concepção do bem exclusiva e particular e para permanecer aberto a objetivos de vida diversos, sem, por outro lado, "perder a força de solidariedade da formação coletiva da identidade" (ibidem, p. 286 s).

Essa tensão coloca um dilema: por um lado, a estima social é considerada constitutiva para o sentimento do valor próprio da pessoa; por outro lado, os valores que estão na base dessa estima social são eles próprios objeto de conflitos sociais (cf. p. 205 s., p. 263 s.) e, portanto, não formam nenhum horizonte homogêneo de valores. Da perspectiva dos atores desses conflitos – a oposição contra determinadas representações de valores, que são suprimidos no direito (por exemplo, a recusa da homossexualidade) – deve estar *pressuposto* que eles valorizam sua vida e a consideram digna de ser valorizada, pois de outro modo não teriam o vigor para defendê-la em comum e solidariamente e nem argumentos para o debate público. Pelo fato de valorizarem sua forma de vida, lutam contra a exclusão jurídica e social, que acompanha sua discriminação ética; portanto, seu sentimento do próprio valor sempre persiste – como constituído no interior de comunidades éticas particulares. Por conseguinte, aquilo pelo qual lutam pode ser descrito (com cautela) como uma "avaliação de segunda ordem": o reconhecimento como membro pleno e com igualdade de direitos da sociedade. Seu objetivo é a tolerância, a não exclusão e a igualdade material. Esse reconhecimento *político* define o que significa ser cidadãos responsáveis reciprocamente, que se reconhecem, num sentido substantivo pleno, como membros diferentes eticamente, iguais juridicamente e politicamente e com igualdade de direitos *numa* comunidade política (cf. o capítulo 3). Todavia, a comunidade política de cidadãos responsáveis reciprocamente, entendida nesse sentido como inclusiva e socialmente justa, para poder ser inclusiva não precisa ser entendida como uma comunidade de valores integrada eticamente. A inclusão política e social possibilita o desenvolvimento de comunidades éticas não discriminadas, no interior das quais as pessoas são avaliadas como indivíduos particulares e únicos; mas ela própria não é uma forma de reconhecimento da estima recíproca. Pelo contrário, o reconhecimento ético encontra seu lugar em contextos éticos – nas famílias, entre amigos, em pequenas comunidades, associações – em comunidades que compreendem sua vida com base em valores particulares compartilhados e nas quais pessoas concretas, individuadas biograficamente podem ser percebidas e estimadas como particulares e "singulares"[22]. Numa sociedade pós-tradicional, o pluralismo de valores e formas de vida incomensuráveis não pode mais ser superado por meio de valores superiores – o que não significa que não exista nenhuma integração política normativamente exigente entre cidadãos (e cidadãs) responsáveis reciprocamente, integração que está, por assim dizer, entre uma forma "jurídico-formal" de integração "fraca" e uma forma "ética" de integração "densa".

Proponho que nas dimensões do *reconhecer*, do *ser reconhecido* e do *reconhecer-se* se pode distinguir os quatro modos da *estima* ética, do ser estimado e da autoestima (em diferentes intensidades), do *respeito* jurídico (e autorrespeito), da *responsabilidade* política e do *respeito moral* (e autorrespeito moral). Isso deve ser explicado – pelo menos de modo exploratório – no que se segue.

1. *Pessoa ética*
No capítulo 4, a autonomia ética foi definida como autorrealização no espaço de "avaliações fortes" que valem como determinantes da identidade do *eu* e da comunidade com a qual sua identidade está estreitamente vinculada. A vida própria é vivenciada como "boa" quando puder ser afirmada com base em valores

---

[22] Cf. também Löw-Beer (1994, p. 129 s.). Uma dimensão central para o sentimento do valor próprio é a do trabalho, cujo valor e reputação (ainda que raramente de modo unívoco) têm estatura *social* (cf. Honneth, 1992a, p. 142 ss.). Contudo, pode-se perguntar se uma sociedade complexa e com divisão do trabalho, na qual determinados trabalhos não seriam discriminados como sendo inferiores, pode ser apreendida como uma comunidade com uma autocompreensão ética comum e representações de valores compartilhados. Também aqui, o ser estimado seria constituído por meio de comunidades éticas particulares (no interior do horizonte pluralístico de representações de valores divergentes). Além disso, o valor do trabalho (constitutivo da autoestima) para uma pessoa não tem de estar vinculado inequivocamente com o valor socialmente reconhecido desse trabalho; outros fatores como a autorresponsabilidade, comunicação, coleguismo ou criatividade, que estão relacionados mais com a forma e a organização do trabalho, poderiam ser mais importantes nesse sentido (cf. Lane, 1982, p. 23 ss.).

comuns compartilhados. Questões éticas são questões de identidade e de orientação *num* mundo comunitário que as pessoas respondem *para si com os outros*. As pessoas éticas são reconhecidas como pessoas *singulares* em comunidades éticas, como uma biografia individual e "única". A singularidade de uma pessoa somente é "realmente efetiva" quando é reconhecida: apenas pelo reconhecimento por meio de outros consigo vivenciar minha identidade própria como particular e, ao mesmo tempo, "obrigatória". A particularidade é reconhecida, é uma individualidade afirmada por meio dos outros. As pessoas são indivíduos "independentes" e, ao mesmo tempo, seres *comunitários, insubstituíveis* para uma comunidade e em sua particularidade. Eles se identificam com sua comunidade constitutiva e, ao mesmo tempo, se distanciam dela; querem ser valorizados como indivíduos que incorporam de modo particular os valores compartilhados dessa comunidade. A dialética do reconhecimento ético – e a lei de movimento da vida ética – reside nessa tensão entre comunalidade e individualidade, entre socialização e individuação. O *eu* se constitui a partir das perspectivas do "outro generalizado", como diz Mead, como "Mim", como existência social; mas, como "Eu", ele reflete essas normas e convenções de modo particular e se estende para além delas. Poder dizer "eu", ter um "caráter" e ser uma "personalidade", significa falar uma linguagem ética de modo particular.

Quanto mais uma sociedade "pós-convencional" é pluralista, tanto mais os indivíduos tem de integrar papéis diferentes e são forçados a fazê-lo sem os valores de uma identidade comunitária superior. Isso pode levar a fenômenos da vida social nos quais as pessoas perdem, de certo modo, os vínculos comunitários, perda que lhes impossibilita encontrar uma base de valores que lhes permita vivenciar sua vida como algo com sentido e valioso. Estes são fenômenos para os quais a crítica comunitarista aponta: "o lado negro do individualismo reside na centralização no *eu*, que tanto nivela quanto estreita nossas vidas, torna-as pobres de significado e menos preocupadas com a vida dos outros ou com a sociedade" (Taylor, 1992b, p. 4). Em tal situação, "a necessidade humana por reconhecimento" (Taylor) não é mais algo tranquilo; o resultado é um empobrecimento da vida subjetiva, bem como da vida social (cf. Bellah et al., 1985). Aqui, não se trata, evidentemente, de colocar o plano da comunalidade ética numa concorrência falsa com o plano dos direitos iguais; certamente, a universalização dos direitos se desenvolveu com o "desencantamento" das compreensões tradicionais do mundo e da comunidade; todavia os direitos não pretendem ocupar o lugar dos vínculos éticos e substituí-los. Nem todos os conceitos normativos "individualistas" concorrem com os conceitos "comunitários". Mesmo quando Berger (1984, p. 153 s.) vê, com razão, o desenvolvimento do conceito de "dignidade" do ser humano em conexão com a decadência da "honra" – esta associa o *status* normativo da pessoa a papéis sociais num universo ético, enquanto que a "dignidade" é atribuída a todas as pessoas como seres humanos para além de todos os vínculos sociais – isso não significa que a dignidade de uma pessoa exija que ela se compreenda como um "*eu* solitário" em sua vida ética. Em contrapartida, é justa a questão sobre como no interior de uma comunidade política diferenciada podem ser promovida formas de vida social que vinculam a autonomia pessoal (por exemplo, destituída das compreensões tradicionais de papéis) com a integração ético-comunitária (cf. Walzer, 1990a).

As comunidades éticas são também de identificação, de valores, nas quais a identidade das pessoas se forma num campo de tensões entre "eu" e "nós". Em sua existência individual, comunitária e temporal, a pessoa é parte e, ao mesmo tempo, mais do que "apenas" uma parte de um todo abrangente. Aqui, é particularmente importante a dimensão temporal da individualidade e da comunalidade: "singularidade" é um conceito que tem um significado que se refere tanto à unicidade quanto à temporalidade e transitoriedade da "minha" [*jemeinige*] vida (para falar em termos heideggerianos). Isso significa, de um lado, que as pessoas não são "propriedade" de nenhuma comunidade e que cabe à própria pessoa viver sua própria vida; de outro lado, isso significa, todavia, que as pessoas "pertencem" a comunidades que lhe conferem uma "orientação temporal". Nesse sentido, as comunidades de reconhecimento são "comunidades de memória" (Bellah et al., 1985, p. 282), que não apenas dão uma orientação histórica temporal (que pode ser revista) à vida própria, mas também "conserva uma lembrança" da própria vida individual. Uma comunidade é, nas palavra de Arendt (1958, p. 198), uma "memória organizada" (cf. Forst, 1990).

Comunidades éticas são comunidades de memória com base numa representação comum do bem que vincula a identidade individual e coletiva num "modo de vida, numa linguagem ética 'densa'" (cf. Hampshire, 1989, p. 114 s.). As comunidades éticas podem, mas não precisam, ser comunidades linguísticas num sentido abrangente; contudo, em todas as comunidades éticas existem determinados significados compartilhados de conceitos e símbolos que são válidos somente "para nós" e são entendidos "por nós" diante do pano de fundo de vivências comuns. Tais significados fazem parte da práxis e do "mundo simbólico" da comunidade.

Quanto mais "estreita" e firme é a comunidade ética, tanto mais intensivamente as pessoas são reconhecidas como membros insubstituíveis e, ao mesmo tempo, como indivíduos únicos. No amor, a forma mais próxima de comunidade ética constitutiva da identidade, o reconhecimento da comunalidade [*Gemeinsamkeit*] é, ao mesmo tempo, o reconhecimento da particularidade do outro; e é uma tarefa comum manter o equilíbrio entre a comunalidade e a individualidade (cf. Honneth, 1992a, p. 153 ss.). Como, por exemplo, mostra Beauvoir (1968, p. 320), seguindo a teoria do "olhar" objetivador de Sartre, a relação entre os sexos abriga o perigo de que "reconhecer-se-no-outro" não produz uma reciprocidade efetiva, mas uma reprodução das relações de desigualdade (cf. Benjamin, 1990). Num sentido mais amplo, a família é uma forma de comunidade constituída por meio do amor, na qual os laços de comunalidade são certamente mais fracos, mas as pessoas são reconhecidas, num grau especial, como indivíduos únicos que são componentes integrais da comunidade. Também na amizade existe essa estrutura dupla forte de comunalidade e singularidade insubstituível – amigos não podem ser substituídos arbitrariamente, pois somente em sua singularidade constituem a comunidade. Em comunidades éticas maiores, como as comunidades religiosas, associações ou clubes que se organizam com propósitos e fins particulares, as relações entre os membros são formalizadas até certo grau, mas sempre persiste uma identificação comum com base em valores e ideais comuns, que vinculam fortemente os indivíduos uns com os outros. As comunidades étnicas se integram a partir da consciência da pertença cultural, mas são sempre comunidades abstratas, "imaginadas" (Anderson, 1991) e, em parte, "escolhidas" (Waters, 1990). Também aqui se encontra, ainda, o que é específico das relações de reconhecimento ético: a individualidade mais própria é definida e constituída (num campo de tensão) com os outros, a partir da comunidade. Essa constituição já inclui também os limites que são estabelecidos entre "nossa" identidade e a dos outros, que não são "como nós"; uma delimitação que é tanto mais forte quanto mais a identidade própria se sentir insegura. A simetria do reconhecimento ético no interior de uma comunidade não exclui a assimetria em relação a outras comunidades, mas também não necessariamente a inclui, se a assimetria for entendida como a desvalorização de outros (cf. Karst, 1989, p. 21 ss.).

A autoestima de uma pessoa não está, normalmente, vinculada apenas com os valores de *uma* comunidade e também não necessariamente com todos os valores particulares de comunidades localizadas. Uma pessoa pode, como destaca Mead (1973, p. 253 ss.), avaliar sua vida à luz de uma comunidade "ideal" – de valores que aparecem como idiossincráticos ou, inclusive, inferiores sobre do pano de fundo das convenções existentes. Isso, todavia, é uma possibilidade ética entre outras; a reflexão crítica sobre o autovalor próprio pressupõe – mesmo numa compreensão pós-convencional – a autonomia ética e o distanciamento dos papéis, mas não pressupõe necessariamente a antecipação do reconhecimento de uma comunidade de reconhecimento "ilimitada" (segundo Habermas, 1988c, p. 227 ss). Tal comunidade também é frequentemente uma idealização de determinados padrões éticos.

A perda do sentimento ético do valor próprio pode decorrer seja do fato de uma pessoa não alcançar os padrões éticos que ela ou outros reconhecem como valiosos – que uma pessoa "nega" aos olhos dos outros, mas primeiramente aos seus próprios olhos – seja do fato de que, em vista da discriminação pelos outros, os membros de uma comunidade ética consideram sua forma de vida e suas convicções em conjunto como não fundamentadas e deficientes e acabam entrando numa crise de identidade. No presente contexto não posso examinar em detalhes a vínculo complexo entre a avaliação por meio dos outros e a autoavaliação. No que diz respeito ao último problema mencionado, o da desvalorização coletiva, é mais uma vez importante analisar o vínculo entre estima ética e reconhecimento político. Esse reconhecimento das pessoas como cidadãos com igualdade de direitos, com determinadas pretensões de participação na comunidade política e de partilhar seus recursos não significa que os valores de sua forma de vida sejam *compartilhados* universalmente, mas apenas que eles não são *condenados* ou discriminados. Em seu ensaio sobre a questão judaica, Sartre fornece uma descrição sobre como a discriminação social progressiva de uma minoria leva a uma situação em que os próprios membros se julgam como inferiores. A humilhação leva à autodegradação, à desvalorização e, por fim, à negação da própria identidade. A autorrelação é perpassada pela dúvida em relação à própria identidade e de seu valor; a identidade própria torna-se uma prisão: "por maior que seja nosso esforço para encontrar *a pessoa*, o que sempre encontramos é o *judeu*" (Sartre, 1979, p. 148). As vítimas de tal discriminação reagem, segundo Sartre, de duas maneiras: assumem a perspectiva dos outros e consideram-se inferiores; consequentemente, procuram ou tornarem-se iguais aos outros e desvencilhar-se de sua identidade, ou, quando isso não for bem-sucedido, resignar-se ao papel de "cidadãos de segunda classe". A primeira reação é uma tentativa de salvar o valor de si mesmo à medida que descobre em si atributos que não são discriminados, enquanto que a segunda reação expressa a renúncia ao próprio valor de si mesmo (cf. Shklar, 1992, p. 67). Segundo Sartre, a dialética de Hegel afirma, no entanto, que uma tal minoria se defronta com uma "luta pela autoconsciência" no sentido do sentimento do valor de si mesmo, cujo primeiro passo consiste em aceitar a própria identidade, considerada pelos *próprios* membros da minoria como algo digno de estima, e o segundo na defesa "genuína" diante dos outros. Nessa luta, trata-se do reconhecimento como seres humanos "iguais" e como cidadãos de direitos plenos com uma identidade particular determinada autonomamente e eticamente diferenciada, que deve ser *respeitada*. Exemplos como o da luta gradual do movimento negro nos EUA em torno da obtenção do que é chamado de "pertença plena" a uma comunidade política testemunham as formas múltiplas de exclusão jurídica, política e social e os problemas para superá-los de um modo que vincule o reconhecimento da igualdade jurídico-política com o reconhecimento da diferença (não percebida como inferior)[23]. Nas palavras de W.E.B. du Bois (1903, p. 215) o objetivo é "ser tanto um negro quanto um americano sem ser excomungado ou amaldiçoado".

2. *Pessoa do direito*

Ser reconhecido como pessoa do direito significa ser respeitado em sua autonomia pessoal segundo os padrões do direito para determinar sua própria vida. Os direitos subjetivos à liberdade de ação cabem a toda pessoa como pessoa do direito; são definidos de modo jurídico positivo e valem para todas as pessoas de forma igual. As pessoas do direito são, portanto, consideradas juridicamente como *iguais* e reconhecidas como *indivíduos* independentes. Essa forma de reconhecimento não deve ser entendida como "atomista": as pessoas reconhecem *reciprocamente* esses direitos – direitos são "relações" entre as pessoas (Young, 1990, p. 25) – que asseguram espaços livres nos quais as próprias pessoas definem quais formas de vida ética vão afirmar. Essa autodeterminação jurídica não deve ser interpretada ontologicamente: que as pessoas possuem a possibilidade jurídica de autodeterminação individual não significa que elas sejam sujeitos "desvinculados" (cf. cap. 2). As pessoas "vinculadas" precisam também desses direitos como "capa protetora" e não apenas quando as comunidades se desintegram (ou ameaçam oprimir as pessoas), mas também para protegerem suas próprias comunidades.

Hobbes aponta que a palavra *persona*, em latim, significa "máscara", o "*disfarce ou aparência exterior* de um homem" (1651, p. 123). A "pessoa" aparece como representante de si mesmo e tem "autoridade", é autor das ações próprias e como tal deve ser respeitada (cf. Mauss, 1985, p. 14 ss.). "Ser pessoa" significa, por conseguinte, "não ser escravo", isto é, poder representar a si mesmo, ser considerado como autor autorresponsável de suas próprias ações e ter direitos civis que garantem uma "esfera própria" (de propriedade, por exemplo). O caráter artificial, a "máscara" da pessoa do direito, define o *status* de uma pessoa, que possui essa autoridade diante do direito. Nesse sentido, Arendt (1965, p. 108) fala da "máscara protetora da pessoa do direito".

---

[23] Cf. o inventário desses problemas em Jaynes/Williams (1989, especialmente o cap. 4).

Em sua discussão do conceito de pessoa do direito, Hegel acentua esse caráter abstrato e a artificialidade da "personalidade" do direito, que se refere unicamente à "esfera exterior da sua liberdade" (Hegel, 1821, § 41). A relação consigo mesmo nessa esfera, segundo Hegel, é puramente formal e "sem conteúdo"; a vontade da pessoa é livre, mas indeterminada e abstrata. "A vontade abstrata ou que é para si é a pessoa. A superioridade do seres humanos é ser pessoa, mas apesar disso a pessoa, que é mera abstração, é já algo desprezível na expressão" (ibidem, § 35, adendo). Reconhecer a pessoa – conforme o "imperativo do direito": "seja uma pessoa e respeite os outros como pessoas" (ibidem, § 36) – significa reconhecer sua liberdade e vontade livre para além de toda singularidade; contudo, reconhecer uma pessoa *somente* como tal significa considerar a pessoa meramente como "um *eu* rígido", como um *eu* sem a determinação que ele experimenta apenas como *eu* "ético". Como Hegel expõe na *Fenomenologia*, o *status* da pessoa do direito é um *status* positivo na medida em que a pessoa como categoria do direito é "algo que é *reconhecido* e *realmente efetivo*"; é negativo uma vez que é uma forma abstrata e "inessencial" de (auto)reconhecimento subjetivo e intersubjetivo (1807, p. 357). Designar alguém como "pessoa", significa se distanciar dela, reduzi-la ao *status* que existe antes de qualquer determinação relativa a valores que a torna uma pessoa ética.

A "máscara" da pessoa do direito é a da aparição pública diante do direito, não a aparição pública da pessoa ética. As comunidades jurídicas não são comunidades de memória ou de identificação; a forma de individualidade reconhecida e a comunalidade que prevalece aqui é a independência *respeitada* das pessoas como membros da comunidade jurídica. Nessa perspectiva, o autorrespeito de uma pessoa depende do seu reconhecimento como uma "autoridade" que pode ser capaz de defender e realizar "seus" direitos (cf. Feinberg, 1980, p. 143 ss.; Wildt, 1992b). Isso significa que ela tem o direito, como pessoa, de ser tratada como igual e ser respeitada segundo leis que valem para todos. Isso de modo algum é uma determinação trivial; Hegel, que considera a forma legal de reconhecimento como sendo incompleta em contraste com a forma ética, também destaca a função que o direito abstrato exerce como garantidor da liberdade.

3. Cidadania

Um conceito de reconhecimento político – como cidadãos – tem de levar em consideração as dimensões do reconhecimento ético e jurídico, bem como a necessidade de que o reconhecimento da diferença ética e da igualdade e liberdade ação jurídicas tenham de ser implementadas em termos de autonomia política e realizadas socialmente. As dimensões da participação política e da distribuição social refletem o que é singular em *ser responsável* politicamente, o que os cidadãos esperam uns dos outros: uma responsabilidade discursiva que exige razões universais para normas válidas universalmente e uma responsabilidade solidária que torna possível aos cidadãos serem autônomos política e pessoalmente, isto é, levar uma vida em igualdade de direitos e "isentos de vergonha". Esse conceito de vergonha refere-se tanto à necessidade de não discriminação contra formas de vida "diferentes" como também aos recursos sociais necessários que possibilitam, segundo padrões sociais, uma vida não estigmatizada na comunidade. A primeira forma de vergonha gerada pela exclusão social e jurídica já foi mencionada acima, mas também a segunda forma, a exclusão por meio da pobreza, é de importância essencial para a análise do que significa o reconhecimento político. Frequentemente os mecanismos de exclusão cultural e sócio-econômica se sobrepõem e se condicionam reciprocamente – e têm sua origem nas pretensões hegemônicas de uma forma de vida – todavia, devem ser diferenciados. Às diversas faces do reconhecimento político – a diferença ética, a igualdade jurídica, a codeterminação política, a inclusão social – correspondem planos e objetivos diferentes da luta pelo reconhecimento. Portanto, a "cidadania" se define mais por um *processo* de obtenção e expansão de direitos de cidadãos do que por um *status* bem definido (cf. Marshall, 1964; Honneth, 1992a, p. 186 ss.). Direitos devem ser entendidos como "direitos ao reconhecimento igual" (Smith, 1989, p. 128), no sentido de serem em todas aquelas dimensões.

Por meio do reconhecimento político se constitui um "sentimento do valor de si de segunda ordem", isto é, a consciência de ser membro "pleno" da comunidade política. A solidariedade política tem sua base na responsabilidade política comum, e não uma solidariedade ética com base em valores que definem a identidade: o agir político solidário tem o propósito de produzir uma comunidade de cidadãos com direitos plenos. A solidariedade ética tem o propósito de manter e defender uma vida boa comum – e, com isso, a identidade própria.

4. *Pessoa moral*

As pessoas se encontram não apenas como membros de comunidades éticas ou políticas, mas também como "estranhos", sem a "rede" de valores comuns ou pretensões jurídicas recíprocas. O que unicamente as vincula é o contexto da humanidade comum, e o que exigem umas das outras é o reconhecimento como *ser humano*. Ser humano significa: ser membro da comunidade a qual todos os seres humanos pertencem como tal, como pessoas morais. A universalidade moral significa respeitar cada pessoa como representante da comunidade universal dos seres humanos, como um "próximo". Assim as pessoas são reconhecidas simultaneamente como *indivíduos* vulneráveis e autônomos e como membros da *comunidade dos seres humanos*.

O reconhecimento moral é uma forma de *respeito* [*Achtung*] do outro e de ser respeitado pelos outros, o que possibilita o autorrespeito como ser humano – que é respeitado reciprocamente pelos outros como instância diante da qual tem de se justificar moralmente; em termos kantianos: como fim e não como meio para outros fins. É isso que afirma o discurso sobre o "direito à justificação". O autorrespeito moral pressupõe respeitar a si mesmo e aos outros como autores e destinatários de normas morais. O reconhecimento moral respeita os limites entre as pessoas com base na consciência da vulnerabilidade humana comum e do que é ser um *eu* humano – não se trata de respeitar "quem" somos, mas sim "o que" nos torna seres humanos vulneráveis, autodeterminantes e autônomos. Uma pessoa abandona seu autorrespeito quando abandona sua pretensão à autodeterminação, à integridade corpórea e a uma vida que vale a pena denominar de "minha" vida autorresponsável. Enquanto que a perda do sentimento do valor de si decorre de um juízo que afirma ter fracassado na vida, medido segundo um padrão determinado, a perda do autorrespeito moral tem uma raiz mais profunda. A percepção de um fracasso ético está baseada na expectativa própria de que se estava (ou teria de estar) em condições de poder corresponder ao valor exigido, ao passo que a perda do autorrespeito coloca em questão os próprios pressupostos de tais reflexões: a confiança na capacidade humana em geral é destruída. Perder seu autorrespeito significa não mais erguer a pretensão de ser reconhecido como uma pessoa autodeterminante – não mais erguer a pretensão de ser reconhecido como instância moral diante da qual os outros têm de se justificar.

O exemplo da escravidão ilustra todas as quatro formas de negação do reconhecimento: os escravos não são avaliados com base em valores comuns, mas são considerados "valiosos" apenas no sentido instrumental; não possuem direitos, ou, em caso algum, direitos iguais de liberdade de ação; são (no melhor dos casos) "cidadãos de segunda classe", e lhes é negado o direito básico de dispor de seu próprio corpo, e, logo, da sua própria vida. Eles são "servos", "socialmente mortos" (Patterson, 1982). Não ser mais respeitado como pessoa moral significa, é claro, perder imediatamente seu autorrespeito. A negação do reconhecimento intersubjetivo não deve ser vinculado muito estreitamente com a perda do reconhecimento subjetivo. A perda do respeito apenas se torna uma perda do autorrespeito quando uma pessoa assume o papel de escravo, abandona a si mesmo e abandona a última resistência a ser controlado por outro: a resistência do corpo (Sachs, 1981, p. 353). Essa renúncia completa de seu *eu* é o caso extremo de perda do *eu*.

Em sua descrição dos campos de concentração como laboratórios de dominação total de seres humanos e de sua transformação em meros "feixes de reação", Hannah Arendt (1989, p. 29) deu-nos tal exemplo e distinguiu estágios de perda do reconhecimento e perda do *eu* – estágios da morte da pessoa antes da morte física. Segundo Arendt, a destruição da "pessoa do direito" representa o primeiro passo na exterminação, prisão arbitrária sem culpa demonstrável e sem procedimento jurídico. O segundo estágio na produção de "cadáveres vivos" consiste na aniquilação da "pessoa moral", a produção de um mundo no qual os conceitos morais costumeiros do respeito, da culpa, e consciência não desempenham mais nenhum papel, no qual todo martírio é sem sentido e a sobrevivência depende em trabalhar com os algozes contra as vítimas. O autorrespeito moral tem de ceder à coerção de um mundo imoral, a voz da consciência é silenciada. Como último passo desse "experimento infernal" está a destruição da "individualidade" por meio da tortura, a destruição de toda resistência do corpo que se revolta contra a prepotência e a violação. Essas pessoas não dispõem mais da força para uma expressão individual espontânea da vida – elas atrofiam até se tornarem objetos que se dirigem voluntariamente para a morte, uma vez que vida neles já foi destruída (1979, p. 447 ss.; cf. também Sofsky, 1993, p. 105 s. e 229 ss.). Essa última dimensão da "individualidade", a disposição sobre seu próprio corpo, caracteriza a dimensão mais fundamental da personalidade humana em geral: a base para toda autorrelação prática. É a "forma mais elementar de autorrelação prática, a confiança em si mesmo" (segundo Honneth, 1992a, p. 215), que é protegida por meio do respeito moral da integridade física da pessoa. No reconhecimento da pessoa moral, o discurso do respeito à "dignidade" do ser humano adquire o sentido do respeito da pessoa como ser corpóreo, vulnerável e "próprio", que tem o direito de viver sua vida na integridade física e psíquica – não porque "possui" a si mesma, mas porque ninguém possui mais uma pessoa do que ela mesma. Como tais, as pessoas têm o direito moral a uma justificação recíproca e universal de todas as ações que atingem sua integridade. A forma básica de reconhecimento moral reside na atribuição desse direito.

Portanto, pode-se concluir o seguinte. A tese comunitarista de que os problemas práticos sempre surgem para as pessoas "situadas" como membros de comunidades e têm de ser sempre resolvidos *no interior* de contextos intersubjetivos não pode ser rejeitada, mas tem de ser diferenciada. As questões práticas surgem em contextos *diferentes* e exigem respostas que são justificadas desta forma; e esses contextos comunitários podem ser descritos como esferas de reconhecimento ético, jurídico, político e moral recíproco, que pertencem a um conceito completo da justiça.

A base para fazer a distinção entre essas esferas, sua caracterização normativa e a definição da justiça não reside evidentemente num determinado ideal formal de vida boa reconhecida em todas essas dimensões. A discussão mostrou, antes, como uma diferenciação de contextos práticos deriva de um conceito de razão prática segundo o qual os valores e normas têm de ser justificadas de modo intersubjetivo. Isto é, que as normas morais universais têm de ser fundamentadas com pretensões de validade universais diante de cada ser humano e, portanto, diante de todos eles como tal; que as decisões políticas que levam a normas jurídicas têm de ser justificadas diante de todos os concidadãos; consequentemente, que o direito ergue uma pretensão universal de legitimação que, ao mesmo tempo, possibilita e delimita um espaço de liberdade de ação das pessoas, o qual, por sua vez, pode ser questionado em discursos políticos; e, por fim, que as questões éticas são sobre identidade relativas à vida boa, que obviamente não podem ser respondidas na solidão, mas cujas respostas também não têm de ser justificadas "publicamente" de modo moral ou político. O princípio da justificação prática razoável exige uma diferenciação das questões práticas em relação a esses quatro contextos de justificação intersubjetiva.

Com isso, a controvérsia entre liberalismo e comunitarismo nos ensina que é insuficiente a simples oposição entre o bem e os direitos individuais ou o que é correto moralmente; a comunidade e a justiça; a eticidade e a moralidade; os contextos concretos e a razão abstrata. O esclarecimento aqui sugerido dos conceitos fundamentais mostrou que a pessoa, que está no centro das questões sobre a justiça, não deve ser entendida exclusivamente como pessoa ética, como pessoa do direito, como cidadão ou como pessoa moral, mas como pessoa em todas essas dimensões comunitárias. A tarefa de uma teoria da justiça consiste em definir e reunir adequadamente esses contextos da justiça. Segundo essa teoria, uma sociedade que harmoniza esses contextos pode ser considerada *justa*.

BIBLIOGRAFIA

ACKERMAN, Bruce. *Social Justice in the Liberal State*. New Haven, Yale University Press, 1980.

_____. What Is Neutral about Neutrality? *Ethics*. Chicago, The University of Chicago Press, v. 93, n. 2, 1983. p. 372-90.

_____. Why Dialogue? *The Journal of Philosophy*. Nova York, v. 8, n. 1, 1989. p. 5-22.

_____. Neutralities. In: DOUGLAS, R. Bruce; MARA, Gerald M.; RICHARDSON, Henry S. (Orgs.). *Liberalism and the Good*. Nova York, Routledge, 1990. p. 29-43.

_____. *We the People*. Cambridge, Harvard University Press, 1991, vol. I.

ALEXY, Robert. *Theorie der Grundrechte*. Frankfurt am Main, Suhrkamp, 1986. [Ed. bras.: *Teoria dos direitos fundamentais*. Trad. Virgilio Afonso da Silva, São Paulo, Malheiros, 2008.]

ANDERSON, Benedict. *Imagined Communities*. Londres, Verso, 1991. [Ed. bras.: *Comunidades imaginadas*: reflexões sobre a origem e a difusão do nacionalismo. Trad. Denise Bottman, São Paulo, Companhia das Letras, 2008.]

ANDERSON, Joel. Starke Wertungen, Wünsche zweiter Ordnung und intersubjektive Kritik: Überlegungen zum Begriff ethischer Autonomie. *Deutsche Zeitschrift für Philosophie*. Berlim, Akademie Verlag, v. 42, 1994. p. 97-119.

APEL, Karl-Otto. Das Apriori der Kommunikationsgemeinschaft und die Grundlagen der Ethik. In: _____. *Transformation der Philosophie*. Frankfurt am Main, Suhrkamp, 1973, v. 2.

_____. Sprechakttheorie und transzendentale Sprachpragmatik zur Frage ethischer Normen. In: _____ (Org.). *Sprachpragmatik und Philosophie*. Frankfurt am Main, Suhrkamp, 1976.

_____. Fallibilismus, Konsenstheorie der Wahrheit und Letztbegründung. In: FORUM FÜR PHILOSOPHIE. *Philosophie und Begründung*. Frankfurt am Main, Suhrkamp, 1987. p. 116-211.

_____. *Diskurs und Verantwortung*. Franfurt am Main, Suhrkamp, 1988.

APEL, Karl-Otto. Das Anliegen des anglo-amerikanischen "Kommunitarismus" in der Sicht der Diskursethik. In: BRUNKHORST, Haunke; BRUMLIK, Michael (Orgs.). *Gemeinschaft und Gerechtigkeit*. Frankfurt am Main, Fischer, 1993. p. 149-72.

ARENDT, Hannah. Es gibt nur ein einziges Menschenrecht. In: _____. *Die Wandlung*. 1949. p. 754-70.

_____. *The Human Condition*. Chicago, University of Chicago Press, 1958. [Ed. bras.: *A condição humana*. Trad. Roberto Raposo, São Paulo, Forense Universitária, 2008.]

_____. *On Revolution*. Harmondsworth, Penguin, 1965. [Ed. bras.: *Da revolução*. Trad. Fernando Didimo Vieira e Caio Navarro de Toledo, São Paulo, Ática, 1995.]

_____. Thinking and Moral Considerations. *Social Research*. v. 38, 1971. p. 417-46.

_____. *The Life of the Mind*. Nova York, Harcourt Brace Jovanovich, 1978, 2 v. [Ed. bras.: *A vida do espírito*. Trad. Helena Martins, Antonio Abranches e César Augusto de Almeida, São Paulo, Civilização Brasileira, 2009.]

_____. *The Origins of Totalitarianism*. Nova York, Harcourt Brace Jovanovich, 1979. [Ed. bras.: *Origens do totalitarismo*. Trad. Roberto Raposo, São Paulo, Companhia das Letras, 2009.]

_____. *Lectures on Kant's Policial Philosophy*. Org. Ronald Beiner, Chicago, University of Chicago Press, 1982. [Ed. bras.: *Lições sobre a filosofia política de Kant*. Rio de Janeiro, Relume-Dumará, 1993.]

_____. *Eichmann in Jerusalem*: A Report on the Banality of Evil. Harmondsworth, Penguin, 1983. [Ed. bras.: *Eichmann em Jerusalem*: um relato sobre a banalidade do mal. Trad. José Rubens Siqueira, São Paulo, Companhia das Letras, 2008.]

_____. The Crisis in Culture. In: _____. *Between Past and Future*. Harmondsworth, Penguin, 1985a. [Ed. bras.: *Entre o passado e o futuro*. Trad. Mauro W. Barbosa, São Paulo, Perspectiva, 2005.]

_____. Truth and Politics. In: _____. *Between Past and Future*. Harmondsworth, Penguin, 1985b.

_____. Die vollendete Sinnlosigkeit. In: _____. *Nach Auschwitz*: Essays und Kommentare I. Berlim, 1989.

ARISTÓTELES. *Nikomachische Ethik*. Org. O. Gigon, München, 1972. [Ed. bras.: *Ética a Nicomacos*. Trad. Mario da Gama Kury, Brasília, UnB, 2001.]

BAILIN, Bernard. *The Ideological Origins of the American Revolution*. Cambridge, Harvard University Press, 1967.

BARBALET, Jack M. *Citizenship*. Minneapolis, University of Minnesota Press, 1988.

BARBER, Benjamin. *Strong Democracy*: Participatory Politics for a New Age. Berkeley, University of California Press, 1984.

_____. A New Language for the Left: Translating the Conservative Discourse. *Harper's Magazine*. Nova York, nov. 1986a. p. 47-52.

BARBER, Benjamin. The Compromised Republic: Public Purposelessness in America. In: HORWITZ, Robert H. (Org.). *The moral foundations of the American Republic*. Charlottesville, University Press of Virginia, 1986b. p. 42-61.

_____. The Real Lesson of "Amerika". *New York Times*. 1º mar. 1987. p. A21.

_____. *The Conquest of Politics*: Liberal Philosophie in Democratic Times. Princeton, Princeton University Press, 1988.

_____. Liberal Democracy and the Costs of Consent. In: ROSENBLUM, Nancy (Org.). *Liberalism and the Moral Life*. Cambridge, Harvard University Press, 1989. p. 54-68.

BARRY, Brian. Review of Liberalism and the Limits of Justice. *Ethics*. Chicago, The University of Chicago Press, v. 94, n. 2, 1984. p. 523-5.

_____. The Light that Failed? *Ethics*. Chicago, The University of Chicago Press, v. 100, 1989a. p. 160-168.

_____. *Theories of Justice*. Berkeley, University of California Press, 1989b.

_____. How Not to Defend Liberal Institutions. In: DOUGLAS, R. Bruce.; MARA, Gerald M.; RICHARDSON, Henry S. (Orgs.). *Liberalism and the Good*. Nova York, Routledge, 1990. p. 44-58.

BAYNES, Kenneth. The Liberal/Communitarian Controversy and Communicative Ethics. *Philosophy and Public Affairs*. Princeton, Princeton University Press, v. 14, n. 3-4, 1988.

_____. *The Normative Grounds of Social Criticism*: Kant, Rawls, and Habermas. Albany, Suny Press, 1922a.

_____. Liberal Neutrality, Pluralism, and Deliberative Politics. *Praxis International*. Belgrado, v. 12, n. 1, 1992b. p. 50-69.

BEAUVOIR, Simone de. *Das andere Geschlecht*. Reinbek bei Hamburg, 1968. [Ed. bras.: *O segundo sexo*. Rio de Janeiro, Nova Fronteira, 2002.]

BEINER, Ronald. Hannah Arendt on Judging. In: ARENDT, Hannah. *Lectures on Kant's Policial Philosophy*. Chicago, University of Chicago Press, 1982. p. 89-156. [Ed. bras.: *Lições sobre a filosofia política de Kant*. Rio de Janeiro, Relume-Dumará, 1993.]

_____. *Political Judgment*. Chicago, University of Chicago Press, 1983.

_____. What's the Matter with Liberalism? In: HUTCHINSON, A. C.; GREEN, L. J. M. (Orgs.). *Law and the Community*. Toronto, Carswell, 1989.

BEITZ, Charles. *Political Theory and International Relations*. Princeton, Princeton University Press, 1979.

BELL, Daniel. *Communitarianism and Its Critics*. Oxford, Oxford University Press, 1993.

BELLAH, Robert. Citizenship Diversity, and the Search for the Common Good. In: CALVERT, Robert E. (Org.). *The Constitution of the People*. Lawrence, University Press of Kansas, 1991. p. 47-63.

_____. *The Good Society*. Nova York, Alfred A. Knopf, 1991.

_____. *Habits of the Heart*: Individualism and Commitment in American Life. Berkeley, University of California Press, 1985.

BENHABIB, Seyla. Critique, Norm, and Utopia: A Study of the Foundations of Critical Theory. Nova York, Columbia University Press, 1986.

BENHABIB, Seyla. Urteilskraft und die moralischen Grundlagen der Politik im Werk Hannah Arendts. *Zeitschrift für philosophische Forschung.* Berlim, v. 41, n. 4, 1987.

_____. Autonomy, Modernity, and Community: Communitarianism and Critical Social Theory in Dialogue. In: HONNETH, Axel et al. (Orgs). *Zwischenbetrachtungen.* Im Prozess der Aufklärung. Frankfurt am Main, Suhrkamp, 1989a. p. 373-94.

_____. Liberal Dialogue versus a Critical Theory of Discursive Legitimation. In: ROSENBLUM, Nancy (Org.). *Liberalism and the Moral Life.* Cambridge, Harvard University Press, 1989b. p. 143-56.

_____. In the Shadow of Aristotle and Hegel. Communicative Ethics and Current Controversies in Practical Philosophy. *The Philosophical Forum.* Nova York, v. XXI, n. 1-2, 1989c.

_____. Modelle des öffentlichen Raums: Hannah Arendt, die liberale Tradition und Jürgen Habermas. *Soziale Welt.* Munique, v. 42, n. 2, 1991.

_____. *Situating the Self:* Gender, Community and Postmodernism in Contemporary Ethics. Nova York, Routledge, 1992a.

_____. The Generalized and the Concrete Other. In: _____. *Situating the Self*: Gender, Community and Postmodernism in Contemporay Ethics. Nova York, Routledge, 1992b.

_____. Demokratie und Differenz: Betrachtungen über Rationalität, Demokratir und Postmodernes. In: BRUMLIK, Michael; BRUNKHORST, Haunke (Orgs.). *Gemeinschaft und Gerechtigkeit.* Frankfurt am Main, Fischer, 1992c.

BENJAMIN, Jessica. *Die Fesselm der Liebe.* Frankfurt am Main, Basel, 1990.

BERGER, Peter. On the Obsolescence of the Concept of Honour. In: SANDEL, Michael (Org.). *Liberalism and Its Critics.* Nova York, New York University Press, 1984. p. 149-58.

BERLIN, Isaiah. Introduction. In: _____. *Four Essays on Liberty.* Oxford, Oxford University Press, 1969a. [Ed. bras.: *Quatro ensaios sobre a liberdade.* Trad. Wamberto Hudson Ferreira, Brasília, UnB, 1981.]

_____. Two Concepts of Liberty. In: _____. *Four Essays on Liberty.* Oxford, Oxford University Press, 1969b.

_____. The Pursuit of the Ideal. In: _____. *The Crooked Timber of Humanity.* Nova York, 1992.

BERNSTEIN, Richard J. Niezsche or Aristotle? Reflections on Alasdair MacIntyre's *After Virtue.* In: _____. *Philosophical Profiles.* Philadelphia, University of Pennsylvania, 1986a. p. 115-40.

_____. Judging: The Actor and the Spectator. In: _____. *Philosophical Profiles.* Philadelphia, University of Pennsylvania, 1986b. p. 221-37.

BLOCH, Ernst. *Naturrecht und menschliche Würde.* Frankfut am Main, Suhrkamp, 1977.

BOHMAN, James. *Politics and Public Reason.* s/l, s/e, 1991 (manuscrito).

BRINK, David O. *Moral Realism and the Foundations of Ethics.* Cambridge, Cambridge University Press, 1989.

BRUNKHORST, Haunke. Gesellschaftskritik von innen? Für einen "Covering Law" - Universalismus ohne Dogma. In: APEL, Karl-Otto; KETTNER, Matthias. (Orgs.).

Zur Anwendung der Diskursethik in Politik, Recht und Wissenschaft. Frankfurt am Main, Suhrkamp, 1992. p. 149-67.

BUCHANAN, Allen E. Assessing the Communitarian Critique of Liberalism. *Ethics*. Chicago, University of Chicago Press, v. 99, n. 4, 1989. p. 852-82.

BUCHSTEIN, Hubertus. Perspektiven Kritischer Demokratietheorie. *Prokla*. Berlim, v. 86, n. 22, mar. 1992. p. 115-36.

_____. Bringing Political Competence and Morality Back In. Berlim, 1993. (manuscrito).

_____; SCHMALZ-BRUNS, Rainer. Gerechtigkeit als Demokratie – Zur politischen Philosophie von Michael Walzer. *Politische Vierteljahresschrift*. Wiesbaden, VS Verlag, v. 33, n. 2, 1992. p. 375-98.

CANEY, Simon. Liberalism and Communitarianism: A Misconceived Debate. *Political Studies*. Sheffield, Blackwell, v. 40, 1992. p. 273-89.

CAVELL, Stanley. *Conditions Handsome and Unhandsome*. Chicago, University of Chicago Press, 1990.

CITRIN, Jack et al. The Official English Movement and the Symbolic Politics of Language in the United States. *The Western Political Quarterly*. Utah, University of Utah, n. 43, set. 1990. p. 535-59.

COHEN, Jean; ARATO, Andrew. *Civil Society and Political Theory*. Cambridge, MIT Press, 1992.

COHEN, Jean. Zur Neubeschreibung der Privatsphäre. In: MENKE, C.; SEEL, Martin (Orgs.). *Zur Verteidigung der Vernunft gegen ihre Liebhaber und Verächter*. Frankfurt am Main, Suhrkamp, 1993.

COHEN, Joshua. Kommunitarismus und universeller Standpunkt. *Deutsche Zeitschrift für Philosophie*. Berlin, Akademie Verlag, v. 41, n. 6, 1986.

_____. Deliberation and Democratic Legitimacy. In: HAMLIN, Alan; PETTIT, Philip (Orgs.). *The Good Polity*: Normative Analysis of the State. Oxford, Blackwell, 1989. p. 17-34.

_____. Moral Pluralism and Political Consensus. In: COPP, David; HAMPTON, Jean; ROEMER, John E. (Orgs.). *The Idea of Democracy*. Cambridge, Cambridge University Press, 1993.

COING, Helmut. Zur Geschichte des Begriffs subjektive Recht. In: _____; LAWSON, Frederik H.; GRÖNFORS, Kurt (Orgs.). *Das subjektive Recht und der Rechtsschutz der Persönlichkeit*. Berlim/Frankfurt am Main, Metzner, 1959.

COLEMAN, James; FEREJOHN, John. Democracy and Social Choice. *Ethics*. Chicago, University of Chicago Press, v. 97, 1986/1987. p. 6-25.

COOKE, Maeve. Postkonventionelle Selbstverwirklichung: Überlegungen zur praktischen Subjektivität. *Deutsche Zeitschrift für Philosophie*. Berlin, Akademie Verlag, v. 42, n. 1, 1994.

COOP, David. Could Political Truth Be a Hazard for Democracy? In: _____; HAMPTON, Jean; ROEMER, John E. (Orgs.). *The Idea of Democracy*. Cambridge, Cambridge University Press, 1993.

CROPSEY, Joseph. The United States as Regime and the Sources of the American Way of Life. In: HORWITZ, Robert H. *The Moral Foundations of the American Republic*. Charlottesville, University Press of Virginia, 1986.

CURTIS, Denis; RESNIK, Judith. Images of Justice. *Yale Law Journal*. New Haven, Yale Law Journal Co., v. 96, 1987. p. 1727-72.

DANIELS, Norman. Wide Reflective Equilibrium and Theory Acceptance in Ethics. *The Journal of Philosophy*. Nova York, v. 76, 1979. p. 256-82.

_____. Reflective Equilibrium and Archimedean Points. *Canadian Journal of Philosophy*. Calgary, Calgary Press, v. 10, 1980. p. 83-103.

DARWALL, Stephen L. Two Kinds of Respect. *Ethics*. Chicago, University of Chicago Press, v. 88, 1977. p. 36-49.

_____. Is There a Kantian Foundation for Rawlsian Justice? In: BLOCKER, H. Gene; SMITH, Elizabeth H. (Orgs.). *John Rawls' Theory of Social Justice*. Athens, Ohio University Press, 1980.

_____. *Impartial Reason*. Ithaca, Cornell University Press, 1983.

DAVIDSON, Arnold I. Is Rawls a Kantian? *Pacific Philosophical Quarterly*. Los Angeles, v. 66, n. 1-2, 1985. p. 48-77.

DERRIDA, Jacques. *Gesetzeskraft*: Der Mystische Grund der Autorität. Franfurt am Main, Suhrkamp, 1991.

DEVLIN, Lord P. *The Enforcement of Morals*. Oxford, Oxford University Press, 1959.

DIAMOND, Martin. Ethics and Politics: The American Way. In: HORWITZ, Robert H. *The Moral Foundations of the American Republic*. Charlottesville, University Press of Virginia, 1986.

DIQUATTRO, Arthur. Rawls and Left Criticism. *Political Theory*. Evanston, v. 11, n. 1, 1983. p. 53-78.

DOUGLAS, R. Bruce.; MARA, Gerald M.; RICHARDSON, Henry S. (Orgs.). *Liberalism and the Good*. Nova York, Routledge, 1990.

DOWNING, Lyle A.; THIGPEN, Robert B. After Telos: The Implications of MacIntyre's Attempt to Restore the Concept in *After Virtue*. *Social Theory and Practice*. Tallahassee, v. 10, n. 1, 1984.

_____. Beyond Shared Understandings. *Political Theory*. Evanston, v. 14, n. 3, 1986, p. 451-72.

DRYZEK, John. *Discursive Democracy. Politics, Policy, and Political Science*. Cambridge, Cambridge University Press, 1990.

DU BOIS, W. E. B. The Souls of Black Folk. In: _____; WASHINGTON, Booker T.; JOHNSON, James Weldon. *Three Negro Classics*. Nova York, Avon Book, 1965.

DWORKIN, Ronald. *Bürgerrechte emstgenommen*. Frankfurt am Main, Suhrkamp, 1977.

_____. Gerechtigkeit und Rechte. In: _____. *Bürgerrechte ernstgenommen*. Frankfurt am Main, Suhrkamp, 1977a.

DWORKIN, Ronald. Bügerlicher Ungehorsan. In: _____. *Bürgerrechte ernstgenommen.* Frankfurt am Main, Suhrkamp, 1977b.

_____. Umgekehrte Diskriminierung. In: _____. *Bürgerrechte ernstgenommen.* Frankfurt am Main, Suhrkamp, 1977c.

_____. Welche Rechte haben wir? In: _____. *Bürgerrechte ernstgenommen.* Frankfurt am Main, Suhrkamp, 1977d.

_____. What Is Equality? Part I: Equality of Welfare. *Philosophy and Public Affairs.* Princeton, Princeton University Press, v. 10, n. 3, 1981a. p. 185-246.

_____. What Is Equality? Part 2: Equality of Resources. *Philosophy and Public Affairs.* Princeton, Princeton University Press, v. 10, n. 4, 1981b. p. 283-345.

_____. *A Matter of Principle.* Cambridge, Cambridge University Press, 1985. [Ed. bras.: *Uma questão de princípio.* Trad. Luis Carlos Borges, São Paulo, Martins Fontes, 2001.]

_____. Civil Disobedience and Nuclear Protest. In: _____. *A Matter of Principle.* Cambridge, Cambridge University Press, 1985a.

_____. Liberalism. In: _____. *A Matter of Principle.* Cambridge, Cambridge University Press, 1985b.

_____. Why Liberals Should Care about Equality. In: _____. *A Matter of Principle.* Cambridge, Cambridge University Press, 1985c.

_____. What Justice Isn't. In: _____. *A Matter of Principle.* Cambridge, Cambridge University Press, 1985d.

_____. Bakke's Case: Are Quotas Unfair? In: _____. *A Matter of Principle.* Cambridge, Cambridge University Press, 1985e.

_____. Do We Have a Right to Pornography? In: _____. *A Matter of Principle.* Cambridge, Cambridge University Press, 1985f.

_____. *Law's Empire.* Cambridge, Cambridge University Press, 1986. [Ed. bras.: *O império do direito.* Trad. Jefferson Luiz Camargo, 2. ed., São Paulo, Martins Fontes, 2007.]

_____. What Is Equality? Part 3: The Place of Liberty. *Iowa Law Review.* Iowa City, v. 73, 1987a. p. 1-54.

_____. What Is Equality? Part 4: Political Equality. *University of San Francisco Law Review.* San Francisco, v. 22, n. 1, 1987b. p. 1-30.

_____. Liberal Community. *California Law Review.* Berkeley, v. 77, 1989. p. 479-504.

_____. Foundations of Liberal Equality. In: PETERSON, Grethe (Org.). *The Tanner Lectures on Human Values.* Salt Lake City, University of Utah Press, v. XI, 1990. p. 1-119.

_____. *Life's Dominion*: An Argument about Abortion, Euthanasia, and Individual Freedom. Nova York, Knopf, 1993.

ELSTER, Jon. The Market and the Forum: Three Varieties of Political Theory. In: _____; HYLLANDS, A. (Orgs.). *Foundations of Social Choice Theory.* Cambridge, Cambridge University Press, 1986. p. 103-32.

ELSTER, Jon. The Possibility of Rational Politics. In: HELD, David (Org.). *Political Theory Today*. Stanford, Stanford University Press, 1991.

ELY, John Hart. *Democracy and Distrust*: A Theory of Judicial Review. Cambridge, Harvard Universtiy Press, 1980.

ESTLUND, David. Making Truth Safe for Democracy. In: COPP, David; HAMPTON, Jean; ROEMER, John E. (Orgs.). *The Idea of Democracy*. Cambridge, Cambridge University Press, 1993.

ETZIONI, Amitai. *The Spirit of Community*. Rights, Responsibilities, and the Communitarian Agenda. Nova York, Crown, 1993.

FEINBERG, Joel. Rawls and Intuitionism. In: DANIELS, Norman (Org.). *Reading Rawls*. Oxford, Blakwell, 1975.

_____. *Rights, Justice, and the Bounds of Liberty*. Princeton, Princeton University Press, 1980.

_____. *Harmless Wrongdoing*. Oxford, Oxford University Press, 1988.

FERREIRA, Alessandro. Universalisms: Procedural, Contextualist and Prudential. *Philosophy and Social Criticism*. Boston, v. 14, n. 3/4, 1988.

FINNIS, John. *Natural Law and Natural Rights*. Oxford, Calredon Press, 1980. [Ed. bras.: Lei natural e direitos naturais. São Leopoldo, Unisinos, 2007.]

FISHKIN, John S. Can There Be a Neutral Theory of Justice? *Ethics*. Chicago, University of Chicago Press, v. 93, n. 2, 1983.

FISK, Milton. History and Reason in Rawls' Moral Theory. In: DANIELS, Norman (Org.). *Reading Rawls*. Oxford, Blakwell, 1975.

FITZMAURICE, Deborah. Autonomy as a Good: Liberalism, Autonomy and Toleration. *The Journal of Political Philosophy*. Canberra, v. 1, n. 1, 1993. p. 1-16.

FLANAGAN, Owen. *Varieties of Moral Personality*, Cambridge, Mass., Harvard University Press, 1994.

FOOT, Philippa. Morality as a System of Hypothetical Imperatives. In: _____. *Virtues and Vices and Other Essays in Moral Philosophy*. Oxford, Blackwell, 1972.

FORST, Rainer. Endlichkeit Freiheit Individualität. Die Sorge um das Selbst bei Heidegger und Foucault. In: _____; ERDMANN, Eva; HONNETH, Axel (orgs.). *Ethos der Moderne*: Foucaults Kritik der Aufklärung. Frankfurt am Main, Campus, 1990.

_____. How (Not) to Speak about Identity. The Concept of the Person in a Theory of Justice. *Philosophy and Social Criticism*. Boston, v. 18, n. 3/4. 1992. p. 293-312.

_____. Kommunitarismus und Liberalismus – Stationen einer Debatte. In: HONNETH, Axel (Org.). *Kommunitarismus*: Eine Debatte über die moralischen Grundlagen moderner Gesellschaften. Frankfut am Main, Campus, 1993.

FRANKENA, William K. MacIntyre and Modern Morality. *Ethics*. Chicago, University of Chicago Press, v. 93, 1983. p. 579-87.

FRANKFURT, Harry. Freedom of the Will and the Concept of a Person. *The Journal of Philosophy*. Nova York, v. 68, n. 1, 1971. p. 5-20.

FRANKFURT, Harry. Comments on MacIntyre. *Synthese*. Dordrecht, v. 53, 1982. p. 319-21.

FRASER, Nancy. Toward a Discourse Ethic of Solidarity. *Praxis International*. Belgrado, v. 5, n. 4, 1986. p. 425-9.

_____. Struggle Over Needs: Outline of a Socialist-Feminist Critical Theory of Late Capitalist Political Culture. In: _____. *Unruly Practices*: Power, Discourse and Gender in Contemporary Social Theory. Minneapolis, University of Minnesota, 1989. p. 161-87.

_____. Rethinking the Public Sphere: A Contribution to the Critique of Actually Existing Democracy. *Social Text 25/26*. Durham, v. 8, n. 3; v. 9, n. 1, 1990.

FRIEDMAN, Marilyn. Feminism and Modern Friendship: Dislocating the Community. In: SUNSTEIN, Cass (Org.). *Feminism and Political Theory*. Chicago, University of Chicago Press, 1990. p. 143-58.

FUCHS, Lawrence H. *The American Kaleidoscope*: Race, Ethnicity, and the Civic Culture. Hanover, Wesleyan University Press, 1990.

FULLINWIDER, Robert K. Umgekehrte Diskriminierung und Chancengleichheit. In: RÖSSLER, Beate. (Org.). *Quotierung und Gerechtigkeit. Eine moralphilosophische Kontroverse*. Frankfurt am Main, Campus, 1993.

GALSTON, William A. On Liberalism. *Polity*. Nova York, v. 23, n. 22, 1990. p. 319-31.

_____. *Liberal Purpose*: Goods, Virtues, and Diversity in the Liberal State. Cambridge, Cambridge University Press, 1991.

GAUCHET, Marcel. Tocqueville, Amerika und wir. Über die Entstehung der demokratischen Gesellschaften. In: RÖDEL, Ulrich (Org.). *Autonome Gesellschaft und Libertäre Demokratie*. Frankfurt am Main, Suhrkamp, 1990.

GILL, Emily R. Walzer's Complex Equality: Constraints and the Right to be Wrong. *Polity*. Nova York, v. 20, 1987. p. 32-56.

GIUSTI, Miguel. Die liberalistische Suche nach einem übergreifenden Konsens. *Philosophische Rundschau*. Tübingen, Mohr Siebeck, v. 41, n. 1, 1994. p. 53-73

GLEASON, Philip. American Identity and Americanization. In: THERNSTROM, Stephan (Org.). *Harvard Encyclopedia of American Ethnic Groups*. Cambridge, Mass., Belknap, 1980.

GLENDON, Mary Ann. *Rights Talk*: The Impoverishment of Political Discourse. Nova York, Free Press, 1991.

GOODIN, Robert. Laundering Preferences. In: ELSTER, Jon; HYLLANDS, A. (Orgs.). *Foundations of Social Choice Theory*. Cambridge, Cambridge University Press, 1986. p. 75-101.

_____. What Is So Special about Our Fellow Countrymen? *Ethics*. Chicago, University of Chicago Press, v. 98, 1988. p. 663-86.

_____. *Motivating Political Morality*. Cambridge, Mass., Blackwell, 1992.

_____; REEVE, Andrew (Orgs.). *Liberal Neutrality*. Londres/Nova York, Routledge, 1989.

GOSEPATH, Stefan. Aufgeklärtes Eigeninteresse. Eine Theorie theoretischer und praktischer Rationalität. Frankfurt am Main, Suhrkamp, 1992.

GREENAWALT, Kent. *Conflicts of Law and Morality*. Oxford, Oxford University Press, 1987.

_____. *Religious Convictions and Political Choice*. Oxford, Oxford University Press, 1988.

GÜNTHER, Klaus. *Der Sinn für Angemessenheit. Anwendungsdiskurse in Moral und Recht*. Franfurt am Main, Suhrkamp, 1988. [Ed. bras.: *Teoria da argumentação no direito e na moral*: justificação e aplicação. São Paulo, Landy, 2004.]

_____. Die Freiheit der Stellunnahme als politisches Grundrecht. In: KOLLER, P.; VARGA, C.; WEINBERGER, O. (Orgs.). *Theoretische Grundlagen der Rechtspolitik*: Archiv für Rechts-und Sozialphilosophie. Stuttgart, Franz Steiner, 1992, apêndice 54.

GUNTHER, Gerald. *Constitutional Law*. 12. ed., Westbury, Foundation Press, 1991.

GUTMANN, Amy. Communitarian Critics of Liberalism. *Philosophy and Public Affairs*. Princeton, Princeton University Press, v. 14, n. 3, 1985. p. 308-22.

_____. The Central Role of Rawls' Theory. *Dissent*. Nova York, Foundation for the Study of Independent Social Ideas/University of Pennsylvania Press, v. 36, verão 1989. p. 338-42.

_____. The Challenge of Multiculturalism in Political Ethics. *Philosophy and Public Affairs*. Princeton, Princeton University Press, v. 22, n. 3, 1993. p. 171-206.

_____; THOMPSON, Dennis. Moral Conflict and Political Consensus. In: DOUGLAS, R. Bruce; MARA, Gerald M.; RICHARDSON, Henry S. (Orgs.). *Liberalism and the Good*. Nova York, Routledge, 1990.

HABERMAS, Jürgen. Arbeit und Interaktion: Bemerkungen zu Hegels' Jenenser Philosophie des Geistes. In: HEGEL, G. W. F. *Frühe politische Systeme*. V. GÖHLER, G. (Org.). Frankfurt am Main/Berlim/Viena, 1967.

_____. Wahrheitstheorien (1972). In: _____. *Vorstudien und Ergänzungen zur Theorie des kommunikativen Handelns*. Frankfurt am Main, Suhrkamp, 1984.

_____. *Legitimationsprobleme im Spätkapitalismus*. Frankfurt am Main, Suhrkamp, 1973. [Ed. bras.: *Crise de legitimação no capitalismo tardio*. 2. ed., Rio de Janeiro, Tempo Brasileiro, 2002.]

_____. Was heisst Universalpragmatic? (1976) In: _____. *Vorstudien und Ergänzungen zur Theorie des kommunikativen Handelns*. Frankfurt am Main, Suhrkamp, 1984.

_____. Replik auf Einwände (1980). In: _____. *Vorstudien und Ergänzungen zur Theorie des kommunikativen Handelns*. Frankfurt am Main, Suhrkamp, 1984.

_____. *Theorie des kommunikativen Handelns*. Frankfurt am Main, Suhrkamp, 1981, 2 vols.

_____. Diskursethik – Notizen zu einem Begründungsprogramm. In: _____. *Moralbewusstsein und kommunikatives Handelns*. Frankfurt am Main, Suhrkamp, 1983. [Ed. bras.: *Consciência moral e agir comunicativo*. Trad. Guido A. de Almeida, 2. ed., São Paulo, Tempo Brasileiro, 2003.]

HABERMAS, Jürgen. Vorstudien und Ergänzungen zur Theorie des kommunikativen Handelns. Frankfurt am Main, Suhrkamp, 1984.

_____. Ziviler Ungehorsam – Testfall für den demokratischen Rechtsstaat. In: _____. *Die neue Unübersichtlichkeit*. Frankfurt am Main, Suhrkamp, 1985.

_____. Geschichtsbewusstsein und posttraditionale Identität: Die Westorientierung der Bundesrepublik. In: _____. *Eine Art Schadensabwicklung*. Frankfurt am Main, Suhrkamp, 1987.

_____. *Nacmetaphysisches Denken*. Frankfurt am Main, Suhrkamp, 1988. [Ed. bras.: *Pensamento pós-metafísico*. Trad. Flávio Beno Siebeneichler, Rio de Janeiro, Tempo Brasileiro, 2002.]

_____. Handlungen, Sprechakten, sprachlich vermittelte Interaktionen und Lebenswelt. In: _____. *Nacmetaphysisches Denken*. Frankfurt am Main, Suhrkamp, 1988a. [Ed. bras.: *Pensamento pós-metafísico*. Trad. Flávio Beno Siebeneichler, Rio de Janeiro, Tempo Brasileiro, 2002.]

_____. Zur Kritik der Bedeutungstheorie. In: _____. *Nacmetaphysisches Denken*. Frankfurt am Main, Suhrkamp, 1988b. [Ed. bras.: *Pensamento pós-metafísico*. Trad. Flávio Beno Siebeneichler, Rio de Janeiro, Tempo Brasileiro, 2002.]

_____. Individuierung durch Vergesellschaftung. In: _____. G. H. Meads Theorie der Subjektivität. In: _____. *Nacmetaphysisches Denken*. Frankfurt am Main, Suhrkamp, 1988c. [Ed. bras.: *Pensamento pós-metafísico*. Trad. Flávio Beno Siebeneichler, Rio de Janeiro, Tempo Brasileiro, 2002.]

_____. Die Einheit der Vernunft in der Vilefalt iherr Stimmen. In: _____. *Nacmetaphysisches Denken*. Frankfurt am Main, Suhrkamp, 1988d. [Ed. bras.: *Pensamento pós-metafísico*. Trad. Flávio Beno Siebeneichler, Rio de Janeiro, Tempo Brasileiro, 2002.]

_____. Volkssouveränitat als Verfahren. Ein normativer Begriff von Öffentlichkeit. *Merkur*. Stuttgart, v. 43, n. 6, 1989a.

_____. Towards a Communication-Concept of Rational Collective Will-Formation. A Thought-Experiment. *Ratio Juris*. Bolonha, Università di Bologna, v. 2, n. 2, 1989b. p. 144-54.

_____. Vorwort zur Neuauflage. In: _____. *Strukturwandel der Öffentlichkeit*. Frankfurt am Main, Suhrkamp, 1990. [Ed. bras.: *Mudança estrutural da esfera pública*: investigações quanto a uma categoria da sociedade burguesa. Trad. Flávio R. Kothe, Rio de Janeiro, Tempo Brasileiro, 2003.]

_____. *Erläuterungen zur Diskursethik*. Frankfurt am Main, Suhrkamp, 1991. [Ed. bras.: *Ética da discussão e a questão da verdade*. São Paulo, Martins Fontes, 2007.]

_____. Treffen Hegels Einwände gegen Kant auch auf die Diskursethik zu? In: _____. *Erläuterungen zur Diskursethik*. Frankfurt am Main, Suhrkamp, 1991a. [Ed. bras.: *Ética da discussão e a questão da verdade*. São Paulo, Martins Fontes, 2007.]

_____. Gerechtigkeit und Solidarität: Zur Diskussion über "Stufe 6". In: _____. *Erläuterungen zur Diskursethik*. Frankfurt am Main, Suhrkamp, 1991b. [Ed. bras.: *Ética da discussão e a questão da verdade*. São Paulo, Martins Fontes, 2007.]

HABERMAS, Jürgen. Vom pragmatischen, ethischen und moralischen Gebrauch der praktischen Vernunft. In: _____. *Erläuterungen zur Diskursethik*. Frankfurt am Main, Suhrkamp, 1991c. [Ed. bras.: *Ética da discussão e a questão da verdade*. São Paulo, Martins Fontes, 2007.]

_____. Erläuterungen zur Diskursethik. In: _____. *Erläuterungen zur Diskursethik*. Frankfurt am Main, Suhrkamp, 1991d. [Ed. bras.: *Ética da discussão e a questão da verdade*. São Paulo, Martins Fontes, 2007.]

_____. Exkurs: Transzendenz von innen, Transzendenz ins Diesseits. In: _____. *Texte und Kontexte*. Frankfurt am Main, Suhrkamp, 1991e. [Ed. port.: *Textos e contextos*. Lisboa, Instituto Piaget, 2001.]

_____. *Faktizität und Geltung*: Beiträge zur Diskurstheorie des Rechts und des demokratischen Rechsstaats. Frankfurt am Main, Suhrkamp, 1992a.

_____. Drei normative Modelle der Demokratie: Zum Begriff deliberativer Politik. In: MÜNKLER, H. (Org.). *Die Chancen der Freiheit*. Munique, 1992b.

_____. Staatsbürgerschaft und nationale Identität. In: _____. *Faktizität und Geltung*: Beiträge zur Diskurstheorie des Rechts und des demokratischen Rechsstaats. Frankfurt am Main, Suhrkamp, 1992c.

_____. Anerkennugnskämpfe im demokratischen Rechsstaat. In: TAYLOR, Charles. *Multikulturalismus und die Politik der Anerkennung*. Frankfurt am Main, Suhrkamp, 1993.

_____. Nachwort zur vierten Auflage. In: _____. *Faktizität und Geltung*: Beiträge zur Diskurstheorie des Rechts und des demokratischen Rechsstaats. Frankfurt am Main, Suhrkamp, 1994.

HAMPSHIRE, Stuart. *Morality and Conflict*. Oxford, Blackwell, 1983.

_____. *Innocence and Experience*. Cambridge, Harvard University Press, 1989.

_____. Liberalism: The New Twist. *New York Review of Books*. Nova york, 12 ago. 1993. p. 43-7.

HAMPTON, Jean. The Moral Commitments of Liberalism. In: _____; COPP, David; ROEMER, John E. (Orgs.). *The Idea of Democracy*. Cambridge, Mass., Cambridge University Press, 1993.

HARE, R. M. *Freedom and reason*. Oxford, Oxford University Press, 1963.

_____. Rawls' Theorie of Justice. In: DANIELS, Norman (Org.). *Reading Rawls*. Oxford, Blakwell, 1975.

_____. *Moral Thinking*. Oxford, Oxford University Press, 1981.

HARMAN, Gilbert. *The Nature of Morality*. Oxford, Oxford University Press, 1977.

_____. Liberalism without Foundations? *Yale Law Journal*. New Haven, Yale Law Journal Co., v. 91, 1981. p. 397-403.

HART, H. L. A. Are There Any Natural Rights? In: WALDRON, Jeremy. *Theories of Rights*. Oxford, Oxford University Press, 1955.

_____. *Law, Liberty, and Morality*. Oxford, Oxford University Press, 1963.

HART, H. L. A. *The Concept of Law*. Oxford, Clarendon Press, 1972. [Ed. bras.: *O conceito de direito*. Trad. Antonio de Oliveira Sette Camara, São Paulo, Martins Fontes, 2009.]

_____. Ralws on Liberty and Its Priority. In: DANIELS, Norman (Org.). *Reading Rawls*. Oxford, Blakwell, 1975.

HEATER, Derek B. *Citizenship*: The Civic Ideal in World History, Politics and Education. Londres, Longman, 1990.

HEGEL, George Wilhelm Friedrich. Jenenser Realphilosophie (1803/04). In: _____. *Frühe politische Systeme*. Frankfurt am Main/Berlim/Viena, G. Göhler (ed.), 1974.

_____. Phänomenologie des Geistes. In: _____. *Werke*. Frankfurt am Main, Suhrkamp, K. M. Michel e E. Moldenhauer (eds.), 1807, v. 3. [Ed. bras.: *Fenomenologia do espírito*. Trad. Paulo Menezes, 4. ed., Petrópolis, Vozes, 2007.]

_____. *Grundlinien der Philosophie des Rechts*. Frankfurt am Main/Berlim/Viena, H. Reichelt (ed.), 1821. [Ed. bras.: *Princípios da filosofia do direito*. Trad. Orlando Vitorino, São Paulo, Martins Fontes, 2003.]

HEIDEGGER, Martin. *Sein und Zeit*. 16. ed., Tübingen, 1986. [Ed. bras.: *Ser e tempo*. Petrópolis, Vozes, 2006.]

HERZOG, Don. *Without Foundations*: Justification in Political Theory. Ithaca, Cornell University Press, 1985.

_____. Some Questions for Republicans. *Political Theory*. Evanston, v. 14, n. 3, 1986.

HESSE, Konrad. Grundzüge des Verfassungsrechts der Bundesrepublik Deustschland. Heidelberg, Müller, 1991. [Ed. bras.: *Elementos do direito constitucional da República Federal da Alemanha*. Trad. Luis Afonso Heck, Porto Alegre, Sérgio Antonio Fabris, 1998.]

HIGHAM, John. *Send These to Me*: Jesus and Other Immigrants in Urban America. Nova York, Atheneum, 1975.

_____. *Strangers in the Land*: Patterns of American Nativism, 1860-1925. Nova York, Atheneum, 1985.

HILL, Thomas E. Autonomy and Benevolent Lies. In: _____. *Autonomy and Self-Respect*. Cambridge, Cambridge University Press, 1991a. p. 25-42.

_____. The Importance of Autonomy. In: _____. *Autonomy and Self-Respect*. Cambridge, Cambridge University Press, 1991b. p. 43-51.

_____. The Kantian Conception of Autonomy. In: _____. *Dignity and Practical Reason in Kant's Moral Theory*. Ithaca, Cornell University Press, 1992a. p. 76-96.

_____. Kant's Argument for the Rationality of Moral Conduct. In: _____. *Dignity and Practical Reason in Kant's Moral Theory*. Ithaca, Cornell University Press, 1992b. p. 97-122.

HINSCH, Wilfried. Einleitung. In: RAWLS, John. *Die Idee dews politischen Liberalismus*. Trad. W. Hinsch, Frankfurt am Main, Suhrkamp, 1992. p. 9-44.

HOBBES, Thomas (1642). Philosophical Rudiments Concerning Government and Society. In: William Molesworth (Org.). *The English Works of Thomas Hobbes*, II. Aalen, Scientia Aalen, 1966.

HOBBES, Thomas (1651). *Leviathan*. I. Fetscher (Org.), Frankfurt am Main, Suhrkamp. [Ed. bras.: *Leviatã, ou matéria, forma e poder de um estado eclesiástico e civil*. Trad. Alex Martins, São Paulo, Martin Claret, 2007.]

HOERSTER, N. John Rawls' Kohärenztheorie der Normenbegründung. In: HÖFFE, Otfried (Org.). *Über John Rawls Theorie der Gerechtigkeit*. Frankfurt am Main, Suhrkamp, 1977.

HÖFFE, Otfried. Is Rawls' Theorie of Justice Really Kantian? *Ratio*. Blackwell Publishing, v. 26, n. 2, 1984. p. 88-104.

_____. *Politische Gerechtigkeit*. Frankfurt am Main, Suhrkamp, 1987. [Ed. bras.: *Justiça política*. Trad. Ernildo Stein, São Paulo, Martins Fontes, 2001.]

_____. Eine Konversion der kritischen Theorie? *Rechtshistorisches Journal*. Frankfurt am Main, n. 12, 1993. p. 70-88.

HOLMES, Stephen. Gag Rules or the Poltics of Omission. In: ELSTER, Jon; SLAGSTAD, R. (Orgs.). *Constitutionalism and Democracy*. Cambridge, Cambridge University Press, 1988. p. 19-58.

_____. The Permanent Structure of Antiliberal Thought. In: ROSENBLUM, Nancy. *Liberalism and the Moral Life*. Cambridge, Harvard University Press, 1989. p. 227-53.

_____; LARMORE, Charles. Translator's introduction. In: LUHMANN, Niklas. *The Differentiation of Society*. Nova York, Columbia University Press, 1982.

HONIG, Bonnie. *Political Theory and the Displacement of Politics*. Ithaca, Mass., Cornell University Press, 1993.

HONNETH, Axel. Nachwort. In: TAYLOR, Charles. *Negative Freiheit?*. Frankfurt am Main, Suhrkamp, 1988.

_____. Integrität und Missachtung: Grundmotive einer Moral der Anerkennung. *Merkur*. Stuttgart, v. 44, n. 12, jul. 1990, p. 1043-54.

_____. Grenzen des Liberalismus. Zur ethisch-politischen Diskussion um den Kommunitarismus. *Philosophische Rundschau*. Tübingen, Mohr Siebeck, v. 38, n. 1-2, 1991a.

_____. Universalismus und kulturelle Differenz. *Merkur*. Stuttgart, v. 45, n. 11, 1992b. p. 188-94.

_____. Kampf um Anerkennung. Zur moralischen Grammatik sozialer Konlikte. Frankfurt am Main, Suhrkamp, 1992a.

_____. Individualisierung und Gemeinschaft. In: ZAHLMANN, Christel. *Kommunitarismus in der Diskussion*: eine streitbare Einführung. Berlim, Rotbuch Verlag, 1992b. p. 16-23.

_____. Konzeptionen der 'Civil Society'. *Merkur*. Stuttgart, n. 514, 1992c. p. 61-66.

_____. Posttraditionale Gemeinschaften: Ein konzeptueller Vorschlag. In: BRUNKHORST, Haunke; BRUMLIK, Michael. (Orgs.). *Gemeinschaft und Gerechtigkeit*. Frankfurt am Main, Fischer, 1993. p. 260-70.

_____. Dezentrierte Autonomie: Moralphilosophische Konsequenzen aus der modernen Subjektkritik. In: MENKE, C.; SEEL, Martin (Orgs.). *Zur Verteidigung der Vernunft gegen ihre Liebhaber und Verächter*. Frankfurt am Main, Suhrkamp, 1993.

HÖSLE, Vittorio. *Hegels System*: Philosophie der Natur und des Geistes. Hamburgo, Meiner, 1987, vol. 2. [Ed. bras.: *O sistema de Hegel*. São Paulo, Loyola, 2008.]

HUME, David (1739). *A Treatise of Human Nature*. Oxford, Clarendon Press, 1978.

JAGGAR, Alison M. Differenz und Gleichheit der Geschlechter. In: RÖSSLER, B. (Org.). *Quotierung und Gerechtigkeit*. Frankfurt am Main, Campus, 1993.

JAYNES, Gerald D.; WILLIAMS, Robin M. (Orgs.). *A Common Destiny. Blacks and American Society*. Washington, D.C., National Academy Press, 1989.

JOAS, Hans. Gemeinschaft und Demokratie in den USA: Die vergessene Vorgeschichte der Kommunitarismus-Diskussion. In: BRUMLIK, Michael; BRUNKHORST, Haunke (Orgs.). *Gemeinschaft und Gerechtigkeit*. Frankfurt am Main, Fischer, 1993. p. 49-62.

JOHNSON, Oliver A. The Kantian Interpretation. *Ethics*. Chicago, University of Chicago Press, v. 85, n. 1, 1974. p. 58-66.

_____. Heteronomy and Autonomy: Rawls and Kant. *Midwest Studies in Philosophy*. Blackwell Publishing, v. 2, 1977. p. 277-79.

KALLEN, Horace Meyer. *Culture and Democracy in the United States*. Nova York, Boni and Liveright, 1924.

KALLSCHEUER, Otto. Gemeinsinn und Demokratie. In: ZAHLMANN, Christel. *Kommunitarismus in der Diskussion*: eine streitbare Einführung. Berlin, Rotbuch Verlag, 1992. p. 109-117.

KAMINER, Wendy. On the Devaluation of Rights: A Critique within Feminism. *Dissent*. Nova York, Foundation for the Study of Independent Social Ideas/University of Pennsylvania Press, n. 38, verão 1991. p. 389-394.

KANT, Immanuel (1785). *Grundlegung zur Methaphysik der Sitten*. Frankfurt am Main, Suhrkamp, vol. 6 da edição crítica de W. Weischedel. [Ed. bras.: *A metafísica dos costumes*. Bauru, Edipro, 2008.]

_____. (1787). *Kritik der reinen Vernunft*. Hamburgo, Meiner Verlag, R. Schmidt (ed.), 1956. [Ed. bras.: *Crítica da razão pura*. São Paulo, Nova Cultural, 1987, Coleção Os Pensadores, v. 25.]

_____. (1788). *Kritik der praktische Vernunft*. 1. ed., Frankfurt am Main, Suhrkamp, edição crítica, v. 7. [Ed. bras.: *Crítica da razão prática*. São Paulo, Martins Fontes, 2008.]

_____. (1790). *Kritik der Urteilskraft*. Frankfurt am Main: Suhrkamp, edição crítica, v. 10. [Ed. bras.: *Crítica da faculdade do juízo*. São Paulo, Forense Universitária, 2005.]

_____. (1793). Über den Gemeinspruch: Das mag in der Theorie richtig sein, taugt aber nicht für die Praxis. In: _____. *Werkausgabe band XI*. 1. ed., Frankfurt am Main, Suhrkamp. [Ed. port.: *A paz perpétua e outros opúsculos*. Lisboa, Edições 70, 2004.]

_____. (1797). *Methaphysic der Sitten*. Frankfurt am Main, Suhrkamp, edição crítica, v. 8. [Ed. bras.: *A metafísica dos costumes*. Bauru, Edipro, 2008.]

KARST, Kenneth L. *Belonging to America*: Equal Citizenship and the Constitution. New Haven, Yale University Press, 1989.

KELLY, Michael. MacIntyre, Habermas, and Philosophical Ethics. *Philosophical Forum*. Malden, v. 21, n. 1-2, 1989.

KELSEN, Hans. *Reine Rechtslehre*. Viena, Franz Deuticke, 1960. [Ed. bras.: *Teoria pura do direito*. São Paulo, Martins Fontes, 2006.]

KERSTING, Wolfgang. Verfassungspatriotismus, kommunitäre Demokratie um die politische Vereinigung der Deutesche. In: BRAITLING, Petra; REESE-SCHÄFER, Walter (Orgs.). *Universalismus, Nationalismus um die neue Einheit der Deuschen*. Frankfurt am Main, Fischer, 1991. p. 143-66.

_____. Liberalismus, Kommunitarismus, Republikanismus. In: APEL, Karl-Otto; KETTNER, Matthias (Orgs.). *Zur Anwendung der Diskursethik in Politik, Recht und Wissenschaft*. Frankfurt am Main, Suhrkamp, 1992. p. 127-48.

KORSGAARD, Christine M. Skepticism about Practical Reason. *The Journal of Philosophy*. Nova York, v. 83, n. 1, 1986. p. 5-25.

_____. The Reasons We Can Share: An Attack on the Distinction between Agent-Relative and Agent-Neutral Values. *Social Philosophy & Policy*. Bowling Green, v. 10, n. 1, 1993. p. 5-25.

KOSELLECK, Reinhart. Drei bürgerliche Welten? Theoriegeschichtliche Vorbemerkung zur vergleichenden Semantik der bürgerlichen Gesellschat in Deutschland, England und Frankreich. In: MICHALSKI, Krzysztof (Org.). *Europa und die Civil Society*. Stuttgart, Klett-Cotta, 1991. p. 118-29.

KRAMNICK, Isaac. Republicanism and Early American Historiography. *William and Mary Quarterly*. Williamsburg, v. 29, 1982. p. 49-80.

KUKATHAS, Chandar; PETTIT, Philip. *Rawls*: A Theory of Justice and Its Critics. Stanford, Stanford University Press, 1990.

KYMLICKA, Will. *Liberalism, Community and Culture*. Oxford, Clarendon Press, 1989a.

_____. Liberal Individualism and Liberal Neutrality. *Ethics*. Chicago, University of Chicago Press, v. 99, n. 4, 1989b. p. 883-905.

_____. *Contemporary Political Philosophy*. Oxford, Oxford University Press, 1990. [Ed. bras.: *Teoria política contemporânea*. São Paulo, Martins Fontes, 2006.]

_____. The Ethics of Inarticulacy. *Inquiry*. Routledge, v. 34, n. 2, 1991a. p. 155-82.

_____. Liberalism and the Politicization of Ethnicity. *Canadian Journal of Law and Jurisprudence*. London, Ontário, v. 4, n. 2, 1991b. p. 239-56.

_____. Two Models of Pluralism and Tolerance. *Analyse & Kritik*. Stuttgart, Lucius & Lucius, v. 14, 1992a. p. 33-56.

_____. The Rights of Minority Cultures: Reply to Kukathas. *Political Theory*. Evanston, v. 20, n. 1, 1992b. p. 140-6.

LANE, Robert. Government and Self-Esteem. *Political Theory*. Evanston, v. 20, n. 1, Evanston. p. 5-31.

LARMORE, Charles. Review of *Liberalism and the Limits of Justice*, by Michael Sandel. *The Journal of Philosophy*. Nova York, v. 81, 1984. p. 336-43.

_____. *Patterns of Moral Complexity*. Cambridge, Cambridge University Press, 1987.

_____. Review of *Whose Justice? Which Rationality?*, by MacIntyre. *The Journal of Philosophy*. Nova York, v. 86, n. 8, 1989. p. 437-42.

_____. Political Liberalism. *Political Theory*. Evanston, v. 18, n. 3, 1990. p. 339-60.

_____. Die Wurzeln radikaler Demokratie. *Deutsche Zeitschrift für Philosophie*. Berlim, Akademie Verlag, v. 41, n. 2, 1993.

LASCH, Christopher. The Communitarian Critique of Liberalism. In: REYNOLDS, Charles H.; NORMAN, Ralph V. (orgs.). *Community in America*: The Challenge of 'Habits of the Hearth'. Berkeley, University of California Press, 1988. p. 173-84.

LEFORT, Claude; GAUCHET, Marcel. Über die Demokratie: das Politische und die Institituierung des Gesellschaftlichen. Trad. para o alemão: Kathirna Menke. In: RÖDELL, Ulrich. *Autonome Gesellschaft und libertäre Demokratie*. Frankfurt am Main, Suhrkamp, 1990. p. 89-122.

LEIST, Anton. Deutsche Geschichte und historische Verantwortung. *Babylon*. Frankfurt, v. 7, 1990. p. 41-60.

LEPSIUS, Mario Rainer. 'Ethnos' oder 'demos'. In: _____. *Interessen, Ideen und Institutionen*. Opladen, Westdeutscher Verlag, 1990. p. 247-55.

LÖW-BEER, Martin. Die Verpflichtungen der unschuldigen Nachgeborenen: zu Anton Leists Verantwortung. *Babylon*. Frankfurt, v. 7, 1990. p. 61-9.

_____. Living a Life and the Problem of Existential Impossibility. *Inquiry*. Routledge, v. 34, n. 2, 1991. p. 217-36.

_____. Sind wir einzigartig? Zum verhältnis von Autonomie und Individualität. *Deutsche Zeitschrift für Philosophie*. Berlim, Akademie Verlag, v. 42, n. 1, 1994. p. 121-39.

LUKES, Stephen. *Individualism*. Nova York, Harper and Row, 1973.

LYONS, David. Nature and Soundness of the Contract and Coherence Arguments. In: DANIELS, Norman (Org.). *Reading Rawls*. Oxford, Blakwell, 1975.

LYOTARD, Jean-François. Memorandum über die Legitimität. In: ENGELMANN, P. (org). *Postmoderne und Dekonstruktion*. Sttugart, Reclam, 1990.

MACEDO, Stephen. *Liberal Virtues*. Oxford, Clarendon Press, 1990a.

_____. The Politics of Justification. *Political Theory*. Evanston, v. 18, n. 2, 1990b. p. 280-304.

MACINTYRE, Alasdair. How Moral Agents Become Ghosts. *Synthese*. Dordrecht, v. 53, 1982. p. 295-312.

_____. Moral Rationality, Tradition, and Aristotle: A Reply to Onora O'Neill, Raimond Gaita, and Stephen R. L. Clark. *Inquiry*. Routledge, v. 26, 1983. p. 447-66.

_____. Is Patriotism a Virtue? In: *Lindley Lectures*. Kansas, University of Kansas Philosophy Department, 1984.

MACINTYRE, Alasdair. *Verlust der Tugend*: Zur moralische Krise der Gegenwart. Frankfurt am Main, Campus, 1985.

_____. *Whose Justice? Which Rationality?* Londres, Duckworth, 1988.

_____. *Three Rivals Versions of Moral Enquiry*. Notre Dame, University of Notre Dame Press, 1990.

_____. *After Virtue*: A Study in Moral Theory. 3. ed., Notre Dame, University of Notre Dame Press, 2007. [Ed. bras.: *Depois da virtude*. 3. ed., Bauru, Edusc, 2004]

MACKIE, John L. *Ethics*: Inventing Right and Wrong. Harmondsworth, Penguin, 1977.

MACKINNON, Catharine. *Toward a Feminist Theory of the State*. Cambridge, Mass., Harvard University Press, 1989.

MACPHERSON, C. B. Rawls' Models of Man and Society. *Philosophy of Social Sciences*. Toronto, York University, n. 3, 1973. p. 341-7.

MAIHOFER, Andrea. Gleichheit nur für Gleiche? In: _____; GERHARD, Ute; JANSEN, Mechthild M. et al. *Differenz und Gleichheit. Menschen Rechte haben (k)ein Geschlecht*. Frankfurt am Main, Helmer, 1990. p. 351-67.

MANIN, Bernard. On Legitimacy and Political Deliberation. *Political Theory*. Evanston, v. 15, n. 3, 1987. p. 338-68.

MANSBRIDGE, Jane. Feminism and Democracy. *The American Prospect*. Washington D.C., n. 1, 1990. p. 126-39.

MARNEFFE, Peter de. Liberalism, Liberty, and Neutrality. *Philosophy and Public Affairs*. Princeton, Princeton University Press, v. 19, n. 3, 1990. p. 253-274.

MARSHALL, T. H. Citizenship and Social Class. In: _____; BOTTMORE, Tom. *Citizenship and Social Class*. Londres, Pluto Press, 1992. p. 1-51.

MASON, Andrew D. Autonomy, Liberalism and State Neutrality. *Philosophical Quarterly*. University of St. Andrews, v. 40, n. 160, 1990. p. 433-52.

MAUS, Ingeborg. *Zur Aufklärung der Demokratietheorie*. Frankfurt am Main, Suhrkamp, 1992.

MAUSS, Marcel. A Category of the Human Mind: The Notion of Person; the Notion of Self. In: CARRITHERS, Michael; COLLINS, Steven; LUKES, Steven (orgs.). *The Category of Person*: Anthropology, Philosophy, History. Cambridge, Cambridge University Press, 1985. p. 1-25.

MCCARTHY, Thomas. *Kritik der Verständigungsverhältnisse*. Frankfurt am Main, Suhrkamp, 1980.

_____. Contra-Relativism: A Thought-Experiment. *Zitschrift für philosophie Forschung*. Göttingen, v. 43, 1989. p. 318-30.

_____. Practical Discourse: On the Relation of Morality to Politics. In: _____. *Ideals and Illusions*: On Reconstruction and Deconstruction in Contemporary Critical Theory. Cambridge, Mass., MIT Press, 1991. p. 181-199.

_____. Kantian Constructivism and Reconstructivism. Rawls and Habermas in Dialogue. *Ethics*. Chicago, The University of Chicago Press, v. 105, 1994. p. 44-63. (citado pelo autor segundo manuscrito 1993a).

MCCARTHY, Thomas. Legitimacy and Diversity: Dialectical Reflections on Analytical Distinctions. *Cardozo Law Review.* Nova York, 17, n. 4-5, 1996. p. 1083-125. (citado pelo autor Segundo manuscrito 1993b).

MEAD, George Herbert. *Geist, Identität und Gesellschaft.* Frankfurt am Main, Suhrkamp, 1973.

_____. Die Philanthropie unter dem Gesichtspunkt der Ethik. In: _____; JOAS, Hans (Org.). *Gesammelte Aufsätze.* Frankfurt am Main, Suhrkamp, 1987, v. 1.

MENKE, Christoph. 'Anerkennung im Kampfe': Zu Hegels Jenaer Theorie der Ausdifferenzierung moderner Gesellschaften. *Archiv für Rechts- und Sozialphilosophie.* Wiesbaden/Stuttgart, v. 77, 1991. p. 493-507.

_____. Liberalismus im Konflkt. Zwischen Gerechtigkeit und Freheit. In: BRUMLIK, Michael: BRUNKHORST, Haunke (orgs.). *Gemeinschaft und Gerechtigkeit.* Frankfurt am Main, Fischer, 1993. p. 218-43.

_____. Die Vernunft im Widerstreit. Über den richtigen Umgang mit praktischen Konflikten. In: _____; SEEL, Martin (orgs.). *Zur Verteidigung der Vernunft gegen ihre Liebhaber und Verächter.* Frankfurt am Main, Suhrkamp, 1993. p. 197-218.

MICHELMAN, Frank. Constitutional Welfare Rights and 'A Theory of Justice'. In: DANIELS, Norman (Org.). *Reading Rawls.* Oxford, Blakwell, 1975. p. 319-47.

_____. Foreword: Traces of Self-Government. *Harvard Law Review.* Cambridge, Mass., v. 100, 1986.

_____. Law's Republic. *Yale Law Journal.* New Haven, Yale Law Journal Co., v. 97, n. 8, 1988. p. 1493-537.

_____. Private Personal but Not Split: Radin *versus* Rorty. *Southern California Law Review.* Los Angeles, University of Southern California, v. 63, n. 6, 1990. p. 1783-95.

MILL, John Suart (1856). *On Liberty.* Ed. por G. Himmelfarb. Harmondsworth, 1974. [Ed. bras.: *Sobre a liberdade.* Petrópolis, Vozes, 1991.]

MILLER, David. *Market, State, and Community*: Theoretical Foundations of Market Socialism. Oxford, Clarendon Press, 1989.

_____. Deliberative Democracy and Social Choice. *Political Studies.* Sheffield, Blackwell, v. 40, 1992. p. 54-67. (número especial)

MILLER, Mark J. Political Participation and Representation of Noncitizens. In:_____ BRUBAKER, William Rogers (Org.). *Immigration and the Politics of Citizenship in Europe and North America.* Laham, University Press of America, 1989.

MINOW, Martha. *Making All Difference.* Ithaca, Cornell University Press, 1990.

MONN, J. Donald. Constrained Discourse and Public Life. *Political Theory.* Evanston, v. 19, n. 2, 1991. p. 202-29.

MOUFFE, Chantal. American Liberalism and Its Critic: Rawls, Taylor, Sandel and Walzer. *Praxis International.* Belgrado, v. 8, n. 2, 1988. p. 193-206.

_____. Rawls: Political Philosophy without Politics. In: RASMUSSEN, David (Org.). *Universalism vs. Communitarianism*: Contemporary Debates in Ethics. Cambridge, Mass., MIT Press, 1990. p. 217-35.

MULHALL, Stephen. The Theoretical Foundations of Liberalism. *Archives Européennes de Sociologie.* Cambridge University Press, v. 28, n. 2, 1987.

MULHALL, Stephen; SWIFT, Adam. *Liberals and Communitarians*. Oxford, Blackwell, 1992.

MÜLLER, Hans-Peter. Individualismus als gemeinschaftliche Lebensform? Die 'kommunitaristische Herausforderung' der Sozialwissenschaften. *Kölner Zeitschrift für Soziologie und Sozialpsychologie*. Colônia, v. 44, n. 2, 1990 p. 368-75.

MÜLLER, Jörg Paul. *Demokratische Gerechtigkeit*. München, Deuteche Taschenbuch-Verlag, 1993.

MÜNKLER, Herfried. Politische tugend: Bedarf die Demokratie einer soziomoralischen Begründung? In: _____ (org.). *Die Chancen der Freiheit*: Grundprobleme der Demokratie. München, Piper, 1992. p. 25-46.

NAGEL, Thomas. *The Possibility of Altruism*. Princeton, Princeton University Press, 1970.

_____. Rawls on Justice. In: DANIELS, Norman (Org.). *Reading Rawls*. Oxford, Blakwell, 1975.

_____. The Fragmentation of Value. In: _____. *Moral Questions*. Cambridge University Press, 1979. p. 128-41.

_____. Caste struggle. *The New Republic*. Washington D.C., v. 23, n. 1, 1984. p. 13-5.

_____. *The View from Nowhere*. Oxford, Oxford University Press, 1986.

_____. Moral Conflicts and Political Legitimacy. *Philosophy and Public Affairs*. Princeton, Princeton University Press, v. 16, n. 3, 1987. p. 215-40.

_____. *Equality and Partiality*. Oxford, Oxford University Press, 1991.

NEAL, Patrik. A Liberal Theory of the Good? *Canadian Journal of Philosophy*. Calgary, Calgary Press, v. 17, n. 3, 1987. p. 567-82.

_____. Justice as Fairness: Political or Metaphysical? *Political Theory*. Evanston, v. 18, n. 1, 1990. p. 24-50.

_____; PARIS, David. Liberalism and the Communitarian Critique: A Guide for the Perplexed. *Canadian Journal of Political Science*. Cambridge University Press, v. 23, n. 3, 1990. p. 419-39.

NECKEL, Sighard. Staus und Scham. Zur symbolischen Reproduktion sozialer Ungleichheit. Frankfurt am Main, Campus, 1990.

NIETZSCHE, Friederich (1888). Götzen-Dämmerung. In: SCHLECHTA, K. (Org.). *Werke*. Frankfurt am Main/Berlim/Viena, 1969, v. 3.

NOZICK, Robert. *Anarchy, State and Utopia*. Nova York, Basic Books, 1974. [Ed. bras.: *Anarquia, estado e utopia*. Rio de Janeiro, Jorge Zahar, 1994.]

NUSSBAUM, Martha. *The Fragility of Goodness*: Luck and Ethics in Greek Tragedy and Philosophy. Cambridge, Cambridge University Press, 1986.

_____. Aristotelian Social Democracy. In: DOUGLASS, R. Bruce; MARA, Gerald M.; RICHARDSON, Henry S. (Orgs.). *Liberalism and the Good*. Nova York, Routledge, 1990a. p. 203-52.

NUSSBAUM, Martha. Our Pasts, Ourselves. Review of *Sources of the Self* by Charles Taylor. *The New Republic*, 9 abr. 1990b. p. 27-34.

_____. Menschliches Tun und soziale Gerechtigkeit. Zur Verteidigung des aristotelischen Essentialismus. In: BRUNKHORST, Haunke; BRUMLIK, Michael (orgs.). *Gemeinschaft und Gerechtigkeit*. Frankfurt am Main, Fischer, 1993.

OFFE, Claus. Bindugn, Fessel, Bremse. Die Unübersichtlichkeit von Selbstbeschränkungsformeln. In: HONNETH, Axel et al. (Orgs.). *Zwischenbetrachtungen*. Im Prozess der Aufklärung. Frankfurt am Main, Suhrkamp, 1989.

_____; PREUβ, Ulrich. Democratic Institutions and Moral Resources. In: HELD, David (Org.) *Political Theory Today*. Stanford, Stanford University Press, 1991. p. 143-71.

O'HAGAN, Timothy. *The End of Law?*. Oxford, Blackwell, 1984.

OKIN, Susan Moller. *Justice, Gender, and the Family*. Nova York, Basic Books, 1989.

_____. Reason and Feeling in Thinking About Justice. In: SUNSTEIN, Cass (Org.). *Feminism and Political Theory*. Chicago, University of Chicago Press, 1990. p. 15-35.

_____. Gender, the Public and the Private. In: HELD, David (Org.). *Political Theory Today*. Stanford, Stanford University Press, 1991. p. 67-90.

O'NEILL, Onora. Ethical Reasoning and Ideological Pluralism. *Ethics*. Chicago, University of Chicago Press, v. 98, 1988. p. 705-22.

_____. *Constructions of Reason*. Cambridge, Cambridge University Press, 1989.

_____. Transnational Justice. In: HELD, David (Org.). *Political Theory Today*. Stanford, Stanford University Press, 1991. p. 276-304.

_____. Vindicating Reason. In: GUYER, Paul (Org.). *The Cambridge Companion to Kant*. Cambridge, Cambridge University Press, 1992. p. 280-308.

_____. Kommunikative Rationalität und praktische Vernunft. *Deutsche Zeitschrift für Philosophie*. 1993, v. 41, n. 2. p. 329-32.

PARFIT, Derek. Later Selves and Moral Principles. MONTEFIORE, A. (Org.). *Philosophy and Personal Relations*. Londres, Routledge & K. Paul, 1973.

_____. *Reasons and Persons*. Oxford, Clarendon Press, 1984.

PARSONS, Talcott. *Das System moderner Gesellschaften*. Weinheim/ München, Juventa, 1985.

PASSERIN D'ENTRÈVES, Maurizio. *The Political Philosophy of Hannah Arendt*. Londres, Routledge, 1994.

PATEMAN, Carole. Feminist Critique of the Public/Private Dichotomy. In: BENN, S. I.; GAUS, G. F. (Orgs.). *Public and Private in Social Life*. Nova York, St. Martin's Press, 1983.

_____. *The Problem of Political Obligation*. A Critique of Liberal Theory. Berkeley, University of California Press, 1985.

PATTERSON, Orlando. *Slavery and Social Death*. Cambridge, Harvard University Press, 1982.

PERRY, Michael J. *Morality, Politics, and Law*. Oxford, Oxford University Press, 1988.

_____. Neutral Politics? *The Review of Politics*. v. 51, n. 4, 1989. p. 479-509.

PETERS, Bernhard. *Rationalität, Recht und Gesellschaft*. Frankfurt am Main, Suhrkamp, 1991.

_____. *Die Integration moderner Gesellschaften*. Frankfurt am Main, Suhrkamp, 1993.

PHILLIPS, Derek L. *Looking Backward*: A Critical Appraisal of Communitarian Thought. Princeton, Princeton University Press, 1993

PLANT, Raymond. Community: Concept, Conception, and Ideology. *Politcs & Society*. v. 8, n. 1, 1978. p. 49-78.

PLATÃO. *Politeia*. Citado Segundo a tradução alemã de Apelt. Diálogos Completos. Hamburg, 1988, v. 5. [Ed. bras.: *A república de Platão*. São Paulo, Perspectiva, 2006.]

POCOCK, John G. A. *The Machiavellian Moment*. Princeton, Princeton University Press, 1975.

POGGE, Thomas. *Realizing Rawls*. Ithaca, Cornell University Press, 1989.

POST, Robert. Tradition, the Self, and Substantive Due Process: A Comment on Michael Sandel. *California Law Review*. v. 77, n. 3, 1989. p. 553-60.

PREUβ, Ulrich. *Revolution, Fortschritt und Verfassung*. Berlin, Wagenbach, 1990.

PUTNAM, Hilary. Why Reason Can't Be Naturalized. In: BAYNES, Kenneth; BOHMAN, James; MCCARTHY, Thomas (Orgs.). *After Philosophy*: End or Transformation? Cambridge, MIT Press, 1987.

RAWLS, John. *A Theory of Justice*. Cambridge, Harvard University Press, 1971. [Ed. bras.: *Uma teoria da justiça*. São Paulo, Martins Fontes, 1997.]

_____. The Independence of Moral Theory. *Proceedings and Addresses of American Philosophical Association*. 1975b, v. 48. p. 5-22.

_____. Fairness to Goodness. *Philosophical Review*. v. 84, 1975c. p. 536-54.

_____. A Kantian Conception of Equality. *Cambridge Review*. fev. 1975d. p. 94-9.

_____. The Basic Structure as Subject. In: GOLDMAN, A.; KIM, J. (Orgs.). *Values and Morals*. Boston, Reidel, 1978.

_____. Kantian Constructivism in Moral Theory (John Dewey Lectures). *The Journal of Philosophy*. v. 77, n. 9, 1980. p. 515-72.

_____. The Basic Liberties and their Priority. In: MCMURRIN, S. M. (Org.). *Tanner Lectures on Human Values*. Salt Lake City, University of Utah Press, 1982a, v. 3.

_____. Social Unity and Primary Goods. In: SEN, Amartya F; WILLIAMS, Bernard (Orgs.). *Utilitarianism and Beyond*. Cambridge, Cambridge University Press, 1982b. p. 159-85.

_____. Justice as Fairness: Political not Metaphysical. *Philosophy and Public Affairs*. Princeton, Princeton University Press, v. 14, n. 3, 1985. p. 223-51.

_____. The Idea of an Overlapping Consensus. *Oxford Journal of Legal Studies*. v. 7, n. 1, 1987. p. 1-25.

RAWLS, John. The Priority of Right and Ideas of the Good. *Philosophy and Public Affairs*. Princeton, Princeton University Press, v. 17, n. 3, 1987. p. 251-76.

_____. The Domain of Political and Overlapping Consensus. *New York University Law Review*. v. 64, n. 2, 1989a. p. 233-55.

_____. Themes in Kant's Moral Philosophy. In: FÖRSTER, Eckart (Org.). *Kant's Transcendental Deductions*. Stanford, Stanford University Press, 1989b. p. 81-113.

_____. HINSCH, W. (Org.). *Die Idee des politischen Liberalismus*, Aufsätze 1978-1989. Frankfurt am Main, Suhrkamp, 1992.

_____. *Political Liberalism*. Nova York, Columbia University Press, 1993a. [Ed. bras.: *O liberalismo político*. São Paulo, Ática, 2000.]

_____. The Law of People. In: SHUTE, S.; HURLEY, S. (Orgs.). *On Human Rights*. Nova York, Basic Books, 1993b. p. 41-82.

_____. The Idea of Public Reason: further considerations. 1993c, (Manuscrito).

RAZ, Jospeh. *The Morality of Freedom*. Oxford, Clarendon Press, 1986.

_____. Facing Diversity: The Case of Epistemic Abstinence. *Philosophy and Public Affairs*. Princeton, Princeton University Press, v. 19, n. 1, 1990. p. 3-46.

REGH, William. Discourse and the Moral Point of View: Deriving a Dialogical Principle of Universalization. *Inquiry*. v. 34, 1991. p. 27-48.

RHODE, Deborah L. *Justice and Gender: Sex Discrimination and the Law*. Cambridge, Harvard University Press, 1989.

RIEDEL, Manfred. Bürger, Staatsbürger, Bürgertum. In: BRUNNER, Otto; CONZE, Werner; KOSELLECK, Reinard (Orgs.). *Geschichtliche Grundbegriffe*. Sttugart, Klett, 1972.

RIPSTEIN, Arthur. Liberal Justification and the Limits of Neutrality. *Analyse & Kritik*. n. 14, 1992. p. 3-17.

RÖDEL, Ulrich; FRANKENBERG, Gunther; DUBIEL, Helmut. *Die demokratische Frage*. Frankfurt am Main, Suhrkamp, 1989.

RODEWALD, Richard. Does Liberalism Rest on a Mistake? *Canadian Journal of Philosophy*. v. 15, n. 12, 1985. p. 231-51.

RODGERS, Daniel T. Republicanism: The Career of a Concept. *The Journal of American History*. n. 79, 1992. p. 11-38.

RORTY, Richard. Der Vorrang der Demokratie vor der Philosophie. In: _____. *Solidarität oder Objektivität?* Sttugart, Reclam, 1988.

_____. *Contingency, Irony, and Solidarity*. Cambridge, Cambridge University Press, 1989.

ROSENBLUM, Nancy. *Another Liberalism*: Romanticism and the Reconstruction of Liberal Thought. Cambridge, Harvard University Press, 1987.

RÖSSLER, Beate. Der ungleiche Wert der Freiheit. Aspekte feministischer Kritik am Liberalismus und Kommunitarismus. *Analyse und Kritik*. n. 14, 1992. p. 86-113.

SACHS, David. How to Distinguish Self-Respect from Self-Esteem. *Philosophy and Public Affairs*. Princeton, Princeton University Press, v. 10, n. 4, 1981. p. 346-60.

SADURSKI, Wojciech. *Moral Pluralism and Legal Neutrality*. Dordrecht, Kluwer, 1990.

SANDEL, Michael. *Liberalism and the Limits of Justice*. Cambridge, Cambridge University Press, 1982.

_____. The Procedural Republic and the Unencumbered Self. *Political Theory*. v. 12, n. 1, 1984a. p. 81-96.

_____. Morality and the Liberal Ideal. *The New Republic*. 7 mai. 1984b.

_____. Democrats and Community. *The New Republic*, 22 fev. 1988.

_____. Moral Argument and Liberal Toleration: Abortion and Homosexuality. *California Law Review*. n. 77, 1989a. p. 521-38.

_____. Religious Liberty – Freedom of Conscience or Freedom of Choice. *Utah Law Review*. n. 3, 1989b. p. 597-615.

SARTRE, Jean-Paul. Betrachtungen zur Judenfrage (1945). In: _____. *Drei Essays*. Frankfurt am Main/Berlim/Vien, 1979. [Ed. bras.: *A questão judaica*. São Paulo, Ática, 1995. Coleção Ponto de Vista.]

SCANLON, Thomas M. Rawls' Theory of Justice. In: DANIELS, Norman (Org.). *Reading Rawls*. Oxford, Blakwell, 1975.

_____. Contractualism and Utilitarianism. In: SEN, Amartya F; WILLIAMS, Bernard (Orgs.) *Utilitarianism and Beyond*. Cambridge, Cambridge University Press, 1982. p. 103-28.

_____. Value, Desire, and Quality of Life. In: NUSSBAUM, Martha; SEN, Amartya (Org.). *The Quality of Life*. Oxford, Clarendon Press, 1993. p. 185-200.

SCHERER, Christiane. Das menschliche und das gute menschliche Leben. Marhta Nussbaum über Essentialismus und menschliche Fähigkeiten. *Deutsche Zeitschrift für Philosophie*. Berlin, Akademie Verlag, v. 41, n. 5, 1993. p. 405-20.

SCHNÄDELBACH, Herbert. Was ist Neoaristotelismus? In: KUHLMANN, W. (Org.). *Moralität und Sittlichkeit*. Frankfurt am Main, Suhrkamp, 1986.

SCHNEIDER, Elizabeth. The Dialectic of Rights and Politics: Perspectives from the Women's Movement. In: BARTLETT, Katharine; KENNEDY, Rosanne (Orgs.). *Feminist Legal Theory*. Readings in law and gender. Bouldier, Westview Press, 1991. p. 318-32.

SCHWARZ, Adina. Moral Neutrality and Primary Goods. *Ethics*. Chicago, University of Chicago Press, n.83, 1973. p. 294-307.

SCHWARZENBACH, Sibyl A. Rawls, Hegel, and Communitarianism. *Political Theory*. v. 19, n. 4, 1991. p. 539-71.

SEEL, Martin. *Eine Ästhetik der Natur*. Frankfurt am Main, Suhrkamp, 1991a.

_____. Die Wiederkehr der Ethik des guten Lebens. *Merkur*. v. 45, n. 1, 1991b. p. 42-9.

_____. Das Gute und das Richtige. In: MENKE, C.; SEEL, Martin (Orgs.). *Zur Verteidigung der Vernunft gegen ihre Liebhaber und Verächter*. Frankfurt am Main, Suhrkamp, 1993. p. 219-40.

SELZNICK, Philip. The idea of Communitarian Morality. *California Law Review*. n. 75, 1987. p. 445-63.

_____. *The Moral Commonwealth*. Social Theory and the Promise of Community. Berkeley, University of California Press, 1992.

SEN, Amartya. Well-being, Agency and Freedom. *Journal of Philosophy*. v. 82, 1985. p. 169-221.

_____. *The Standard of Living*. Editado por Geoffrey Hawthorn. Cambridge, Cambridge University Press, 1987.

_____. *Inequality Reexamined*. Cambridge, Harvard University Press, 1993a

_____. Capability and Well-Being. In: _____; NUSSBAUM, Martha (Orgs.). *The Quality of Life*. Oxford: Clarendon Press, 1993. p. 30-53.

SHAPIRO, Ian. *Political Criticism*. Berkeley, University of California Press, 1990.

SHER, George. Three Grades of Social Involvement. *Philosophy and Public Affairs*. Princeton, Princeton University Press, v. 18, n. 2, 1989. p. 133-57.

SHILS, Edward. Was ist eine *civil society*? In: MICHALSKI, Krzysztof (Org.). *Europa und die Civil Society*. Stuttgart, Klett-Cotta, 1991. p. 13-51.

SIEP, Ludwig. Der Kampf um Anerkennung. Zur Auseinandersetzung Hegels mit Hobbes in den Jaenaer Schriften. *Hegel-Sudien*. 1974, n. 9. p. 155-207.

_____. Zur Dialektik der Anekennung bei Hegel. *Praktische Philosophie im deutschen Idealismus*. Frankfurt am Main, Suhrkamp, 1992. p. 172-81.

SINGER, Marcus George. *Verallgemeinerung in der Ethik*. Frankfurt am Main, Suhrkamp, 1975.

SKHLAR, Judith. Review of *Sources of the Self* by Charles Taylor. *Political Theory*. v. 19, n. 1, 1991.

_____. *Über Ungerechtigkeit*. Berlim, Rotbuch, 1992.

SKINNER, Quentin. 'Who are we'? Ambiguities of the Modern Self. *Inquiry*. 1991, v. 34, n. 2. p. 183-94.

SMITH, Rogers M. The 'American Creed' and American Identity: The Limits of Liberal Citizenship in the United States. *The Western Political Quarterly*. v. 41, n. 2, 1988. p. 225-51.

SMITH, Steven B. *Hegel's critique of liberalism*. Rights in context. Chicago, University of Chicago Press, 1989.

SÓFOCLES. Antigone. In: Edith Hall (Org.). *Antigone, Oedipus the King, Electra*. Trad. H. D. F. Kitto, Oxford, Oxford University Press, 1994.

SOFSKY, Wolfgang. *Die Ordnung des Terrors: das Konzentrationslager*. Frankfurt am Main, Fischer, 1993.

SPELMAN, Elizabeth V. On Treating Persons as Persons. *Ethics*. Chicago, University of Chicago Press. v. 88, n. 2, 1978. p. 150-61.

STEINBERG, Stephen. *The Ethnic Myth*. Nova York, Atheneum, 1981.

STEINFATH, Holmer. In den Tiefen des Selbst. *Philosophische Rundschau*. v. 38, 1991. p. 103-11.

STEINFATH, Holmer. Authentizität und Anerkennung. Zu Charles Taylor neuen Büchern 'The ethics of Authenticity' und 'Politics of Recognition'. *Deutsche Zeitschrift für Philosophie*. Berlim, Akademie Verlag, v. 41, n. 3, 1993. p. 575-84.

STRAUSS, Leo. *Natural Rights and History*. Chicago, University of Chicago Press, 1953.

STRAWSON, P. F. Social Morality and Individual Ideal. In: _____. *Freedom and Resentment*. Londres, Methuen, 1974.

SULLIVAN, William N. *Reconstructing Public Philosophy*. Berkeley, University of California Press, 1982.

SUNSTEIN, Cass. Beyond the Republican Revival. *Yale Law Journal*. v. 97, n. 8, 1988. p. 1539-90.

_____. *The Partial Constitution*. Cambridge, Harvard University Press, 1993. [Ed. bras.: *A constituição parcial*. São Paulo, Del Rey SP, 2008.]

TAYLOR, Charles. *Hegel*. Cambridge, Cambridge University Press, 1975.

_____. Wesen und Reichweite distributiver Gerechtigkeit (1976). In: _____. *Negative Freiheit? Zur Kritik des neuzeitlichen Individualismus*. Frankfurt am Main, Suhrkamp, 1988.

_____. Was ist menschliches Handeln? (1977a) In: _____. *Negative Freiheit? Zur Kritik des neuzeitlichen Individualismus*. Frankfurt am Main, Suhrkamp, 1988.

_____. Self-Interpreting Animals (1977b). In: _____. *Philosophy and the Human Sciences*. Philosophical Papers 2. Cambridge, Cambridge University Press, 1985a.

_____. Language and Human Nature (1978). In: _____. *Philosophy and the Human Sciences*. Philosophical Papers 2. Cambridge, Cambridge University Press, 1985b.

_____. *Hegel and the Modern Society*. Cambridge, Cambridge University Press, 1979a. [Ed. bras.: *Hegel e a sociedade moderna*. São Paulo, Loyola, 2005.]

_____. Atomism (1979b). In: _____. *Philosophy and the Human Sciences*. Philosophical Papers 2. Cambridge, Cambridge University Press, 1985b.

_____. Der Irrtum der negativen Freiheit (1979c). In: _____. *Negative Freiheit? Zur Kritik des neuzeitlichen Individualismus*. Frankfurt am Main, Suhrkamp, 1988.

_____. Bedeutungstheorien (1980). In: _____. *Negative Freiheit? Zur Kritik des neuzeitlichen Individualismus*. Frankfurt am Main, Suhrkamp, 1988.

_____. Legitimationkrise? (1981). In: _____. *Negative Freiheit? Zur Kritik des neuzeitlichen Individualismus*. Frankfurt am Main, Suhrkamp, 1988.

_____. The Diversity of Goods (1982). In: _____. *Philosophy and the Human Sciences*. Philosophical Papers 2. Cambridge, Cambridge University Press, 1985b.

_____. *Human Agency and Language*. Philosophical Papers 1. Cambridge, Cambridge University Press, 1985a.

_____. *Philosophy and the Human Sciences*. Philosophical Papers 2. Cambridge, Cambridge University Press, 1985b.

_____. Alternative Futures: Legitimacy, Identity and Alienation in Late Twentieth Century Canada. In: CAIRNS, Alan; WILLIAMS, Cynthia (Orgs.). *Constitutionalism, Citizenship and Society in Canada*. Toronto, University of Toronto Press, 1985c. p. 183-229.

TAYLOR, Charles. Die Motive eine Verfaherensethik. In: KUHLMANN, W. (Org.). *Moralität und Sittlichkeit*. Frankfurt am Main, Suhrkamp, 1986.

_____. *Negative Freiheit?* Zur Kritik des neuzeitlichen Individualismus. Frankfurt am Main, Suhrkamp, 1988.

_____. *Sources of the Self*. The Making Of the Modern Identity. Cambridge, Cambridge University Press, 1989a. [Ed. bras.: *As fontes do self*: a construção da identidade moderna. São Paulo, Loyola, 2005.]

_____. Cross-Purposes: The Liberal-Communitarian Debate. In: ROSENBLUM, Nancy (Org.). *Liberalism and the Moral Life*. Cambridge, Harvard University Press, 1989b.

_____. Hegel's Ambiguous Legacy for Liberalism. *Cardozo Law Review*. v. 10, n. 5-6, 1989c.

_____. Comments and Replies. *Inquiry*. v. 34, n. 2, 1991a. p. 237-54.

_____. Die Beschwörung der Civil Society. In: MICHALSKI, Krzysztof (Org.). *Europa und die Civil Society*. Sttugart, Klett-Cotta, 1991b.

_____. Shared and Divergent Values. In: WATTS, Ronald L.; BROWN, Dougals M. (Orgs.). *Options for a New Canada*. Toronto, Toronto University Press, 1991c. p. 53-75.

_____. Wiewiel Gemeinschaft braucht die Demokratie? *Tansit*. v. 5, 1992a. p. 5-20.

_____. *The Ethics of Authenticity*. Cambridge, Harvard University Press, 1992b.

_____. Der Begriff der 'bürgerlichen Gesellschaft' im politischen Denken des Westens. In: BRUNKHORST, Haunke; BRUMLIK, Michael (Orgs.). *Gemeinschaft und Gerechtigkeit*. Frankfurt am Main, Fischer, 1993a.

_____. Explanation and Practical Reason. In: NUSSBAUM, Martha; SEN, Amartya (Orgs.). *The Quality of Life*. Oxford, Clarendon Press, 1993b. p. 208-31.

_____. Die Politik der Anerkennung. In: GUTMANN, Amy. *Multikulturalismus und die Politik der Anerkennung*. Frankfurt am Main, Fischer, 1993c.

TEITELMAN, Michael. The Limits of Individualism. *Journal of Philosophy*. v. 69, n. 10, 1972. p. 545-56.

THEUNISSEN, Michael. Die verdrängte Intersubjetktivität in Hegels Philosophie des Rechts. In: HENRICH, Dieter; HORSTMANN, Rolf-Peter (Orgs.). *Hegels Philsophie des Rechts*. Stuttgart, Klett-Cotta, 1982.

THIGPEN, Robert B.; DOWNING, Lyle. Liberalism and the Communitarian Critique. *American Journal of Political Science*. v. 31, n.3, 1987. p. 637-55.

THOMSON, Judith Jarvis. Bevorsugung auf dem Arbeitsmarkt. In: RÖSSLER, Beate. (Org.). *Quotierung und Gerechtigkeit*. Eine moralphilosophische Kontroverse. Frankfurt am Main, Campus, 1993.

THOMPSON, Jana. *Justice and World Order*. Londres, Routledge, 1992.

TOCQUEVILLE, Alex de. *Über die Demokratie in Amerika* (1835). Zurich, 1987, v. 1. [Ed. bras.: *A democracia na América*: leis e costumes. 2. ed., São Paulo, Martins, 2005, v. 1.]

TOCQUEVILLE, Alex de. *Über die Demokratie in Amerika* (1840). Zurich, 1987, v. 2. [Ed. bras.: *A democracia na América*: sentimentos e opiniões. São Paulo, Martins, 2000, v. 2.]

_____.*Der alte Staat und die Revolution* (1856). München, 1978. [Ed. bras.: *O Antigo Regime e a Revolução*. São Paulo, Martins Fontes, 2009.]

TOMASI, John. Individual Rights and Community Virtues. *Ethics*. Chicago, University of Chicago Press, n. 101, 1991. p. 521-36.

TUGENDHAT, Ernst. *Selbstbewußtsein und Selbstbestimmung*. Frankfurt am Main, Suhrkamp, 1979.

_____. *Probleme der Ethik*. Stuttgart, Reclam, 1984.

_____. Über die Notwendigkeit einer Zusammenarbeit zwischen philosophischer und empirischer Forschung bei der Klärung der Bedeutung des moralischen Sollens. In: EDELSTEIN, W.; NUNNER-WINKLER, G. (Orgs.). *Zur Bestimmung der Moral*. Frankfurt am Main, Suhrkamp, 1986.

_____. *Philosophische Aufsätze*. Frankfurt am Main, Suhrkamp, 1992.

_____. Zum Begriff und suzr Begründung von Moral. In: _____. *Philosophische Aufsätze*. Frankfurt am Main, Suhrkamp, 1992a. p. 315-33.

_____. Die Hilflosigkeit der Philosophen angesichts der moralischen Schwierigkeiten. In: _____. *Philosophische Aufsätze*. Frankfurt am Main, Suhrkamp, 1992b. p. 371-82.

_____. Korreferat zu Charles Taylor: 'What is human agency'. In: _____. *Philosophische Aufsätze*. Frankfurt am Main, Suhrkamp, 1992c. p. 441-52.

_____. *Vorlesungen über Ethik*. Frankfurt am Main, Suhrkamp, 1993a.

_____. Die Rolle der Identität in der Konstitution der Moral. In:_____ EDELSTEIN, W.; NUNNER-WINKLER, G.; NOAM, G. (Orgs.). *Moral und Person*. Frankfurt am Main, Suhrkamp, 1993b.

TURNBULL, Collin. *The Mountain People*. Nova York, Simon and Schuster, 1972.

UNGER, Roberto Mangabeira. *Knowledge and Politics*. Nova York, Free Press, 1975.

VLASTOS, Gregory. Justice and Equality. In: WALDRON, Jeremy (Org.). *Theories of Rights*. Oxford, Oxford University Press, 1984. p. 41-76.

VORLÄNDER, Hans. Auf der Suche nach den moralischen Ressourcen Amerikas. *Neue Politische Literatur*. v. 33, n. 2, 1988. p. 226-51.

_____. Armut, Rassenkonflikte, Kulturkampf: die USA in der Krise. *Das Parlament*. n. 1, 1992. p. 22-3.

WALDRON, Jeremy. When Justice Replaces Affection: The Need for Rights. *Harvard Journal of Law and Public Policy*. v. 11, n. 3, 1986. [Também em Waldron, 1993.]

_____. Theoretical Foundations of Liberalism. *Philosophical Quarterly*. v. 37, n. 147, 1987a. [Também em Waldron, 1993.]

_____. Can Communal Goods Be Human Rights? *Archives Européennes de Sociologie*. v. 27, n. 2, 1987b. [Também em Waldron, 1993.]

WALDRON, Jeremy; KING, D. Social Citizenship and the Defense of Welfare Provision (1988). In: WALDRON, Jeremy. *Liberal Rights*. Collected Papers 1981-1991. Cambridge, Cambridge University Press, 1993.

_____. Particular Values and Critical Morality. *California Law Review*. v. 77, n. 3, 1989a. [Também em Waldron, 1993.]

_____. Legislation and Moral Neutrality. In: GOODIN, Robert; REEVE, Andrew (Orgs.) *Liberal Neutrality*. Londres/Nova York, Routledge, 1989b. [Também em Waldron, 1993.]

_____. *Liberal Rights*. Collected Papers 1981-1991. Cambridge, Cambridge University Press, 1993.

WALLACH, John R. Liberals, Communitarians and the Tasks of Political Theory. *Political Theory*. v. 15, n. 4, 1987. p. 581-611.

WALZER, Michael. *Obligations*. Essays on Disobedience, War, and Citizenship. Cambridge, Harvard University Press, 1970.

_____. *Just and Unjust Wars*. Nova York, Basic Books, 1977. [Ed. bras.: *Guerras justas e injustas*. São Paulo, Martins Fontes, 2003.]

_____. *Radical Principles*. Nova York, Basic Books, 1980a.

_____. The Moral Standing of States. *Philosophy and Public Affairs*. Princeton, Princeton University Press, v. 9, n. 3, 1980b. p. 209-29.

_____. Philosophy and Democracy. *Political Theory*. v. 9, n. 3, 1981. p. 379-99.

_____. Ethnischer Pluralism und politische Demokratie (1982). In: _____. *Zivile Gesellschaft und amerikanische Demokratie*. Berlim, 1992.

_____. *Sphären der Gerechtigkeit*. Ein Plädoyer für Pluralität und Gleichheit. Frankfurt am Main, Suhrkamp, 1983a. [Ed. bras.: *Esferas da justiça*: uma defesa do pluralismo e da igualdade. São Paulo, Martins Fontes, 2003.]

_____. Antwort auf Dworkin (1983a). *The New York Review of Books*. 21 jul. 1983b.

_____. Liberalismus und die Kunst der Trennung (1984). In: _____. *Zivile Gesellschaft und amerikanische Demokratie*. Berlim, 1992.

_____. *Kritik und Gemeinsinn*. Drei Wege der Gesellschaftskritik. Frankfurt am Main, Philothek, 1987.

_____. *The Company of Critics*. Nova York, Basic Books, 1988.

_____. A Critique of Philosophical Conversation. *The Philosophical Forum*. v. 21, n. 1-2, 1989a.

_____. The Good Life. *New Statesman and Society*. out. 1989b. p. 28-31.

_____. The Communitarian Critique of Liberalism. *Political Theory*. v. 18, 1990a. p. 6-23.

_____. Two Kinds of Universalism. In: PETERSON, Grethe B. (Org.). *The Tanner Lectures on Human Values*. Salt Lake City, University of Utah Press, 1990b.

WALZER, Michael. The National Question Revisited (1990c). In: PETERSON, Grethe B. (Org.). *The Tanner Lectures on Human Values*. Salt Lake City, University of Utah Press, 1990b.

_____. Was heiβt es, 'Amerikaner' zu sein? In: _____. *Zivile Gesellschaft und amerikanische Demokratie*. Berlin, 1992.

_____. The Idea of Civil Society. *Dissent*. v. 38, primavera 1991. p. 193-304.

_____. Zivile Gesellschaft und amerikanische Demokratie. Berlin, 1992.

_____. The New Tribalism. *Dissent*. v. 39, primavera 1992a. p. 164-71.

_____. Gespräch mit Chantal Mouffe. *Prokla*. v. 87, n. 2, 1992b. p. 286-97.

_____. Moral Minimalism. In: _____. SHEA, W. R.; SPADAFORA, A. (Orgs.). *From the Twilight of Probability*. Ethics and Politics. Canton, Science History Publications, 1992c.

_____. Für eine Politik der Differenz (1992d). In: _____. *Zivile Gesellschaft und amerikanische Demokratie*. Berlin, 1992.

_____. Exclusion, Injustice, and the Democratic State. *Dissent*. v. 40, inverno 1993a. p. 55-64.

_____. Kommentar zu Taylor 'Die Politik der Anerkennung'. In: GUTMANN, Amy. *Multikulturalismus und die Politik der Anerkennung*. Frankfurt am Main, Fischer, 1993b.

_____. Objectivity and Social Meaning. In: NUSSBAUM, Martha; SEN, Amartya (Orgs.). *The Quality of Life*. Oxford, Clarendon Press, 1993c. p. 165-77.

WANKE, Georgia. Rawls, Habermas, and Real Talk. A Reply to Walzer. *Philosophical Forum*. v. 21, n. 1-2, 1989a.

_____. Social Interpretation and Political Theory: Walzer and his Critics. *Philosophical Forum*. v. 21, n. 1-2, 1989b.

_____. *Justice and Interpretation*. Cambridge, MIT Press, 1993.

WATERS, Mary C. *Ethnic Options*: Choosing Identities in America. Berkeley, Universtiy of California Press, 1990.

WELLMER, Albrecht. *Ethik und Dialog*. Frankfurt am Main, Suhrkamp, 1986.

_____. Freiheitsmodelle in der modernen Welt. In: _____. *Endspiele*: die unversöhnliche Moderne. Frnakfurt am Main, 1993a.

_____. Bedingungen einer demokratischen Kultur. Zur Debatte swischen 'Liberalen' und 'Kommunitaristen'. In: _____. *Endspiele*: die unversöhnliche Moderne. Frnakfurt am Main, 1993b.

_____. Hannah Arendt on Judgement. The Unwritten Doctrine of Reason. In: _____. *Endspiele*: die unversöhnliche Moderne. Frankfurt am Main, 1993c.

WHITE, Stephen. *The Recent Work of Jürgen Habermas*. Reason, Justice and Modernity. Cambridge, Cambridge University Press, 1988.

_____. *Political Theory and Postmodernism*. Cambridge, Cambridge University Press, 1991.

WIGGINS, David. Universalizability, Impartiality, Truth. In: _____. *Needs, Values, Truth*. Oxford, Blackwell, 1987. p. 59-86.

WILDT, Andreas. *Autonomie und Anerkennung*. Hegels Moralitätskritik im Lichre seiner Fichte-Rezeption. Stuttgart, Klett-Cotta, 1982.

_____. Moralisches Sollen und seelisches Seins. Ein Programm zur empirisch-psychologischen Moralbegründung. In: ANGEHRN, E. et al. (Orgs.). *Dialektischer Negativismus*. Frankfurt am Main, Suhrkamp, 1992a.

_____. Recht und Sebstachtung. Im Anschluß an die Anerkennungslehren von Fichte und Hegel. In: KAHLO, Michael; WOLFF, Ernst A.; ZACZYK, Rainer (Orgs.). *Fichtes Lehre vom Rechtsverhältnis*. Frankfurt am Main, Klostermann, 1992b.

WILLIAMS, Bernard. The Idea of Equality. In: FEINBERG, J. (Org.). *Moral Concepts*. Oxford, Oxford University Press, 1969.

_____. Persons, Character and Morality. In: _____. *Moral Luck*. Cambridge, Cambridge University Press, 1981a.

_____. Moral Luck. In: _____. *Moral Luck*. Cambridge, Cambridge University Press, 1981b.

_____. Internal and External Reasons. In: _____. *Moral Luck*. Cambridge, Cambridge University Press, 1981c.

_____. Conflicts of Values. In: _____. *Moral Luck*. Cambridge, Cambridge University Press, 1981d.

_____. Introduction. In: _____. BERLIN, Isaiah. *Concepts and Categories*. Harmondsworth, Penguin, 1981e.

_____. Space Talk: The Conversation Continued. *Ethics*. Chicago, University of Chicago Press. v. 93, n. 1, 1983.

_____. *Ethics and the Limits of Philosophy*. Cambridge, Harvard University Press, 1985.

_____. The Standard of Living: Interests and Capabilities. In: SEN, Amartya. *The Standard of Living*. Cambridge, Cambridge University Press, 1987. p. 94-102.

_____. *Shame and Necessity*. Berkeley, University of California Press, 1993.

WINGERT, Lutz. Haben wir moralische Verpflichtungen gegenüber früheren Generationen? Moralischer Universalismus und erinnernde Solidarität. *Babylon*. n. 9, 1991. p. 78-94.

_____. *Gemeinsinn und Moral*. Gründung einer intersubjektivistischen Moralkonseption. Frankfurt am Main, Suhrkamp, 1993.

WOLF, Ursula. *Das Problem des moralischen Sollens*. Berlin, De Gruyter, 1984.

_____. Moralische Dilemmata und Wertkonflikte. In: _____ MENKE, C.; SEEL, Martin (Orgs.). *Zur Verteidigung der Vernunft gegen ihre Liebhaber und Verächter*. Frankfurt am Main, Suhrkamp, 1993.

WOOD, Gordon. *The Creation of the American Republic*, 1776-1787. Williamsburg, University of North California Press, 1969.

YACK, Bernard. Liberalism and Communitarian Critics: Does Liberal Practice 'Live Down' to Liberal Theory? In: REYNOLDS, Charles H.; NORMA, Ralph V. (Orgs.). *Community in America*: The Challenge of 'Habits of the Hearth'. Berkeley, University of California Press, 1988. p. 147-69.

YOUNG, Iris Marion. *Justice and the Politics of Difference*. Princeton, Princeton University Press, 1990.

ÍNDICE ONOMÁSTICO

Ackerman, Bruce, 10, 48-51, 67, 72-4, 76, 118, 120-1, 126, 128, 189, 195, 203
Adorno, Theodor W., 239
Agostinho, Santo, 195, 245, 256
Alexy, Robert, 108
Anderson, Benedict, 338
Anderson, Joel, 312
Apel, Karl-Otto, 230, 233-4, 241-2
Aquino, Santo Tomás de, 245, 249
Arato, Andrew, 148-9, 165
Arendt, Hannah, 90, 146, 153, 158, 168, 195, 204, 238, 301, 321-2, 337, 340, 344, 349-50, 367, 376
Aristóteles, 10, 182, 194-5, 247-9, 255
Bailyn, Bernard, 11
Barbalet, Jack M., 172
Barber, Benjamin, 11, 116, 130, 138-40, 163, 195-6
Barry, Brian, 28, 68, 230
Baynes, Kenneth, 8, 129, 151, 180, 216, 220
Beauvoir, Simone de, 338
Beiner, Ronald, 87, 166, 322
Beitz, Charles R., 243
Bell, Daniel, 31
Bellah, Robert, 133, 141
Bellah, Robert (et al.), 11, 117, 130, 133, 146, 150, 336, 337
Benhabib, Seyla, 28, 117, 121, 159, 160, 164-5, 239, 321
Benjamin, Jessica, 338

Berger, Peter, 336
Berlin, Isaiah, 46, 59, 69, 109-10, 264, 291, 305, 324
Bernstein, Richard J., 248, 321
Bloch, Ernst, 46
Bohman, James, 8, 155
Breytenbach, Breyten, 200
Brink, David, 295
Brunkhorst, Hauke, 207
Buchanan, Allen E., 40
Buchstein, Hubertus, 151, 188
Caney, Simon, 40
Cavell, Stanley, 81
Citrin, Jack (et al.), 136
Cohen, Jean, 97, 145, 148-9, 165
Cohen, Joshua, 61-2, 129, 154, 183
Coing, Helmut, 49
Coleman, Jules, 156
Cooke, Maeve, 312
Copp, David, 156
Cropsey, Joseph, 131
Daniels, Norman, 220
Darwall, Stephen, 220, 290, 295-6, 330
Davidson, Arnold I., 220
Derrida, Jacques, 159
Devlin, Lord P., 48
Diamond, Martin, 131
DiQuattro, Arthur, 16
Downing, Lyle, 30, 188
Dryzek, John S., 151

Du Bois, William Edward Burghardt, 340
Dubiel, Helmut, 146, 315
Durkheim, Émile, 119
Dworkin, Ronald, 10, 24, 30, 47-9, 64, 66, 69, 72, 76-81, 97-8, 128, 176, 183, 242, 315
Elster, Jon, 146, 151
Ely, John Hart, 112
Emerson, Ralph Waldo, 81
Etzioni, Amitai, 11, 90
Feinberg, Joel, 31, 219, 333, 341
Ferejohn, John, 156
Ferrara, Alessandro, 206
Finnis, John, 87
Fisk, Milton, 16
Fitzmaurice, Deborah, 87
Flanagan, Owen, 32
Foot, Philippa, 300
Frankena, William Klass, 250
Frankenberg, Günter, 146, 315
Frankfurt, Harry, 29, 68, 157, 262, 312
Fraser, Nancy, 165-7
Friedman, Milton, 160
Fuchs, Lawrence H., 137, 171, 185
Fullinwider, Robert K., 99
Gadamer, Hans-Georg, 252
Galston, William A., 11, 66, 72, 76, 86-8, 127, 188, 112
Gauchet, Marcel, 47
Gewirth, Alan, 250
Gill, Emily, 88
Giusti, Miguel A., 214
Gleason, Philip, 137
Glendon, Mary Ann, 11, 90
Goodin, Robert, 151
Gosepath, Stefan, 241, 295-6
Günther, Klaus, 8, 91, 106, 315, 319
Greenawalt, Kent, 66, 127, 315
Gutmann, Amy, 10, 30, 65, 128, 155-6
Habermas, Jürgen, 8, 42, 64, 66, 73, 96, 102-3, 108, 110-2, 115-6, 134, 140, 144, 148, 151, 153-4, 156, 158-9, 163-5, 185, 193, 195, 203, 216-7, 230, 233-41, 254, 257, 267, 299, 301, 307, 313, 315, 319, 327-8, 333, 339
Hamann, Johann Georg, 264
Hampshire, Stuart, 52, 207-9, 288, 337

Hampton, Jean, 87
Hare, Richard Mervyn, 219, 236
Harman, Gilbert, 299
Hart, Herbert L. A., 48, 176, 208, 313
Heater, Derek, 150
Hegel, G. W. H., 10, 15-7, 20, 79, 114-5, 131, 133, 143, 145, 195, 260-1, 264, 266, 323, 327-9, 331, 339, 341
Heidegger, Martin, 302
Herder, Johann Gottfried, 264
Herzog, Dagmar, 195
Hesse, Konrad, 109
Higham, John, 137, 185
Hill, Thomas E., 299, 314, 325
Hinsch, Wilfried, 60, 74, 176, 218
Hobbes, Thomas, 15, 46, 340
Hoerster, Norbert, 219
Höffe, Otfried, 108, 112, 220
Holmes, Stephen, 30, 51, 119-21
Honig, Bonnie, 94
Honneth, Axel, 8, 40, 147, 207, 312, 325, 327-35, 338, 342, 344
Humboldt, Wilhelm von, 20, 264
Hume, David, 296
Jaggar, Alison, 96
Jaynes, Gerald D., 340
Jellinek, Georg, 108
Joas, Hans, 11
Johnson, Oliver, 220
Kallen, Horace M., 137-8
Kallscheuer, Otto, 11
Kaminer, Wladimir, 96
Kant, Immanuel, 22-3, 28, 33-5, 75, 106, 109-10, 158, 195, 216, 220, 222, 226, 230, 233, 240, 246, 249-50, 292-3, 299, 305, 321-2
Karst, Kenneth L., 189, 338
Kelly, Michael, 255
Kelsen, Hans, 49, 313
Kersting, Wolfgang, 168
King, Martin Luther, 126, 188
Korsgaard, Christine, 55, 236, 290, 295, 298
Koselleck, Reinhart, 109
Kramnick, Isaac, 11
Kukathas, Chandran, 212
Kymlicka, Will, 30, 40, 63, 72, 76, 88, 100-3, 272
Lane, Robert E., 335

Larmore, Charles, 28, 30, 50-1, 59, 63, 66, 68, 72-4, 76, 112, 118-21, 123, 128, 288, 298
Lasch, Christopher, 11, 116
Lefort, Claude, 147
Leist, Anton, 170
Lepsius, M. Rainer, 142
Locke, John, 46, 150, 264
Löw-Beer, Martin, 170, 272, 335
Lukes, Steven, 16
Lyons, David, 219
Lyotard, Jean-François, 159, 195
Macedo, Stephen, 72, 76, 87-8, 127
MacIntyre, Alasdair, 10, 16, 24, 67-72, 83, 94, 117, 130, 132-4, 169, 193, 206, 243-61, 265, 271, 284, 293, 308, 330
Mackie, John Leslie, 236-7, 267
MacKinnon, Catharine, 94-6
Macpherson, Crawford B., 16
Madison, James, 150
Maihofer, Andrea, 96
Manin, Bernard, 154
Mansbridge, Jane, 161
Marneffe, Peter de, 63
Marshall, Thomas Humphrey, 109, 171-3, 342
Mason, Andrew D., 89
Maus, Ingeborg, 109, 153, 159, 316-7
Mauss, Marcel, 340
McCarthy, Thomas, 111, 127, 158, 236, 253
Mead, George Herbert, 29-30, 257, 303, 328-9, 333, 336, 338
Menke, Christophe, 89, 294, 323
Michelman, Frank, 92, 97, 112, 168, 180
Mill, John Stuart, 47, 63, 75, 84, 305
Miller, David, 157, 172
Miller, M. J., 109
Minow, Martha, 95-6
Montesquieu, Charles-Louis de Secondat, 150
Moon, D., 121, 165
Mouffe, Chantal, 147
Mulhall, Stephen, 87-9, 214
Müller, Hans-Peter, 11
Müller, Jörg P., 151
Münkler, Herfried, 150
Nagel, Thomas, 16, 52-6, 59-61, 65-6, 99, 105, 196, 202, 227, 236, 287-92, 295-6, 306, 325
Neal, Patrick, 89, 212

Neckel, Sighard, 180
Nietzsche, Friedrich Wilhelm, 246, 250, 256
Nozick, Robert, 11, 25-8, 48
Nussbaum, Martha, 87, 181, 267, 292-3, 323
Offe, Claus, 150-2
Okin, Susan Moller, 31, 94, 97, 160, 164-5, 186
O'Hagan, Timothy, 48
O'Neill, Onora, 112, 230-2, 250, 284
Parfit, Derek, 38, 265
Parsons, Talcott, 109
Passerin d'Entrèves, Maurizio, 321
Pateman, Carole, 160, 318
Patterson, Orlando, 343
Perry, Michael J., 66, 127, 168
Peters, Bernhard, 8, 31, 153, 156
Pettit, Philip, 212
Phillips, Derek L., 11, 30
Plant, Raymond, 31
Platão, 9, 79, 182, 194-5, 292
Pocock, John Greville Agard, 11, 248
Pogge, Thomas, 26, 243
Post, R., 29
Preuß, Ulrich, 150-1
Putnam, Hilary, 240-1
Rawls, John, 8, 10, 16-28, 32-9, 41, 36, 52, 56-63, 66, 68, 70, 72-8, 81, 98-9, 104-7, 118-9, 122-9, 138, 141, 155, 163-4, 172-84, 186, 189, 191, 193, 195-8, 203, 212-29, 233, 124, 246, 276-7, 284, 297, 308, 312, 315, 318, 329
Raz, Joseph, 54, 66, 72, 76, 81-6, 88, 213, 311
Rehg, William, 236
Rhode, Deborah, 96
Ricoeur, Paul, 265
Riedel, Manfred, 109
Ripstein, Arthur, 63
Rodewald, Richard, 89
Rodgers, Daniel T., 11
Rödel, Ulrich, 146-7, 315
Rorty, Richard, 88, 195-6, 212-3
Rosenblum, Nancy, 89
Rössler, Beate, 92, 158
Rousseau, Jean-Jacques, 10, 109, 129, 131, 138-9, 305
Sachs, David, 186, 330, 343
Sadurski, Wojciech, 85

Sandel, Michael, 10-1, 17-33, 36-7, 40-1, 58, 68, 70-2, 91-4, 97-9, 113, 117, 133, 224, 259, 276-7, 282, 328
Sartre, Jean-Paul, 246, 338-9
Scanlon, Thomas, 52, 58-9, 77, 178, 180, 230, 297
Scherer, Christiane, 181
Schmalz-Bruns, Rainer, 188
Schnädelbach, Herbert, 82
Schneider, Elizabeth M., 96
Schwartz, Adina, 16
Schwarzenbach, Sybil, 212
Seel, Martin, 273
Selznick, Philip, 29, 92
Sen, Amartya, 87, 176-8, 180-1, 228
Shapiro, Ian, 195
Sher, George, 29
Shils, Edward, 150
Shklar, Judith, 329, 339
Sidgwick, Henry, 249
Siep, Ludwig, 327
Singer, Marcus G., 236
Smith, Adam, 180
Smith, R. M., 171
Smith, Steven B., 342
Sofsky, Wolfgang, 344
Sófocles, 323
Spelman, Elizabeth, 330
Steinberg, Stephen, 137
Steinfath, Holmer, 103, 269
Strauss, Leo, 131
Strawson, Peter F., 42
Sullivan, William, 130, 133
Sunstein, Cass, 67, 95, 99, 112, 151, 157, 167-8
Swift, Adam, 87-9, 214
Taylor, Charles, 10, 15, 17, 20, 24, 40, 62, 70-2, 102-3, 113-4, 116-7, 120, 130-7, 140, 143, 148, 150, 182, 192-4, 243, 259-73, 285, 308, 310-1, 336

Teitelman, Michael, 16
Theunissen, M., 131
Thigpen, Robert B., 30, 188
Thomson, Judith J., 99
Thompson, Dennis, 128, 155-6
Thompson, Janna, 243
Tocqueville, Alexis de, 10, 117, 141, 145-7, 150
Tomasi, John, 40
Tugendhat, Ernst, 18, 235, 236, 270, 274, 287, 299-304
Turnbull, Colin, 208
Unger, Roberto Mangabeira, 141
Vlastos, Gregory, 304
Vorländer, Hans, 11, 103
Waldron, Jeremy, 30, 40, 56, 66, 100, 179
Wallach, John R., 137
Walzer, Michael, 10, 14, 17, 104, 113, 115-7, 137-8, 140-1, 145, 163-4, 172-3, 181-9, 192-212, 215, 218, 239, 283, 315, 337
Warnke, Georgia, 164, 188, 195, 202
Waters, Mary C., 338
Weber, Max, 266
Wellmer, Albrecht, 106, 145, 149, 242, 274, 319, 321
White, Stephen K., 165, 167
Wiggins, David, 236
Wildt, Andreas, 303, 327, 333, 341
Williams, Bernard, 16, 36, 180, 182, 241, 272-3, 287, 289, 291-6, 300, 306, 324
Williams, R. M., 340
Wingert, Lutz, 8, 42, 170, 239, 299, 301, 319
Wolf, Ursula, 294, 299, 303
Wood, Gordon S., 11
Yack, Bernard, 116
Young, Iris Marion, 96, 161-2, 165-6, 340

OUTRAS PUBLICAÇÕES DA BOITEMPO

Brasil: uma biografia não autorizada
FRANCISCO DE OLIVEIRA
Apresentação de **Fabio Mascaro Querido** e **Ruy Braga**
Orelha de **Marcelo Ridenti**

Dominação e resistência
LUIS FELIPE MIGUEL
Orelha de **Juarez Guimarães**

Esquerdas do mundo, uni-vos!
BOAVENTURA DE SOUSA SANTOS
Orelha de **Guilherme Boulos** e **Tarso Genro**
Quarta capa de **Nilma Lino Gomes**

Gênero e desigualdades: limites da democracia no Brasil
FLÁVIA BIROLI
Orelha de **Céli Pinto**
Quarta capa de **Albertina de Oliveira Costa**

Karl Marx e o nascimento da sociedade moderna
MICHAEL HEINRICH
Tradução de **Claudio Cardinali**
Orelha de **Jorge Grespan**

A liberdade é uma luta constante
ANGELA DAVIS
Organização de **Frank Barat**
Tradução de **Heci Regina Candiani**
Prefácio à edição brasileira de **Angela Figueiredo**
Prefácio de **Cornel West**
Orelha de **Conceição Evaristo**

A nova segregação: racismo e encarceramento em massa
MICHELLE ALEXANDER
Tradução de **Pedro Davoglio**
Revisão técnica e notas de **Silvio Luiz de Almeida**
Apresentação de **Ana Luiza Pinheiro Flausina**
Orelha de **Alessandra Devulsky**

COLEÇÃO MARX-ENGELS

Diferença entre a filosofia da natureza de Demócrito e a de Epicuro
KARL MARX
Tradução de **Nélio Schneider**
Apresentação de **Ana Selva Albinati**
Orelha de **Rodnei Nascimento**

COLEÇÃO TINTA VERMELHA

Por que gritamos golpe?
IVANA JINKINGS, KIM DORIA E MURILO CLETO (ORGS.)
Apresentação de **Ivana Jinkings**
Quarta capa de **Luiza Erundina** e **Boaventura de Sousa Santos**

SELO BARRICADA

Conselho editorial Gilberto Maringoni e Luiz Gê

Marx: uma biografia em quadrinhos
ANNE SIMON E CORINNE MAIER
Tradução de **Mariana Echalar**
Letras de **Lilian Mitsunaga**

SELO BOITATÁ

O capital para crianças
JOAN R. RIERA (ADAPTAÇÃO)
Ilustrações de **Liliana Fortuny**
Tradução de **Thaisa Burani**

Meu crespo é de rainha
BELL HOOKS
Ilustrações de **Chris Raschka**
Tradução de **Nina Rizzi**

O Deus Dinheiro
KARL MARX E MAGUMA (ILUSTRAÇÕES)
Tradução de **Jesus Ranieri** e **Artur Renzo**

Este livro foi composto em Adobe Garamond Pro, 11/14,5, e reimpresso em papel Avena 80 g/m² na gráfica Forma Certa para a Boitempo, em fevereiro de 2025, com tiragem de 100 exemplares.